FESTSCHRIFT FÜR ERNST GESSLER

D1941623

ZUM GELEIT

Ministerialdirektor Professor Dr. jur. Ernst Geßler hat dreieinhalb Jahrzehnte lang an der gesetzgeberischen Entwicklung des Handels- und Gesellschaftsrechts mitgewirkt, seit 1963 als Leiter der dafür zuständigen Abteilung des Bundesministeriums der Justiz. Seit 1960 gehört er als Honorarprofessor der Rechts- und Staatswissenschaftlichen Fakultät der Universität Bonn an. Mit der Vollendung des 65. Lebensjahres ist er am 31. 3. 1970 in den Ruhestand getreten.

Dieses Datum nehmen Kollegen und Freunde des Jubilars zum Anlaß, um durch ihre Beiträge zu dieser Ehrengabe ihre Verbundenheit mit ihm und ihre hohe Wertschätzung seiner Lebensarbeit öffentlich zu bekunden. Gegenständlich wie namentlich dank innerer Folgerichtigkeit ist das Wirken Ernst Geßlers von überzeugender Geschlossenheit. Während der letzten zwanzig Jahre, in denen der Verantwortungsbereich des Jubilars sich mehr und mehr weitete, sind zahlreiche, z. T. grundlegende Reformen des Handels-, des Gesellschafts- und Unternehmensrechts sowie des Patent- und des Urheberrechts verabschiedet, andere weitgehend vorbereitet worden. Geßler hat seine glänzenden Gaben als Jurist, seine lange Ministerial-Erfahrung, sein sicheres Unterscheidungsvermögen für das, was von den Wünschen und Bedürfnissen „der" Wirtschaft nach dem Richtmaß der Gerechtigkeit Bestand hat und was nicht, in den Dienst dieser Gesetzgebung gestellt.

Geßlers Hauptwerk ist die Reform des Aktienrechts von 1965. Unter seiner überragenden Leitung haben die in den Diskussionen der Sachkenner gereiften Ideen eines neuen Konzernrechts im Regierungsentwurf jene klare Gestalt gewonnen, die nunmehr Gesetz geworden ist.

Heidelberg/Bonn, im März 1971

Die Herausgeber

HINWEIS

Die Manuskripte der Beiträge zu dieser Festschrift wurden im Juni 1970 abgeschlossen.

FESTSCHRIFT FÜR ERNST GESSLER

Zum 65. Geburtstag
am 5. März 1970

herausgegeben von
Kurt Ballerstedt
und
Wolfgang Hefermehl

Verlag Franz Vahlen München

ISBN 3 8006 0056 0
© 1971 by Verlag Franz Vahlen GmbH München
Satz und Druck: Loibl, Neuburg (Donau)

INHALTSVERZEICHNIS

GRUNDFRAGEN
DES GESELLSCHAFTSRECHTS

DIE WERDENDE JURISTISCHE PERSON

WERNER FLUME

1. *Die Problematik der werdenden juristischen Person*

a) Die Entstehung der juristischen Person uno actu oder nach einem Gründungsstadium

Die juristische Person kann uno actu zur Entstehung gelangen, indem zu einem bestimmten Zeitpunkt die rechtliche Organisation mit der zugleich bestehenden Eigenschaft der Rechtsfähigkeit begründet wird, ohne daß vor diesem Zeitpunkt in Hinsicht auf die zu gründende juristische Person irgendwelche Rechtsverhältnisse beständen. In diesem Falle gibt es keine Rechtsprobleme des Werdens der juristischen Person. Handelt es sich um eine juristische Person mit Mitgliedern, so haben die nunmehrigen Mitglieder der juristischen Person, bevor die juristische Person besteht, weder miteinander in Hinsicht auf die künftige juristische Person noch unmittelbar mit der künftigen juristischen Person irgend etwas zu tun. In dieser Weise, d. h. ohne jede rechtliche Vorwirkung vor dem Entstehen der vollendeten juristischen Person, können juristische Personen durch Gesetz oder Verwaltungsakt geschaffen werden.

Für die juristischen Personen der allgemeinen Vorschriften des Privatrechts jedoch, und zwar sowohl für den Verein und die Stiftung des BGB wie für die juristischen Personen der handelsrechtlichen Sondergesetze, ergibt sich aus der Natur der Sache und der Art der gesetzlichen Regelung, daß die juristische Person nicht uno actu als fertiges Organisationsgebilde mit Rechtsfähigkeit entsteht, sondern daß die Entstehung der juristischen Person sich in mehreren Akten vollzieht, die zeitlich auseinanderfallen.

Für die Stiftung und den „wirtschaftlichen Verein" folgt die zeitliche Erstreckung des Gründungsvorgangs bis zur Erlangung der Rechtsfähigkeit aus dem Erfordernis der Genehmigung und für den eingetragenen Verein des BGB wie die juristischen Personen des Handelsrechts aus dem Eintragungsprinzip.

Wenn hier von der werdenden juristischen Person gesprochen wird, so geschieht dies nicht in dem naturalistischen Sinne, als ob damit vorweggenommen würde, daß es eine besondere Wesenheit „werdende juristische Person" gäbe. Es soll nicht von einem „Werdeprozeß" der juristischen Person als apriorischer These ausgegangen werden, als ob die juristische

Person von der Gründung bis zur Vollendung wie die natürliche Person von der Zeugung bis zur Geburt „werde". Mit Recht hat Schultze-von Lasaulx[1] sich dagegen gewandt, daß mit der These der „Wesensgleichheit" des durch die Gründung einer juristischen Person geschaffenen Gebildes und der juristischen Person apriorisch die Rechtsfragen, die sich hinsichtlich des Gründungsstadiums der juristischen Person ergeben, entschieden seien.

Da der Terminus „werdende juristische Person" im Sinne einer solchen These verstanden werden könnte, wird hier ausdrücklich diese Interpretation zurückgewiesen. Vielmehr soll erst die Erörterung der rechtlichen Problematik des Gründungsstadiums ergeben, ob als Abbreviatur für die Umschreibung des Rechtszustandes des Gründungsstadiums sinnvollerweise von einer werdenden juristischen Person gesprochen werden kann.

b) Die werdende Stiftung

Für die Stiftung bestehen im allgemeinen für die Gründungszeit keine besonderen Probleme. Bis zur Genehmigung entstehen grundsätzlich keine Rechtsbeziehungen für die Stiftung. Bei dem Stiftungsgeschäft unter Lebenden bleibt das der Stiftung von dem Stifter zugedachte Vermögen bis zur Genehmigung Vermögen des Stifters. Alle Rechtsgeschäfte, die der Stifter betreffs des Stiftungsvermögens vor der Genehmigung vornimmt, sind solche des Stifters, aus denen sich nur Rechtsverhältnisse für ihn, nicht aber schon für die Stiftung ergeben. Der Stifter ist erst mit der Genehmigung verpflichtet, das in dem Stiftungsgeschäft zugesicherte Vermögen auf die Stiftung zu übertragen. Auch soweit nach § 82 S. 2 BGB die Rechte ipso iure mit der Genehmigung auf die Stiftung übergehen, hat dieser Rechtsvorgang keine Vorwirkungen, die bereits in der Zeit vor der Genehmigung für die werdende Stiftung Rechtsbeziehungen begründen würden.

Besonderes gilt betreffs des Gründungszeitraums zwischen Stiftungsgeschäft und Genehmigung für den Fall, daß die Stiftung erst nach dem Tode des Stifters genehmigt wird. In diesem Falle ergibt sich für die „Zuwendungen des Stifters" nach § 84 BGB eine interessante Zuordnung zu der Stiftung mit dem Zeitpunkt des Todes des Stifters, indem die Stiftung, wenn sie genehmigt wird, für die Zuwendungen des Stifters als schon vor dessen Tode entstanden gilt. Wird die Stiftung nicht genehmigt, so haben für die nur durch das Stiftungsgeschäft errichtete, aber eben nicht zur Vollendung als juristische Person gelangte Stiftung niemals Rechtsverhältnisse bestanden. Nur, wenn die Stiftung durch die Genehmigung zur juristischen Person wird, findet die Vorwirkung durch die Rückbeziehung nach § 84 BGB statt. Durch § 84 BGB wird für die noch nicht genehmigte Stiftung — ähnlich wie für den nasciturus gemäß §

1 Festschr. Olivecrona (1964) S. 576 ff.

1923 Abs. 2 BGB — die Erbfähigkeit begründet, so daß die als Erbe eingesetzte Stiftung mit der Genehmigung rückwirkend vom Erbfall an als Erbin gilt. Für andere Zuwendungen des Stifters als die Erbeinsetzung gelten im Falle der Genehmigung nach § 82 S. 2 BGB die Rechte, zu deren Übertragung der Abtretungsvertrag genügt, als mit dem Tode des Stifters auf die Stiftung übergegangen.[2]

Wenn der Stiftung auch vor der Genehmigung noch keine Rechte zustehen, kann es doch notwendig sein, daß für die werdende Stiftung die ihr mit der Genehmigung zustehenden Rechte bereits vorher gewahrt werden. Eine solche Wahrung von Rechten der werdenden Stiftung gegenüber dem Stifter selbst kommt allerdings nicht in Frage, da die Stiftung vor der Genehmigung kein Recht gegenüber dem Stifter hat, dieser die Stiftung vielmehr widerrufen kann (§ 81 Abs. 2 S. 1). Anders wird aber die Rechtslage mit dem Tode des Stifters, wenn die Stiftung durch eine Verfügung von Todes wegen errichtet ist oder der Erbe zum Widerruf der Stiftung nicht berechtigt ist (§ 81 Abs. 2 S. 3 BGB). Für die Erbenstellung wie hinsichtlich des Rechtserwerbs nach § 82 S. 2, § 84 BGB oder hinsichtlich der Verpflichtung des Rechtsnachfolgers des Stifters zur Übertragung des Vermögens auf die Stiftung gemäß § 82 S. 1 BGB kann ein Handeln zugunsten der Stiftung auch vor der Genehmigung notwendig werden. Es liegt nahe, die werdende Stiftung mit dem nasciturus gleichzusetzen.[3] Es bedarf aber einer solchen Gleichsetzung nicht, und methodisch ist sie bedenklich, indem aus der natürlichen Existenz des nasciturus zu Unrecht Schlüsse auf die Existenz der werdenden Stiftung gezogen werden könnten.

Daß für die Stiftung als eine künftige Person bereits vor deren Existenz in Hinsicht auf ihre Rechtsstellung nach ihrer Entstehung rechtlich gehandelt werden kann, ist ohne Problematik. Das Handeln geschieht durch einen Pfleger. Dieser kann für eine noch nicht bestehende Stiftung nach § 1913 BGB bestellt werden, wie ja auch nach § 1913 BGB einem Nacherben, der noch nicht erzeugt ist oder erst durch ein künftiges Ereignis bestimmt wird, für die Zeit bis zum Eintritt der Nacherbfolge ein Pfleger bestellt werden kann.

Abgesehen von dem Fall, daß die werdende Stiftung vom Stifter zum Erben berufen ist, kommt die Bestellung eines Pflegers vor allem in Frage, wenn zur Sicherung der Rechte der Stiftung vor ihrer Entstehung der Erlaß einer einstweiligen Verfügung gegen den Erben des Stifters

2 Zu Unrecht wird zu § 84 BGB die Ansicht vertreten (vgl. *Coing-Staudinger* § 84 BGB N. 4, *Soergel-Schultze-v. Lasaulx* § 84 N. 4), daß die Zwischenverfügung des Erben der Zuwendung des Stifters unter analoger Anwendung von § 184 Abs. 2 BGB vorginge. Der Tatbestand des § 184 Abs. 2 ist grundsätzlich anders geartet als der des § 82. Es ist nicht zu sehen, weshalb die Verfügung des Erben vor der Anordnung des Stifters den Vorzug verdienen sollte.

3 Vgl. bes. RGZ 170, 22 ff. mit der drastischen Erläuterung, es könne „die Willenserklärung des Erblassers, das Stiftungsgeschäft, mit der Zeugung, die Entgegennahme der Erklärung durch die Stiftungsbehörde mit der Empfängnis, die Genehmigung der Stiftung mit der Geburt des Kindes verglichen werden" (a. a. O. S. 23).

erforderlich ist. Es kann aber auch sein, daß dem Erben an der Bestellung eines Pflegers gelegen ist, damit dieser zu „notwendigen“ Geschäften für das Stiftungsvermögen seine Zustimmung gibt.

c) Die werdende körperschaftliche juristische Person des Privatrechts

Für die körperschaftliche juristische Person, die nicht uno actu entsteht, ist die rechtliche Situation des Gründungsstadiums insofern eine grundsätzlich andere als bei der Stiftung, weil vom Beginn der Gründung an eine Rechtsgemeinschaft der Personen besteht, welche als Gründer der fraglichen juristischen Person fungieren und deren künftige Mitglieder sind. Während bei der Stiftung bis zur Entstehung derselben als vollendeter juristischer Person etwaige Rechtsvorgänge, welche für das Stiftungsvermögen von Bedeutung sein können, grundsätzlich nur auf die Person des Stifters bezogen sind, ist bei der körperschaftlichen juristischen Person im Gründungsstadium die Gründergemeinschaft ein möglicher Bezugspunkt von Rechtsbeziehungen.

Einmal ist zu fragen, welche rechtliche Ordnung für die Gründergemeinschaft als solche gilt: Wie sich die Willensbildung in der Gründergemeinschaft vollzieht, in welcher Weise die Gründergemeinschaft am Rechtsverkehr teilnehmen kann und welche Rechtsverhältnisse und in welcher Rechtszuständigkeit sie sich aus einer Teilnahme der Gründergemeinschaft am Rechtsverkehr ergeben. Zum anderen geht es darum, ob und in welcher Weise in dem Gründungsstadium Rechtswirkungen für die juristische Person begründet werden können. Dabei ist zu unterscheiden die Möglichkeit der Begründung von Rechtsverhältnissen unmittelbar für die juristische Person als eine künftige Person und die Frage des Eintritts der juristischen Person in die zunächst für die Gründergemeinschaft begründeten Rechtsverhältnisse, d. h. allgemein die Frage des Verhältnisses von Gründergemeinschaft und juristischer Person.

Für den Idealverein des § 21 BGB ergeben sich in aller Regel im Gründungsstadium bis zur Erlangung der Rechtsfähigkeit durch Eintragung in das Vereinsregister keine rechtlichen Probleme. Rechtlich relevante Vorgänge geschehen im allgemeinen nur, soweit sie notwendig sind, damit die Eintragung erreicht wird. Etwaige Aufwendungen werden von den Gründern des Vereins beglichen. Ganz anders ist es aber bei den juristischen Personen des Handelsrechts, d. h. vor allem bei der AG und GmbH, die hier vornehmlich als Beispiele für die körperschaftliche juristische Person des Privatrechts dienen sollen. Bei der Gründung einer AG oder einer GmbH entstehen aus der Gründung bereits Rechtsverhältnisse dadurch, daß die Gründung wegen des Formbedürfnisses der Gründungsvorgänge Kosten verursacht oder daß Steuerverpflichtungen vor der Erlangung der Rechtsfähigkeit entstehen (§ 7 KVStDV). Vor allem kommt es häufig vor, daß für die AG oder GmbH vor der Erlangung der Rechtsfähigkeit durch die Eintragung im Handelsregister bereits so gehandelt wird, als ob die AG oder GmbH als juristische Person bestände. Insbesondere geschieht dies, wenn für die AG oder die GmbH bereits vor der Eintragung ein Handelsgeschäft übernommen und weitergeführt wird. Wenn bei der Gründung einer GmbH ein Handelsgeschäft als Sacheinlage zu leisten ist, so muß nach ständiger Rechtsprechung sowohl des Reichsgerichts[4] wie des BGH[5] und nach der h. M. in der Literatur[6] das Handelsgeschäft wie jede Sacheinlage bei der Anmeldung vollständig zur Verfügung der Geschäftsführer für die Gesellschaft stehen. Daraus ergibt sich, daß die Geschäftsführer in der Regel auch gezwungen sind, das als Sacheinlage geleistete Handelsgeschäft vor der Eintragung der GmbH fortzuführen.

Für die Aktiengesellschaft soll zwar nicht wie für die GmbH allgemein eine Verpflichtung zur Übernahme der Sacheinlage durch den Vorstand vor der Anmeldung der AG bestehen.[7] Es kann sich aber eine solche Verpflichtung aus der Satzung und deren Bestimmungen über die Sacheinlage ergeben. Auch wenn eine solche Verpflichtung zur Übernahme der Sacheinlage durch den Vorstand vor der Eintragung der Gesellschaft nicht besteht, kann die Übernahme doch sachgerecht sein.[8] Schließlich kann es aber auch bei der vollständigen Bargründung durchaus sinnvoll sein, daß schon vor der Eintragung der AG — das gleiche gilt für die GmbH — für diese Geschäfte getätigt werden.

Die gesetzlichen Vorschriften für das Gründungsstadium der juristischen Personen des Handelsrechts sind dürftig. Zwar ist geregelt, wie die Gründung vorzunehmen ist und was zu geschehen hat, damit die Eintragung und so die Vollendung der juristischen Person erfolgen. Ungeregelt ist aber die innere Ordnung der Gründerorganisation während des Gründungsstadiums, und hinsichtlich des Handelns gegenüber Dritten gibt es als besondere Regelung nur die Vorschriften des § 41 AktG und des § 11 GmbHG, daß, wenn vor der Eintragung der AG oder GmbH für die Gesellschaft gehandelt wird, der Handelnde persönlich haftet. Daß mit diesen Regelungen die sich für das Gründungsstadium ergebenden Rechtsfragen nicht erschöpfend von dem Gesetzgeber behandelt sind, ist evident. Wissenschaft und Rechtsprechung ist es demnach überlassen, die vom Gesetzgeber offengelassenen Entscheidungen zu finden.

---

4 Vgl. Zitate bei *Schilling* in Hachenburg GmbHG § 7 N. 14
5 Vgl. BGHZ 45, 347
6 Vgl. *Schilling* a. a. O.
7 Vgl. *Fischer* in Großkom. AktG § 28 N. 16; *Barz* in Großkom. AktG § 36 N. 16
8 Vgl. *Fischer* a. a. O. und § 34 N. 8; *Barz* a. a. O.

2. Die Rechtsprechung des Reichsgerichts zur werdenden juristischen Person

a) Die Lehre von der Identität des Rechtsgebildes im Gründungsstadium und der juristischen Person

Für den eingetragenen Verein hat das Reichsgericht angenommen, daß, wenn ein nicht rechtsfähiger Verein durch Eintragung zum rechtsfähigen Verein wird, „Identität" des nicht eingetragenen und des eingetragenen Vereins besteht. In der Leitentscheidung[9] handelte es sich um einen Arbeitgeberverband, der zunächst als nicht rechtsfähiger Verein mehrere Jahre hindurch bestanden hatte und dann durch Eintragung zum „eingetragenen Verein" wurde. Zu dem Verhältnis des nicht eingetragenen zu dem eingetragenen Verein heißt es in der Entscheidung (a. a. O. S. 259 f.) in Ausführungen, die für die Auffassung des Reichsgerichts hinsichtlich der Problematik der werdenden juristischen Person allgemein repräsentativ geblieben sind: „Rechtlicher Natur ist dagegen die Frage, in welcher Weise die Eintragung eines schon bestehenden nicht rechtsfähigen Vereins auf dessen rechtliche Stellung einwirkt. Hier ist zunächst die Auffassung abzulehnen, daß der eingetragene Verein deswegen, weil er juristische Persönlichkeit besitzt, den nicht eingetragenen Verein nicht fortsetzen könne. Der Wortlaut des Gesetzes (BGB § 21, vgl. auch §§ 55, 59) läßt im Gegenteil erkennen, daß ein Verein die Rechtsfähigkeit erlangen kann, ohne hierdurch im übrigen in seinem Bestehen beeinflußt zu werden. Der bereits vorhandene Verein besteht von der Eintragung an als juristische Person weiter, als solcher stellt er zwar ein neues Rechtssubjekt dar, aber dieses Rechtssubjekt setzt ein bereits vorher vorhandenes Rechtsgebilde fort. Hieraus folgt, daß Eigenschaften, die dem nicht rechtsfähigen Verein als solchem zukamen, bei dem eingetragenen fortdauern, ohne daß eine Rechtsnachfolge angenommen werden müßte. . . . Hinsichtlich des materiellen Rechtes ist es zwar nicht zweifelhaft, daß bei dem nicht rechtsfähigen Verein nur seine Mitglieder als Träger der Rechte und Verbindlichkeiten in Frage kommen. Das hindert aber nicht, daß ein Gesellschaftsvermögen als gesondertes Zweckvermögen rechtlich anerkannt wird. . . . Der Zweckbestimmung dieses Sondervermögens würde es widersprechen, wenn man annehmen wollte, das Vermögen stehe den Mitgliedern des früheren nicht rechtsfähigen Vereins auch nach der Eintragung in das Vereinsregister zu; es muß vielmehr daraus, daß der eingetragene Verein nur die Fortsetzung des nicht rechtsfähigen ist, geschlossen werden, daß das seinen Zwecken dienende Vermögen aktiv und passiv auf den rechtsfähigen Verein übergeht. Daß es vorher den Mitgliedern des nicht rechtsfähigen Vereins gehörte, steht nicht entgegen, weil diese es nur in ihrer Eigenschaft als Vereinsmitglieder besaßen und die von ihnen beschlossene Umwandlung

9 RGZ 85, 256 ff.

des Vereins im Zweifel auch bedeutet, daß das Vereinsvermögen künftig nach Maßgabe der neuen rechtlichen Verhältnisse besessen werden soll."

Die Entscheidung betraf, wie bereits gesagt, einen nicht rechtsfähigen Verein, der nach mehrjährigem Bestehen zum eingetragenen Verein wurde. Nach der Entscheidung sollen die zitierten Ausführungen aber auch gelten, wenn eine Vereinsgründung derart erfolgt, daß der Verein alsbald nach der Gründung zum eingetragenen Verein werden soll. Das Reichsgericht erwägt nur, daß in diesem Fall die Vertretungsmacht des Vorstandes für die Zeit bis zur Eintragung beschränkt sei.

Für die AG und die GmbH hat das Reichsgericht angenommen, daß mit der Gründung eine Gesellschaft des bürgerlichen Rechts gebildet werde, „die mit der Eintragung der Gesellschaft in diese überging".[10] Die Entscheidungen des Reichsgerichts betreffen vornehmlich Fälle der Gründung einer GmbH,[11] ohne daß das Reichsgericht jedoch zwischen der GmbH und der AG in der grundsätzlichen Beurteilung einen Unterschied macht. Schon in RG 58, 55 ff (1904) heißt es für die GmbH, es bestehe „vor der Eintragung in das Handelsregister zwar noch keine Gesellschaft mit beschränkter Haftung, wohl aber die Vereinigung derjenigen Personen, die den Gesellschaftsvertrag abgeschlossen haben, also eine Gesellschaft des bürgerlichen Rechts, die durch Eintragung in das Handelsregister eine Gesellschaft mit beschränkter Haftung werden soll". In dieser Entscheidung ging es darum, ob bereits in der Zeit vor der Eintragung der GmbH Beschlüsse der Gesellschaft mit Wirkung für die einzutragende Gesellschaft gefaßt werden könnten. Dies wird vom Reichsgericht bejaht. In der Entscheidung heißt es, die „Vereinigung" der Gesellschafter könne in dem Gesellschaftsvertrage, „insoweit nicht zwingendes Recht entgegensteht, auch bestimmen, in welcher Weise und durch welche Organe in der Zeit bis zur Eintragung der Gesellschaft in das Handelsregister für die gegründete Gesellschaft gehandelt werden soll". Der vor der Eintragung gefaßte einstimmige Beschluß über eine weitere Einzahlung auf die Stammeinlagen, die für die Gesellschaft aus tatsächlichen Gründen notwendig war, wurde vom Reichsgericht als wirksam anerkannt.

Diese Entscheidung bezüglich der inneren verfassungsmäßigen Ordnung der werdenden GmbH findet eine bemerkenswerte Ergänzung in der Entscheidung RG 82, 288 ff, welche zugleich besonders klar die These von der Einheit der werdenden GmbH von der Gründung bis zur

10 So RGZ 131, 27 ff., 31 betreffs der AG. Bemerkenswert ist die Entscheidung RGZ 144, 348 ff., 356 mit der Annahme einer Schadensersatzpflicht des Aufsichtsratsmitglieds gegenüber der AG aus der Zeit vor deren Eintragung. In RGZ 154, 276 ff., 286 wird zwar die Haftung der AG nach § 31 BGB für den Vorstand aus der Zeit vor der Eintragung verneint. Der Grundsatz, daß die eingetragene Gesellschaft nur eine Fortsetzung der früher in der Entstehung begriffenen Gesellschaft sei, wird aber aufrecht erhalten.

11 Vgl. RGZ 58, 55 ff.; RGZ 82, 288 ff.; RGZ 83, 370 ff.; RGZ 87, 246 ff.; RGZ 105, 228 ff.; RGZ 134, 121 ff.; RGZ 143, 368 ff.; RGZ 151, 86 ff. Wegen der Entscheidungen betreffend die AG vgl. vorige Anm.

Eintragung formuliert (a. a. O. S. 290): „Bei der durch den Gesellschaftsvertrag errichteten und bei der in das Handelsregister eingetragenen Gesellschaft handelt es sich nicht um verschiedene Vereinigungen, sondern um dieselbe Vergesellschaftung in verschiedenen Entwicklungsabschnitten, die nur in Bezug auf die noch nicht vorhandene, durch die Eintragung bedingte Rechtsfähigkeit voneinander verschieden sind. Die werdende Gesellschaft mbH ist im übrigen mit der eingetragenen Gesellschaft das gleiche Rechtsgebilde. Diese Gleichheit ergibt sich namentlich daraus, daß die für die werdende Gesellschaft mbH im Zeitabschnitte der Gründung entstandenen Rechte und Pflichten ohne weiteres auf die eingetragene Gesellschaft mbH übergehen, ohne daß es einer besonderen Übertragung bedürfte".[12] Das Reichsgericht folgt in der Entscheidung der Ansicht des Berufungsgerichts, „daß bereits für die Rechtsverhältnisse der werdenden, noch nicht eingetragenen Gesellschaft mbH und deren Beurteilung nach dem Willen aller Beteiligten, wie er sich aus dem Verhältnis der werdenden zur eingetragenen Gesellschaft mbH ergibt, die Grundsätze zur Ergänzung heranzuziehen sind, welche von der eingetragenen Gesellschaft gelten, und in gewissem Umfange, wie es eben das Wesen der Gründergesellschaft mit sich bringt, der Gesellschaftsvertrag". In Hinsicht auf § 60 Nr. 4 GmbHG führt das Reichsgericht sodann an, daß die noch nicht eingetragene Gesellschaft durch die Eröffnung des Konkurses über das Vermögen eines Gesellschafters nicht aufgelöst wird.

Die Identität zwischen der Gesellschaft vor der Eintragung und nach der Eintragung wird für das Reichsgericht nicht dadurch in Frage gestellt, daß nach seiner Ansicht vor der Eintragung nur eine Gesellschaft des bürgerlichen Rechts besteht. In RG 143, 372 wiederholt das Reichsgericht einerseits die ständig vertretene These, daß die Gründungsgesellschaft eine Gesellschaft bürgerlichen Rechts sei, betont aber zugleich: „Die Gründungsgesellschaft ist auch kein von der künftigen Gesellschaft mbH zu trennendes selbständiges Gebilde, sondern nur eine rechtliche Erscheinungsform derselben Gesellschaft. Sie ist also mit der Gesellschaft mbH wesensgleich. Aus der Gründergesellschaft wird durch die Eintragung eine Gesellschaft mbH, und das Vermögen der ersten wird Vermögen der zweiten".

12 Der angeführte Satz hat nicht den Sinn, daß der ipso-iure-Übergang der Rechte und Pflichten auf die eingetragene GmbH die Ursache für die Rechtsfolge der Identität sei (so zu Unrecht *Büttner*, Identität und Kontinuität bei der Gründung juristischer Personen, 1967, S. 18). Vielmehr will das Reichsgericht nur sagen, daß die Identität durch den ipso-iure-Übergang der Rechte und Pflichten dokumentiert wird.

b) Die Beschränkung der Identität auf die notwendigen Rechtsgeschäfte und die Möglichkeit der Genehmigung von vor der Eintragung vorgenommenen Rechtsgeschäften durch die juristische Person nach der Eintragung

Die Identität zwischen der nach Ansicht des Reichsgerichts mit dem Gründungsakt der AG oder GmbH vorhandenen Gesellschaft bürgerlichen Rechts und der GmbH oder AG, in welche die Gesellschaft bürgerlichen Rechts nach einer Formulierung des Reichsgerichts mit der Eintragung „übergeht“,[13] ist nach der Rechtsprechung des Reichsgerichts nur eine Teilidentität. In Hinsicht auf die vor der Eintragung vorgenommenen Rechtsgeschäfte besteht nach der Rechtsprechung des Reichsgerichts eine Identität nur für die „notwendigen“ Rechtsgeschäfte und die durch sie begründeten Rechtsverhältnisse. Als notwendig werden dabei die Rechtsgeschäfte angesehen, die erforderlich sind, damit die juristische Person rechtlich vollendet wird.[14]

Gültig für die gesamte Rechtsprechung des Reichsgerichts zur werdenden GmbH oder AG heißt es in RG 151, 86 ff, 91: „Auch nach der Beurkundung des Gesellschaftsvertrags treffen die Wirkungen rechtserheblichen Handelns der Beteiligten zunächst nur die Gründergesellschaft als Gesellschaft bürgerlichen Rechts, die sie darstellt, allerdings mit der Folge, daß für sie entstandene Rechtsverhältnisse auf die an ihre Stelle tretende, mit ihr wesensgleiche und nur ihrer rechtlichen Natur nach von ihr verschiedene Gesellschaft mbH übergehen, soweit sie auf Rechtshandlungen beruhen, die mit dem Zwecke der Gesellschaftserrichtung, die Gesellschaft mbH zur Entstehung zu bringen, in Verbindung stehen und zur Erreichung dieses Zwecks notwendig sind.“

Das Reichsgericht hat schon zu Art. 211 HGB (jetzt § 41 AktG) für die Aktiengesellschaft angenommen, daß grundsätzlich vor der Eintragung für die Aktiengesellschaft „als solche“ nicht gehandelt werden und sie nicht aus vor der Eintragung für sie vorgenommenen Rechtsgeschäften verpflichtet werden könne. Eine „Ausnahme“ wird nach RGZ 32, 97 ff, 98 nur insoweit anerkannt, „als solche durch den vom Gesetze geordneten Entstehungshergang der Gesellschaft, welcher mit der Eintragung seinen Abschluß findet und als einheitlicher zu gelten hat, bedingt wird“. Kategorisch stellt das Reichsgericht sodann fest: „Rechtsgeschäfte aber, die mit der Gründung nicht zusammenhängen, vielmehr das Bestehen der Gesellschaft als solcher voraussetzen, können erst nach der Eintragung von den jetzt erst in Tätigkeit tretenden Organen abgeschlossen werden.“

Die Vorschrift des Art. 211 Abs. 2 HGB (jetzt § 41 Abs. 1 S. 2 AktG) wird in der angeführten Entscheidung als Prohibitivnorm gewertet, wenn

13 Vgl. RGZ 131, 31

14 Vgl. RGZ 32, 98; RGZ 58, 56; RGZ 83, 373; RGZ 105, 229; RGZ 134, 122; RGZ 149, 303; RGZ 151, 91

es heißt: „Gerade um zu verhüten, daß die Aktiengesellschaft schon vor erfolgter Eintragung ihren Geschäftsbetrieb beginne, ist im Art. 211 Abs. 2 HGB bestimmt, daß, wenn vor der Eintragung im Namen der Gesellschaft gehandelt worden ist, die Handelnden persönlich und solidarisch haften."

In gleicher Weise hat das Reichsgericht für die GmbH die Beschränkung der Möglichkeit rechtsgeschäftlichen Handelns gegenüber der Gesellschaft vor der Eintragung auf § 11 GmbHG gestützt. In RG 83, 370 ff, 373 werden den für die Begründung der GmbH „notwendigen" Rechtsakten „alle anderen", d. h. die nicht notwendigen gegenübergestellt und dazu gesagt (a. a. O. S. 373): „Alle anderen Rechtsakte des geschäftsführenden Gesellschafters der Gesellschaft bürgerlichen Rechtes berechtigen und verpflichten nur diese Gesellschaft, nicht aber auch die Gesellschaft mbH . . . , ihre Wirkungen gehen auf letztere nicht über."

Wenn das Reichsgericht die These, daß nur die „notwendigen" Geschäfte aus der Zeit vor der Eintragung für und gegen die eingetragene Gesellschaft gelten, mit dem Zweck der Gründungsgesellschaft, d. h. der Gesellschaft bürgerlichen Rechts, in Verbindung gebracht hat,[15] könnte diese Argumentation zu der Ansicht verleiten, als ob auch die Gründergesellschaft als Gesellschaft des bürgerlichen Rechts auf die Vornahme von „notwendigen" Geschäften beschränkt sei. Davon gehen die fraglichen Entscheidungen des Reichsgerichts jedoch nicht aus, so daß die Identitätslehre des Reichsgerichts in der Tat nur eine Teilidentität, nämlich für den Bereich der notwendigen Geschäfte behauptet.[16]

Die Lehre von der Teilidentität der Gründungsgesellschaft und der eingetragenen GmbH oder AG wird in der Rechtsprechung des Reichsgerichts durch die These ergänzt, daß die vor der Eintragung vorgenommenen Geschäfte, die für die eingetragene GmbH oder AG nicht wirksam sind, weil es keine „notwendigen" Geschäfte sind, durch Genehmigung seitens der eingetragenen GmbH oder AG nach §§ 177 ff BGB für diese wirksam werden können.[17] In der Entscheidung RGZ 134, 121 ff, in welcher es sich um eine vor der Eintragung einer GmbH im Handelsregister für diese im Grundbuch eingetragene Vormerkung handelte, hat das Reichsgericht für die nach der Eintragung der GmbH durch diese ausgesprochene Genehmigung angenommen, daß sie rückwirkende Kraft auch für die Zeit vor der Existenz der GmbH habe. Für den Fall der Genehmigung seitens der eingetragenen GmbH oder AG besteht hiernach bei konsequenter Einordnung der Rechtsprechung des Reichsgerichts auch hinsichtlich der nicht notwendigen Geschäfte Identität zwischen der Gründungsgesellschaft als Gesellschaft des bürgerlichen Rechts und der eingetragenen GmbH oder AG als juristischer Person, da anders die

---

15 Vgl. RGZ 83, 373; RGZ 105, 229; RGZ 143, 372 ff.

16 Besonders eindeutig RGZ 83, 373 und RGZ 151, 91 mit den oben wiedergegebenen Ausführungen

17 Vgl. RGZ 105, 230; RGZ 134, 122

Eliminierung der Gesellschaft bürgerlichen Rechts aus dem fraglichen Rechtsverhältnis und die Rückwirkung der Genehmigung auf die Zeit vor der Existenz der GmbH oder AG als juristischer Person nicht einzuordnen wären.

c) Die Stellung der Literatur zu der Rechtsprechung des Reichsgerichts

Die Rechtsprechung des Reichsgerichts war in der Literatur umstritten. Teils verneinte man die Möglichkeit, das Rechtsgebilde vor der Eintragung und den eingetragenen Verein oder die eingetragene Gesellschaft des Handelsrechts als Einheit anzusehen.[18] Teils ging man in der Einheitstheorie über die Rechtsprechung des Reichsgerichts hinaus, indem man die volle Identität der Rechtsgebilde vor und nach der Eintragung annahm, insbesondere mit der Konsequenz der vollen Haftung der juristischen Person aus Geschäften des Gründungsstadiums vor der Eintragung. Die konsequente Einheitstheorie wurde insbesondere von den Autoren vertreten, welche im Gegensatz zum Reichsgericht vor der Eintragung nicht eine Gesellschaft des bürgerlichen Rechts annahmen, sondern meinten, daß auch bereits vor der Eintragung mit dem Gründungsakt ein körperschaftlicher Verband entstehe, der mit der Eintragung Rechtsfähigkeit erlange.[19] Soweit man für die AG und die GmbH der beschränkten Einheitslehre des Reichsgerichts folgte, geschah dies vor allem aus der Erwägung, daß die Kapitalgrundlage der Gesellschaften des Handelsrechts nicht durch die Haftung für Verbindlichkeiten aus Rechtsgeschäften vor der Eintragung geschmälert werden dürfe.[20]

3. Die werdende juristische Person nach der Rechtsprechung des Bundesgerichtshofs

Die Entscheidungen des Bundesgerichtshofs zur werdenden juristischen Person erwecken den Eindruck, als ob der Bundesgerichtshof einen grundsätzlichen Wandel gegenüber der Rechtsprechung des Reichsgerichts voll-

---

18 Vgl. *Enneccerus-Nipperdey* § 107 VII u. N. 39 Zit.; *v. Tuhr,* Allgem. Teil I, 588 u. N. 71 Zit.; *Fischer* in Großkom. AktG § 34 IV 5 u. Zit. Besondere Beachtung verdient der Aufsatz von *Gadow,* Der Eintritt der Aktiengesellschaft in die vor ihrer Entstehung begründeten Rechtsverhältnisse, Iher. Jb. 87 (1937/38), S. 245 ff. Gadow behandelt die Problematik aus Anlaß der Neufassung von § 34 AktG 1937.

19 *Coing-Staudinger* § 21 N. 34, 34a; *Soergel-Schultze-v. Lasaulx,* vor § 21 N. 56 ff.; *Fischer* in Großkom. AktG § 34 N. 3 ff.; maßgebend vor allem *Schreiber,* Kommanditgesellschaft auf Aktien (1925) S. 65 ff.; *Feine,* Ehrenb. Hdb. III, 3 S. 201; aus der neueren Literatur siehe *Dregger,* Haftungsverhältnisse bei der Vorgesellschaft (1952). *Gerhard Dilcher,* Jus 1966, 89 ff.; *Büttner* a. a. O. S. 66 ff.

20 Vgl. *Fischer* a. a. O.; *Schilling* in Hachenburg Kom.GmbHG § 11 N. 4

zogen habe. Fast wie eine Fanfare nimmt sich der Leitsatz der Entscheidung BGHZ 20, 281 aus[21]: „Mit der Errichtung des Statuts einer Genossenschaft entsteht weder ein nichtrechtsfähiger Verein noch eine Gesellschaft bürgerlichen Rechts, sondern eine nicht rechtsfähige Genossenschaft, für die das Recht der eingetragenen Genossenschaft gilt, soweit sich aus dem Fehlen der Rechtsfähigkeit nichts Abweichendes ergibt.“ Diese These wird vom Zweiten Senat des Bundesgerichtshofs in dem Leitsatz von BGHZ 21, 242, einer den Fall einer GmbH behandelnden Entscheidung, für die GmbH wiederholt: „Die im Werden begriffene Gesellschaft mit beschränkter Haftung ist keine bürgerlich-rechtliche Gesellschaft, sondern eine Organisation, die einem Sonderrecht untersteht, das aus den im Gesetz oder im Gesellschaftsvertrag gegebenen Gründungsvorschriften und dem Recht der rechtsfähigen Gesellschaft, soweit es nicht die Eintragung voraussetzt, besteht.“ In einer weiteren Entscheidung[22] hat der Zweite Senat schließlich die Gelegenheit der Urteilsgründe benutzt, um auch für die Aktiengesellschaft nebenbei die These zu proklamieren: Die in der Entstehung befindliche AG sei „eine Organisationsform eigener Art, die dem Recht der eingetragenen Aktiengesellschaft untersteht, soweit dieses nicht die Rechtsfähigkeit voraussetzt.“

Die Formel von der „Organisation“ oder „Organisationsform“ eigener Art jeweils in Hinsicht auf die fragliche juristische Person mit der Antithese, daß es sich nicht um eine bürgerlich-rechtliche Gesellschaft oder einen nicht rechtsfähigen Verein handelt, wird vom Bundesgerichtshof stereotyp verwandt[23]. Bemerkenswert ist dabei, daß die Formel verwandt wird, ohne daß die mit ihr proklamierte These für die Entscheidungen von Bedeutung wäre. Die Formel und die wirkliche Begründung der Entscheidung stehen in den Urteilen unvermittelt nebeneinander.

In BGHZ 17, 385 ff. erörtert der Bundesgerichtshof bezüglich der Frage der Haftung einer Genossenschaft für die vor ihrer Eintragung eingegangenen Verbindlichkeiten ausführlich die Meinungen über das Wesen des Rechtsgebildes im Gründungsstadium einer Genossenschaft, um dann (a. a. O. S. 390) festzustellen: „Das braucht aber nicht vertieft zu werden, wie es auch nicht darauf ankommt, ob oder inwieweit die werdende rechtsfähige Genossenschaft zwischen der Errichtung des Statuts und ihrer Eintragung nach den Vorschriften über den Verein oder die bürgerlich-rechtliche Gesellschaft zu beurteilen ist.“

Für die Entscheidungen BGHZ 20, 281 und 21, 242 ist kennzeichnend, daß der Bundesgerichtshof in beiden Fällen ebenso entschieden hat wie das Berufungsgericht, das jeweils bei seiner Entscheidung ohne die These des Bundesgerichtshofs ausgekommen war. In BGHZ 20, 281 ff. handelte

---

21 Vgl. vorher schon BGHZ 17, 385 ff., 387 ff.

22 LM § 34 AktG Nr. 2

23 Vgl. außer den angeführten Entscheidungen BGH VIII ZR 119/57 vom 21. 1. 1958, LM § 305 BGB Nr. 3; BGH II ZR 19/62 vom 10. 1. 1963, LM § 11 GmbHG Nr. 12; BGHZ 45, 338 ff., 347

es sich um die Haftung der Gründer einer Genossenschaft für einen Vertrag aus der Zeit des Gründungsstadiums, der von der eingetragenen Genossenschaft genehmigt worden war. Der Bundesgerichtshof nahm an (a. a. O. S. 287), der Kläger habe „mit den Gründergenossen vereinbart, daß sie mit der Übernahme des Vertrages durch die eingetragene Genossenschaft aus ihrer Schuldverpflichtung entlassen sind". Daß danach die Gründergenossen nicht mehr persönlich hafteten, war eine Rechtsfolge, welche mit der Einordnung des Rechtsgebildes des Gründungsstadiums im Sinne der Formel nicht zusammenhing. Die Entscheidung BGHZ 21, 242 betraf die Frage, ob ein formloser Vertrag über das Ausscheiden eines Gesellschafters nach der Gründung und vor der Eintragung einer GmbH gültig sei. Die Frage wurde vom Bundesgerichtshof mit Recht verneint. Mit der Formel, die als Leitsatz veröffentlicht ist, hat die Entscheidung nichts zu tun.

In der Entscheidung BGH LM § 34 AktG Nr. 2 wird die Formel vom Bundesgerichtshof nur als obiter dictum angeführt. Wenn der Bundesgerichtshof in der Entscheidung VIII ZR 119/57 vom 21. 1. 1958, LM § 305 BGB Nr. 3 die Formel wiederholt, es werde bei der Gründung einer Genossenschaft mit der Errichtung des Statuts „ein Rechtsgebilde ins Leben gerufen, das als die ‚im Werden begriffene rechtsfähige Genossenschaft' eine ‚Entwicklungsstufe' bei der Entstehung der eingetragenen Genossenschaft bildet"[24], so ist auch hier die Formel gegenüber der Begründung der Entscheidung isoliert. Ohne daß die Formel für die Entscheidung relevant wäre, entscheidet der Bundesgerichtshof mit Recht, daß die Gründer der Genossenschaft im Gründungsstadium für die Genossenschaft in der Weise handeln können, daß nach dem Inhalt des Rechtsgeschäfts nur die Genossenschaft für die Zeit nach Erlangung der Rechtsfähigkeit verpflichtet wird. In BGH II ZR 19/62 vom 10. 1. 1963, LM § 11 GmbHG Nr. 12 wird die Frage behandelt, wer für die Gründergesellschaft einer GmbH vertretungsberechtigt ist, wenn diese vor der Eintragung ihre Liquidation beschließt. Auf Grund der von BGHZ 21, 242 ff. verwandten Formel hatte das Landgericht angenommen, daß entsprechend § 66 GmbHG der Geschäftsführer als Liquidator zuständig sei[25], während das Berufungsgericht sich für die Zuständigkeit aller Gründer als Liquidatoren erklärt hatte. Dem stimmte der Bundesgerichtshof mit der Begründung zu, infolge der Auflösung der Gründergesellschaft trete „ihr personalistisches Element in den Vordergrund, während die auf Errichtung einer juristischen Person gerichteten Momente nicht wirksam werden können".

Die Entscheidung BGHZ 45, 338 ff. ist u. a. mit dem Leitsatz versehen: „Auch die Einbringung von Grundstücken und Grundstücksrechten ist vor der Eintragung der GmbH ins Handelsregister möglich, da die Gründerorganisation, obwohl nicht rechtsfähig, ins Grundbuch eingetra-

---

24 Vgl. auch schon BGHZ 17, 391; BGHZ 20, 285

25 Ebenso BAG in dem Urteil 2 AZR 11/62 vom 8. 11. 1962, NJW 1963, 680 ff.

gen werden kann." Wie die auch hier stereotyp verwandte Formel hat ebenso der Leitsatz mit der Entscheidung des Falles nichts zu tun. In dem fraglichen Falle ging es gar nicht um die Grundbuchfähigkeit des Rechtsgebildes der Gründungszeit, welche der Bundesgerichtshof in den Entscheidungsgründen proklamiert, sondern es handelte sich um die Rechte eines Gründers aus einer ordnungsmäßigen Sacheinlage, wofür es auf die Erörterung des Wesens des Rechtsgebildes des Gründungsstadiums nicht ankam.

In der Entscheidung statuiert der Zweite Senat[26] für die aus der Gründung der GmbH entstehende „Organisation" vor der Eintragung „Kontofähigkeit" und „Grundbuchfähigkeit", mit der Maßgabe, daß die fraglichen Rechte mit der Eintragung ohne weiteres der juristischen Person zustehen. Allgemein wird gesagt, die Organisation müsse „befähigt sein, alle Gegenstände zu erwerben, die Inhalt einer Einlageverpflichtung sein können". Von der „Organisation" der werdenden GmbH sagt diese Entscheidung, daß „sie mehr ist als eine bürgerlich-rechtliche Gesellschaft". Anscheinend wird die „Organisation" aber von dem Zweiten Senat doch nicht als ein gegenüber den Gründern verselbständigtes Gebilde verstanden, da der Zweite Senat neben dem Terminus „Organisation" auch den Terminus „Gründerorganisation" verwendet.

Die Rechtsprechung des Bundesgerichtshofs betreffs der werdenden juristischen Person ist in Wirklichkeit von der Rechtsprechung des Reichsgerichts nicht so verschieden, wie es nach den in den Entscheidungen des Bundesgerichtshofs verwandten Formulierungen den Anschein hat. Der Bundesgerichtshof vertritt — in Übernahme der von Schreiber[27] und Feine[28] entwickelten Lehre[29] — die These, daß für die werdende juristische Person neben den gesetzlichen Gründungsvorschriften und dem Gründungsvertrag das Recht der vollendeten juristischen Person gilt, abgesehen von den Rechtssätzen, welche durch die Eintragung bedingt sind, wobei die Eintragung mit der Erlangung der Rechtsfähigkeit gleichgesetzt wird. Die rechtliche Problematik des Gründungsstadiums ergibt sich aber gerade daraus, daß die werdende juristische Person noch keine juristische Person ist. Die entscheidenden Fragen sind, wer der Beteiligte der im Gründungsstadium begründeten Rechtsverhältnisse ist, wer Schuldner oder Haftender ist, und zu wem die Rechtszuständigkeit für Forderungen und andere Rechte besteht, und ob die in dem Gründungsstadium begründeten Rechtsverhältnisse für und gegen die juristische Person bestehen, und zu all' dem besagt die These des Bundesgerichtshofs nichts.

Daß für das Rechtsgebilde der werdenden juristischen Person auch das Recht der vollendeten juristischen Person schon Geltung haben kann, hat

26 BGHZ 45, 338 ff., 348
27 Kommanditgesellschaft auf Aktien (1925) S. 65
28 Ehrenb. Hdb. III, 3 S. 201
29 Siehe zur Literatur im übrigen *Büttner* a. a. O. S. 69 ff. u. Zit; *Fischer* in Großkom. AktG § 22 N. 4

das Reichsgericht bereits angenommen. Das Reichsgericht hat dies nur nicht in Antithese zu seiner Auffassung der werdenden juristischen Person als einer Gesellschaft des bürgerlichen Rechts gestellt, vielmehr die von ihm angenommene bürgerlich-rechtliche Gesellschaft mit dem Inhalt der fraglichen juristischen Person erfüllt. Für das Reichsgericht ergab sich dies mit Selbstverständlichkeit aus der Annahme, daß die bürgerlichrechtliche Gründungsgesellschaft mit der durch die Eintragung vollendeten juristischen Person „das gleiche Rechtsgebilde" sei. Beispielhaft ist dazu die Entscheidung RG 82, 288 ff. aus dem Jahre 1913, in welcher (S. 290) ausdrücklich erklärt wird, „daß bereits für die Rechtsverhältnisse der werdenden, noch nicht eingetragenen Gesellschaft mbH und deren Beurteilung nach dem Willen aller Beteiligten, wie er sich aus dem Verhältnis der werdenden zur eingetragenen Gesellschaft mbH ergibt, die Grundsätze zur Ergänzung heranzuziehen sind, welche von der eingetragenen Gesellschaft gelten". Die Entscheidungen des Bundesgerichtshofs besagen insoweit nichts anderes.

4. Der Gründungsvorvertrag und das durch ihn begründete Rechtsverhältnis

Es kann sein, daß das Werden der juristischen Person mit dem Gründungsakt beginnt, d. h. dem Gründungsakt keine rechtlich relevanten Vorgänge vorausgehen, die auf die Gründung der juristischen Person gerichtet sind. So haben bei der Gründung eines Vereins des § 21 die Absprachen der Gründer, daß ein Verein gegründet werden soll, im allgemeinen keine rechtliche Verbindlichkeit, vielmehr erschöpft sich in der Regel ihre Bedeutung in der Faktizität einer Planung. So kann es auch bei der Gründung einer juristischen Person des Handelsrechts sein. Hier tritt aber oft an die Stelle einer bloß faktischen Planung die rechtsverbindliche Absprache, durch welche sich die Vertragschließenden verpflichten, die Gründung der juristischen Person vorzunehmen.

Der Vertrag, durch welchen sich die Vertragschließenden zur Gründung einer juristischen Person verpflichten, wird allgemein als Gesellschaftsvertrag (§§ 705 ff.) eingeordnet[30]. Wenn der Vertrag auf nichts anderes als die Gründung der fraglichen juristischen Person (AG, GmbH etc.) gerichtet ist und die Vertragspartner die Gründung der Gesellschaft als einen gemeinsamen Zweck verfolgen, ist dieser Einordnung zuzustimmen. In aller Regel enthält ein solcher Vertrag aber noch weitere Bestimmungen, und zwar für die Zeit nach der Erlangung der Rechtsfähigkeit durch die zu gründende juristische Person. Insbesondere werden oft bereits Vereinbarungen über die künftigen Mitgliedschaftsrechte getroffen, indem diese im voraus abgetreten werden oder wenigstens die Verpflich-

30 Vgl. *Fischer* a. a. O. § 16 N. 22 ff.; *Barz* in Großkom. AktG § 23 N. 22 ff.; *Schilling* in Hachenburg Kom. GmbHG § 2 N. 16

tung zur Abtretung begründet wird. Mit letzterem muß man sich begnügen, wenn die Vorausabtretung des künftigen Mitgliedschaftsrechts wie bei der Aktiengesellschaft nach § 41 Abs. 4 AktG — anders als bei der GmbH[31] — vor der Eintragung unwirksam ist. Durch die sonstigen Abreden kann sich der Charakter des Vertrages über die Gründung einer juristischen Person so verändern, daß er als Gesellschaftsvertrag nicht mehr einzuordnen ist. Ein Gesellschaftsvertrag liegt vor allem nicht vor, wenn in dem Vertrage bestimmt wird, daß ein Vertragspartner bei der Gründung der Gesellschaft nur als Treuhänder für den anderen Partner auftritt.

In Literatur und Rechtsprechung wird der Vertrag, durch welchen die künftige Gründung einer juristischen Person vereinbart wird, als Vorgründungsvertrag[32] oder Gründungsvorvertrag[33] bezeichnet. Die Bezeichnungen sind an sich unbedenklich, wenn man sich nur dessen bewußt ist, daß der „Vorvertrag", gleich ob er als Gesellschaftsvertrag oder nach der Art des Inhalts sonstwie einzuordnen ist, jedenfalls von grundsätzlich anderer Natur ist als der Gründungsakt selbst, so bei der GmbH der Abschluß des Gesellschaftsvertrages nach § 2 GmbHG oder bei der Aktiengesellschaft die Feststellung der Satzung und die Übernahme der Aktien durch die Gründer (§§ 23, 29 AktG). Der „Vorvertrag" ist ein schuldrechtlicher Vertrag, während der Gründungsakt selbst die Verfassung der juristischen Person begründet und mit ihm die Entstehung der juristischen Person beginnt.

Das Reichsgericht hat bis zuletzt[34] in ständiger Rechtsprechung angenommen, daß der Gründungsvorvertrag der gleichen Form wie der Gründungsakt bedarf. In der Literatur ist die Frage strittig[35]. Das Gesetz selbst, das den Gründungsvorvertrag ja überhaupt nicht behandelt, bestimmt die Formbedürftigkeit nicht. Sie könnte also nur in extensiver oder analoger Anwendung der Formvorschriften für die Gründung angenommen werden. In der Rechtsprechung des Reichsgerichts und in der Literatur wird zwar translatizisch fortgeschrieben, daß die Form bei der Gesellschaftgründung Schutzfunktion habe und deshalb auch der Gründungsvorvertrag formbedürftig sei. Nun steht aber fest, daß Gesellschaftsgründungen mit sehr viel größeren Risiken für die Gründer als die Gründung einer AG oder GmbH keiner Form bedürfen. So ist formlos gültig die Gründung der OHG oder KG. Wenn schließlich selbst bei einer Genossenschaft mit unbeschränkter Haftpflicht die Feststellung des

31 Vgl. BGHZ 21, 245 u. Zit.

32 *Fischer* a. a. O. § 16 VII; *Barz* a. a. O. § 23 VII

33 RGZ 130, 75; *Schilling* a. a. O.

34 Vgl. RGZ 130, 73 ff., 75; 156, 129 ff., 138; siehe dort auch wegen des Inhalts des Gründungsvorvertrages.

35 Im Sinne der Rechtsprechung *Fischer* a. a. O. § 16 N. 23 u. Zit.; *Barz* a. a. O. § 23 Anm. 23; wegen der Gegenmeinung siehe vor allem *Bing* in Düringer-Hachenburg § 182 HGB N. 22, 23 (siehe dort auch wegen weiterer Literatur); *Schilling* in Hachenburg GmbHG § 2 N. 14 u. Zit.; vgl. auch *Büttner* a. a. O. S. 43

Statuts nur der Schriftform und der Beitritt nach der Anmeldung ebenfalls nur der von dem Beitretenden zu unterzeichnenden Erklärung bedarf, so ist wohl nicht die Ansicht zu vertreten, daß bei der Gründung einer AG oder GmbH die Form wegen der Schutzfunktion vom Gesetz bestimmt sei und deshalb auch der Gründungsvorvertrag der Form bedürfe. Die Formbedürftigkeit der Gründung ergibt sich aus der Bedeutung des Gründungsaktes für die Konstitution der juristischen Person, deren Existenz auch inhaltlich durch den Gründungsakt bestimmt wird. So ist die Formvorschrift sehr wohl sachgerecht, ohne daß es noch anderer, außerhalb der Gründung selbst gelegener Zwecke als Rechtfertigung des Formzwangs bedürfte. Aus dieser Sicht kommt eine Erstreckung der Formvorschriften auf den Gründungsvorvertrag für die AG oder GmbH nicht in Frage.

Im allgemeinen nimmt man an, daß aus einem Gründungsvorvertrag auf Vornahme der Gründung geklagt werden kann und die Vorschriften der §§ 888, 894 ZPO zur Anwendung kommen.[36] Diese Ansicht stand bisher im Widerspruch zu der h. M., daß aus einer Stimmrechtsvereinbarung nicht auf Erfüllung geklagt werden könne. Denn wenn eine Stimmrechtsvereinbarung keinen Erfüllungsanspruch gewährt, so muß dies erst recht für die Gründungsvereinbarung gelten. Wenn man aber nunmehr mit dem Bundesgerichtshof[37] entgegen der Rechtsprechung des Reichsgerichts[38] einen Erfüllungsanspruch auf Grund einer Stimmrechtsvereinbarung und die Vollstreckbarkeit nach § 894 ZPO annimmt, so wäre auch bei einem Gründungsvorvertrag eine Erfüllungsklage auf Mitwirkung bei der Gründung denkbar.

Praktischer wird es allerdings sein, wenn die vertragswilligen Partner des Gründungsvorvertrags nach Androhung gegenüber dem vertragsbrüchigen Partner von sich aus — u. U. unter Beteiligung einer weiteren Person, wenn dies wegen der gesetzlichen Zahl der Gründer notwendig ist, — die Gründung vornehmen und dann gegen den Vertragsbrüchigen vorgehen. Auf Grund des Gründungsvorvertrags können die vertragswilligen Partner, wenn sie die von dem Vertragsbrüchigen nach dem Gründungsvorvertrag zu übernehmenden Aktien nicht behalten wollen, die Übernahme derselben durch den Vertragsbrüchigen verlangen.

Wer sich in dem Gründungsvorvertrag zur Gründung durch Sacheinlage verpflichtet, wird es sich auf Verlangen der anderen Partner gefallen lassen müssen, daß er den Gegenstand der Sacheinlage der — ohne sein Mitwirken — gegründeten Gesellschaft zu liefern hat, indem von dem Vertragsbrüchigen die Leistung der Sacheinlage gegen Aktien der gegründeten Gesellschaft verlangt wird, die zunächst von den anderen Gründern übernommen und für den Erwerb der „Sacheinlage" der Gesellschaft zur Verfügung gestellt werden. Auf diese Weise wird in Wirk-

36 Vgl. *Fischer* a. a. O. § 16 N. 26 u. Zit.; *Barz* a. a. O. § 23 Anm. 26
37 BGHZ 48, 163 ff.
38 Vgl. Zitate BGH a. a. O. S. 169

lichkeit nur der Gründungsvorvertrag „erfüllt", indem es nicht auf die Modalität der Sacheinlage, sondern nur darauf ankommt, daß die Gesellschaft den Gegenstand der Sacheinlage gegen die Hingabe von Aktien erhält.

Bei Vertragsbruch eines Partners eines Gründungsvorvertrags werden die anderen Partner an einem Erfüllungsanspruch auf Mitwirkung an der Gründung gegen den Vertragsbrüchigen im allgemeinen kein Interesse haben. So sind denn auch anscheinend Urteile auf Verurteilung zur Mitwirkung an der Gründung bisher nicht ergangen. Ein Interesse an der Erfüllung durch Mitwirkung an der Gründung dürfte nur in Frage kommen, wenn der Vertragsbrüchige eine Sacheinlage zu leisten hat. Der Gegenstand der Sacheinlage kann aber, wie dargelegt, der gegründeten Gesellschaft auch verschafft werden, ohne daß es eines durchsetzbaren Erfüllungsanspruchs auf Mitwirkung bei der Gründung bedürfte.

Treten die Partner des Gründungsvorvertrages vor der Gründung in Rechtsbeziehungen zu Dritten, so haften sie für die Verbindlichkeiten als Gesamtschuldner (§§ 427, 431). Etwaiger Erwerb wird, wenn der Zusammenschluß des Gründungsvorvertrages als Gesellschaftsverhältnis einzuordnen ist, Gesamthandsvermögen der Partner des Gründungsvorvertrages. Eine Identität zwischen den Partnern des Gründungsvorvertrages und der vollendeten juristischen Person kann sinnvollerweise nicht erwogen werden. Der Gründungsvorvertrag, der nur die schuldrechtliche Verpflichtung der Vertragspartner zur Mitwirkung an der Gründung begründet, ist eben grundsätzlich anders geartet als der Gründungsakt selbst, durch welchen die juristische Person gegründet, wenn auch noch nicht vollendet wird. So ist es auch allgemein anerkannt, daß zwischen der durch den Gründungsvorvertrag begründeten Gesellschaft und der juristischen Person keine Kontinuität oder Identität besteht.

5. Die künftige juristische Person als Beteiligte des rechtsgeschäftlichen Verkehrs

Für die künftige juristische Person kann in gleicher Weise gehandelt werden wie für eine künftige natürliche Person. Aktuelle Rechtsverhältnisse können allerdings für eine künftige Person vor ihrer Entstehung nicht begründet werden, soweit nicht durch besonderen Rechtssatz — wie z. B. hinsichtlich des nasciturus, der werdenden Stiftung oder der Einsetzung einer künftigen Person als Nacherben — etwas anderes bestimmt ist. Eine künftige Person kann grundsätzlich nicht am Rechtsverkehr in der Weise teilnehmen, daß für sie vor ihrer Entstehung bereits aktuelle Rechtsverhältnisse bestehen.

Die künftige Person kann als Berechtigte eines Vertrages zugunsten Dritter bestimmt werden. Ein Recht zugunsten der juristischen Person besteht dann jedoch frühestens im Zeitpunkt ihrer Entstehung. Vor allem aber kann in Stellvertretung für eine künftige Person gehandelt werden.

Die Wirksamkeit des von einem Stellvertreter vorgenommenen Geschäfts hängt dann davon ab, daß es durch die vertretene Person nach ihrer Entstehung genehmigt wird. Die Genehmigung kann aber nur zurückwirken auf den Zeitpunkt der Entstehung der Person. Es kann dieser nicht gestattet sein, sich nachträglich in den Rechtsverkehr der Zeit vor ihrer Entstehung einzuschalten.

Dem rechtsgeschäftlichen Handeln für eine zukünftige juristische Person durch Vertrag zugunsten Dritter oder in Stellvertretung sind hiernach enge Grenzen gesetzt. Ein solches Handeln kommt eigentlich nur in Frage, wenn durch Begründung künftiger Forderungen für die juristische Person nach ihrer Entstehung Vorsorge getroffen werden soll. Auch dies wird aber nur in Ausnahmefällen möglich sein, wenn nicht eine weitere existente Person als Vertragspartner auf der Seite der zukünftigen juristischen Person auftritt. Denn Forderungen entstehen rechtsgeschäftlich vornehmlich auf Grund von gegenseitigen Verträgen, und der rechtsgeschäftliche Verkehr wird sich im allgemeinen auf den Abschluß eines gegenseitigen Vertrages, der in Stellvertretung für die zukünftige juristische Person abgeschlossen wird, nur einlassen, wenn er für seine Bindung gegenüber der künftigen juristischen Person auch eine aktuelle Gegenbindung erhält und diese nicht von der Ungewißheit der Genehmigung durch die künftige juristische Person abhängig ist. Erwerbsgeschäfte und Verfügungsgeschäfte in Stellvertretung für die künftige juristische Person können vor deren Entstehung keine rechtliche Wirkung haben. Insbesondere begründen sie auch nicht eine dem Prioritätsgrundsatz entsprechende Sperrwirkung. Wenn z. B. jemand durch Vertrag mit dem Stellvertreter einer zukünftigen juristischen Person an diese eine Forderung abtritt, bleibt er bis zur Entstehung der juristischen Person weiterhin Inhaber der Forderung, und wenn er die Forderung vor der Entstehung der juristischen Person an einen Dritten abtritt, so wird die an die zukünftige juristische Person erfolgte Abtretung gegenstandslos. Die bedingte Verfügung zugunsten einer künftigen juristischen Person hat die Wirkung des § 161 erst vom Zeitpunkt der Entstehung der juristischen Person an.

Es ist offensichtlich, daß ein Handeln in Stellvertretung für die juristische Person als eine zukünftige Person nicht praktikabel ist, wenn bereits vor der Entstehung der juristischen Person Geschäfte wirklich durchgeführt werden müssen. Insbesondere ist hiernach mit der Stellvertretung für die zukünftige juristische Person als Rechtsfigur nichts anzufangen in den Fällen, daß bei der Sachgründung ein Handelsgeschäft, das fortgeführt werden muß, für die zukünftige juristische Person übernommen wird.

Die Unpraktikabilität besteht sowohl für die künftige juristische Person wie für die Partner derselben. Entscheidend ist, daß beim Handeln ausschließlich für die juristische Person als künftige Person und damit unter der Voraussetzung ihrer Genehmigung keine gegenwärtigen Rechtsverhältnisse entstehen, und zwar weder aus Verpflichtungs- noch aus

Verfügungsgeschäften, und daß ferner für die künftige juristische Person keine Bindung eintritt und man so entsprechend auch ein Widerrufsrecht des Partners annehmen muß.

Gerade weil die rechtliche Einordnung des Handelns für die juristische Person vor ihrer Entstehung als ein Handeln nur für die künftige Person und unter der Voraussetzung der Genehmigung durch sie nicht sachgerecht ist, ist für das Handeln im Namen der juristischen Person vor ihrer Vollendung zugunsten des Partners die besondere Haftung des Handelnden nach § 41 Abs. 1 S. 2 AktG, § 11 Abs. 2 GmbHG eingeführt worden. Diese Haftung besteht jedoch, wie das Reichsgericht[39] schon zu Art. 211 HGB angenommen hat, dann nicht, „wenn unter dem ausdrücklichen Vorbehalte der Genehmigung der Gesellschaft für dieselbe kontrahiert worden ist".

Im allgemeinen pflegen sich beim Handeln für eine AG oder GmbH vor ihrer Eintragung die Beteiligten nicht darüber Gedanken zu machen, wie ihr Handeln rechtlich einzuordnen ist. Natürlich kann unter dem Vorbehalt der Genehmigung durch die juristische Person nach ihrer Vollendung durch Eintragung kontrahiert werden. Dann wird gehandelt für die juristische Person als eine künftige Person unter Ausschluß der Haftung des für die juristische Person Handelnden, da einerseits die Haftung nach § 41 Abs. 1 S. 2 AktG, § 11 Abs. 2 GmbHG ausgeschlossen ist und auch eine Haftung nach § 179 BGB in diesem Falle nicht in Frage kommt. Im allgemeinen ist es dagegen, wenn für eine juristische Person vor ihrer Vollendung gehandelt wird, nicht der Inhalt des Rechtsgeschäfts, daß für die juristische Person nur als eine künftige und vorbehaltlich der Genehmigung derselben nach ihrer Entstehung gehandelt wird, das Rechtsgeschäft also nur im Falle der Entstehung der juristischen Person und deren Genehmigung gelten soll. Mit Recht spricht die angeführte Entscheidung des Reichsgerichts von dem „ausdrücklichen Vorbehalt", durch welchen die Haftung des Handelnden ausgeschlossen sein soll. Weil die Annahme eines Handelns für die juristische Person als eine künftige Person und unter der Voraussetzung ihrer Genehmigung im allgemeinen zu Ergebnissen führt, welche dem Sinn des Handelns für die werdende juristische Person zuwider sind, spricht bei der Auslegung die Vermutung gegen eine solche Annahme. Es ist die „Ausnahme", daß das Rechtsgeschäft nur für die künftige Person und nur im Falle der Genehmigung durch sie gelten soll, und daß diese Ausnahme vorliegt, muß sich einwandfrei aus dem Sinn des Geschäfts ergeben, wenn es nicht „ausdrücklich" erklärt ist. Im Falle des „non liquet" gilt das Handeln für die juristische Person vor ihrer Vollendung nicht als ein solches nur für die künftige Person und nur unter der Voraussetzung der Genehmigung durch sie.

39 RGZ 32, 97 ff., 99

6. Die Gründergemeinschaft auf Grund des Gründungsakts

Für den Idealverein des bürgerlichen Rechts liegt sicher nichts näher, als den Verein nach der Gründung und vor der Eintragung als nicht rechtsfähigen Verein einzuordnen und ihn den Regeln zu unterstellen, die für den nicht rechtsfähigen Idealverein gelten und sich vornehmlich in der Rechtsprechung entwickelt haben. Der Idealverein und der nicht rechtsfähige Verein entsprechen einander. Der nicht rechtsfähige Verein ist, so wie er als Rechtsfigur in der Rechtsprechung geprägt worden ist, der nicht rechtsfähige Idealverein, und deshalb ergibt sich mit Selbstverständlichkeit die Gleichsetzung des „nicht rechtsfähigen" Idealvereins und des „noch nicht rechtsfähigen" Idealvereins, d. h. des Idealvereins im Gründungsstadium zur juristischen Person.

Für die juristischen Personen des Handelsrechts liegen die Dinge nicht so einfach wie beim Idealverein. Einmal ist die Rechtsfigur des nicht rechtsfähigen Vereins nicht auf den nicht rechtsfähigen wirtschaftlichen Verein ausgerichtet. Ferner sind die juristischen Personen des Handelsrechts so unterschiedlich geartet, daß zu fragen ist, ob mit einer Einheitsfigur wie der des nicht rechtsfähigen Vereins überhaupt die Gründungsstadien der unterschiedlichen juristischen Personen des Handelsrechts voll erfaßt werden können.

Wenn das Reichsgericht für das Gründungsstadium der juristischen Personen des Handelsrechts eine bürgerlich-rechtliche Gesellschaft annimmt, so füllt es, wie dargelegt, das Gesellschaftverhältnis zugleich mit dem Inhalt, den es aus dem Recht der jeweils in Frage kommenden juristischen Person selbst entnimmt. Auch die Haftung der Gründer wird vom Reichsgericht in Hinsicht auf die juristische Person beschränkt, obwohl es sich doch nach Ansicht des Reichsgerichts im Gründungsstadium um eine bürgerlich-rechtliche Gesellschaft handelt.

Beispielhaft dafür ist die Entscheidung RGZ 143, 368 ff, in welcher bei der Übernahme eines Handelsgeschäfts als Sacheinlage durch eine GmbH vor der Eintragung die Haftung der Gründer nach § 25 HGB verneint wird, obwohl das Handelsgeschäft mehrere Monate vor der Eintragung übernommen worden und weitergeführt worden war. Dazu heißt es in der Entscheidung (S. 372): „Die Gesellschaft des bürgerlichen Rechts hat nur einen eng begrenzten Zweck, nämlich die Entstehung der Gesellschaft mbH vorzubereiten. Daraus ergibt sich auch die Begrenzung der Befugnisse der für sie handelnd Auftretenden und damit auch die Beschränkung der Haftung der Gesellschafter, die nicht handelnd auftreten."

Das Reichsgericht läßt sich durch die Einordnung der werdenden juristischen Person als Gesellschaft des bürgerlichen Rechts die rechtlichen Lösungen nicht vorschreiben. Es ist vielmehr geradezu bewundernswert, mit welcher Elastizität, fern allem Doktrinarismus, das Reichsgericht ungeachtet der Verwendung der Rechtsfigur der Gesellschaft des bürgerlichen Rechts sich unmittelbar den Rechtsproblemen gestellt hat. Mit der

Einordnung der werdenden juristischen Person als bürgerlich-rechtlicher Gesellschaft ist es nach der Rechtsprechung des Reichsgerichts nicht getan. Entscheidend ist für das Reichsgericht vielmehr, daß die von ihm als bürgerlich-rechtliche Gesellschaft eingeordnete Gründungsgesellschaft „kein von der künftigen Gesellschaft mbH zu trennendes selbständiges Gebilde, sondern nur eine rechtliche Erscheinungsform derselben Gesellschaft" ist.[40]

Soweit von der Gründungsgesellschaft bereits ein Handelsgewerbe betrieben wird — so bei der Sachgründung mit der Einlage eines Handelsgeschäfts, das bereits vor der Eintragung von der Gründungsgesellschaft übernommen wird —, stellt sich die Frage, ob nicht statt einer Gesellschaft des bürgerlichen Rechts eine offene Handelsgesellschaft anzunehmen ist. Wäre die Gründungsgesellschaft in diesem Falle als OHG einzuordnen und wäre sie damit voll erfaßt, so hätte dies den Vorteil, daß mit der gesetzlichen Regelung der OHG wirklich ein brauchbarer Normenkomplex für die Lösung der Rechtsprobleme der Gründungsgesellschaft zur Verfügung stände. Bei der Einordnung der Gründungsgesellschaft als OHG bleibt aber ebenfalls unberücksichtigt, daß die Gründungsgesellschaft nicht eine Existenz für sich hat, sondern das Vorstadium der mit der Eintragung entstehenden juristischen Person ist. Wenn aber ein Hauptmerkmal der Gründungsgesellschaft durch die Qualifikation als OHG nicht mit erfaßt wird, so sollte es evident sein, daß die sich für die Gründungsgesellschaft ergebenden Rechtsfragen nicht einfach durch die Verweisung auf das Recht der OHG gelöst sind.

Ebenso wenig ist es damit getan, daß die Gründungsgesellschaft als nicht rechtsfähiger Verein verstanden wird. Dieses Verständnis geht davon aus, daß die Gründungsgesellschaft als werdende Korporation ebenso körperschaftlichen Charakter haben müsse wie die vollendete Korporation, und wenn man dem folgt, so ist in der Tat gegen die Einordnung der Gründungsgesellschaft als eines nicht rechtsfähigen Vereines nichts einzuwenden. Es gibt jedoch keine geschlossene rechtliche Regelung des nicht rechtsfähigen wirtschaftlichen Vereins. Wenn ein nicht rechtsfähiger Verein Handelsgeschäfte betreibt, die über den Umfang des Kleingewerbes hinausgehen, so ist es h. M., daß dieser „nicht rechtsfähige Verein" als OHG zu behandeln ist.[41] Wendet man aber auf die Gründungsgesellschaft das OHG-Recht an, so bleibt, wie bereits gesagt, unberücksichtigt, daß es sich nur um das Gründungsstadium der in Frage stehenden juristischen Person (AG, GmbH oder Genossenschaft) handelt. Das Recht der OHG müßte also wieder abgewandelt werden. Das hat denn auch der Bundesgerichtshof getan, indem er eine Haftung der Gründer einer Genossenschaft nach § 128 HGB nur annimmt, wenn diese die Rechts-

40 RGZ 143, 372

41 Vgl. BGHZ 22, 244 u. Zit.; Zitate bei *Büttner* a. a. O. S. 81 N. 63, 66; zur unbeschränkten persönlichen Haftung siehe auch *Soergel-Schultze-v. Lasaulx* § 54 N. 38

form der Gründungsgesellschaft „mißbrauchen".[42] Ebenso wenig ist, wenn die Einordnung als OHG nicht in Frage kommt, mit der Verweisung in § 54 BGB auf das Recht der bürgerlich-rechtlichen Gesellschaft anzufangen.

Die von dem Bundesgerichtshof für die juristischen Personen des Handelsrechts im Gründungsstadium vertretene Ansicht ist nur eine Modifikation der Lehre, nach welcher die werdende juristische Person ein nicht rechtsfähiger Verein ist.[43] Mit dem vom Bundesgerichtshof verwandten Terminus „Organisation" ist nichts gewonnen. Die vom Bundesgerichtshof als „Organisation" bezeichnete werdende juristische Person ist nichts anderes als ein nicht rechtsfähiger Verein, allerdings mit der wichtigen Weiterbildung durch den Bundesgerichtshof, daß es für die werdende juristische Person nicht eine Einheitsfigur „nicht rechtsfähiger Verein" gäbe, daß vielmehr die „Organisation" — alias der nicht rechtsfähige Verein — in ihrem Charakter durch die Ordnung der fraglichen vollendeten juristischen Person bestimmt werde.

Es ist ein Verdienst der Rechtsprechung des Bundesgerichtshofs, noch stärker, als es die Rechtsprechung des Reichsgerichts schon getan hatte, ins Bewußtsein gerufen zu haben, daß die rechtliche Regelung der werdenden juristischen Person jeweils in Hinsicht auf die vollendete juristische Person gesehen werden muß.

Wenn der Bundesgerichtshof die werdende juristische Person entgegen dem Reichsgericht nicht als „Gesellschaft" einordnet, vielmehr sie als „Organisation" verstanden wissen will, so geht es ihm darum, die juristische Person bereits vor der Eintragung als Person — wenn auch ohne Rechtsfähigkeit — zu haben. Was soll dies aber für eine Person sein? Jedenfalls ist die werdende juristische Person nicht in der Weise gegenüber den Gründern verselbständigt wie die vollendete juristische Person gegenüber den Mitgliedern. Man wird also doch wieder zurückgeführt auf die Verbundenheit der Gründer. So spricht denn auch der Bundesgerichtshof von „Gründerorganisation".

Man mag die Gründerorganisation als körperschaftlichen Verband[44] oder als gesellschaftliche Gesamthand verstehen, man kann aber nicht sagen, daß die eine Auffassung richtig und die andere falsch sei. Denn noch niemand hat vermocht, die Gesellschaft des bürgerlichen Rechts und den körperschaftlichen Verband exakt gegeneinander abzugrenzen. Natürlich kann man die Termini „Verbandsperson" und „Personenverband" gegeneinander stellen. Wenn aber die „Verbandsperson" nicht als „juristische Person" verselbständigt ist, hat die Gegenüberstellung keinen Inhalt.

Es ist ohne Sinn, danach zu fragen, ob es sich bei der werdenden juristischen Person und der vollendeten juristischen Person um ein und das-

42 BGHZ 20, 281 ff., 287. In BGHZ 51, 30 ff., 32 stellt der II. Senat nochmals ausdrücklich fest, daß grundsätzlich für die werdende GmbH, auch wenn sie ein als Sacheinlage übernommenes Handelsgeschäft fortführt, nicht OHG-Recht gilt.

43 So mit Recht *Gerhard Dilcher,* JuS 1966, 89 ff., 90

44 So schon *Gierke,* Genossenschaftstheorie S. 135, 136

selbe Rechtsgebilde oder um die Einheit zweier Rechtsgebilde handelt.[45] Wesentlich ist nur, daß man die Bezogenheit des Rechtszustandes der Gründergemeinschaft auf die juristische Person sieht. Es ist eine petitio principii, daß, weil die vollendete juristische Person eben als juristische Person gegenüber den Mitgliedern derselben verselbständigt ist, dies auch betreffs der werdenden juristischen Person gegenüber den Gründern so sein müsse.[46] Es ist nicht zu sehen, wieso nicht die Gründergesellschaft, als Gesamthandsgemeinschaft verstanden, durch die Eintragung die Rechtsfähigkeit erlangen und damit zur juristischen Person werden sollte. Die bis zur Eintragung auf die Personen der Gründer bezogene Gemeinschaft wird durch die Eintragung und die dadurch erlangte Rechtsfähigkeit nur gegenüber den Gründern verselbständigt. Diese Veränderung von der auf die Personen der Gründer bezogenen Gemeinschaft zu der diesen gegenüber verselbständigten juristischen Person ist nur für denjenigen unvollziehbar, der die juristische Person als selbständiges reales Wesen, als reale Verbandspersönlichkeit begreift und sie als ein besonderes „Wesen" der Personenverbundenheit gegenüberstellt.

Es ist schließlich gleich, ob man zum Verständnis der werdenden juristischen Person von der Gründung ausgeht und den durch die Gründung bewirkten Rechtszustand mit der Präponderanz des gesellschaftlichen Elements in Hinsicht auf den Abschluß der Vollendung der juristischen Person durch die Eintragung beurteilt und so dem gesellschaftlichen das korporative Element hinzufügt, oder ob man von der vollendeten juristischen Person ausgeht und von diesem Standpunkt aus den Rechtszustand der werdenden juristischen Person betrachtet, also von dem korporativen auf das gesellschaftliche Element zurückgeht. Die rechtlichen Probleme bleiben sich gleich, und auch die Lösungen müssen die gleichen sein.

Allerdings darf man, wenn man von der vollendeten juristischen Person ausgeht, nicht dem Irrtum einer naturalistischen Betrachtungsweise verfallen, welche die werdende juristische Person mit dem nasciturus gleichsetzt. Beim nasciturus geht es nur darum, daß für den natus bereits aus der Zeit vor der Geburt Rechtsverhältnisse begründet werden können. Wird aus dem nasciturus kein natus, so sind die ansonsten für den natus entstehenden Rechtsverhältnisse hinfällig. Bei der werdenden juristischen Person der AG, GmbH oder Genossenschaft dagegen ist die „Gründerorganisation", um diesen Terminus vom Bundesgerichtshof zu übernehmen, in jedem Falle existent. Die aus der Betätigung der Gründerorganisation entstehenden Rechtsverhältnisse sind, wenn sie nicht durch das Entstehen der juristischen Person bedingt sind, in keinem Falle hinfällig. Sie sind auch nicht wie beim nasciturus auf die Geburt mit Reprojektion auf die vorangehende Zeit aufgeschoben, sondern sind gegenwärtige Rechtsverhältnisse der Gründerorganisation.

Wenn man die Rechtszuständigkeit der Rechtsgemeinschaften, die nicht

45 Vgl. BGHZ 17, 388

46 Diese petitio principii ist die Grundlage der sonst trefflichen Dissertation von *Büttner,* Identität und Kontinuität bei der Gründung juristischer Personen, 1967.

juristische Personen sind, als „Teil-Rechtsfähigkeit" bezeichnet,[47] so kann man auch von der Gründerorganisation der werdenden juristischen Person sagen, daß sie teilrechtsfähig ist. Gewonnen ist damit jedoch nichts. Die Rechtsfähigkeit ist allerdings ein Begriff von dogmatischer Kraft. Ist einem Gebilde Rechtsfähigkeit zuerkannt, so bedeutet dies grundsätzlich die volle Rechtsfähigkeit. Bei der Körperschaft bedeutet die Rechtsfähigkeit insbesondere, daß die Organisation der Körperschaft selbständiger Bezugspunkt von Rechtsverhältnissen unter Ausschluß der Bezugnahme auf die Mitglieder ist. Die Rechtsfähigkeit besagt, daß die für die rechtsfähige Körperschaft begründeten Rechtsverhältnisse grundsätzlich nicht solche der Mitglieder der Körperschaft sind. Der Begriff der Teilrechtsfähigkeit hat dagegen nur beschreibenden Charakter, und er sagt in Wirklichkeit nichts aus, weil er einen Inhalt nur durch die Wiedergabe dessen erfährt, was mit ihm in concreto erfaßt werden soll. Ist man sich dessen bewußt, so ist der Terminus Teilrechtsfähigkeit unbedenklich, und man kann auch die werdende juristische Person als teilrechtsfähig bezeichnen. Wenn man allerdings meint, aus der Anerkennung einer Teilrechtsfähigkeit der Gründerorganisation für die Lösung der sich für diese ergebenden Probleme Folgerungen ableiten zu können, so ist dem nicht zu folgen.

Abschließend ist folgendes festzustellen: Vor der Vollendung der juristischen Person besteht nur eine Gemeinschaft der Gründer. Es ist nicht ersichtlich, weshalb den Gründergemeinschaften der juristischen Personen des Handelsrechts der körperschaftliche Charakter nicht ebenso zuerkannt werden sollte wie dem in der Gründung befindlichen Idealverein vor der Eintragung. Wie für die juristischen Personen des Handelsrechts das Vereinsrecht des BGB gilt, soweit das Sonderrecht der jeweils in Frage stehenden juristischen Person nicht etwas anderes bestimmt, ist hiernach hinsichtlich des Rechts des nicht rechtsfähigen Vereins ebenso anzunehmen, daß es, obwohl es auf den nicht rechtsfähigen Ideal-Verein des bürgerlichen Rechts ausgerichtet ist, auch für die Gründergemeinschaften der juristischen Personen des Handelsrechts — vorbehaltlich des Sonderrechts derselben — gilt. Was das Sonderrecht der Gründergemeinschaften der juristischen Personen des Handelsrechts anbetrifft, so besteht der grundsätzliche Unterschied zu dem Sonderrecht der vollendeten juristischen Personen darin, daß es gesetzlich nicht besonders geregelt ist.

Für das Sonderrecht der Gründergemeinschaften der juristischen Personen des Handelsrechts ist sicher auch das Recht maßgebend, welches jeweils für die in Frage stehende juristische Person des Handelsrechts in ihrer Vollendung gilt. Nur ist es mit der vom Bundesgerichtshof übernommenen Formel nicht getan, daß das Recht der fraglichen juristischen Personen, das Aktienrecht oder das Recht der GmbH usw., auch für das Rechtsgebilde des Gründungsstadiums gilt, soweit die Vorschriften nicht

47 Vgl. *Fabricius,* Relativität der Rechtsfähigkeit (1963); *Büttner* a. a. O. S. 113 ff.

die Rechtsfähigkeit voraussetzen. Aus dem Zusammenhang der Gründerorganisation und der vollendeten juristischen Person ergibt sich nicht apriorisch, daß, abgesehen von der Problematik der Rechtsfähigkeit, die rechtliche Regelung des Gründungsstadiums die gleiche sein müßte wie die der in Frage stehenden juristischen Person nach ihrer Vollendung.

Dem Bundesgerichtshof ist beizupflichten, daß neben dem Recht der vollendeten juristischen Person der Gesellschaftsvertrag auch für das Gründungsstadium zu berücksichtigen ist. Wenn die Vorschrift des § 54 BGB für den nicht rechtsfähigen Verein auf die Vorschriften der Gesellschaft verweist, so gilt dies in besonderer Weise für den nicht rechtsfähigen Verein der Gründergemeinschaft der juristischen Personen des Handelsrechts. Wenn auch die Einordnung der Gründergemeinschaft als Gesellschaft in Antithese zum nicht rechtsfähigen Verein, wie es vom Reichsgericht angenommen wurde, heute mit Recht überwunden ist, bleibt doch als der richtige Kern der Rechtsprechung des Reichsgerichts bestehen, daß der gesellschaftliche Charakter des nicht rechtsfähigen Gründungsvereins der juristischen Personen des Handelsrechts von entscheidender Bedeutung ist. Der Bundesgerichtshof hat[48] für den Fall, daß eine GmbH-Gründungsgesellschaft in Liquidation tritt, gemeint, mit der Liquidation der Gründungsgesellschaft trete „ihr personalistisches Element in den Vordergrund". Dieses personalistische Moment ist aber stets für die Gründungsgesellschaften der juristischen Personen des Handelsrechts in viel stärkerem Maße als bei dem nicht rechtsfähigen Verein des bürgerlichen Rechts gegeben. Das ergibt sich einmal daraus, daß in der Regel die Gründergemeinschaften der juristischen Personen des Handelsrechts aus nur wenigen Personen bestehen, und daß ferner für die Mitglieder dieser Gründergemeinschaften — anders als bei den nicht rechtsfähigen Idealvereinen — die Frage der persönlichen Haftung besteht. Wenn in § 54 BGB für den nicht rechtsfähigen Verein auf die Vorschriften über die Gesellschaft verwiesen wird, so entspricht diese Verweisung für die Gründergemeinschaften der juristischen Personen des Handelsrechts im besonderen Maße dem personalistischen Element der Gründergemeinschaft. Trotzdem ist auch diese Verweisung kein Zauberstab, mit dem wie mit einer Einheitsformel die Rechtsproblematik der Gründergemeinschaft zu lösen wäre.

7. Das innere Recht der Gründergemeinschaft

Für das innere Recht der Gründergemeinschaft des nicht rechtsfähigen Ideal-Vereins ergeben sich keine Besonderheiten. Es gilt für den „noch nicht" rechtsfähigen Ideal-Verein das gleiche wie für den nicht rechtsfähigen Ideal-Verein.

Für die Genossenschaft sagt man, daß vor der Eintragung eine nicht

48 LM GmbHG § 11 Nr. 12

eingetragene Genossenschaft besteht.[49] Man verweist hierfür auf die Begriffsbestimmung in § 1 des Gesetzes und die Formulierung in § 13, daß „die Genossenschaft" vor der Eintragung nicht die Rechte einer eingetragenen Genossenschaft hat. Mit der Feststellung, daß vor der Eintragung eine „nicht eingetragene Genossenschaft" besteht, ist jedoch nichts gewonnen, weil es anders als bei dem nicht rechtsfähigen Verein keine gesetzliche Regelung der nicht eingetragenen Genossenschaft gibt. Im folgenden soll nur von der GmbH und der AG gehandelt werden. Das gleiche gilt aber grundsätzlich auch für die nicht eingetragene Genossenschaft.

Die Gründer der juristischen Personen des Handelsrechts sind einander als Partner des Gesellschaftsvertrages verpflichtet, an der Vollendung der juristischen Person mitzuwirken.[50] Wenn bei der Vorgründungsgesellschaft eine Erfüllungsklage auf Mitwirkung bei der Gründung gegeben ist, muß den Gründern gegenseitig auch eine Klage auf Mitwirkung an der Vollendung der juristischen Person zustehen. Bei schuldhafter Nicht-Mitwirkung bestehen Schadensersatzansprüche. Einstimmig können die Gründer ohne Zweifel die Gründung aufheben. Einer Form bedarf der Aufhebungsbeschluß nicht. Fraglich ist, ob auch eine Auflösung durch Mehrheitsbeschluß möglich ist. Man wird die Bestimmung über die Auflösung der juristischen Person durch Gesellschafterbeschluß sinngemäß auf die Gründergemeinschaft übertragen dürfen.[51] Die für den Beschluß über die Auflösung der vollendeten juristischen Person gesetzlich bestimmten Mehrheiten sollten für das Gründungsstadium auf das Kapital bzw. bei der Genossenschaft auf die Anzahl der Genossen bezogen werden. Wenn eine Mehrheit, welche die Auflösung der vollendeten juristischen Person beschließen kann, die Auflösung will, wäre es nicht sinnvoll, die Auflösung erst nach der Vollendung der juristischen Person zu ermöglichen.

Strittig ist, ob im Gründungsstadium für die Gründer ein Recht zur Kündigung aus wichtigem Grunde besteht.[52] Man sollte ein solches Recht bejahen, aber beachten, daß der wichtige Grund sich nicht aus den persönlichen Verhältnissen des Gründers selbst ergeben kann. Denn die persönlichen Verhältnisse des Gründers gehen die anderen Gründer nichts an. Der Tod oder Konkurs eines Gründers sind kein Grund für eine Beendigung der Gründergemeinschaft. Sie sollten aber auch für den Erben oder Konkursverwalter nicht als wichtiger Grund zur Kündigung aner-

49 Vgl. *Paulick,* Die eingetragene Genossenschaft (1954) S. 171

50 Vgl. *Fischer* in Großkom. AktG § 22 N. 3; *Barz* in Großkom. AktG § 29 N. 3; *Würdinger,* Aktienrecht, S. 102. Nach *Rudolf Fischer,* Ehrenb. Hdb. III, 1, S. 118, sind die Gründer Organe des Aktienvereins und haben sie als solche gegenseitig das Recht auf Mitwirkung. Die juristische Person hat aber kein Eigeninteresse auf Entstehung, welches durch die Gründer als ihre Organe wahrzunehmen wäre, sondern es geht nur um das Interesse eines jeden der Gründer selbst an der Vollendung der juristischen Person.

51 Vgl. *Feine,* Ehrenb. Hdb. III, 3 S. 208

52 Vgl. *Fischer* a. a. O. § 22 N. 13; *Barz* a. a. O. § 29 N. 13

kannt werden.[53] Ein wichtiger Grund zur Kündigung sollte aber für jeden Gründer gegeben sein, wenn ein anderer Gründer trotz Aufforderung nicht die notwendige Mitwirkung bei der Vollendung der juristischen Person leistet. Der praktische Fall wird in der Regel ja der sein, daß nur ein Gründer sich der Mitwirkung entzieht. Dann ist der einfachste Weg für die anderen Gründer, daß sie die Gründergemeinschaft kündigen, daß sie neu gründen und die Mehrkosten gegenüber dem Vertragsbrüchigen einklagen. Vor allem kann sich aus einer Sachgründung, wenn ein Handelsgeschäft vor der Eintragung übernommen wird, ein wichtiger Grund zur Kündigung für die Gründer ergeben, wenn aus der Führung des Handelsgeschäfts vor der Eintragung unvorhergesehene Risiken entstehen, welche die Fortführung des Geschäfts für die Gründer unzumutbar erscheinen lassen.

Die Rechte der einzelnen Gründer bestimmen sich für die Beschlußfassungen im Gründungsstadium, soweit es sich um die Vollendung der juristischen Person gemäß der Satzung handelt, nach den Anteilsrechten an der vollendeten juristischen Person, d. h. es gilt insoweit das Mehrheitsprinzip nach den künftigen Anteilen. Bei der Bargründung kommen — neben Beschlüssen zu Verfahrensfragen, z. B. wann und wie die Anmeldung erfolgt, bei welcher Bank die Einzahlung der Einlagen zu leisten ist usw. — als wesentliche Beschlüsse, für welche das Mehrheitsprinzip nach den künftigen Anteilen gilt, nur in Frage bei der AG die Bestellung des ersten Aufsichtsrats und der Abschlußprüfer nach § 30 AktG und bei der GmbH die Bestellung des Geschäftsführers, wenn sie nicht bereits im Gesellschaftsvertrage erfolgt ist. Bei der Sachgründung ist es Sache des Gesellschaftsvertrages, für den Fall der Entgegennahme der Sacheinlage vor der Eintragung, insbesondere der Übernahme eines Handelsgeschäfts vor der Eintragung, Bestimmungen über die Beschlußfassung in den Angelegenheiten der Sacheinlage zu treffen. Ist das nicht geschehen, muß wie bei den Personalgesellschaften das Prinzip der Einstimmigkeit gelten. Das ergibt sich schon daraus, daß, solange die juristische Person nicht vollendet ist, die Mitglieder der Gründergemeinschaft aus den Geschäften betreffs der Sacheinlage persönlich haften.

Ein Handeln für die Gründergemeinschaft in Abweichung von dem Gesellschaftsvertrag bedarf der Zustimmung sämtlicher Gründer. Das gleiche gilt für die Änderung des Gesellschaftsvertrages und so auch für eine Änderung der Gesellschafter. Bei der GmbH kann zwar — anders als bei der AG — jeder Gesellschafter auch schon vor der Eintragung seinen künftigen Geschäftsanteil abtreten. Die Abtretung wird aber erst mit der Eintragung der GmbH wirksam.[54]

Soweit im Gründungsstadium für die Vollendung der juristischen Person Beschlüsse gefaßt werden müssen, bestehen keine unmittelbar

53 Anders *Wiedemann,* Die Übertragung und Vererbung von Mitgliedschaftsrechten bei Handelsgesellschaften (1965) S. 57

54 Vgl. BGHZ 21, 245; *Wiedemann* a. a. O. S. 56

anwendbaren gesetzlichen Vorschriften über die Organisation zur Herbeiführung dieser Beschlüsse, wenn die Gründer sich nicht über das Verfahren einig sind. Als Beispiel sei nur die Bestellung des Aufsichtsrats und der Abschlußprüfer nach § 30 Abs. 1 AktG angeführt. Sachgerecht dürfte für diese Fälle die analoge Anwendung von § 37 Abs. 2 BGB sein.[55]

Gegen die Mehrheit kann ein Gründer die Vollendung der juristischen Person, solange die Anmeldung noch nicht erfolgt ist, im allgemeinen nicht erzwingen. Für die Bestellung des Aufsichtsrats und der Abschlußprüfer nach § 30 AktG gibt es keinen Rechtszwang. Selbst wenn der Aufsichtsrat schon bestellt ist, kann er noch zurücktreten. Die Mitwirkung bei der Anmeldung selbst könnte allerdings von den Gründern gegenüber ihren Mitgründern nach h. M. erzwungen werden.[56] Nur nutzt dies nichts, wenn die Wahl des Aufsichtsrats nicht durchzusetzen ist, da ohne ihn die Anmeldung nicht erfolgen kann.

8. Die Rechtsstellung der Gründergemeinschaft nach außen

Nach der Gründung und vor der Vollendung der juristischen Person können für die werdende juristische Person aktuelle Rechtsbeziehungen nur für und gegen die Gründergemeinschaft entstehen. Wenn vor der Eintragung für die juristische Person rechtsgeschäftlich gehandelt wird, ist, wie oben dargelegt,[57] grundsätzlich davon auszugehen, daß nicht für die juristische Person als eine künftige Person, sondern für die Gründergemeinschaft gehandelt wird und somit, wenn der Handelnde für sie Vertretungsmacht hat, unmittelbar aktuelle Rechtsverhältnisse für die Gründergemeinschaft entstehen.

Die Rechtsform der Rechtszuständigkeit der Gründergemeinschaft für den Erwerb von Rechten ist die Gesamthandsgemeinschaft. Dabei ist es ohne Belang, ob die Gründergemeinschaft als bürgerlich-rechtliche Gesellschaft oder als nicht rechtsfähiger Verein eingeordnet wird.

Daß die Gründergemeinschaft erwerbsfähig ist, daß für sie Rechte begründet werden können, daß sie ins Grundbuch eingetragen werden kann usw., ist unproblematisch. Wenn in § 54 AktG gesagt ist, daß die Einzahlung der Bareinlage auf ein Konto „der Gesellschaft" zu erfolgen hat, so steht es außer Frage, daß vor der Eintragung Gläubiger dieses Kontos die Gründergemeinschaft ist. Erst mit der Eintragung kann es in Frage kommen, daß das Konto ein solches der AG wird. Das Konto würde ein solches der Gründergemeinschaft bleiben, wenn es zur Eintragung der AG gar nicht kommt, weil die Gründergemeinschaft ihr

55 Die Anwendbarkeit des § 37 BGB auf den nicht rechtsfähigen Verein ist allerdings bestritten. Vgl. zur Literatur *Soergel-Schultze-v. Lasaulx* § 54 N. 23

56 Vgl. dazu *Fischer* a. a. O. § 28 N. 5 u. Zit.

57 Siehe oben unter Ziff. 5

Vorhaben aufgibt. Ebenso ist es mit jedwedem sonstigen Erwerb durch die Gründergemeinschaft. Bei der Eintragung der Gründergemeinschaft im Grundbuch ist es notwendig, daß die Namen sämtlicher Gründer im Grundbuch eingetragen werden, und auch bei der Beurkundung der Auflassung sollten die Gründer namentlich genannt werden. Nach der Ansicht des Bundesgerichtshofs[58] ist es belanglos, wenn vor der Eintragung im Handelsregister statt der Gründergemeinschaft die AG oder GmbH im Grundbuch eingetragen wurde, „da es sich dabei lediglich um eine ungenaue und unrichtige Bezeichnung handelte". Ob man so weit in Anwendung der falsa-demonstratio-Regel gehen soll, dürfte zweifelhaft sein. Jedenfalls ist — auch nach der Ansicht des Bundesgerichtshofs — die „richtige" Eintragung vor der Vollendung der juristischen Person die Eintragung der Gründergemeinschaft und nicht diejenige der GmbH oder AG. Allerdings sollte die Gründergemeinschaft als eine solche der in Frage stehenden juristischen Person unter Nennung deren Namens eingetragen werden.

Die Eintragung der Gründergemeinschaft im Grundbuch ist entgegen der Ansicht des Bundesgerichtshofs[59] eine Eintragung nach § 47 GBO. Denn es soll „ein Recht für mehrere gemeinschaftlich eingetragen werden". Das miteinzutragende „für die Gemeinschaft maßgebende Rechtsverhältnis" ist die Gründergemeinschaft für eine GmbH, AG oder Genossenschaft. Der Bundesgerichtshof hält (a. a. O.) eine solche Eintragung für möglich, wenn man die Gründergesellschaft für eine Gesellschaft des bürgerlichen Rechts hält. Er meint nur, sie sei nicht „empfehlenswert", weil nach der Entstehung der Gesellschaft durch die Eintragung eine weitere Auflassung notwendig werde. Der Bundesgerichtshof will es dabei zu Unrecht nicht wahrhaben, daß es vor der Eintragung die Gründer nur als eine Personengemeinschaft gibt. Die Frage, ob der Erwerb der Gründergemeinschaft mit der Vollendung der juristischen Person dieser zusteht, wird durch das Verständnis der „Gründerorganisation" als einer Personengemeinschaft nicht präjudiziert.

Was die Verpflichtungsgeschäfte im Gründungsstadium anbetrifft, so kommen — abgesehen von den Handelnden — ebenfalls zunächst nur die Gründergemeinschaft und die Gründer, nicht aber die ja noch nicht existierende juristische Person als Verpflichtete in Frage. Wenn die juristische Person als Beteiligte des Geschäfts genannt wird, ungeachtet dessen, daß sie noch nicht vollendet ist, könnte man daran denken, daß, weil bei dem Handeln für eine juristische Person keine persönliche Haftung der Mitglieder besteht, auch bei einem Handeln im Gründungsstadium die Haftung auf das Vermögen der Gründergemeinschaft beschränkt ist, d. h. keine unbeschränkte persönliche Haftung der Gründer eintritt. Selbstverständlich kann beim Handeln für die Gründergemeinschaft die Haftung in dieser Weise rechtsgeschäftlich beschränkt werden.

58 BGHZ 45, 349
59 BGHZ a. a. O. S. 348

Es geht aber darum, ob die Haftungsbeschränkung auch ohne besondere Vereinbarung eintritt, d. h. ob die Regelung für Verbindlichkeiten der Gründergemeinschaft die gleiche ist wie bei dem nicht rechtsfähigen Idealverein.[60]

Daß die Problematik der Haftungsbeschränkung beim nicht rechtsfähigen Idealverein eine ganz andere ist als beim nicht rechtsfähigen wirtschaftlichen Verein, sollte nicht in Frage gestellt werden. Der Schluß vom Idealverein auf den wirtschaftlichen Verein in der Haftungsfrage wäre eine petitio principii. Es ist denn auch wohl nach wie vor noch h. M., daß beim wirtschaftlichen nicht rechtsfähigen Verein von der gesamtschuldnerischen unbeschränkten Haftung der Mitglieder auszugehen ist.[61]

Die rechtliche Argumentation für eine Haftungsbeschränkung der Gründer könnte vielmehr nur mit dem Hinweis auf den Rechtszustand geführt werden, wie er für die juristische Person nach der Eintragung besteht. Dann würde man aber jedenfalls das gesamte Grundkapital der Haftungsmasse zuzurechnen haben und für die Aufbringung des Grund- oder Stammkapitals eine unbeschränkte Haftung aller Gründer annehmen müssen.

Der Fall, daß die juristische Person mit der Eintragung vollendet wird, ist hier noch nicht zu behandeln.[62] Es geht vielmehr um die Haftung in der Zeit bis zur Eintragung und vor allem um die Haftung in dem Falle, daß es gar nicht zur Eintragung kommt. Für beide Fälle dürfte die Annahme einer unbeschränkten Haftung der Gründer die sachgerechte Lösung sein, wenn mit ihrer Zustimmung, d. h. mit Vertretungsmacht für die Gründergemeinschaft gehandelt wird.

Was die Gesetzeslage anbetrifft, so ist die Beschränkung der Haftung die Ausnahme. Sie bedarf also der besonderen Fundierung, für die es aber an einem gesetzlichen Anhalt hinsichtlich der Gründergemeinschaft der juristischen Personen des Handelsrechts fehlt. Mit Recht heißt es in BGHZ 22, 244: „Der in § 22 BGB für wirtschaftliche Vereine verordnete Konzessionszwang läßt nicht die Möglichkeit, auf einem anderen Wege als in den Formen der Aktiengesellschaft, der Gesellschaft mbH und der eingetragenen Genossenschaft die Rechtsfähigkeit oder beschränkte Haftung (Nichthaftung) der Mitglieder zu erreichen." Es kommt dabei gar nicht darauf an, ob man die Gründergemeinschaft als OHG ansieht. Handeln für die Gründergemeinschaft heißt Handeln für die Gründer, so daß sich für diese als Grundsatz die Haftung nach § 427 BGB ergibt.

Die Erwägung, daß die Gründer nur mit ihrer Einlage haften „wollen" und „eine weitergehende Haftungsbereitschaft daher vom Vertrags-

---

60 So in der Tat manche. Vgl. *Fischer* a. a. O. § 22 N. 10 u. Zit.; *Barz* a. a. O. § 29 N. 10; *Gerhard Dilcher,* JuS 1966 S. 94 u. N. 39 Zit.; *Büttner* a. a. O. S. 84 ff. unter Hinweis auf BGHZ 20, 281 ff., 287 mit der Erwägung des BGH, daß die unbeschränkte Haftung nur bei einem „Mißbrauch der Rechtsform" eintrete.

61 Vgl. *Soergel-Schultze-v. Lasaulx,* Kom. BGB § 54 N. 38 u. Zit.

62 Siehe dazu unten Ziff. 9 c

gegner, der ihre Absicht kennt, nicht wohl vorausgesetzt werden kann",[63] trifft nicht. Es geht um die Ausnahme des Haftungsausschlusses und nicht darum, daß eine „weitergehende Haftungsbereitschaft" besonders erklärt werden müßte.

Die Erwägung, die Haftung der Gründer auf die Einlage zu beschränken, wird auch widerlegt durch die Vorschriften des § 41 AktG und des § 11 GmbHG. Sicher hat auch der Handelnde, zumal wenn er nicht einmal Gründer ist, keine „weitergehende Haftungsbereitschaft", und sie kann auch von dem Dritten „nicht wohl vorausgesetzt werden". Nur läßt das Gesetz eine derartige Erwägung eben nicht zu. Es statuiert sogar, weil der Rechtsverkehr in jedem Fall einen Schuldner haben soll, als Ausnahmeregelung die persönliche Haftung des Vertreters als des Handelnden.

Die Frage, ob die Gründer bei Zustimmung zum Handeln vor Eintragung der Gesellschaft dem Dritten persönlich unbeschränkt für die Verbindlichkeiten haften, hat im übrigen nicht die grundsätzliche Bedeutung, welche man ihr gemeinhin beimißt. Denn mittelbar über den Rückgriffsanspruch des Handelnden, der nach § 41 AktG, § 11 GmbHG haftet, trifft die Gründer jedenfalls die persönliche unbeschränkte Haftung. Für den nicht rechtsfähigen Idealverein nimmt zwar die h. M. an, daß für den Rückgriff des nach § 54 Abs. 2 BGB Haftenden die Vereinsmitglieder nur beschränkt haften[64]. Für die Gründergemeinschaft der juristischen Personen des Handelsrechts kann aber eine solche Haftungsbeschränkung für den Rückgriffsanspruch, wenn sie nicht ausdrücklich vereinbart ist, nicht in Erwägung gezogen werden. Die Gründer haften dem Handelnden, wenn sie dem Handeln zugestimmt haben, persönlich unbeschränkt als Gesamtschuldner aus dem Gesellschaftsverhältnis oder aus Dienstvertrag oder Auftrag.

In Literatur und Rechtsprechung ist die Frage erörtert worden, ob die Gründer, die nicht unmittelbar gehandelt haben, aber dem Handeln vor der Eintragung zugestimmt haben, der Haftung nach § 41 Abs. 1 S. 2 AktG, § 11 Abs. 2 GmbHG unterliegen. Das Reichsgericht hat die Gründer, die der Vornahme von Geschäften zugestimmt hatten, als Handelnde im Sinne von § 41 Abs. 1 S. 2 AktG, § 11 Abs. 2 GmbHG angesehen[65]. Dieser Rechtsprechung war der Bundesgerichtshof zunächst gefolgt[66]. In BGHZ 47, 25 ff. hat der II. Senat dagegen entschieden, das allgemein erklärte Einverständnis zur Eröffnung des Geschäftsbetriebes vor der Eintragung falle nicht unter § 11 Abs. 2 GmbHG.[67]

---

63 *Gadow*, Iher. Jb. 87, 250; vgl. auch *Fischer* in Großkom. AktG § 22 N. 10 u. Zit.

64 Vgl. *Schumann*, Zur Haftung der nichtrechtsfähigen Vereine, S. 31; *Enneccerus-Nipperdey*, Allgem. Teil § 116 N. 53

65 RGZ 55, 302; 70, 296; vgl. schon *Anschütz-v. Völderndorff*, Kom. ADHGB Art. 211 und die Nürnberger Protokolle zu Art. 211 ADHGB (S. 1450)

66 BGH IV ZR 304/54, LM § 11 GmbHG Nr. 6; WM 1962, Nr. 6, 391 ff.

67 Bestätigt in BGHZ 51, 30 ff., 35 = LM GmbHG § 11 Nr. 16 mit Anm. *Fleck;* zur Literatur vgl. BGHZ 47, 27 Zit. und zur älteren Literatur die RGZ 55, 305 Zit.; *Fischer* in Großkom. § 34 N. 22 und LM Anm. zu GmbHG § 11 Nr. 15; *Riedel-Rabe*, NJW 1968, 873 u. Zit.

Die Frage der Haftung der Gründer nach § 41 Abs. 1 S. 2 AktG, § 11 Abs. 2 GmbHG ist für den Fall, daß sie dem Handeln vor der Eintragung zugestimmt haben, nach den vorstehenden Darlegungen ohne Bedeutung. Wenn die Gründer der Geschäftseröffnung vor der Eintragung zustimmen, so entstehen die Rechtsbeziehungen des Geschäftsbetriebs für und gegen die Gründergemeinschaft, und daraus ergibt sich mit Selbstverständlichkeit die persönliche Haftung der Gründer[68]. Für die Haftung der Gründer im Falle ihrer Zustimmung bedarf es der Sondernormen von § 41 AktG, § 11 GmbHG gar nicht, anders als für die Handelnden, die nur Vertreter sind und deshalb nach den allgemeinen Grundsätzen, wenn sie Vertretungsmacht haben, außerhalb der durch das Vertretungshandeln begründeten Rechtsverhältnisse stehen.

Wie die Gründergemeinschaft und damit die Gründer auf Grund ihrer vorherigen Zustimmung zum Handeln vor der Eintragung haften, so auch im Falle der nachträglichen Zustimmung. Es ist richtig, daß die nachträgliche Zustimmung den Zustimmenden nicht zum Handelnden im Sinne von § 41 Abs. 1 S. 2 AktG, § 11 Abs. 2 GmbHG[69] macht. Die nachträgliche Zustimmung der Gründergemeinschaft bewirkt aber nach § 177 BGB, daß das Geschäft für die Gründergemeinschaft gilt und damit auch die Gründer haften.

Wenn es die Sondervorschriften von § 41 Abs. 1 S. 2 AktG, § 11 Abs. 2 GmbHG nicht gäbe, würde die Ansicht, daß die Gründer nicht für die mit ihrer Zustimmung vorgenommenen Geschäfte haften, wohl nicht entstanden sein. Die Sondernormen haben, wenn man so sagen darf, anscheinend bewirkt, daß man den Wald vor lauter Bäumen nicht mehr sah, nämlich die allgemeinen Haftungsnormen nicht mehr beachtete[70].

In Anbetracht der persönlichen Haftung der Gründer ist die Frage der

---

68 Vgl. auch *Ballerstedt*, ZHR 127, 103. Mit Recht wird von der Rechtsprechung und der h. M. in der Literatur die Haftung des Handelnden nach § 11 Abs. 2 GmbH und § 41 Abs. 1 AktG gegenüber den Gesellschafter-Gläubigern verneint (vgl. BGH, LM Nr. 10 zu § 11 GmbHG und Nr. 2 zu § 34 AktG). Der Polemik von *Riedel*, NJW 1970, 404 gegen die h. M. ist nicht zu folgen. Die Gründergemeinschaft und so die Mitbegründer haften aber, wenn das Geschäft mit ihrer Zustimmung vorgenommen ist. Der Handelnde haftet allerdings auch für seinen Bevollmächtigten, BGHZ 53, 206 ff.

69 So BGH LM § 11 GmbHG Nr. 9

70 Paradigmatisch ist das Urteil des II. Senats in BGHZ 47, 25 ff. Es handelte sich um den Fall, daß zwei Gesellschafter eine GmbH gegründet hatten, die – aus welchen Gründen, sagt die Entscheidung leider nicht – nicht ins Handelsregister eingetragen wurde. Der Beklagte hatte als Gründer sein Einverständnis mit der Geschäftseröffnung vor der Eintragung erteilt. Die Gesellschaft hatte Bestellungen auf Fertighäuser angenommen und ausgeführt. Die Klage betraf ein Geschäft, das ca. ein halbes Jahr nach der Gründung der Gesellschaft von dem Geschäftsführer abgeschlossen worden war. Landgericht und Oberlandesgericht hatten der Klage gegen den Gesellschafter stattgegeben. Der BGH wies die Klage ab. Wie gebannt sind die Entscheidungsgründe (vgl. auch *Fischer* in der Anm. LM, GmbHG § 11 Nr. 15) nur auf § 11 Abs. 2 GmbHG bezogen, ohne daß auch nur erwogen wird, ob der Beklagte nicht nach allgemeinen Grundsätzen haftet, eben weil im Gründungsstadium vor der Eintragung – und erst recht, wenn überhaupt keine Eintragung erfolgt – die Gründergemeinschaft der Träger des mit ihrem Einverständnis begonnenen Geschäftsbetriebs ist und

Vertretung der Gründergemeinschaft für Rechtsgeschäfte im Gründungsstadium von besonderer Bedeutung. Soweit die Zustimmung zur Vornahme von Rechtsgeschäften im Gründungsstadium durch die Gründergemeinschaft erteilt wird, sind mangels anderweitiger Regelung die Organe, welche nach der Eintragung für die juristische Person vertretungsberechtigt sind, als bevollmächtigt für die Geschäfte im Gründungsstadium anzusehen. Die für die Organe der juristischen Personen des Handelsrechts bestehende Regelung, daß ihre Vertretungsmacht nicht beschränkt werden kann, gilt jedoch nicht für das Gründungsstadium. Im Gegenteil ist die Vertretungsmacht der Organe im Gründungsstadium auf die zur Vollendung der juristischen Person rechtsnotwendigen Geschäfte beschränkt, wenn nicht entweder der Gesellschaftsvertrag oder eine besondere Bevollmächtigung durch die Gründer die Vertretungsmacht erweitern. Die Gründer haben es also in der Hand, ob sie sich der Gefahr einer unbeschränkten Haftung aussetzen wollen. Es ist Sache des Notars, die Gründer auf diese Haftung aufmerksam zu machen, wenn nach der Satzung, insbesondere bei einer Sachgründung, von den Organen bereits vor der Eintragung mit Wirkung gegenüber der Gründergemeinschaft und der Konsequenz der persönlichen Haftung gehandelt werden kann.

Wenn die Gründergemeinschaft ein Handelsgewerbe betreibt, insbesondere also, wenn im Falle der Sachgründung durch Einlage eines Handelsgeschäfts dieses bereits vor der Eintragung von der Gründergemeinschaft übernommen wird, so ist nicht einzusehen, weshalb die Gründergemeinschaft nicht die Kaufmannseigenschaft besitzen sollte[71]. In Hinsicht auf die Eigenschaft der vollendeten juristischen Person als Formkaufmann wäre es darüber hinaus sachgerecht, bereits für das Gründungssta-

---

deshalb jeder Gründer nach § 427 BGB als Gesamtschuldner für die Verbindlichkeiten haftet.

Unrichtig ist es auch, wenn der BGH die Problematik der Haftung für das Handeln im Gründungsstadium nur in Antithese zu der Auffassung sieht, daß die Sondernormen Strafnormen seien. Der BGH meint (a. a. O. S. 29), der gegenteilige Standpunkt, d. h. die Annahme einer Haftung der Gründer, könne „nur" mit der Ansicht erklärt werden, daß § 11 Abs. 2 GmbHG Strafcharakter habe. Es komme auch nicht darauf an, daß der Dritte einen wirtschaftlich starken Schuldner erhalte, sondern nur darauf, daß er überhaupt einen Schuldner bekomme. Auch wenn das Reichsgericht den § 11 Abs. 2 GmbHG wie den § 200 Abs. 1 HGB als Strafnorm eingeordnet hat, ist seine Ansicht, daß die Gründer im Falle der Autorisation des Handelns im Gründungsstadium haften, entgegen der Behauptung des II. Senats keineswegs „nur" mit der Auffassung des Strafcharakters der Sondernormen zu erklären. So heißt es in RGZ 55, 304/305: „Wenn vor der Rechtsbeständigkeit der Aktiengesellschaft für diese Geschäfte gemacht werden, so muß vor allem diejenigen die Verantwortung treffen, in deren Interesse und mit deren Einvernehmen und Genehmigung dies geschieht. Ihre hierdurch materiell gerechtfertigte Haftbarkeit bietet gleichzeitig die vom Gesetze gewollte Sicherung des dritten Kontrahenten für die Befriedigung seiner Ansprüche aus derartigen Geschäften, für welche die Gesellschaft als solche, sofern nicht demnächst die Eintragung erfolgt, überhaupt nicht haftet."

71 Vgl. *Ballerstedt,* ZHR 127, 100; *Büttner* a. a. O. S. 121 u. N. 9 Zit.; anders *Fischer* in Großkom. AktG § 22 N. 9

dium dieser juristischen Personen die Kaufmannseigenschaft der Gründergemeinschaft im Rahmen der satzungsgemäßen Betätigung zu bejahen.

Nun besteht für jeden Kaufmann Anmeldungszwang nach § 29 HGB. Die Anmeldung der juristischen Person ist aber zugleich die Anmeldung der Gründergemeinschaft. So ergibt sich für die Gründergemeinschaft, wenn sie bereits vor der Anmeldung ein Handelsgewerbe betreibt, ein Zwang zur Anmeldung der juristischen Person, es sei denn, daß die Gründergemeinschaft sich selbst — und dann als OHG — anmeldet.

Es ist mit Recht anerkannt, daß die Gründergemeinschaft Namensschutz genießt, wenn sie vor der Eintragung den Namen der gegründeten juristischen Person führt[72]. Besonders wichtig ist dies, wenn die Firma der juristischen Person im Falle der Sachgründung aus der Firma des zu übernehmenden Handelsgeschäfts gebildet worden ist und die Übernahme des Handelsgeschäfts durch die Gründergemeinschaft vor der Eintragung erfolgt. Es kann aber auch sonst sachgerecht sein, daß die Gründergemeinschaft die Sachfirma der juristischen Person im Gründungsstadium bereits verwendet. Allerdings ist es der Gründergemeinschaft verwehrt, sich als vollendete juristische Person zu bezeichnen. Insoweit wäre der Gebrauch der Firma mit dem Firmenbestandteil AG oder GmbH ohne den Zusatz, daß es sich um eine noch in Gründung befindliche AG oder GmbH handelt, ein „unzulässiger". Mißverständlich ist es, wenn gesagt wird, im Gründungsstadium bestehe zwar Namensschutz, aber kein Firmenschutz[73]. Der Firmenschutz ist Namensschutz[74]. Es sollte aber auch nicht fraglich sein, daß § 37 HGB schon für das Gründungsstadium gilt.

Mit Recht bejaht die h. M. für die Gründergemeinschaft die passive Parteifähigkeit und die Konkursfähigkeit[75]. Die aktive Parteifähigkeit ist zu verneinen[76]. Es kommt auf diese Frage aber nicht an, wie auch der Streit, ob die OHG aktiv parteifähig ist, in Wirklichkeit ohne Bedeutung ist.[77]

9. Die Rechtsverhältnisse des Gründungsstadiums und die juristische Person

a) Die Verfassung der juristischen Person als die Grundlage der Zurechnung der im Gründungsstadium für die Gründergemeinschaft begründeten Rechtsverhältnisse

Bis zur Eintragung besteht nur die Gründergemeinschaft als Personenverband. Ihre Rechtszuständigkeit ist die Gesamthandsgemeinschaft. Ver-

72 Vgl. *Fischer* a. a. O. § 22 N. 7 u. Zit.; *Ballerstedt*, ZHR 127, 102; *Büttner* a. a. O. S. 121

73 Vgl. *Fischer* a. a. O.

74 Vgl. *Würdinger* in Großkom. § 37 HGB N. 29 ff.

75 Vgl. *Fischer* a. a. O. § 22 N. 8

76 Die Argumentation von *Büttner* a. a. O. S. 224 beruht auf einer petitio principii

77 Vgl. *Fischer* in Großkom. HGB § 124 N. 8 ff.

pflichtet sind die Gründer als Personen, und zwar gleich, ob man eine unbeschränkte oder beschränkte persönliche Haftung annimmt. Das Problem des Verhältnisses von Gründergemeinschaft und juristischer Person ist nicht das „Werden" der juristischen Person nach naturalistischer Betrachtungsweise. Das juristische Problem besteht vielmehr nur darin, ob und inwieweit die für die Gründergemeinschaft entstandenen Rechtsverhältnisse, eben weil es die Gründergemeinschaft der juristischen Person ist, auch der juristischen Person zurechenbar sind. Man mag sich das Denken dieser Zurechnung dadurch erleichtern, daß man von dem „Werden" der juristischen Person aus der Gründergemeinschaft, von der Identität der Gründergemeinschaft und der juristischen Person spricht oder die von dem Bundesgerichtshof übernommene Formel von der „Organisation" verwendet, die — abgesehen von der Eintragung — schon die juristische Person „ist", und man mag für diese Organisation auch das Epitheton „Teilrechtsfähigkeit" verwenden[78]. Nur sollte man sich darüber klar sein, daß mit allen diesen Formulierungen keine „Begründungen" geliefert werden. Gegen die Formulierungen ist grundsätzlich nichts einzuwenden, wenn sie nichts anderes besagen sollen als die Zusammengehörigkeit der Gründergemeinschaft und der juristischen Person. Dann kann man von den Formulierungen aber auch nicht sagen, daß die eine richtig und die andere falsch ist. Vielmehr ist eine Beurteilung der Formulierung nur sinnvoll unter ästhetischen Gesichtspunkten und ferner danach, ob sie Mißverständnisse begünstigen oder zu einem besseren Verständnis der rechtlichen Problematik beitragen.

Nur mit diesem Vorbehalt wird hier von der Gründergemeinschaft als werdender juristischer Person und von dem Werden der juristischen Person gesprochen. Der bestimmungsgemäße Zweck der Gründergemeinschaft ist hiernach, zur juristischen Person zu werden. Erfolgt die Eintragung, so wird die Personengemeinschaft der Gründer zur juristischen Person. Dabei geht es nicht um einen Rechtsübergang betreffs der im Gründungsstadium für die Gründergemeinschaft entstandenen Rechtsverhältnisse. Vielmehr sind die der juristischen Person zurechenbaren Rechtsverhältnisse ipso iure solche derselben.

Wie die rechtliche Existenz der juristischen Person auf ihre Verfassung gegründet ist, so kann auch nur die Verfassung der juristischen Person die Grundlage dafür sein, daß ihr die in der Gründungszeit für die Gründergemeinschaft entstandenen Rechtsverhältnisse zugerechnet und damit ihre Rechtsverhältnisse werden. Maßgebend sind also die Satzung der juristischen Person und das Gesetz. Soweit durch Satzung und Gesetz die Gründergemeinschaft als Träger von Rechtsverhältnissen für die juristische Person berufen ist, aber auch nur insoweit, ist die Gründergemeinschaft „werdende" juristische Person mit der Folge, daß mit der Eintragung diese Rechtsverhältnisse ipso iure solche der vollendeten juristischen

78 Vgl. *Büttner*, Identität und Kontinuität bei der Gründung juristischer Personen (1967)

Person sind. Es ergibt sich hiernach für das Gründungsstadium eine eigentümliche ultra-vires-Lehre in Hinsicht auf die juristische Person.

Es wäre zwar eine Regelung denkbar, nach welcher jedwedes Handeln der für die juristische Person bestellten Organe im Gründungsstadium mit der Eintragung unmittelbare Wirkung für und gegen die juristische Person hat. Diese Regelung wird jedoch nicht mit der These der völligen Identität von Gründergemeinschaft und juristischer Person[79] oder der These der Teilrechtsfähigkeit der Gründergemeinschaft, die zur Vollrechtsfähigkeit der juristischen Person werde[80], begründet. Diese Thesen sind nichts anderes als das thema probandum. Wenn eine diesen Thesen entsprechende Regelung bestände, könnte man sie durch die Thesen veranschaulichen. Die Thesen bilden aber keinen Ersatz für die fehlende Regelung[81]. Deshalb bleibt es dabei, daß für die Frage, ob die im Gründungsstadium für die Gründergemeinschaft entstandenen Rechtsverhältnisse der juristischen Person zuzurechnen sind, nur das Gesetz und die Satzung als die Regelungen der Verfassung der juristischen Person maßgebend sind.

b) Die Beschränkung der Zurechnung auf die zur Vollendung der juristischen Person rechtsnotwendigen Rechtsakte, auf die Fälle der Sachgründung und auf die nach der Eintragung genehmigten Rechtsgeschäfte

Bei der schlichten Bargründung ist es sowohl für die AG wie für die GmbH der Inhalt von Satzung und Gesetz, daß die juristische Person grundsätzlich erst von der Eintragung ab am Rechtsverkehr teilnehmen soll. Die Möglichkeit einer Vorwirkung aus der Zeit vor der Vollendung der juristischen Person kann auf die durch Satzung und Gesetz bestimmte Verfassung der juristischen Person mangels besonderer Bestimmung nur insoweit gegründet werden, als es sich um Vorgänge handelt, die zur Vollendung der juristischen Person rechtsnowendig sind. Insoweit hat das Reichsgericht mit der Lehre der auf die rechtsnotwendigen Geschäfte beschränkten Teilidentität zwischen Gründergesellschaft und vollendeter juristischer Person im Ergebnis das Richtige getroffen.

Besonders liegen die Verhältnisse bei der Sachgründung. Wenn bei der Sachgründung einer GmbH die Sacheinlage in jedem Falle vor der Anmeldung zu leisten ist[82], so gehört die Entgegennahme der Sacheinlage durch die Geschäftsführer für die Gründergemeinschaft zu den „rechtsnotwendigen“ Geschäften. Die Verfassung der GmbH begründet also bei der Sachgründung die Erwerbsfähigkeit der Gründergemeinschaft für die

---

79 Vgl. *Dilcher,* Jus 1966 S. 89 ff. u. Zit.
80 Vgl. *Büttner* a. a. O. (s. o. N. 47)
81 Vgl. *Schultze-v. Lasaulx,* Festschr. Olivecrona (1964) S. 576 ff., 588 ff., 602 ff.
82 Vgl. BGHZ 45, 347 u. Zit.

Sacheinlage mit der Rechtsfolge, daß mit der Eintragung die GmbH ipso iure Berechtigte der Sacheinlage ist.

Mit Recht hat Gadow[83] gesagt, der Grundstückserwerb liefere die „Probe auf das Exempel" für die Beurteilung des Verhältnisses der juristischen Person zu den im Gründungsstadium entstandenen Rechtsbeziehungen. Gadow meint, die Separation der juristischen Person von den Rechtsbeziehungen des Gründungsstadiums geradezu durch das Gegenbeispiel dartun zu können, sonst „müßte es auch möglich sein, ein Grundstück an die Gründergesellschaft zu übereignen und sodann ohne nochmalige Auflassung, lediglich im Wege der Grundbuchberichtigung, das Eigentum auf die AG umzuschreiben". In der Tat, so ist es. Indem der Verband der Gründer, die Gründergemeinschaft, durch die Eintragung die Rechtsfähigkeit erlangt, steht das von der Gründergemeinschaft erworbene Grundeigentum nunmehr der juristischen Person zu, so daß das Grundbuch nur noch zu berichtigen ist.

Mit der Übernahme der Sacheinlage durch die Gründergemeinschaft ist es aber in aller Regel nicht getan. Ein übernommenes Handelsgeschäft kann nicht bis zur Eintragung in einem Dornröschenschlaf verharren. Die Geschäftsführer, welche das Handelsgeschäft übernehmen, sind ohne Zweifel verpflichtet, das Handelsgeschäft fortzuführen. Auch hinsichtlich sonstiger Einbringungsgegenstände kann für die Geschäftsführer die Pflicht zu rechtsgeschäftlichem Handeln zum Zwecke der Erhaltung dieser Gegenstände bestehen.[84]

Die Problematik wird in der Literatur im allgemeinen erörtert für die Frage der Haftung der eingetragenen juristischen Person aus den Geschäften des Gründungsstadiums. Auf die Entscheidung der Haftungsfrage kommt es denn ja auch vornehmlich an. Dazu wird die Ansicht vertreten, daß die juristische Person nicht nur aus den rechtsnotwendigen, sondern auch aus den „wirtschaftlich unumgänglich notwendigen" Rechtsgeschäften des Gründungsstadiums verpflichtet wird.[85]

Die Beschränkung der Haftung der juristischen Person auf die wirtschaftlich unumgänglich notwendigen Geschäfte ist jedoch keine praktikable Lösung. Der Begriff des wirtschaftlich unumgänglich notwendigen Geschäfts ist viel zu unbestimmt, als daß mit ihm etwas für eine Regelung des rechtsgeschäftlichen Verkehrs anzufangen wäre.[86]

Wenn man annimmt, daß bei der Sachgründung einer GmbH die Sacheinlage vor der Anmeldung zu leisten ist, sollte man auch für alle auf die geleistete Sacheinlage bezüglichen Geschäfte der Geschäftsführer vor

83 Iher. Jb. 87 S. 266

84 So mit Recht *Ballerstedt* ZHR 127, 102

85 Vgl. *Fischer* a. a. O. § 34 N. 13 u. Zit.; *Barz* a. a. O. § 41 N. 13; BGH II ZR 137/69 vom 9. 2. 1970, NJW 1970, 806 ff. unter I, 2

86 Man sollte auch nicht sagen, der rechtsgeschäftliche Verkehr werde nicht unzumutbar belastet, da in jedem Falle entweder der Handelnde (nach § 41 Abs. 1 S. 2 AktG oder nach § 11 Abs. 2 GmbHG) oder die juristische Person hafte (so *Fischer* a. a. O. § 34 N. 13). Mit der Haftung des Handelnden allein ist dem rechtsgeschäftlichen Verkehr eben in der Regel nicht gedient.

der Eintragung gelten lassen, daß diese Geschäfte zwar bis zur Eintragung nur Rechtsbeziehungen für und gegen die Gründergemeinschaft entstehen lassen, daß die Rechtsbeziehungen aber mit der Eintragung solche der GmbH sind. Die Satzungsbestimmung über die Sachgründung sollte in Verbindung mit der gesetzlichen Pflicht der Leistung der Sacheinlage vor der Anmeldung so verstanden werden, daß auch alle vor der Eintragung vorgenommenen Rechtsakte betreffs der übernommenen Sacheinlage durch die Verfassung der GmbH gedeckt sind.

Für die AG besteht bei der Sachgründung eine gesetzliche Verpflichtung zur Leistung der Sacheinlage vor der Eintragung nicht. Es sollte aber nicht in Frage gestellt werden, daß die Satzung die Übernahme der Sacheinlage vor der Eintragung bestimmen kann[87]. Sachgerecht ist eine solche Regelung insbesondere oft bei der Sacheinlage eines Handelsgeschäfts. Wenn nun die Satzung die Übernahme einer Sacheinlage, insbesondere eines Handelsgeschäfts, vor der Eintragung vorsieht, so ist damit zugleich für die AG wie für die GmbH durch ihre Verfassung, nämlich durch die Satzung, der Grund dafür gelegt, daß alle auf die Sacheinlage bezüglichen Maßnahmen mit der Eintragung unmittelbar für und gegen die AG gelten.

Es ist die Frage, ob über die zur Vollendung der juristischen Person rechtsnotwendigen Geschäfte und den Fall der Sachgründung hinaus die Satzung für die Organe die Legitimation begründen kann, im Gründungsstadium mit Wirkung für die juristische Person zu handeln. Für die Aktiengesellschaft kommt es darauf an, ob eine derartige Ergänzung der Satzung nach § 23 Abs. 4 AktG zulässig ist. Für die GmbH gibt es keine entsprechende Bestimmung, aber auch für die GmbH wäre zu fragen, ob die satzungsmäßig begründete Zuständigkeit zu einem beliebigen Handeln mit Wirkung für die GmbH im Gründungsstadium mit den Grundsätzen des Rechts der GmbH vereinbar ist.

Aus der für die Sachgründung vorstehend angenommenen Regelung, daß alle auf die Sacheinlage bezüglichen Geschäfte durch die Satzung gedeckt sind, folgt nicht, daß dann auch jedes andere Handeln im Gründungsstadium mit Wirkung für die juristische Person durch die Satzung legitimiert werden könnte. Die Sachgründung ist eine im Gesetz besonders geregelte Form der Gründung. Wenn man die Geschäfte betreffs der übernommenen Sacheinlage als für die juristische Person wirksam behandelt, zieht man nur die Konsequenz aus der gesetzlichen Anerkennung der Sachgründung.

Aus den Vorschriften von § 41 AktG, § 11 GmbHG ergibt sich nun, auch wenn man diese Vorschriften nicht als Strafnormen wertet, daß grundsätzlich ein Handeln mit Wirkung für die juristische Person vor der Eintragung den Intentionen des Gesetzes zuwider ist. Es ist zwar kein zwingender Schluß auf Grund von § 41 AktG, § 11 GmbHG zu ziehen, daß durch die Satzung eine Legitimation zum Handeln für die juristische

87 Vgl. *Fischer* a. a. O. § 28 N. 6, § 34 N. 8

Person im Gründungsstadium nicht begründet werden kann. Diese Schlußfolgerung dürfte aber den Grundgedanken der gesetzlichen Regelung entsprechen. Jedenfalls müßte man verlangen, daß die Geschäfte in der Satzung genannt werden, die im Gründungsstadium für die juristische Person sollen abgeschlossen werden können.

Praktische Bedeutung hat diese Frage nicht. Worum es geht, ist die Sachgründung und vor allem die Sachgründung durch Einlage eines Handelsgeschäfts. Für die Sacheinlage ergibt sich aber, wie dargelegt, daß die Legitimation zum Handeln mit Wirkung für die juristische Person durch die Festsetzung der Satzung begründet wird.

Soweit die Organe kraft der Satzung für die werdende juristische Person tätig zu werden befugt sind, sollte auch die Haftung der juristischen Person für den Bereich der satzungsgemäßen Tätigkeit der Organe im Gründungsstadium nach § 31 BGB nicht in Frage gestellt werden. Das Reichsgericht hat zwar eine Haftung der juristischen Person nach § 31 BGB für das Gründungsstadium verneint[88]. Nach Ansicht des Reichsgerichts soll die juristische Person nur dann für unerlaubte Handlungen ihrer Organe im Gründungsstadium einzustehen haben, wenn sie sich die Früchte des schadenstiftenden Handelns nach ihrer Entstehung zu eigen macht. Daß im letzteren Falle die juristische Person haftet, steht außer Frage. Aber auch wenn der juristischen Person auf Grund der Verfassung das Handeln der Organe im Gründungsstadium zurechenbar ist, ergibt sich aus dieser Zurechenbarkeit des Handelns zugleich die Haftung für die unerlaubte Handlung in Ausübung des zurechenbaren Handelns.

Es steht außer Frage, daß die juristische Person die für sie als künftige Person abgeschlossenen Rechtsgeschäfte nach §§ 177, 180 BGB genehmigen kann. In analoger Anwendung der §§ 177, 180 BGB sollte man auch zulassen, daß die juristische Person nach der Eintragung die zunächst für die Gründergemeinschaft wirksam vorgenommenen Rechtsgeschäfte genehmigen kann und mit der Genehmigung die durch die Rechtsgeschäfte begründeten Rechtsverhältnisse solche der juristischen Person sind[89]. Der Unterschied zu dem unmittelbaren Tatbestand des § 177 besteht darin, daß bei der Vertretung ohne Vertretungsmacht vor der Genehmigung das Rechtsgeschäft schwebend unwirksam ist, während es bei den für die Gründergemeinschaft wirksam vorgenommenen Rechtsgeschäften sich nur darum handelt, daß das Rechtsgeschäft zu einem solchen der juristischen Person wird. Die rechtliche Problematik ist aber im grundsätzlichen gleichgeartet. Der Dritte erhält mit der juristischen Person den Rechtsgeschäftspartner, den er haben wollte, und der Sinn des Geschäftes ist, daß es für die juristische Person gelten soll. Wenn man sich den „Werdeprozeß"[90] der juristischen Person so vorstellt, daß die Gründergemein-

88 Vgl. RGZ 151, 86 ff.; siehe auch *Fischer* a. a. O. § 22 N. 10 u. Zit.

89 Vgl. *Fischer* a. a. O. § 34 N. 17; *Barz* a. a. O. § 41 N. 17

90 *Gierke*, Genossenschaftstheorie S. 120

schaft mit der Eintragung zur juristischen Person wird, hat die Genehmigung nur den Inhalt, das für die Gründergemeinschaft vorgenommene Rechtsgeschäft zu bekräftigen. Es bedarf dieser Bekräftigung, da grundsätzlich die Verfassung der juristischen Person ein Handeln mit unmittelbarer Wirkung für und gegen sie vor der Eintragung — mit Ausnahme der für die Vollendung der juristischen Person rechtsnotwendigen Akte und der Fälle der Sachgründung — nicht legitimiert.

c) Die Rechtslage der Gründer und der Handelnden nach der Eintragung hinsichtlich der im Gründungsstadium begründeten Rechtsverhältnisse

Soweit die im Gründungsstadium vorgenommenen Rechtsgeschäfte mit der Eintragung unmittelbar für die juristische Person wirken, scheiden die Gründer als Berechtigte der Rechtsverhältnisse ipso iure mit der Eintragung aus. Veranschaulicht wird dieses Ausscheiden durch die bildhafte Formulierung, daß die Gründergemeinschaft zur juristischen Person wird. Während auf der Aktivseite der Rechtsverhältnisse ein Nebeneinander von Gründergemeinschaft und juristischer Person nach der Eintragung nicht möglich ist, wäre es an sich denkbar, daß die Gründergemeinschaft und damit die Gründer nach der Eintragung neben der juristischen Person als Gesamtschuldner weiterhin verpflichtet blieben. Für ein solches Weiterbestehen der Verpflichtung der Gründergemeinschaft und der Gründer besteht aber, wenn die juristische Person verpflichtet ist, kein Anlaß. Das gleiche gilt, wenn die juristische Person das im Gründungsstadium vorgenommene Rechtsgeschäft genehmigt und damit für sich übernimmt. Nach dem Inhalt des Rechtsgeschäfts soll nur die juristische Person Berechtigte und Verpflichtete werden, indem sie an die Stelle der Gründergemeinschaft tritt, die nach dem Inhalt des Rechtsgeschäfts nur eine praeliminare Rechtsposition bis zur Eintragung innehat.

Die Gründergemeinschaft und damit die Gründer bleiben hiernach nur Beteiligte der im Gründungsstadium begründeten Rechtsverhältnisse, wenn die Rechtsgeschäfte nicht ipso iure für die juristische Person wirksam sind und von ihr auch nicht genehmigt werden. Ein solcher Fall wird aber, wenn die juristische Person entsteht, kaum praktisch werden.

Nachdem die Wertung der Sondernormen des § 41 Abs. 1 S. 2 AktG und des § 11 Abs. 2 GmbHG als Strafnormen aufgegeben ist, bleibt als Sinn dieser Sondernormen nur übrig, daß beim Handeln im Gründungsstadium der rechtsgeschäftliche Verkehr in jedem Falle einen Schuldner haben soll. Schon Art. 211 ADHGB ist, auch als man in dieser Regelung noch eine Strafbestimmung sah, nur als „eine spezielle Anwendung des Art. 55 Abs. 1 ADHGB“[91], d. h. als eine Sondernorm des Rechts der Vertretung ohne Vertretungsmacht verstanden worden. Es handelt sich

91 *Anschütz-v. Völderndorff*, Kom. ADHGB Art. 211 N. 3

um eine Haftung für die Existenz des Vertretenen. Daraus folgt aber, daß die Haftung ihr Ende finden muß, wenn die juristische Person zur Existenz gelangt und das Geschäft für sie unmittelbar wirksam ist oder durch Genehmigung wirksam wird.

In BGHZ 47, 30 heißt es — wenn auch in anderem Zusammenhange — mit Recht zu § 11 Abs. 2 GmbHG: „Diese Vorschrift dient nicht dazu, dem Dritten einen sicheren Schuldner zu geben, sondern dazu, ihm überhaupt einen Schuldner zu verschaffen." Es ist ohne Sinn, durch die Annahme, daß die Haftung auf Grund der Sondernormen auch für das gegenüber der juristischen Person wirksame Geschäft fortdauert, den im Gründungsstadium Handelnden zum Bürgen der juristischen Person zu machen.

Die h. M. in Literatur und Rechtsprechung bejaht allerdings nach wie vor die Fortdauer der Haftung der Handelnden nach § 41 AktG, § 11 GmbHG, auch nachdem das Geschäft für die juristische Person wirksam geworden ist[92]. Manche wollen die Haftung des Handelnden enden lassen, wenn das von dem Handelnden vorgenommene Geschäft mit der Eintragung ohne weiteres, d. h. ohne daß es einer Genehmigung bedürfte, gegenüber der juristischen Person wirksam wird.[93] Ein gesetzlicher Anhalt für die unterschiedliche Regelung, je nach dem, ob das Geschäft ipso iure oder kraft Genehmigung gegenüber der juristischen Person gilt, ist jedoch nicht vorhanden. Der Sachproblematik entspricht die Regelung, daß in jedem Falle mit der Wirksamkeit des Geschäfts gegenüber der juristischen Person die Haftung des Handelnden endet[94].

Das Nebeneinander der Haftung des Handelnden und der juristischen Person führt zu erheblichen Unzuträglichkeiten. Der Handelnde ist nicht Berechtigter des Geschäfts. Beim gegenseitigen Vertrag kann er seinerseits nicht die Leistung verlangen. Wohl ist er aber nur gegen die Gegenleistung zur Leistung verpflichtet. Wieso der Handelnde dieser Rechtsposition verlustig gehen soll, vermag die h. M. nicht zu begründen. Es gibt keinen Rechtssatz, daß der Handelnde, wenn man seine Forthaftung trotz der Wirksamkeit des Rechtsgeschäfts gegenüber der juristischen Person annimmt, die Leistung an die juristische Person gegen sich gelten lassen muß. Nach der h. M. wird die Haftung des Handelnden, wenn das Geschäft nach der Eintragung gegenüber der juristischen Person wirksam wird, zu einer Bürgenhaftung verändert und verschärft. Wenn der Dritte seine Leistung erst nach der Eintragung erbringt, wenn also der Dritte, indem er nicht auf der Leistung Zug um Zug besteht, der juristischen Person Kredit gewährt, bedeutet die Forthaftung des Handelnden, daß er zum Garanten der Zahlungsfähigkeit der juristischen Person für die Zeit nach der Eintragung wird, was dem Sinn der Sondernormen offenbar zuwider ist.

---

92 Vgl. BGH LM § 11 GmbHG Nr. 14 u. Zit.; *Fischer* a. a. O. § 34 N. 26; *Barz* a. a. O. § 41 N. 26

93 *Fischer* a. a. O. u. N. 14; *Barz* a. a. O. u. N. 14

94 Vgl. *Hachenburg* in Düringer-Hachenburg, Kom. HGB § 200 N. 19 ff. u. Zit.

Schließlich ist auch zu bedenken, daß, wenn der Handelnde mit Zustimmung der Gründergemeinschaft gehandelt hat, er jedenfalls den Regreßanspruch gegen die Gründergemeinschaft hätte. Die Gründer würden also über den Regreßanspruch des Handelnden unbeschränkt für die Geschäfte des Gründungsstadiums weiter haften. Die Gründer trügen damit in Hinsicht auf die Verpflichtungen aus den Geschäften des Gründungsstadiums auch das Risiko der geschäftlichen Entwicklung der juristischen Person.

Man sollte sich gegenüber der Ansicht, daß die Haftung des Handelnden nach den Sondernormen mit der Wirksamkeit des Rechtsgeschäfts gegenüber der juristischen Person endet, nicht auf den Wortlaut des Gesetzes berufen. Der Wortlaut des Gesetzes bestimmt die Fortdauer der Haftung nicht. Auch die unglückliche Bestimmung des § 41 Abs. 2 AktG zwingt nicht zu diesem Schluß. Wie § 41 Abs. 2 AktG nicht für den Fall paßt, daß die Verbindlichkeit die AG unmittelbar mit ihrer Entstehung trifft, so gilt das gleiche für die Genehmigung. Die Einfügung des § 36 Abs. 2 AktG 1937 bei der Aktienrechtsform 1937 war ein Stückwerk ohne grundsätzliche Überlegungen. Wenn das Aktiengesetz 1965 es mit § 41 Abs. 2 AktG dabei belassen hat, wie es auch sonst vielfach zu den überkommenen Streitfragen des Aktienrechts nicht Stellung genommen hat, so dürfte dies dahin zu interpretieren sein, daß die Entscheidung Wissenschaft und Rechtsprechung überlassen bleiben soll[95].

---

95 Nach Abschluß des Beitrags ist der Aufsatz von Lieb, „Abschied von der Handlungshaftung", Der Betrieb 1970, 961 ff. erschienen. Lieb meint, durch die Haftung der Gründergesellschaft, d. h. der Gründer, erübrige sich die Handlungshaftung. Dem ist zwar nicht zu folgen. Verdienstlich ist jedoch der Hinweis auf die Haftung der Gründergesellschaft, wobei die Beschränkung der Haftung allerdings, vor allem de lege lata, bedenklich ist.

BEMERKUNGEN ZU INHALT UND METHODE EINER UNTERNEHMENSRECHTSREFORM

Otto Kunze

I.

Der Name des Jubilars ist eng mit zwei bedeutenden Gesetzeswerken verknüpft: dem Aktiengesetz von 1965 und dem Publizitätsgesetz vom 15. 8. 1969. Bedeutend sind aber beide Gesetze unter ganz verschiedenen Gesichtspunkten. Das Aktiengesetz schließt, wenn nicht alles täuscht, eine gesetzgeberische Entwicklung ab; das Publizitätsgesetz steht am Beginn einer neuen Entwicklung. Beide Entwicklungen sind gekennzeichnet durch ihr Verhältnis zum Unternehmensrecht.

Schon in dem Bericht des Ausschusses I der Studienkommission des Deutschen Juristentags[1] heißt es: „Mit der Unterscheidung des Unternehmensrechts vom Gesellschaftsrecht wird hervorgehoben, daß eine gesellschaftsrechtliche Behandlung das Unternehmen nicht in seiner Ganzheit erfaßt, weil auf diese Weise nur der Unternehmer und der Kapitaleigner als Subjekte des im Unternehmen ablaufenden Wirtschaftsgeschehens erscheinen; in dem Begriff ‚Unternehmensrecht' ist nach Ansicht der Mehrheit der Ausschußmitglieder ein systematischer Ansatzpunkt dafür geboten, Unternehmer, Kapitaleigner und Arbeitnehmer als jeweils in besonderer Weise Beteiligte und Mitträger zu würdigen . . . Der Begriff Unternehmensrecht stellt sich . . . als der umfassendere dar, der in organischer Entwicklung aus dem des Gesellschaftsrechts hervorgegangen ist und in den dieser sich systematisch einordnet." So einleuchtend und prägnant diese Unterscheidung ist, sie findet selbst heute nur zögernd Zustimmung.

Vielmehr steht im Vordergrund des wissenschaftlichen Interesses der herrschenden Lehre nach wie vor das Gesellschaftsrecht im Sinne eines Rechts der Wirtschaftsunternehmen, das von den Interessen der Inhaber des Unternehmensvermögens geprägt ist, die meist, wenn auch ungenau, Eigentümer genannt werden.[2] Einen selbständigen Begriff des Unternehmensrechts, dem das Gesellschaftsrecht systematisch eingeordnet ist,

1 Untersuchungen zur Reform des Unternehmensrechts, Teil I, 1955, S. 19

2 Daß – im Gegensatz zum Unternehmensrecht – das Gesellschaftsrecht von den Interessen der Eigentümer „geprägt" ist, kommt in dem Wort „Gesellschaftsrecht" nicht zum Ausdruck. Außerdem gibt es zahlreiche Unternehmen, deren Inhaber nicht Gesellschaften, sondern natürliche (z. B. Einzelkaufleute) oder juristische Personen ohne Mitglieder (z. B. Stiftungen) sind. Es wäre deshalb terminologisch richtiger, eine

erkennt die herrschende Lehre nicht an. In Übereinstimmung mit dieser herrschenden Auffassung ist auch bisher an der Reform des Rechts der Wirtschaftsunternehmen gearbeitet worden. Unter diesem Gesichtspunkt ist das Aktiengesetz das — bisherige — Ende und jedenfalls der Höhepunkt der Entwicklung. Es ist ein rein gesellschaftsrechtliches Gesetz und will es auch sein. Unternehmensrechtlicher Natur sind, wenn überhaupt, die wenigen Bestimmungen, die das Gesetz mit den geltenden mitbestimmungsrechtlichen Vorschriften verzahnen; auch die Publizität wird nur für die Aktiengesellschaft,[3] das Konzernrecht nur für die Konzerne geregelt, an denen mindestens eine Aktiengesellschaft beteiligt ist.[4]

Demgegenüber eröffnet das Publizitätsgesetz eine gesetzgeberische Entwicklung, die nicht mehr gesellschaftsrechtlich, sondern primär unternehmensrechtlich orientiert ist. Gegenstand des Unternehmensrechts ist das Unternehmen als soziales Gebilde,[5] dessen innere Ordnung die Interessen aller in ihm kooperierenden Menschen und der Allgemeinheit, nicht nur die der Eigentümer, zu berücksichtigen hat. Ein unternehmensrechtliches Gesetz ist mithin das Publizitätsgesetz nicht deshalb, weil es die Publizitätspflicht für alle Unternehmen und Konzerne, die die in den §§ 1 und 11 bezeichneten Größenmerkmale erreichen,[6] grundsätzlich ohne Rücksicht auf die gesellschaftsrechtliche Rechtsform regelt — in dieser rechtstechnischen Hinsicht hat es Vorgänger, z. B. im Umwandlungsgesetz von 1956 —, sondern weil es die Publizität im Interesse der Allgemeinheit,[7] also nicht nur im Interesse der Anteilseigner und der Gläubiger, anordnet.

Nachdem das Gutachten der Mitbestimmungskommission der Bundesregierung[8] das Unternehmen als „organisierte Gemeinschaft", als einen „wirtschaftlichen Zweckverband", also als Sozialgebilde erkannt und diese Charakterisierung ebenso grundsätzlich wie überzeugend begründet hat,[9] erscheint es geboten, an der Reform des Rechts der Wirtschafts-

---

andere Bezeichnung zu wählen. Gleichwohl soll hier an dem Ausdruck „Gesellschaftsrecht" festgehalten werden; zum Gesellschaftsrecht wird jedoch auch das vom Eigentümerinteresse geprägte (interessenmonistische) Recht derjenigen Unternehmen gerechnet, deren Vermögensträger keine Gesellschaften sind.

3 und die Kommanditgesellschaft auf Aktien

4 Durch § 28 EGAktG wird allerdings die Publizitätspflicht auch auf solche Konzerne mit abhängigen Aktiengesellschaften oder Kommanditgesellschaften auf Aktien erstreckt, die unter der einheitlichen Leitung einer GmbH oder einer bergrechtlichen Gewerkschaft stehen.

5 Näheres siehe: Unternehmensverfassung als gesellschaftspolitische Forderung. Ein Bericht, erstattet von *Boettcher-Hax-Kunze-v. Nell-Breuning-Ortlieb-Preller,* 1968 – fortan: *Sechserbericht* –, insbesondere S. 18 ff. und 84 ff.

6 soweit sie nicht schon nach dem Aktiengesetz und § 28 EGAktG publizitätspflichtig sind

7 Über das Interesse der Öffentlichkeit an Unternehmen und das öffentliche Interesse siehe *Kunze,* „Publizität des Großunternehmens", Normen der Gesellschaft, Festgabe für Oswald v. Nell-Breuning, 1965, S. 303 bis 309.

8 Mitbestimmung im Unternehmen, Bericht der Sachverständigenkommission, o. J. (1970), S. 99 (Teil IV N. 2 Abs. 2), S. 114 (z. B. Teil IV Nr. 21 Abs. 2)

9 Wie vor, insbesondere S. 108 ff. (Teil IV Nr. 14 ff.)

unternehmen nicht mehr unter dem engen Gesichtspunkt des Eigentümerinteresses weiter zu arbeiten, sondern die Reform nunmehr unternehmensrechtlich zu orientieren.[10] Damit erhebt sich die Frage, welche Aufgabe eine solche Unternehmensrechtsreform hat und wie sie vorgehen soll.

II.

Hinsichtlich des Inhaltes ist zunächst negativ festzustellen, daß das geltende Gesellschaftsrecht keiner dringenden Reform bedarf. Umstritten war schon die Reformbedürftigkeit des Aktiengesetzes von 1937. Zweifelhaft ist auch die Dringlichkeit einer neuen Kodifikation des Gesellschaftsrechtes der GmbH; wirkliche Mißstände, mit denen die Praxis nicht ohne gesetzgeberische Hilfe fertig wird, sind kaum ersichtlich. Dasselbe gilt für die Reform des Genossenschafts- und des Stiftungsrechtes.

Unter diesen Umständen kann sich die Reformarbeit ganz auf die unternehmensrechtlichen Materien der Mitbestimmung und des Konzernwesens konzentrieren, die dringend einer systematischen Reform bedürfen. Der dritte unternehmensrechtliche Hauptkomplex, die Publizität, ist durch das Publizitätsgesetz vorerst, wenn auch keineswegs befriedigend, geregelt.

Eine Reform mit diesem Ziele kann aber nicht das System unseres geltenden Gesellschaftsrechtes zugrunde legen. Sie muß vielmehr ein neues System entwickeln, das vom Unternehmen als einem wirtschaftlichen Zweck- und Herrschaftsverband,[11] einem mehr oder minder gesellschaftspolitisch relevanten[12] Sozialgebilde, ausgeht und nicht vom Zweck des Unternehmens oder dem Gegenstand seiner Tätigkeit. Systembildend müssen demnach Merkmale sein, die dem Unternehmen als gesellschaftlicher Produktionsveranstaltung adäquat sind und es erlauben, die Unternehmen nach soziologischen und ökonomischen Gesichtspunkten sinnvoll zu Gruppen zusammenzuordnen.[13] Für die Bildung solcher Gruppen erscheint nur die durch eine Kombination quantitativer Merkmale bestimmte Unternehmensgröße geeignet — ein Kriterium, das schon das Publizitätsgesetz zur Abgrenzung der publizitäts- von den nicht publizitätspflichtigen Unternehmen verwendet hat und über dessen grundsätzliche Eignung jetzt kein ernsthafter Streit mehr herrschen dürfte.[14] Auch

---

10 Dazu *Ernst Geßler,* „Entwicklungstendenzen im Gesellschaftsrecht", BB 1968, S. 717: „Die Rufe nach einer Umgestaltung des Aktienrechts von einem Recht der Gesellschaftsform zu einem Unternehmensrecht sind nicht zu überhören."

11 Siehe Sechserbericht, S. 84 ff.

12 Siehe Sechserbericht, S. 78

13 Dazu siehe *Wolfgang Schilling,* „Wandlungen des modernen Gesellschaftsrechts", JZ 1953, S. 493 Rechtsspalte, und *Thomas Raiser,* Das Unternehmen als Organisation, 1969, S. 133, über die „Gleichartigkeit aller Unternehmen als Organisation".

14 So jetzt auch *Fritz Rittner,* „Rechnungslegung und Publizität", Probleme der GmbH-Reform, 1970, S. 140, der gegen die Verwendung quantitativer Merkmale in der Wirtschaftsrechtlichen Abteilung des Karlsruher Juristentages noch eine heftige Attacke geritten hatte.

die Art der Merkmale und ihr quantitatives Verhältnis zueinander sind so, wie sie das Publizitätsgesetz vorsieht, allgemein verwendbar, nicht dagegen die absolute Höhe dieser Merkmale, die für die Bestimmung der Untergrenze für die Publizität — zumindest vorerst — angemessen sein mag, aber betriebswirtschaftlich und wirtschaftssoziologisch nicht signifikant ist. Die Frage, ob und wann die beiden Größenmerkmale Umsatz und Bilanzsumme bei erheblichen Geldwertveränderungen diesen angepaßt werden müssen, ist vorerst nicht aktuell.

Nach alledem bieten sich die folgenden unternehmensrechtlichen Gruppen an, die der Einfachheit halber nur mit der Mindestzahl der Beschäftigten gekennzeichnet werden:

a) Größtunternehmen: ab 20 000 Arbeitnehmern; voll ausgebaute Mitbestimmung (Sechserbericht[15]); Entwurf der Sozialausschüsse der CDA[16]
b) Großunternehmen: ab 2 000 Arbeitnehmern; qualifizierte Mitbestimmung (DGB-Entwurf eines Mitbestimmungsgesetzes[17] und SPD-Entwurf eines Gesetzes über die Unternehmensverfassung in großen Unternehmen und Konzernen[18])
c) Große Mittelunternehmen: ab 500 Arbeitnehmern; einfache Mitbestimmung (§§ 76 Abs. 6 und 7 BetrVG)
d) Kleine Mittelunternehmen: ab 100 Arbeitnehmern; Wirtschaftsausschuß (§ 67 BetrVG)
e) Kleinunternehmen: ab 5 Arbeitnehmern; Betriebsrat (§§ 8, 9 Abs. 1 BetrVG)
f) Kleinstunternehmen: weniger als 5 Arbeitnehmer

Diese Beispiele lehnen sich an die angegebenen gesetzlichen Bestimmungen oder Entwürfe an. Sie sind aber auch unter betriebswirtschaftlichen Gesichtspunkten sachgemäß. Die Zahl 500 liegt danach allerdings etwas zu hoch. Nach § 1 Abs. 2 des Montanmitbestimmungsgesetzes von 1951 ist die Mindestzahl 1 000. Diese ist als Untergrenze für die qualifizierte Mitbestimmung viel zu niedrig. Auch die Zahl 2 000 ist eher noch zu niedrig als zu hoch. Die Zahl 20 000 bedürfte, falls eine Sonderregelung für diese Gruppe rechtspolitisch in Erwägung gezogen würde, noch besonderer Erörterung.

III.

Die sechs vorbezeichneten Gruppen — Unternehmenstypen — bilden die Grundstruktur des unternehmensrechtlichen Systems. Das Gesamt-

15 S. 80

16 Unternehmensverfassungsmodell der Sozialausschüsse der Christlichdemokratischen Arbeitnehmerschaft, Soziale Ordnung, Nr. 8/9 vom 15. 9. 1969, S. 31

17 Mitbestimmungsgesetz DGB. Entwurf eines Gesetzes über die Mitbestimmung der Arbeitnehmer in Großunternehmen und Großkonzernen. Herausgegeben vom Bundesvorstand des Deutschen Gewerkschaftbundes, 1968

18 Mitbestimmung SPD. Herausgegeben vom Vorstand der SPD, o. J. (1968), S. 15

system entsteht durch eine Kombination dieser sechs Gruppen mit den gesellschaftsrechtlichen Rechtsformen, so daß es von jeder Rechtsform grundsätzlich sechs verschiedene Typen gibt. Indessen können die Typen der Kleinst-, Klein- und kleinen Mittelunternehmen, soweit sie nicht herrschende Unternehmen eines Konzerns sind, hier vernachlässigt werden, weil in diesen Unternehmen die Arbeitnehmer an der unternehmerischen Planungs- und Entscheidungsgewalt nicht teilhaben. Die Vorschriften über den Gesamtbetriebsrat und den Wirtschaftsausschuß gelten zwar unabhängig von der Rechtsform und sind, obwohl im Betriebsverfassungsgesetz geregelt, Unternehmensorgane. Die Unternehmensverfassung im engeren Sinne wird dadurch aber nicht berührt; sie bleibt eine reine Eigentümer-, also eine gesellschaftsrechtliche Verfassung. Unternehmensrechtlich interessant sind deshalb nur die großen Mittel-, die Groß- und die Größtunternehmen, d. h. die einfach und die qualifiziert mitbestimmten und — in weiterer Entwicklung — die Größtunternehmen mit voll ausgebauter Mitbestimmung.

Der Einbau der einfachen Mitbestimmung etwa derart, wie sie die §§ 76 bis 77 a BetrVG vorsehen, in eine Unternehmensverfassung für große Mittelunternehmen dürfte keine grundsätzlichen Schwierigkeiten bereiten. Zwar müßte bei der Einführung der einfachen Mitbestimmung in allen großen Mittelunternehmen auch für die Einmannunternehmen, insbesondere die Einzelkaufleute, und für die Personengesellschaften ein obligatorischer Aufsichtsrat vorgeschrieben werden. In diesem sind juristisch die Arbeitnehmervertreter stimmberechtigt. Praktisch haben sie aber, wie die nunmehr achtzehnjährige Erfahrung mit der einfachen Mitbestimmung lehrt, jedenfalls dann nur ein Anhörungsrecht, wenn sich die Anteilseignervertreter einig sind. Die unternehmerische Planungs- und Entscheidungsgewalt wird deshalb durch die einfache Mitbestimmung nicht so stark gebunden, daß in den Personalunternehmen eine Beschränkung der persönlichen Haftung unerläßlich wäre. Wird diese Haftungsbeschränkung hingegen für erforderlich gehalten, gilt für die großen Mittelunternehmen dasselbe wie für die großen Unternehmen.

Die qualifizierte und eine etwa noch weitergehende (totale paritätische) Mitbestimmung nötigen dazu, die Haftung der Inhaber des Unternehmensvermögens zu beschränken. Dieses Erfordernis ist erfüllt, wenn die Träger des Unternehmensvermögens juristische Personen sind, wenn also das Unternehmensvermögen bereits vom Privatvermögen der Inhaber abgeschichtet und deren Haftung auf das Unternehmensvermögen beschränkt ist. Bei den Personalunternehmen muß allerdings bei Einführung der qualifizierten oder einer noch weitergehenden Mitbestimmung diese Abschichtung noch vorgenommen werden. Das Unternehmensvermögen wird damit ein Sondervermögen[19] des oder der Inhaber, und deren Rechte beschränken sich alsdann auf die Verwaltungsrechte, die sie nach

---

19 Bereits bei *Schilling*, „Die Einmanngesellschaft und das Einzelunternehmen mbH", JZ 1953, S. 164 Linksspalte, 165, und wie Fußn. 13, S. 492 ff., finden sich Ausfüh-

der für das Sondervermögen geltenden Unternehmensverfassung haben, und den Gewinnanspruch.[20] Ist der Inhaber des Unternehmensvermögens, wie es meist der Fall sein wird, eine Gesellschaft, reduziert sich somit deren Tätigkeit nach der Bildung des Sondervermögens auf bloße Verwaltung, und die Produktion verlagert sich in das Sondervermögen, das nunmehr wirtschaftssoziologisch das eigentliche Unternehmen ist.[21]

Diese sicherlich etwas komplizierte und schwerfällige Sondervermögens-Konstruktion legt die Überlegung nahe, ob es nicht einfacher, zumindest rechtstechnisch eleganter wäre, das Personalunternehmen zu zwingen, sich in eine juristische Person umzuwandeln, am zweckmäßigsten in eine Aktiengesellschaft. Dieser Weg wird ernsthaft geprüft werden müssen. Er ist aber auch nicht ohne Schwierigkeiten gangbar, weil es angesichts der außerordentlichen Vielfalt der Gesellschaftsverträge unmöglich erscheint, durch Gesetz das Umwandlungsverfahren so zu regeln, daß das Verhältnis der Rechte der Gesellschafter zueinander in der juristischen Person dem in der Personalgesellschaft völlig adäquat ist. Zumindest müßte ein richterliches Vertragshilfeverfahren vorgesehen werden. Außerdem könnte es durchaus sinnvoll sein, die Personalgesellschaft auch nach der Abschichtung bestehen zu lassen. Bei großen Unternehmen können so beträchtliche Gewinne anfallen, daß der Vermögensinhaber, hier also die Personalgesellschaft, bald wieder die Möglichkeit hat und sogar genötigt sein kann, werbend tätig zu werden. Jedenfalls erscheint ein Rechtsformzwang, der nicht unvermeidlich ist, auch im Hinblick auf die Freiheitlichkeit unserer Wirtschaftsordnung bedenklich.

IV.

Die Mitbestimmung in einer Größengruppe gilt, wie gesagt, für alle Unternehmen dieser Gruppe ohne Rücksicht auf die Rechtsform. Mit der gesetzlichen Einführung der einfachen, der qualifizierten oder einer noch weitergehenden Mitbestimmung fällt eine grundsätzliche gesellschaftspolitische Entscheidung über das Verhältnis der Rechte der Anteilseigner zu den der anderen im Unternehmen kooperierenden Interessengruppen, die die Rechte der Anteilseigner beschränkt. Den Grad der

---

rungen über die „Verselbständigung des Unternehmens". *Thomas Raiser*, wie Fußn. 13, erwägt sogar, allen Unternehmen Rechtsfähigkeit zu verleihen (S. 166/167). Dieser Gedanke eilt der Rechtsentwicklung weit voraus, deckt sich aber im Kern mit dem des Sondervermögens und des – sogleich zu erörternden – Rechtsformzwanges.

20 Aus Raumgründen muß ich wegen der Einzelheiten auf meinen Beitrag „Unternehmessphäre und Privatsphäre im pluralistisch verfaßten Personalunternehmen" zur Festschrift für Bruno Gleitze, Beiträge zur Wirtschafts- und Gesellschaftsgestaltung, 1968, S. 385 ff., und *v. Nell-Breuning*, „Rechtsformzwang für Großunternehmen", Recht und Rechtsdenken in der sozialen Demokratie, Festgabe für Otto Kunze, 1969, S. 143 ff., insbesondere S. 150 bis 156, verweisen.

21 Die Folgen dieser „Rückbildung" der Gesellschaft, die Inhaberin des Sondervermögens ist, werden angedeutet von *Oswald v. Nell-Breuning*, wie vor, S. 251

Beschränkung bestimmt diese Grundsatzentscheidung. Er muß nach Art. 3 Abs. 1 GG für alle Unternehmen gleich und darf deshalb nicht von dem Rechtsverhältnis der Anteilseigner untereinander abhängig sein. Es ist zwar deren Sache, wie sie ihre rechtlichen Beziehungen untereinander regeln. Diese Regelung darf aber die Rechte der Arbeitnehmer nicht einengen; andernfalls hätten es die Anteileigner in der Hand, durch die Wahl der Rechtsform auf den Grad der Mitbestimmung Einfluß zu nehmen. Die vielfach vertretene Ansicht, daß z. B. die Mitbestimmung in der GmbH anders ausgestaltet werden müsse als in der AG, weil das aus dem Wesen der GmbH folge,[22] ist also abwegig. Sie verkennt das Wesen einer pluralistischen Unternehmensverfassung.

Diese Überlegungen machen zugleich deutlich, daß die rein gesellschaftsrechtlich bedingten Typenunterschiede an Bedeutung verlieren, je größer das Unternehmen ist. Denn je kleiner das Unternehmen ist, um so weniger unterliegt die unternehmerische Planungs- und Entscheidungsgewalt unternehmensverfassungsrechtlichen Bindungen, um so mehr ist das Unternehmen wirklich eine Veranstaltung des Eigentümers, um so mehr prägen seine Rechte oder, wenn das Unternehmensvermögen mehreren gehört, deren Rechte und Rechtsverhältnisse das Unternehmen. Je mehr aber gesetzliche Rechte anderer Interessengruppen, insbesondere der Arbeitnehmer, ins Spiel kommen, um so mehr werden die Rechte der Inhaber beschnitten, um so weniger können diese erwarten, daß die Unternehmensverfassung auf ihre Interessen mehr Rücksicht nimmt als auf die der anderen Mitglieder des Unternehmensverbandes. So ist es z. B. ungerechtfertigt, daß das Publizitätsgesetz die GmbH, die die in diesem Gesetz bestimmte Mindestgröße erreicht, nur deshalb zu einer weniger weitgehenden Publizität verpflichtet als die AG, weil es eine GmbH ist. In dieser Größenordnung müssen die Interessen der Anteilseigner hinter das Interesse der Allgemeinheit an Publizität zurücktreten.

Bei einer GmbH-Reform in unternehmensrechtlicher Sicht wird überhaupt zu beachten sein, daß der Typ der „großen GmbH" viel mehr durch Mitbestimmung und Publizität geprägt sein wird als durch die bisherigen rein gesellschaftsrechtlichen Überlegungen. Sie wird, eben weil sie groß ist, insbesondere eine viel geringere Gestaltungsfreiheit als die übrigen GmbH-Typen haben; denn ihre Unternehmensverfassung ist in allen mitbestimmungs- oder publizitätsrechtlich relevanten Punkten zwingendes Recht. Das gilt entsprechend für große Personalunternehmen.

Der Weg zu einer systematischen Reform des Unternehmensrechts darf also nicht über die Reform der einzelnen Rechtsformen führen.[23]

22 Diese Auffassung liegt auch der Ansicht der Mitbestimmungskommission der Bundesregierung (wie Fußn. 7, S. 206, Teil V Nr. 46) zugrunde, „daß den unternehmensrechtlichen Notwendigkeiten, die sich aus der institutionellen Mitbestimmung ergeben, im Rahmen der GmbH-Reform Rechnung getragen werden" müsse. Die institutionelle Mitbestimmung ist nicht im Rahmen der GmbH-Reform zu regeln, sondern für diese eine unter GmbH-Gesichtspunkten nicht mehr abänderbare Gegebenheit.

23 a. A. *Wolfgang Schilling* und *Ernst Geßler,* Probleme der GmbH-Reform, S. 191 und 192/193

Vielmehr ist, soweit es sich um die Mitbestimmung, also um die Unternehmensverfassung handelt, zunächst einmal zu klären, wie die Verfassungen für die Gruppen der großen Mittel-, der Groß- und gegebenenfalls der Größtunternehmen aussehen sollen: eine Frage, die die gesamte Problematik der inhaltlichen Ausgestaltung der zwei oder drei Mitbestimmungstypen einschließt und der hier nicht nachgegangen werden kann. Erst wenn die Einzelheiten dieser Verfassungen, insbesondere die Rechtsstellung der Unternehmensleitung und das rechtliche Verhältnis der einzelnen Interessengruppen zueinander, feststehen, ist es sinnvoll, die gesellschaftsrechtlichen Einzelheiten zu regeln. Die Unternehmensverfassung der einzelnen Größengruppe bildet also den Rahmen, innerhalb dessen bestimmt werden kann, in welchem rechtlichen Verhältnis die Gesellschafter bezüglich des Unternehmensvermögens und der Teilhabe an der unternehmerischen Planungs- und Entscheidungsgewalt zueinander stehen und wie die Haftungsverhältnisse gestaltet werden sollen. Weil rein gesellschaftsrechtliche Gesichtspunkte nur in diesem Rahmen berücksichtigt werden können, ist es daher z. B. nicht möglich, in der Gruppe der qualifiziert mitbestimmten großen GmbH die Unternehmensleitung an Weisungen der Gesellschafter zu binden. In der großen GmbH — wie überhaupt in allen Großunternehmen, gleich welcher Rechtsform — muß die Unternehmensleitung von einem pluralistisch zusammengesetzten Aufsichtsrat legitimiert,[24] d. h. bestellt und kontrolliert werden,[25] im übrigen aber das Unternehmen in eigener Verantwortung führen.

V.

Wenn auf diese Weise die Unternehmensverfassung die gesellschaftsrechtliche Regelung der einzelnen gesetzlichen Typen einer Größengruppe beherrscht, erweisen sich die einzelnen gesellschaftsrechtlichen Rechtsformen als unternehmensrechtliche Spezialregelungen. Alsdann bietet es sich an, die unternehmensverfassungsrechtlichen Bestimmungen für die großen Mittel- und die großen Unternehmen, also die einfache und die qualifizierte Mitbestimmung, die heute politisch allein zur Debatte stehen, gewissermaßen vor Klammer zu ziehen und einheitlich für alle Rechtsformen in einem Mitbestimmungs- oder besser Unternehmensverfassungsgesetz zu regeln. Mit dem Publizitätsgesetz ist dieser Weg erfolgreich beschritten[25a] worden. Ob er für ein Unternehmensverfassungsgesetz gangbar ist, kann erst entschieden werden, wenn die Unternehmensverfassungen für die großen Mittel- und die großen Unternehmen aller Rechtsformen vollständig ausgearbeitet vorliegen. Erst dann zeigt sich, ob gesetztechnisch ein Mitbestimmungsgesetz oder unternehmensverfassungsrechtliche Sonderregelungen für die verschiedenen Rechtsformen der einzelnen Größengruppen vorzuziehen sind. Der Referentenentwurf

24 Siehe Sechserbericht, S. 71 bis 73

25 Siehe Sechserbericht, S. 89 ff.

25a wenn auch noch nicht zu Ende gegangen worden. Siehe Kunze, „Publizität nach Maß?“, in ZHA 134. Bd. S. 193 ff.

eines GmbH-Gesetzes, der noch unter rein gesellschaftsrechtlichen Gesichtspunkten erstellt ist, hat eine kombinierte Reformmethode gewählt. Er hat durch einige Bestimmungen (z. B. §§ 109 Abs. 1, 111 Abs. 2) das GmbH-Recht mit den §§ 76—77 a BetrVG — sozusagen dem Mitbestimmungsgesetz über die einfache Mitbestimmung — verzahnt, zum anderen die Vorschriften der §§ 76—77 a BetrVG durch gesellschaftsrechtliche Sonderbestimmungen ergänzt. Dieses Vorgehen ist sicherlich einer der Gründe für den Umfang und die Kompliziertheit des Referentenentwurfs; ich gebe aber zu, daß die Unzweckmäßigkeit dieser Methode damit noch nicht erwiesen ist.

Würde der Gesetzgeber für alle großen Unternehmen nur noch die Rechtsform der Aktiengesellschaft und der GmbH bereit stellen, dann brauchte er zwar nur je eine Unternehmensverfassung für die qualifiziert mitbestimmte AG und die qualifiziert mitbestimmte GmbH zu schaffen. Er würde aber damit einen partiellen Rechtsformzwang anordnen, gegen den die unter III dargelegten grundsätzlichen und rechtstechnischen Bedenken sprechen.

VI.

Die zweite große gesetzgeberische Aufgabe ist die Schaffung eines Konzernrechts, das ohne Rücksicht auf die Rechtsform der einzelnen Konzernunternehmen gilt. Hierfür hat das Konzernrecht des Aktiengesetzes von 1965 das Fundament gelegt. Mit den Vorschriften im II. Buch des Referentenentwurfes des GmbH-Gesetzes über die verbundenen Unternehmen ist weitere nützliche Vorarbeit geleistet worden. Das gilt auch für den Bericht einer Studienkommission des Deutschen Juristentags[26], der sich nicht auf das aktenrechtliche Konzernrecht beschränkt. Publizitätsrechtlich werden die Konzerne mit Konzernleitungen aller Rechtsformen vom Publizitätsgesetz erfaßt.[27] Mitbestimmungsrechtliche Schwierigkeiten sind weitgehend ausgeräumt, sobald die Entwürfe für die Unternehmensverfassungen der großen Unternehmen aller Rechtsformen oder eines Mitbestimmungsgesetzes ausgearbeitet sind. Insoweit ist auf die Ausführungen unter IV zu verweisen. Übrigens spielen die Personalunternehmen als Konzernspitze, und zwar gerade bei den ganz großen Objekten, eine nicht unerhebliche Rolle, während die Produktionsunternehmen mit zunehmender Größe, schon aus Gründen der Kapitalbeschaffung, meist die Rechtsform der Kapitalgesellschaft wählen und daher in diesem Bereiche die Personalunternehmen immer seltener werden. Dadurch erlangt die Frage der Einbeziehung der großen Personalunternehmen in die qualifizierte Mitbestimmung eine gesteigerte Bedeutung.

Auf die Frage, wie die Mitbestimmung im Konzern inhaltlich auszugestalten ist, kann aus Raumgründen ebenfalls nicht eingegangen werden.

---

26 Untersuchungen zur Reform des Konzernrechts, S. 67

27 Siehe Fußn. 6

Anhaltspunkte bieten die §§ 76 Abs. 2 und 77 a BetrVG, das Mitbestimmungsergänzungsgesetz von 1956 und § 308 Abs. 3 AktG. Mitbestimmungsrechtlich wirkt sich danach die Unternehmensmitbestimmung im Konzern in der Unternehmensverfassung der Konzernspitze aus, weil diese oder, wenn sie ein Unternehmen ist, dessen Leitung die Leitung der wirtschaftlichen Einheit „Konzern" ist.

Das Unternehmen im üblichen Sinne ist rechtlich ungegliedert, wie z. B. die Aktiengesellschaft, die offene Handelsgesellschaft usw. Der Konzern ist — wegen der rechtlichen Selbständigkeit auch der abhängigen, wirtschaftlich unselbständigen Unternehmen — rechtlich gegliedert. Diese rechtliche Gliederung gibt Anlaß zu der Prüfung, ob dem Mitbestimmungserfordernis schon damit genügt ist, daß die Konzernspitze pluralistisch verfaßt ist. Bejahendenfalls würde sich die Unternehmensmitbestimmung in den abhängigen Konzernunternehmen erübrigen. So weit möchte ich nicht gehen. Zwar ist der Konzern pluralistisch verfaßt, wenn die Konzernleitung pluralistisch legitimiert ist. Die mit dem Tatbestand des Konzerns gegebene Dezentralisierung, die sehr weit gehen und den Leitungen der abhängigen Konzernunternehmen große Selbständigkeit gewähren kann, läßt aber eine Teilhabe der Arbeitnehmer auch an der Planungs- und Entscheidungsgewalt der Leiter der abhängigen Konzernunternehmen gerechtfertigt erscheinen, so daß die Arbeitnehmer eines qualifiziert mitbestimmten abhängigen Unternehmens an der Bestellung sowohl des Aufsichtsrates der Konzernspitze als auch des Aufsichtsrates des Unternehmens, in dem sie beschäftigt sind, zu beteiligen sind. Dagegen kann in einem mehrstufigen Konzern von ihrer Beteiligung an der Bestellung des Aufsichtsrates eines zwischen der Konzernspitze und ihrem eigenen Unternehmen stehenden Unternehmens abgesehen werden.[28]

Die Frage, ob das gesamte Konzernrecht für die Konzerne mit Konzernunternehmen aller Rechtsformen in einem einheitlichen Gesetz geregelt werden kann und soll, ist unbedenklicher zu bejahen als die Frage nach einem einheitlichen Unternehmensverfassungsgesetz, da zu vielen Konzernen Unternehmen verschiedener Rechtsform gehören und Konzerne, die nur aus Unternehmen derselben Rechtsform bsetehen, jederzeit Unternehmen anderer Rechtsform in den Konzernverbund aufnehmen können. Rechtstechnisch ist daher die Situation beim Konzernrecht ähnlich wie im Umwandlungsrecht, in dem das Umwandlungsgesetz von 1956 alle übertragenden und einen Teil der formwechselnden Umwandlungen der verschiedensten Rechtsformen regelt. Gleichwohl läßt sich aber auch im Konzernrecht nur anhand der einzelnen Rechtsformen und bei den großen Unternehmen nur anhand ihrer Unternehmensverfassung entscheiden, wie sich die Einbeziehung eines Unternehmens in den Konzernverbund, sei es als herrschendes, sei es als abhängiges Unternehmen, auswirkt. Hier wird es sich deshalb gleichfalls empfehlen, zunächst das Konzernrecht für jede Rechtsform auszuarbeiten, um alsdann in einem

28 So auch die Mitbestimmungskommission (wie Fußn. 7, S. 195, Teil V Nr. 30)

Konzerngesetz die allen Rechtsformen gemeinsamen Bestimmungen zusammenzufassen.

VII.

Die gesellschaftsrechtlichen Reformanliegen sind, wie die Ausführungen unter IV ergeben haben, in unternehmensrechtlicher Hinsicht sekundär.[29] Sie werden in den großen Unternehmen, weil sie dort nur einen unternehmensverfassungsrechtlichen Teilaspekt betreffen, auch an Gewicht verlieren. Absolut sind sie trotzdem noch von großer Bedeutung, vor allem für die Mittel- und Kleinunternehmen. Sie müssen deshalb in einer Unternehmensrechtsreform mit den hier skizzierten Zielen ebenso sorgfältig behandelt werden wie bisher in der rein gesellschaftsrechtlich orientierten Reform. Hier muß es jedoch insoweit bei einigen grundsätzlichen Hinweisen sein Bewenden haben.[30]

Es wird sich empfehlen, an der Vielfalt der Rechtsformen nichts zu ändern. Es wird sogar zu erwägen sein, der Wirtschaft, insbesondere dem Mittelstand, eine zusätzliche Personengesellschaft mit beschränkter Haftung zur Verfügung zu stellen.[31] Daneben wird die Zulässigkeit der GmbH & Co weiter bejaht werden können.[32] Im übrigen werden alle Rechtsformen, die einerseits nicht bereits Allzweckformen sind — wie AG, GmbH, Stiftung — und bei denen andererseits die Gründungsfreiheit nicht durch Sonderzwecke eingeschränkt ist, zu Allzweckformen auszugestalten sein. Es müssen also beim Einmannunternehmen und bei den Personenhandelsgesellschaften die Erfordernisse der Gewinnerzielungsabsicht und des Betreibens von Grundhandelsgeschäften entfallen. Daneben sind die Rechtsformen mit Sonderzwecken, wie Genossenschaften, Versicherungsvereine auf Gegenseitigkeit und Reedereien, beizubehalten, solange sie nicht obsolet geworden sind, worauf allerdings die bergrechtliche Gewerkschaft hinsteuert. Für eine gesellschaftsrechtliche Typenbereinigung ist also wenig Raum. Was schließlich die GmbH anlangt, so dürften wegen ihres Allzweckcharakters alle „Zweck“-fragen letzten Endes gegenstandslos sein. Der Typ der „großen“ GmbH muß schon aus unternehmensverfassungsrechtlichen Gründen entwickelt und kann dann gesellschaftsrechtlich als „kleine Aktiengesellschaft“ ausgestaltet werden. Die Vorschriften über das mittlere und insbesondere das kleine Unternehmen mbH, einschließlich des Einmannunternehmens mbH, könnten alsdann weitgehend dispositiv abgefaßt werden, so daß in den Fällen, in denen die GmbH rein instrumentell — z. B. für Vermögensverwaltungs- und Forschungszwecke — verwendet wird, nur ein Mindestmaß an Organisation erforderlich wäre.

---

29 So auch *Thomas Raiser*, wie Fußn. 11, S. 133

30 Siehe *Ernst Geßler*, „Entwicklungstendenzen im Gesellschaftsrecht“, BB 1968, S. 717 ff.

31 Wofür neuestens *Wolfgang Schilling* nachdrücklich eingetreten ist („Rechtspolitische Gedanken zur GmbH & Co“, Festschrift für Otto Kunze, S. 202 ff.)

32 *Schilling*, wie vor

RECHT DER KAPITALGESELLSCHAFT

AKTIENRECHTLICHE PUBLIZITÄT UND BÖRSENKURSENTWICKLUNG

HORST ALBACH

I. Einleitung

In seinem Aufsatz „Der Bedeutungswandel der Rechnungslegung im Aktienrecht“[1] bezeichnet Gessler die sogenannte kleine Aktienrechtsreform von 1959 als einen „Markstein auf dem Wege zur großen Aktienrechtsreform“. Den „entscheidenden Umbruch in der Rechenschaftspflicht der Verwaltung gegenüber den Aktionären“ sieht Gessler aber erst im Aktiengesetz von 1965 vollzogen. Daß der Baumeister sein Werk erst als vollendet ansieht, wenn der letzte Stein gesetzt ist, ist verständlich. Umso erfreulicher mag es für ihn sein, wenn der Nachweis erbracht wird, daß schon der Markstein von großer Bedeutung war. Der Übergang vom Nettoprinzip zum Bruttoprinzip in der Gewinn- und Verlustrechnung, der von Gessler initiiert und propagiert[2] und in der kleinen Aktienrechtsreform vollzogen wurde, ist für das an der Börse anlagesuchende Publikum von großer Bedeutung gewesen. Ich hoffe, Herrn Gessler mit dem Nachweis eine Geburtstagsfreude bereiten zu können, daß ein statistisch gesicherter Zusammenhang zwischen Börsenkursentwicklung und verschiedenen in der Gewinn- und Verlustrechnung von Aktiengesellschaften ausgewiesenen Größen erst seit dem ersten Jahresabschluß nachzuweisen ist, der nach den Grundsätzen des § 132 Aktiengesetz in der Fassung des Gesetzes über die Kapitalerhöhung aus Gesellschaftsmitteln und über die Gewinn- und Verlustrechnung vom 23. 12. 1959 erstellt wurde.

II. Zur Theorie der Börsenkursentwicklung

Der Börsenkurs der Aktien ist für die Höhe der Eigenkapitalkosten emissionsfähiger Unternehmen von ausschlaggebender Bedeutung. Nun ist immer wieder auf die Vielfalt und Vielzahl der Faktoren hingewiesen worden, von denen die Börsenkursentwicklung abhängig ist. Manche

---

1 *Geßler, E.*, Der Bedeutungswandel der Rechnungslegung im Aktienrecht, Muthesius, V. (Hrsg.), 75 Jahre Deutsche Treuhandgesellschaft 1890–1965, Frankfurt (1965), S. 129, hier S. 151 f.

2 Vgl. *Geßler, E.*, Zur Reform der Gewinn- und Verlustrechnung (§ 132 des Aktiengesetzes) BB 1958, S. 709;
ders., Die Gewinn- und Verlustrechnung in USA, ein Beitrag zur Reform der Gewinn- und Verlustrechnung in der Bundesrepublik, BB 1958, S. 924

Autoren haben aus der für viele Anleger gegebenen Undurchsichtigkeit und aus der behaupteten Manipulierbarkeit dieser Faktoren den Schluß gezogen, daß deshalb vor dem Erwerb von Aktien zu warnen sei.[3] Viele Leser der „Bekenntnisse eines Spekulanten",[4] unter denen jeder Hinweis auf die gesetzlich vorgeschriebene Publizität von Unternehmen fehlt, werden geneigt sein, diese Warnung ernst zu nehmen. In der Finanzierungstheorie wird demgegenüber die These vertreten, daß letztlich die Vielzahl der Einflußfaktoren nur zufällige Schwankungen um eine zugrundeliegende Tendenz induziert. Die grundlegende Tendenz der Börsenkurse wird dieser Ansicht nach entscheidend von den von dem Unternehmen erwirtschafteten Gewinnen bzw. den von ihm ausgeschütteten Dividenden beeinflußt. Dabei gehen die Meinungen darüber, in welchem Maße Gewinne und Dividenden die Börsenkurse beeinflussen, in der Theorie auseinander. Modigliani und Miller haben in ihrem Arbitragemodell die These vertreten, daß die Börsenkurse allein von den erwirtschafteten Gewinnen, nicht dagegen von der Gewinnverwendung abhängen. Sie haben anhand statistischen Materials auch versucht, ihre These statistisch zu erhärten.[5] Demgegenüber hat Gutenberg auch auf die Möglichkeit hingewiesen, die Aktienkursentwicklung nur aus den ausgeschütteten Dividenden zu erklären.[6] Gutenberg fährt jedoch fort: „Es wäre jedoch verfehlt zu unterstellen, daß das Interesse des an Aktienbesitz interessierten Publikums, insbesondere auch der institutionellen Anleger und der Großaktionäre (im Falle von Beteiligungsgesellschaften) ausschließlich auf Gewinnausschüttung gerichtet sei und kein Verständnis für die Einbehaltung von Gewinnen durch die Gesellschaften bestehe . . . Die Kurse der Anteile an Aktiengesellschaften sind also weder eindeutig eine Funktion der von den Unternehmen gemachten Gewinne noch ebenso eindeutig eine Funktion der Gewinnausschüttungen, also der Dividendenzahlungen. Sie sind vielmehr das Ergebnis der Gewinne wie auch des Verhältnisses, in dem die Gewinne in Ausschüttungs- und Einbehaltungsbeträge aufgespalten werden, sofern es überhaupt möglich und zulässig erscheint, die Fülle der kursbestimmenden Größen auf Gewinn und Ausschüttung zu reduzieren." Gutenberg hat jedoch seine These, daß die Börsenkurse sowohl von den erwirtschafteten Gewinnen als auch von den Dividendenzahlungen abhängen, nicht empirisch überprüft.

---

3 *Engler, G. W.*, Vor Aktien wird gewarnt, München-Bern-Wien 1967

4 *Kostolany, A.*, Das ist die Börse, Bekenntnisse eines Spekulanten, Stuttgart 1961

5 *Miller, M. H.* und *F. Modigliani*, The Cost of Capital, Corporation Finance and the Theory of Investment, American Economic Review 1958, S. 261;
dies., Dividend Policy Growth and Devaluation of Shares, Journal of Business 1961, S. 411

6 *Gutenberg, E.*, Grundlagen der Betriebswirtschaftslehre, 3. Band, Die Finanzen, 3. Auflage, Berlin-Heidelberg-New York 1969, S. 249 ff.

III. Empirische Überprüfung des Zusammenhangs von aktienrechtlicher Publizität und Börsenkursentwicklung

Eine empirische Überprüfung setzt zweckmäßigerweise bei den einzelnen Aktiengesellschaften an. Die im folgenden beschriebenen Tests wurden anhand der Bilanzzahlen von 100 deutschen börsennotierten Aktiengesellschaften durchgeführt, die eine Zufallsstichprobe aus der Gesamtheit der an deutschen Börsen notierten Aktiengesellschaften sind.

Die Hypothese, daß die Börsenkurse von den erwirtschafteten Gewinnen und/oder den Dividendenzahlungen abhängen, muß testbar formuliert werden, wenn sie einer empirischen Überprüfung zugänglich sein soll. Dieser testbaren Formulierung der Hypothese wende ich mich zunächst zu. Im zweiten Abschnitt werden dann die Ergebnisse wiedergegeben.

1. Die Testfunktionen

Am interessantesten wäre der Nachweis, daß die Börsenkurse jeder der 100 Aktiengesellschaften in ihrer zeitlichen Entwicklung von der zeitlichen Entwicklung der Gewinne und/oder der ausgeschütteten Dividenden in einer bestimmten Form abhängen. Dieser Nachweis könnte durch eine Zeitreihenanalyse der entsprechenden Zahlen aller 100 Aktiengesellschaften geführt werden. Ein solcher über die Zeit wirkender Zusammenhang konnte jedoch nur bei maximal vier der 100 Aktiengesellschaften statistisch gesichert werden. Dafür gibt es zwei Erklärungen: Erstens: Ein über die Zeit wirksamer Zusammenhang zwischen Börsenkursentwicklung und Gewinn- bzw. Dividendenentwicklung der Aktiengesellschaften besteht nicht. Andere Einflußgrößen sind von größerer Bedeutung. Zweitens: Ein solcher zeitlicher Zusammenhang besteht in einer Teilperiode der gesamten Untersuchungsperiode. Diese Teilperiode ist aber so kurz, daß nicht genügend Beobachtungswerte vorliegen, um diesen Zusammenhang statistisch sichern zu können. Die gesamte Beobachtungsperiode umfaßt die Jahresabschlüsse 1954 bis 1966. Eine sinnvolle Aufteilung dieser Gesamtperiode würde die Periode der Gültigkeit des § 132 in der Fassung des Aktiengesetzes von 1937 (1954 bis 1960) und die Periode der Gültigkeit des § 132 in der Fassung des Gesetzes über die Kapitalerhöhung aus Gesellschaftsmitteln und über die Gewinn- und Verlustrechnung (1961 bis 1966) unterscheiden. Die Hypothese, daß ein Zusammenhang in der Periode 1954 bis 1960 nicht besteht, dagegen in der Periode 1961 bis 1966 wirksam ist, läßt sich aber bei nur sechs Beobachtungswerten für jedes Unternehmen statistisch nicht sichern. Auf die Zeitreihenanalyse muß daher verzichtet werden.

Die empirische Überprüfung des Zusammenhangs von aktienrechtlicher Publizität und Börsenkursentwicklung wurde daher in Form einer Querschnittsanalyse durchgeführt. Die Hypothese lautet, daß die Börsenkurse eines Jahres aus den Gewinnen bzw. Dividenden erklärt werden können, die die 100 Aktiengesellschaften in demselben oder in bestimmten anderen Jahren erzielt haben.

Am leichtesten läßt sich die Dividendenhypothese statistisch überprüfbar formulieren. Als Dividende eines Jahres wird der Dividendenvorschlag des Unternehmens laut veröffentlichtem Jahresabschluß dieses Jahres definiert. Als Börsenkurs wird der Schlußkurs des Unternehmens am letzten Börsentag des Jahres bezeichnet. Dann sind folgende Zusammenhänge denkbar:

1. Der Börsenkurs des Jahres ist eine lineare Funktion der Dividende desselben Jahres.
2. Der Börsenkurs des Jahres ist eine lineare Funktion der Dividende des Vorjahres.
3. Der Börsenkurs des Jahres ist eine lineare Funktion der Dividende des folgenden Jahres.
4. Der Börsenkurs des Jahres ist eine lineare Funktion der Dividende desselben Jahres, des Vorjahres und des vor-vorigen Jahres.

Insgesamt werden also für jedes Jahr des Beobachtungszeitraums vier verschiedene Formen der Dividendenhypothese getestet.

Die Formulierung der Gewinnhypothese bereitet wegen der Unbestimmtheit des Gewinnbegriffs größere Schwierigkeiten. Als Gewinn kommen in Betracht: der ausgewiesene Reingewinn, der ausgewiesene Jahresüberschuß, der nach den bekannten Formeln zur Schätzung des Gewinns aus der Position „Steuern vom Einkommen, Ertrag und Vermögen" berechnete Bruttogewinn, der Gewinn nach Steuern (Bruttogewinn abzüglich berechnete Steuern vom Einkommen und Ertrag) und der Cash Flow. Da keine dieser Größen a priori plausibler zur Erklärung der Börsenkurse erscheint als eine andere, werden die Regressionsrechnungen mit allen Größen und zwar für jede mit dem gleichen Schema zeitlicher Verzögerungen vorgenommen, wie es bei der Dividendenhypothese geschildert wurde. Insgesamt werden also für jedes Jahr zwanzig verschiedene Formen der Gewinnhypothese getestet.

Schließlich ist die Verbindung von Dividendenhypothese und Gewinnhypothese zu testen. Sie lautet: Der Börsenkurs eines Jahres hängt von der Dividendenzahlung desselben Jahres (des Vorjahres) und dem Gewinn desselben Jahres (des Vorjahres) ab. Insgesamt gibt es also vier mögliche Kombinationen von Dividenden und Gewinnnen. Da außerdem die Gewinne wiederum an den fünf genannten Größen gemessen werden können, sind insgesamt zwanzig Versionen der Kombination von Dividendenhypothese und Gewinnhypothese für jedes Jahr zu testen.

2. Die Ergebnisse

Das wichtigste und überraschendste Ergebnis ist die Tatsache, daß für die Jahre von 1954 bis 1960 einschließlich kein statistischer Zusammenhang zwischen Dividende und Gewinnen auf der einen und Börsenkursen auf der anderen Seite gesichert werden kann. Für die Jahre von 1961 ab bestehen dagegen statistisch gesicherte Zusammenhänge. Da die Kapitalmärkte in der Bundesrepublik schon vor dem Jahre 1961 ihre Funktionsfähigkeit allmählich wiedererlangt hatten, wird man dieses Phänomen nicht auf die Verbesserung der Börse als Markt für Aktien allein zurückführen können. Ich möchte vielmehr als Erklärung für dieses Ergebnis den durch die kleine Aktienrechtsreform herbeigeführten Übergang vom Ausweis des Rohertrages (Nettoprinzip) zum Umsatzausweis (Bruttoprinzip) heranziehen. Dieser Übergang stellte, wie die statistische Analyse zeigt, einen Markstein in der aktienrechtlichen Publizität dar: Die Öffentlichkeit erhielt durch die verbesserte Publizität Orientierungsgrößen, an denen Kauf- und Verkaufsentscheidungen ausgerichtet werden konnten.

Für den Zeitraum 1961 bis 1966 wurden insgesamt 264 Korrelationsrechnungen durchgeführt. Diese wurden auf Signifikanz der Regressionskoeffizienten, Signifikanz der Korrelationskoeffizienten sowie auf Multikolinearität geprüft. Nach diesen Kriterien mußten insgesamt 40 Funktionen als statistisch nicht gesichert ausgeschieden werden. Diese verteilen sich auf die einzelnen Hypothesen wie in Tabelle 1 angegeben.

Tabelle 1
Übersicht über die Korrelationsrechnungen
1961 bis 1966

Hypothese	Zahl der geprüften Korrelationen	Zahl der statistisch nicht gesicherten Korrelationen
Dividenden-Hypothese	24	0
Gewinn-Hypothese	120	25
Gewinn- und Dividenden-Hypothese	120	15
Summe	264	40

Bei den 25 statistisch nicht gesicherten Korrelationen im Rahmen der Gewinnhypothese handelt es sich ausschließlich um die Erklärung der Börsenkurse aus den Gewinnen des laufenden Jahres, des Vorjahres und des vor-vorigen Jahres. Es liegt auf der Hand, daß zwischen den Gewinnen verschiedener Jahre Multikolinearität besteht.

Bei einem Vergleich der drei Hypothesen läßt sich der globale Schluß ziehen, daß die Dividenden- und Gewinnhypothese die Börsenkurse besser erklärt als die Dividendenhypothese und daß ihrerseits die Dividendenhypothese die Börsenkurse besser erklärt als die Gewinnhypothese. Dieser Schluß wird durch den Vergleich der signifikanten Korrelationskoeffizienten belegt. In Tabelle 2 sind die jeweils besten Korrelationskoeffizienten der Korrelationsrechnungen eines Jahres für die jeweilige Hypothese einander gegenübergestellt.

Tabelle 2
Korrelationskoeffizienten

Jahr	Gewinn- und Dividenden-Hypothese	Dividenden-Hypothese	Gewinn-Hypothese
1961	0,72	0,61	0,64
1962	0,79	0,80	0,70
1963	0,86	0,84	0,74
1964	0,89	0,85	0,81
1965	0,90	0,88	0,86
1966	0,93	0,92	0,82

Für die Erklärung der Börsenkurse aus dem Gewinn ist in allen Jahren des Zeitraums von 1961 bis 1966 der Gewinn nach Steuern am besten geeignet. Dieses Ergebnis unterstreicht die Bedeutung der Schätzformeln für die Ermittlung des Bruttogewinns, die in den letzten Jahren allgemeine Verbreitung unter den Finanzanalytikern gefunden haben. In den Perioden des Aufschwungs ist die Erklärung aus den Gewinnen des folgenden Jahres besser als in den Perioden des Abschwungs, in denen der Gewinn nach Steuern des laufenden Jahres die Börsenkurse am besten erklärt.

Die Überprüfung der Dividendenhypothese ergibt die gleiche zeitliche Struktur wie die Gewinnhypothese: In Perioden des Aufschwungs erklären die Dividenden des folgenden Jahres die Börsenkurse des laufenden Jahres am besten, während in den Perioden des Abschwungs die Börsenkurse stärker von den Dividenden des laufenden Jahres beeinflußt werden.

Die Dividenden- und Gewinnhypothese erklärt die Börsenkurse der 100 Aktiengesellschaften am besten. Bis 1962 liefern Dividenden und

Gewinne nach Steuern die beste Erklärung. Seit 1963 gewinnt die Kombination Dividenden und Cash Flow zunehmend an Erklärungswert. Dividenden und Gewinne des laufenden Jahres erklären die Börsenkurse am besten, aber auch Dividende des Vorjahres und Gewinn des laufenden Jahres sind sehr eng mit den Börsenkursen korreliert.

Die getesteten Funktionen haben eine sehr einfache, anschauliche Bedeutung. Allgemein lauten die Testfunktionen:

Dividendenhypothese (1) $B = a_0 + a_1 D$

Gewinnhypothese (2) $B = b_0 + b_1 G$

Dividenden- und Gewinnhypothese (3) $B = c_0 + c_1 D + c_2 G$

Darin sind:

B — Börsenkurse
D — Dividende
G — Gewinn.

Die Parameter a, b und c werden aus dem statistischen Material geschätzt. Sie können als Kurs-Dividenden-Verhältnis (a_1) und Kurs-Gewinn-Verhältnis (b_1) interpretiert werden. c_1 und c_2 sind die Kurs-Dividenden- bzw. Kurs-Gewinn-Verhältnisse unter Berücksichtigung des gegenseitigen Einflusses. Tabelle 3 enthält die für jedes Jahr geschätzten Kennzahlen.

Tabelle 3
Kennzahlen der Aktienbewertung

Jahr	Dividendenhypothese	Gewinnhypothese	Dividenden-Gewinnhypothese	
	Kurs-Dividenden-Verhältnis	Kurs-Gewinn-Verhältnis	kombiniertes Kurs-Dividenden-, Kurs-Gewinn-Verhältnis	
	a_1	b_1	c_1	c_2
1961	30,5	12,7	16,8	7,6
1962	29,8	12,7	21,7	4,6
1963	32,0	13,5	24,4	5,1
1964	33,2	13,3	24,0	5,5
1965	29,6	12,6	21,6	5,2
1966	19,1	14,1	15,0	3,6

Ein Vergleich der einfachen mit den kombinierten Kennzahlen unterstreicht die Tatsache, daß die Dividenden-Gewinnhypothese die Börsenkurse besser erklärt als die Dividendenhypothese und die Gewinnhypothese: Die Anleger sind nicht indifferent gegenüber der Ausschüttungspolitik des Unternehmens: Würde man unterstellen, daß es den Anlegern gleichgültig ist, ob die Gesellschaften ihre Gewinne voll ausschütten oder voll einbehalten, dann müßte das kombinierte Kurs-Dividenden-, Kurs-Gewinn-Verhältnis auf der Verbindungslinie von Kurs-Dividenden-Verhältnis und Kurs-Gewinn-Verhältnis liegen. Tatsächlich liegen aber alle Punkte der kombinierten Verhältnisse darüber. Die Anleger sind offenbar bereit, einen höheren Preis für die Aktie eines Unternehmens zu bezahlen, das nur einen Teil seiner Gewinne reinvestiert und den anderen ausschüttet; sie sind aber auf der anderen Seite auch bereit, mehr für eine Aktie zu bezahlen, wenn das Unternehmen seine Gewinne nicht voll ausschüttet.

IV. Schluß

Es war das Anliegen dieses Beitrages zu zeigen, daß die „kleine" Aktienrechtsreform von 1959 ein großer Schritt auf dem Wege zu einer besseren Publizität für Aktionäre und potentielle Anleger war. Die Lektüre von Jahresabschlüssen zu empfehlen, die durch das Wirken von Gessler für die aktenrechtliche Publizität so viel reizvoller geworden ist, mag besonders in einem Jahr angebracht und tröstlich erscheinen, in dem die Lektüre des Börsenzettels geringere Freude bereitet.

ZUR BEWERTUNG VON VERMÖGENSZUGÄNGEN AUFGRUND KAPITALGESELLSCHAFTSRECHTLICHER VORGÄNGE

KURT BALLERSTEDT

Das gesetzgeberische Wirken und Interesse von Ernst Geßler auf dem Gebiet des Gesellschaftsrechts hat von jeher mit besonderem Nachdruck dem Recht der Rechnungslegung gegolten. Nachdem bereits die sogenannte kleine Aktienrechtsnovelle von 1959[1] mit dem Zwang zur Offenlegung der Bruttoerlöse in der Erfolgsrechnung einen wichtigen Schritt in der Richtung verstärkter Aussagekraft der Abschlußziffern gebracht hatte, ist das neue Aktiengesetz vor allem mit seinen Bewertungsvorschriften in den §§ 153—156 noch erheblich weiter vorgestoßen. Nimmt man noch das — gegenüber dem Regierungsentwurf[2] freilich erheblich verwässerte — Publizitätsgesetz vom 15. 8. 1969[3] sowie den gleichfalls in der Amtszeit des Jubilars erarbeiteten Referentenentwurf für ein neues GmbH-Gesetz[4] mit seinen die Rechnungslegung erheblich umgestaltenden Vorschlägen (§§ 131 ff.) hinzu, so wird schon an diesen Andeutungen erkennbar, in welchem Maße sich Geßler der Reform und Weiterentwicklung des Bilanzrechts und der Rechnungslegungspublizität angenommen hat. Es ist also ein zentrales Thema seiner Lebensarbeit, zu dem die folgenden Betrachtungen einen kleinen Beitrag leisten sollen.

Die Bewertung von Sacheinlagen oder sonstiger Vermögenszugänge gegen Gewährung von Kapitalanteilen[5] ist ein altes, fast möchte man sagen: ein leidiges Problem. Die Meinungen darüber stehen sich, wie noch zu referieren sein wird, merkwürdig unvermittelt gegenüber; man vermißt bei so manchen Stellungnahmen eine Auseinandersetzung mit abweichenden Auffassungen, bisweilen sogar eine eingehendere Begründung des eigenen Standpunkts. Gleichwohl ist vielleicht ein Wort der Rechtfertigung dafür angebracht, warum die Frage, mit welchem Wertansatz Wirtschaftsgüter anzusetzen sind, die aufgrund gesellschaftsrechtlicher Vor-

---

1 Ges. vom 23. 12. 1959 (BGBl I, 789)

2 Entwurf eines Gesetzes über die Rechnungslegung von Großunternehmen und Konzernen, BT-Drucks. V/3197

3 BGBl I, 1187

4 Referentenentwurf eines Gesetzes über Gesellschaften mit beschränkter Haftung, herausg. vom Bundesminister der Justiz, 1969; zu den Rechnungslegungsvorschriften des Entwurfs vgl. *Rittner,* Rechnungslegung und Publizität sowie *Goerdeler,* Die Bestimmungen über den Jahresabschluß, beide Beiträge in: Probleme der GmbH-Reform, 1970, S. 133–153 und S. 154–170 sowie Diskussion S. 258–276 (vornehmlich zu den Publizitätsfragen)

5 Die Fälle einer Einbringung durch Anteilseigner ohne Gewährung zusätzlicher Beteiligungsrechte bleiben im folgenden außer Betracht

gänge erworben werden, hier nochmals erörtert wird. Der eine, mehr durch das Interesse der Praxis bestimmte Grund ist der, daß die Zahl der in Betracht kommenden Bewertungsfälle nach der Erweiterung der handelsrechtlich zur Verfügung stehenden Umwandlungsmöglichkeiten aufgrund des Gesetzes vom 15. 8. 1969[6] vermutlich anwachsen wird; dabei kann man nicht ohne weiteres davon ausgehen, daß die Masse der Bewertungen sich steuerrechtlich nach dem Prinzip der Buchwertverknüpfung gewissermaßen automatisch erledigen werde[7]. Der zweite Gesichtspunkt ist systematischer Natur; er beruht auf der Überlegung, wieweit das aktienrechtliche Bewertungsrecht auch über seinen unmittelbaren Anwendungsbereich, nämlich den Jahresabschluß, hinaus eine verläßliche Ausgangsbasis für die Lösung der fraglichen Probleme bieten kann.

Dazu vorweg eine allgemeine Bemerkung. Die das geltende aktienrechtliche Bilanzrecht kennzeichnende Beseitigung der Freiheit zu willkürlichen Unterbewertungen, die §133 AktG 1937 noch in weitem Umfange gewährt hatte, beruht auf rechtspolitischen Erwägungen[8], die in verschiedene systematische Zusammenhänge einzuordnen sind. Zum Teil sind sie spezifisch aktienrechtlicher Natur und lassen sich deswegen auf Bewertungsprobleme bei Unternehmen anderer Rechtsform nicht übertragen; dies gilt namentlich von dem rechtspolitischen Gedanken, mit Rücksicht auf die Kapitalsammlungsfunktion der AG das Vertrauen der Anleger in die ausgewiesenen Daten der Unternehmung zu festigen[9]. Hingegen treffen andere Argumente für die Beschneidung des Bewertungsspielraums durch die §§ 153—156 AktG auf die Rechnungslegung in Unternehmen anderer Rechtsform ebenso zu wie auf die Aktienbilanz, mag ihr Gewicht mangels vergleichbaren öffentlichen Interesses auch vielleicht geringer sein als bei dieser. Hierbei ist an die Funktionen des Jahresabschlusses als eine Form der Rechenschaft des Geschäftsführungsorgans, als Grundlage der Dividendenberechtigung sowie als Hilfsmittel der Selbstkontrolle der Unternehmensleitung zu denken. Eine *schematische* Übernahme des strengen aktienrechtlichen Bewertungsrechts wäre also entschieden zu verwerfen. Aber man sollte doch erkennen, daß darin ein allgemein bedeutsamer Schritt in dem Ringen um das Prinzip

6 BGBl I, 1171

7 Die steuerrechtlichen Bewertungsfragen können hier nicht planmäßig berücksichtigt werden; vgl. dazu neuestens *Meyer-Arndt,* Steuerbegünstigt umwandeln, 1970. Hier ist nur anzumerken, daß die §§ 17 ff. UmwStG sich nicht auf die Einbringung einzelner Wirtschaftsgüter beziehen; *Meyer-Arndt,* RZ 377 ff.

8 Vgl. dazu den Bericht des Rechtsausschusses des Bundestages zu den §§ 153–156, abgedruckt bei *Kropff,* Aktiengesetz S. 239 f.

9 Vor allem ist an die von *Stützel,* Aktienrechtsreform und Konzentration, in Die Konzentration in der Wirtschaft, 1960, Bd. 2, 907, 951 ff. und von *Kronstein-Clausen,* Publizität und Gewinnverteilung im neuen Aktienrecht, 1960, S. 9–29, 121–149 dargelegten Gesichtspunkte eines Schutzes des Aktionärs gegen eine durch stille Gewinnthesaurierung hervorgerufene Irreführung über den wahren Wert seiner Beteiligung zu denken. Daß andererseits das Prinzip des Gläubigerschutzes voll zu seinem Recht kommt, hebt *Kropff,* Wpg 1964, 565 ff., 571 zutr. hervor; vgl. auch *Geßler,* BB 1965, 677, 680

der Willkürfreiheit[10] der Bilanz getan worden ist, der hoffentlich Impulse auf die künftige gesetzgeberische Arbeit am Gesellschafts- und Unternehmensrecht ausüben wird.

I.

Wir erörtern zunächst die aktienrechtlichen Fragen und beginnen mit der Problematik bei der Sacheinlage, weil die Bewertungsfragen bei sonstigen gesellschaftsrechtlichen Vermögenszugängen sich danach ohne weiteres klarstellen lassen.

1. Die Bewertung einer Sacheinlage ist systematisch nicht ein Problem, daß sich aus dem Fehlen spezieller kapitalgesellschaftsrechtlicher Vorschriften für die Eröffnungsbilanz ergäbe, denn es tritt genauso bei einer Kapitalerhöhung auf. Man sollte aber auch einräumen, daß es nicht eigentlich um die Auslegung des Begriffs „Anschaffungskosten" geht. Entscheidend sind vielmehr die gesellschaftsrechtlichen Funktionen der Rechnungslegung, wobei in der Aktienbilanz der Umfang der Vermögensbindung eine wesentliche Rolle spielt, aber auch die bereits angedeuteten sonstigen Gesichtspunkte, die gegen willkürliche Unterbewertung sprechen.

Unter der Herrschaft des alten Aktiengesetzes hatte sich eine einheitliche Meinung nicht gebildet. Manche Autoren gingen davon aus, daß der Nennbetrag der gewährten Aktien die Anschaffungskosten darstelle, mithin die Obergrenze der Bewertung bilde, sofern kein Aufgeld bestimmt sei[11]. Vielfach wurde andererseits die Meinung vertreten, daß es auf den für die Sacheinlage „angesetzten" Wert ankomme; dabei ist nicht immer deutlich zu erkennen, ob an die von dem Einleger mit den Gründern (bei Kapitalerhöhung mit der Gesellschaft) vereinbarten Werte zu denken oder die bei der Aufstellung der Bilanz durch den Vorstand vorgenommene Bewertung gemeint sei, die bis zur Höchstgrenze des Zeitwerts auch über den Ausgabekurs der gewährten Aktien hinausgehen könne[12]. Für ein derartiges Wahlrecht hat sich klar Boesebeck ausgesprochen[13]. J. Lehmann[14] und der Verfasser[15] haben schließlich die Zulässigkeit einer Bewertung unter dem Zeitwert verneint, allerdings mit dem

---

10 Der Ausdruck „Willkürfreiheit" folgt dem Vorschlag von *Leffson*, Die Grundsätze ordnungsgemäßer Buchführung, 1964 S. 80 ff., den Terminus „Bilanzwahrheit" durch die Begriffe Richtigkeit, Wahrhaftigkeit, Willkürfreiheit zu ersetzen.

11 Großkommentar AktG-Gadow 1. Aufl. § 133 Anm. 2; *Schmidt/Meyer-Landrut* in Großkomm. AktG 2. Aufl. § 9 Bem. 7; wohl auch *v. Godin-Wilhelmi* 2. Aufl. § 9 Anm. 4 und § 130 Anm. 4; mit Nachdruck *Thiel* DB 1960, 300, 301; zum GmbH-Recht *Schilling* in Hachenburg 6. Aufl. § 41 Anm. 8

12 *Baumbach-Hueck* 12. Aufl. § 130 3 B; *Adler-Düring-Schmaltz* 3. Aufl. § 130 Tz. 33; *Mellerowicz* in Großkomm. AktG 2. Aufl. § 130 Anm. 15

13 *Boesebeck*, SozPrax 1939, 609

14 *J. Lehmann*, Sacheinlage und Aktienagio, ZBH, 288

15 *Ballerstedt*, Kapital, Gewinn und Ausschüttung bei Kapitalgesellschaften, 1949, S. 75 ff.

Unterschied, daß J. Lehmann es der Gesellschaft freistellen wollte, ob sie den über den Aktiennennbetrag hinausgehenden Wert in der gesetzlichen oder in einer freien Rücklage binden wolle, was angesichts der zwingenden Vorschriften über die Dotierung der gesetzlichen Rücklage wenig überzeugend erschien.

Man kann nicht sagen, daß das neue Bewertungsrecht der §§ 153—155 AktG 1965 im Schrifttum einen grundlegenden Wandel gebracht habe. Allerdings hat Kuhn[16] sich dafür ausgesprochen, daß nunmehr aus betriebswirtschaftlichen Gründen Sacheinlagen stets mit ihrem vollen Zeitwert anzusetzen seien, und Scherpf[17] hat ihm darin — freilich mit gewissen noch zu erörternden Vorbehalten — unter Hinweis auf den Grundgedanken des § 150 Abs. 2 Nr. 2 AktG zugestimmt. Hingegen bleiben Adler-Düring-Schmaltz[18] im Prinzip bei der früher von ihnen vertretenen Meinung, daß die Gesellschaft einen Bewertungsspielraum habe. Falls der Zeitwert über dem Nennwert der zu gewährenden Aktien liege, so könne entweder der Nennwert oder der Zeitwert angesetzt werden; sei ein Aufgeld bestimmt, so müsse die Sacheinlage mit dem Ausgabekurs aktiviert werden; konsequenterweise müßte dann, wenn der Zeitwert noch höher ist, auch ein entsprechend höherer Wertansatz zulässig sein. Das Recht zur Bildung einer stillen Reserve, soweit der über den Nennbetrag der gewährten Aktien hinausgehende Zeitwert nicht durch ein Agio abgedeckt wird, erkennen Adler-Düring-Schmaltz auch für das neue Recht in Übereinstimmung mit Godin-Wilhelmi[19] ausdrücklich an. Baumbach-Hueck[20] und Mellerowicz[21] wiederholen im wesentlichen die Stellungnahmen, die sie bereits in den früheren Auflagen vertreten hatten.

Bei der Beantwortung der Bewertungsfrage muß man m. E. davon ausgehen, daß das neue Aktienrecht zwar nicht dem (ohnehin kaum realisierbaren) Ziel der völligen Verhinderung stiller Reserven nachjagt, wohl aber, wie bereits angedeutet, Bewertungswillkür ausschließen will. Das muß naturgemäß in besonderem Maße für Anfangswerte gelten, und zwar aus dem doppelten Grunde, weil Unterbewertungen in diesen Ansätzen sich während der Abschreibungsdauer und im Falle einer Veräußerung auf die folgenden Jahresabschlüsse auswirken und weil der eingelegte Gegenstand nur insoweit von der Vermögensbindung durch Grundkapital und gesetzliche Rücklage umfaßt wird, wie sein Wert offengelegt ist. Dies galt m. E. zwar schon nach dem bisherigen Recht[22], nur wurde

---

16 *Kuhn*, ZfB 1966, 647

17 in *Sieber-Hagenmüller-Kolbeck-Scherpf*, Handbuch der Aktiengesellschaft, Bd. 2 (1967), S. VI, 50 (Rz. 90) unter Hinweis auf § 150 Abs. 2 Nr. 2 AktG

18 *Adler-Düring-Schmaltz* 4. Aufl. 1968 § 153 Rz. 55

19 *v. Godin-Wilhelmi* 3. Aufl. § 153 Anm. 3

20 *Baumbach-Hueck* 13. Aufl. § 150 Bem. 8 AktG

21 *Mellerowicz* in Großkomm. AktG 4. Aufl. § 150 Bem. 15

22 A. A. *v. Godin*, DRZ 1950, 143 in der Rezension der in Fn. 15 zitierten Schrift des Verf.

der systematische Zusammenhang durch die angenommene, insbesondere auch von der Rechtsprechung vertretene Bewertungsfreiheit verdunkelt. Nachdem nunmehr aber in den §§ 153—156 AktG das Prinzip der Bewertungsstrenge zur Geltung gekommen ist, dürfte die Einsicht unabweislich sein, daß die Verknüpfung zwischen Anfangsbewertung, Erfolgsausweis und Vermögensbindung zwingende Konsequenzen auch für den Wertansatz der Sacheinlage in der Eröffnungsbilanz hat. Man braucht also die Frage, wieweit die für den Jahresabschluß geltenden Bestimmungen auch für die im Aktiengesetz nicht geregelte Eröffnungsbilanz gemäß § 39 HGB maßgebend sind[23], im Hinblick auf unser Problem nicht näher zu untersuchen.

Offenlegung des Wertes der Sacheinlage erfordert ihre Bewertung mit dem Zeitwert ohne Rücksicht auf den Nennbetrag oder einen etwaigen höheren Ausgabekurs der zugeteilten Aktien. Vielleicht wird man einwenden, daß gerade zur Vermeidung von Bewertungswillkür nicht auf den doch nur durch Schätzung zu ermittelnden Zeitwert abgestellt werden dürfe, sondern allein auf den für die Einbringung als maßgebend *vereinbarten* Wert (selbstverständlich nur, soweit dieser nicht über dem Zeitwert liege). In der Tat hat Thiel[24] — noch zum früheren Aktienrecht — mit Nachdruck die Auffassung vertreten, daß für die Bewertung der Sacheinlage auf den Ausgabekurs abzustellen sei. Er veranschaulicht dies am Beispiel einer Kapitalerhöhung gegen Sacheinlage. Die Bemessung des Anteils des Sacheinlegers an dem Grundkapital erfordere die Ermittlung einer Wertrelation zwischen dem Einlagegegenstand und dem Altvermögen der Gesellschaft, und diese Wertrelation finde dann in dem Ausgabekurs der jungen Aktien ihren für die Beteiligten verbindlichen Ausdruck. Die Einlageverpflichtung habe „wegen ihrer Verknüpfung mit der auf Zuführung einer bestimmten Wertsubstanz gerichteten Kapitalerhöhung für die Gesellschaft den Charakter eines Anschaffungsgeschäfts“[25]. Der wirtschaftliche Gehalt des gesellschaftsrechtlichen Vorgangs wird damit aber wohl nicht zutreffend gekennzeichnet. Die Größe der „Wertsubstanz“, die der Gesellschaft mit dem einzulegenden Vermögensgegenstand zuzuführen ist, hängt nicht von dem Betrage der Kapitalerhöhung oder dem Ausgabekurs der Aktien ab und wird auch nicht durch das zwischen den Beteiligten vereinbarte Wertverhältnis bestimmt, wie

---

23 vgl. dazu *Adler-Düring-Schmaltz*, 4. Aufl., Vorbem. zu §§ 151, 152, Tz 6, 7; § 270 AktG betrifft nur die Eröffnungsbilanz der Abwicklung

24 *R. Thiel*, Handels- und steuerrechtliche Bewertung von Sacheinlagen bei der Kapitalgesellschaft, DB 1960, 300. Anders das sog. Tauschgutachten des BFH vom 16. 12. 1958, BStBl 1959 III, 30 = DB 1959, 71, das bei einzelnen Vermögensgegenständen Bewertung zum Teilwert verlangt

25 a. a. O. S. 301 r. Sp. Man muß übrigens berücksichtigen, daß das Gesetz eine Angabe des Wertes der Sacheinlage in der Satzung oder im Kapitalerhöhungsbeschluß nicht vorschreibt (vgl. §§ 27 Abs. 1, 183 Abs. 1 AktG). Welche gesellschaftsrechtliche Bedeutung Vereinbarungen der Gründer (bei Kapitalerhöhung zwischen Vorstand und Einleger) über den Wert der Einlage zukommt, ist hier nicht näher zu prüfen; vgl. *Ballerstedt*, a. a. O. S. 76 f.

gerade die Kapitalerhöhung veranschaulicht. Bei einem inneren Wert der alten Aktien von 200% würde derjenige, der junge Aktien gegen Sacheinlage erwirbt, höchstens einen Nennbetrag von 50% des Wertes seiner Einlage erhalten können, und es würde für die Bewertung der Einlage darauf ankommen, ob seine Aktien mit Aufgeld ausgegeben worden sind oder nicht. Wird kein Aufgeld bestimmt, was die Regel sein dürfte, so bedeutet das doch natürlich nicht, daß der eingelegte Gegenstand für die Gesellschaft keinen höheren Wert habe als dem Nominalbetrag der gewährten Aktien entspricht oder daß der Einleger für keinen höheren Wert einzustehen habe[26]. Mithin würde man den Wertansatz von Gesichtspunkten abhängig machen, die mit den Nutzenerwartungen der Gesellschaft aufgrund des ihr zugeführten Vermögenswertes nichts zu tun haben. Bei einer Kapitalerhöhung würde ein um so geringerer Teil des erworbenen Vermögenswertes durch das Nominalkapital oder die gesetzliche Rücklage gebunden, je höher der innere Wert der alten Aktie ist.

Zu einem willkürfreien Wertansatz kommt man nach alledem nur, wenn man sich von der Vorstellung löst, daß die dem Einleger zugeteilten Gesellschaftsrechte mit ihrem Nominalbetrag oder mit dem zwischen den Gründen ausgehandelten sonstigen Betrage „den Preis“ darstellten, der für die Anschaffung der eingelegten Wirtschaftsgüter „gezahlt“ werde. Der für die bilanzrechtliche Funktion der Anschaffungs- oder Herstellungskosten maßgebende betriebswirtschaftliche Gedanke, daß die aus dem Unternehmensvermögen entnommenen Aufwendungen in dem Wertansatz für das angeschaffte Wirtschaftsgut ausgeglichen und auf die Dauer seiner Nutzbarkeit für das Unternehmen verteilt werden, versagt bei dem Erwerb gegen Beteiligungsrechte und kann, wie sich gezeigt hat, durch einen Rückgriff auf interne Absprachen über Wertrelationen nicht ersetzt werden. Die Meinung, daß die Gesellschaft ein Wahlrecht zwischen dem Zeitwert und dem Ausgabekurs der Aktien habe, ist übrigens systematisch auch insofern unbefriedigend, als die Höhe der Zuführung zur gesetzlichen Rücklage mit der Wahl des Wertansatzes von dem Belieben des Vorstandes abhängen würde — ein Ergebnis, das dem zwingenden Charakter des § 150 AktG offensichtlich widerspricht.

Das Gebot, Sacheinlagen ohne Rücksicht auf den Ausgabekurs der

---

26 Die Bedeutung des Aufgeldes bei der Bareinlage ist eine völlig andere und erheblich größere als bei einer Sacheinlage. Bei der Bareinlage begründet der Zeichnungsschein eine durch den Nennbetrag der Aktie und das etwaige Aufgeld skripturmäßig fixierte Zahlungsverpflichtung, vgl. § 30 Abs. 2 Ziff. 4 AktG 1937, nach Wegfall der Stufengründung jetzt nur noch bei der Kapitalerhöhung, § 185 Abs. 1 Ziff. 2 AktG 1965; das Aufgeld ist vor der Anmeldung zur Eintragung der AG voll einzuzahlen (§ 36 Abs. 2 S. 2). Bei einer Sacheinlage hingegen hat die Festsetzung eines Aufgeldes allenfalls insofern Bedeutung, als im Falle der Unwirksamkeit der Sacheinlagevereinbarung die subsidiäre Barzahlungspflicht auch das Aufgeld umfassen würde. Bei anfänglicher Unmöglichkeit oder bei zu vertretender nachträglicher Unmöglichkeit richtet sich der Schadenersatz der Gesellschaft nicht nach dem Nennbetrag der Aktien, sondern nach dem Wert der Einlage. Ein etwaiges Aufgeld ist insoweit also ohne Bedeutung, vgl. *v. Godin-Wilhelmi*, 3. Aufl., § 27 Anm. 6, 7 AktG m. w. Nachweisen.

Aktien mit dem Zeitwert anzusetzen und den über den Nennwert hinausgehenden Betrag der gesetzlichen Rücklage zuzuführen, gilt nun allerdings nicht ohne zum Teil empfindliche Einschränkungen. Vor allem sind §§ 154 Abs. 2 Nr. 2, 155 Abs. 3 Nr. 2 AktG hervorzuheben, wonach es zulässig ist, denjenigen niedrigeren Wert anzusetzen, der „für Zwecke der Steuern vom Einkommen oder Ertrag für zulässig gehalten wird". Hierbei ist insbesondere an die Fälle der Buchwertverknüpfung im Interesse der Vermeidung eines steuerpflichtigen Veräußerungsgewinns des Einlegers zu denken. Insoweit muß die Gesellschaft allerdings bei dem Wertansatz auf das Interesse des Einlegers und auf die mit ihm getroffenen Vereinbarungen Rücksicht nehmen. Gesellschaftsrechtlich bedeutet dies ein ärgerliches Zugeständnis an die steuerrechtliche Rechtslage.

Die Frage, welche Rechtsfolgen ein Verstoß gegen die gemäß §§ 153 ff. maßgebenden Bewertungsvorschriften nach sich zieht, erfordert nähere Überlegungen. Einigkeit besteht im Schrifttum, soweit ersichtlich, darüber, daß der über den Nennwert der gewährten Aktien hinausgehende Betrag ohne Rücksicht darauf, ob und in welcher Höhe ein Aufgeld bestimmt ist, der gesetzlichen Rücklage zuzuführen ist (§ 150 Abs. 2 Nr. 2 AktG)[27]. Folglich muß in erster Linie erwogen werden, ob bei einer infolge Unterbewertung der Einlage unterbliebenen Zuführung zur gesetzlichen Rücklage der Jahresabschluß gemäß § 256 Abs. 1 Nr. 1, nämlich wegen Verletzung einer dem Gläubigerschutz dienenden Bestimmung nichtig ist. Dies dürfte zu verneinen sein. Handelt es sich um eine Sacheinlage bei der Gründung, so ist die Bewertung in der *Eröffnungsbilanz* der maßgebende Vorgang; § 256 hingegen betrifft nur den Jahresabschluß. Ein Verstoß gegen § 150 Abs. 2 Nr. 2 AktG könnte allenfalls mittelbar, nämlich insofern vorliegen, als die Eröffnungsbilanz infolge der vorgenommenen Unterbewertung unrichtig ist und spätestens bei der Feststellung des ersten Jahresabschlusses nachträglich zu berichtigen gewesen wäre, wobei dann die unterlassene Dotierung der gesetzlichen Rücklage hätte nachgeholt werden müssen. Wollte man mit diesem Gedankengang Nichtigkeit des Jahresabschlusses begründen, so würde dies eine ausdehnende Interpretation des § 256 Abs. 1 Nr. 1 bedeuten, die aus folgenden Gründen bedenklich erscheint. Handelt es sich um eine *Kapitalerhöhung* gegen Sacheinlage, so würde zwar, da dann die erste Bewertung des eingelegten Wirtschaftsgutes in dem auf die Kapitalerhöhung folgenden Jahresabschluß stattfindet, § 256 unmittelbar anzuwenden sein. Der Mangel des Jahresabschlusses liegt dann aber nicht darin, daß eine Zuführung zur gesetzlichen Rücklage unterblieben ist; eine Dotierung konnte vielmehr gar nicht vorgenommen werden, weil der Wertansatz der Sacheinlage dies nicht zuließ. Wäre immer dann, wenn infolge einer unzulässigen Unterbewertung eine Zuführung zur gesetzlichen

27 *Meyer-Landrut* a. a. O. § 9 Anm. 7; *Mellerowicz* a. a. O. § 150 Anm. 19; *v. Godin-Wilhelmi* 3. Aufl. § 27 Anm. 14; *Kraft* in Kölner Komm. AktG § 9 Anm. 12

Rücklage unterblieben oder unzureichend ist, Nichtigkeit gemäß § 256 Abs. 1 Nr. 1 anzunehmen, so wäre das normative Verhältnis zwischen Absatz 1 Ziff. 1 und Absatz 5 des § 256 in einer Weise verschoben, die der in Abs. 5 angeordneten Beschränkung auf Täuschungsfälle zuwiderläuft. Aufgrund des Absatzes 1 in Verbindung mit § 150 Abs. 2 Ziff. 2 würde der Jahresabschluß nämlich nicht nur bei Unterbewertung zwecks vorsätzlich unrichtiger oder verschleiernder Darstellung der Vermögens- und Ertragslage, sondern auch ohne dieses subjektive Moment, z. B. bei einer auf Rechtsirrtum beruhenden Unterbewertung nichtig sein. Das würde die Gefahr der Bilanznichtigkeit, die das Gesetz gerade durch die eingehende Normierung der Nichtigkeitsgründe einschränken wollte, beträchtlich erweitern.

Abgesehen von den Ausnahmefällen, auf die § 256 Abs. 5 AktG anzuwenden ist, besteht nach alledem die Rechtsfolge einer Unterbewertung der Sacheinlage praktisch entweder in einer Einschränkung des Bestätigungsvermerks des Abschlußprüfers oder unter den Voraussetzungen des § 258 AktG in der Anordnung einer Sonderprüfung.

2. Außer bei Sacheinlagen treten aktienrechtlich die gleichen Bewertungsprobleme bei einer übertragenden Umwandlung auf. Allerdings wird, soweit die AG das Unternehmen fortführt, die Buchwertverknüpfung mit den maßgebenden Ansätzen der letzten Steuerbilanz des umgewandelten Unternehmens gemäß § 154 Abs. 2 Ziff. 2 AktG auch handelsrechtlich in der Regel, wenn auch nicht ausnahmslos die Bewertung bestimmen[28]. Immerhin ist daran zu erinnern, daß bei der nunmehr zugelassenen Einmanngründung einer Einmann-AG. gemäß §§ 50 ff. UmwandlungsG auch die Aufnahme bisher nicht im Betriebsvermögen des Kaufmanns genutzter Wirtschaftsgüter möglich ist[29]; diese müssen dann mit dem Zeitwert angesetzt werden, und der über das Grundkapital hinausgehende Reinvermögenswert ist in der gesetzlichen Rücklage zu binden. — Bei Verschmelzungen hat das AktG 1965 durch die dem früheren Recht entsprechende Bestimmung des § 348, daß die Buchwerte der übertragenden Gesellschaft bei der aufnehmenden Gesellschaft als Anschaffungskosten gelten, mit der Verweisung auf §§ 153 Abs. 1, 155 Abs. 1 klargestellt, daß die frühere Bewertungsfreiheit nach unten entfallen ist.

II.

1. Das geltende GmbH-Recht beruht, wie bekannt, auf einem vom Aktienrecht insofern verschiedenen System der Vermögensbindung, als es gemäß § 30 Abs. 1 GmbHG nur das für die Erhaltung des Stammkapitals erforderliche Vermögen gegen eine Verteilung an die Gesellschafter sichert. Außerdem gestattet es nach ganz überwiegender Mei-

28 vgl. das Nähere §§ 17 ff. UmwStG; *Meyer-Arndt,* a. a. O. Rz 287 ff.
29 § 52 Abs. 4 Nr. 1 UmwG

nung[30] in den Schranken, die der Mehrheitsherrschaft durch Gesetz und Satzung gezogen sind, Unterbewertungen. Besondere Probleme der Bewertung von Vermögenszugängen aufgrund gesellschaftsrechtlicher Vorgänge gibt es demnach nach geltendem GmbH-Recht nicht.

Der Referenten-Entwurf sieht zwar insofern keine Änderung des geltenden Rechts vor, als auch er die Bildung einer gesetzlichen Rücklage nach aktienrechtlichem Vorbild nicht vorschlägt. Hingegen will der Entwurf das Bewertungsrecht dem des Aktiengesetzes annähern. Der Entwurf übernimmt in § 131 Abs. 1 für das Anlagevermögen, in § 133 Abs. 1 für das Umlaufvermögen den Grundsatz der nach oben wie nach unten festen Bewertung zu den Anschaffungs- oder Herstellungskosten, läßt aber in weiterem Umfange als das Aktiengesetz Ausnahmen zu. Hier interessiert vor allem, daß der Gesellschaftsvertrag nach § 132 Abs. 3 des Entwurfs für das Anlagevermögen, nach §133 Abs. 5 für Gegenstände des Umlaufsvermögens vorschreiben oder zulassen kann, daß stille Reserven gelegt werden. Diese Regelung soll nach den Erläuterungen des Entwurfs dem Schutz des in § 43 E normierten Dividendenanspruchs dienen[31]. Während das geltende Recht trotz der wörtlich mit § 43 übereinstimmenden Vorschrift des § 29 Abs. 1 GmbHG nach der überwiegend vertretenen Meinung mangels einer die Legung stiller Reserven beschränkenden Bestimmung der Minderheit nur einen unzureichenden Schutz gegen eine „Aushungerung" gewährt, soll nach dem Entwurf künftig ohne eine entsprechende Vereinbarung im Gesellschaftsvertrag weder die Bildung offener Rücklagen noch eine stille Reservierung von Teilen des Jahresgewinns zulässig sein. Der Entwurf will also, um eine aus der Aktienrechtsreform bekannte Formel zu variieren, das Prinzip der „gläsernen", zugleich aber auch der „offenen Taschen" verfolgen.

Für die Bewertung von Sacheinlagen würden sich, falls diese Vorschläge Gesetz würden, wenig befriedigende Folgerungen ergeben. Wir gehen von dem Fall aus, daß der Gesellschaftsvertrag weder Unterbewertungen anordnet oder zuläßt noch Bestimmungen über offene Rücklagen enthält. Für die Bewertung einer Sacheinlage bei *Kapitalerhöhung* würde dann, da der erste Wertansatz in der auf die Kapitalerhöhung folgenden Jahresbilanz zu bilden wäre, im Prinzip[32] der Zeitwert maßgebend sein, und zwar ohne Rücksicht darauf, ob der Nennwert des dem Sacheinleger gewährten Geschäftsanteils niedriger liegt; ein etwa überschießender Wertbetrag müßte als a. o. Ertrag behandelt und als Gewinn ausgewiesen werden, sofern die Gesellschafter nicht einstimmig eine an-

30 vgl. dazu *Schilling* in Hachenburg, GmbHG 6. Aufl. § 42 Anm. 14 mit w. Nachw.; *Goerdeler* a. a. O. S. 161; meine Bedenken, a. a. O. S. 94 gegen die Zulässigkeit von Unterbewertungen stützen sich vor allem darauf, daß § 29 Abs. 1 GmbHG einen Dividendenanspruch des Gesellschafters anerkennt und dieses Recht durch Legung stiller Reserven verkürzt wird

31 vgl. Vorbemerkungen zu E §§ 131–134 (S. 293 f.)

32 d. h., wenn nicht die in §§ 132 Abs. 2 Nr. 2, 133 Abs. 3 Nr. 2 E bezeichneten steuerlichen Interessen eine niedrigere Bewertung rechtfertigen

dere Bilanzierung (z. B. Bewertung zum Nominalbetrag des Geschäftsanteils oder Bildung einer offenen Rücklage aus dem überschießenden Einlagewert) beschließen; mangels Einstimmigkeit wäre der Bilanzbeschluß wegen Verletzung des Dividendenanspruchs des § 43 gemäß § 197 Abs. 1 E anfechtbar. Handelt es sich um eine Sacheinlage bei der *Gründung*, so wäre die Rechtslage mangels entsprechender Vereinbarungen im Gesellschaftsvertrag keine andere. Es ist zwar richtig, daß niedrige Anfangswerte den späteren Ausweis eines Bilanzgewinns nicht erschweren, sondern erleichtern. Daraus folgt aber nicht etwa, daß der Schutz des Dividendenanspruchs den Wertansatz der Sacheinlage höchstens mit dem Nennwert des Geschäftsanteils gebiete[33]. Wenn das eingelegte Wirtschaftsgut in der Eröffnungsbilanz mit seinem Zeitwert angesetzt wird, so muß als Gegenposten in Höhe des über den Nominalbetrag des Geschäftsanteils hinausgehenden Betrages eine Rücklage gebildet und diese in der ersten Jahresbilanz über das Gewinn- und Verlustkonto aufgelöst werden. Geschieht das nicht, so hat ein etwa widersprechender Gesellschafter wiederum das Anfechtungsrecht gemäß § 197 Abs. 1 i. Vbdg. mit § 43 E.

Es liegt auf der Hand, daß diese Konsequenzen unternehmenswirtschaftlich betrachtet nicht recht sinnvoll sind. Insbesondere bei einer Kapitalerhöhung würde, wenn mit Rücksicht auf den hohen inneren Wert der alten Geschäftsanteile eine entsprechend niedrige Bemessung des Nennwerts des jungen Geschäftsanteils geboten ist, die alsbaldige Ausschüttung des überschießenden Einlagewertes als Gewinn offenbar sinnwidrig sein. Der Fehler liegt aber nicht etwa darin, daß § 43 E auf diejenigen Teile des Bilanzgewinns, die betriebswirtschaftlich aus der „Substanz“ entnommen sind, sinngemäß nicht zu beziehen sei; dem GmbH-Recht ist, wie bereits bemerkt, die Unterscheidung zwischen „Gewinn“ und „Substanz“ insoweit fremd, wie es sich nicht um die Erhaltung der im Stammkapital gebundenen „Substanz“ handelt. Bedenken sind vielmehr gegen den Grundsatz zu erheben, daß mangels abweichender Vereinbarung im Gesellschaftsvertrag jeder Gesellschafter einen der Mehrheitsherrschaft entzogenen Anspruch auf den vollen anteiligen Bilanzgewinn haben soll. Gerade bei der GmbH als einer auf langfristige Beteiligung zugeschnittenen Gesellschaftsform sollte umgekehrt der Grundsatz gelten, daß die für die Erhaltung der Wettbewerbsfähigkeit der Unternehmung erforderliche Vorsorge für künftige Investitionen und Umstellungen durch Bildung offener Rücklagen auch ohne ausdrückliche Bestimmung des Gesellschaftsvertrages möglich sein muß und nicht an dem Widerspruch der Minder-

33 Auch kann man nicht auf die Wertfestsetzung abstellen, die die Gesellschafter im Gesellschaftsvertrage etwa vereinbart haben. Das geltende Recht (§ 5 Abs. 4 GmbHG) schreibt zwar vor, daß bei Sacheinlagen u. a. „der Geldwert, für welchen die Einlage angenommen wird“, im Gesellschaftsvertrage bestimmt sein muß. Diese Bestimmung steht im Zusammenhang damit, daß eine Gründungsprüfung nach aktienrechtlichem Vorbild nach dem Willen des damaligen Gesetzgebers entbehrlich sein sollte. § 11 Abs. 1 E hingegen entspricht dem Wortlaut des § 27 Abs. 1 AktG (vgl. dazu Fn. 25).

heit scheitern darf. Wenn man, was grundsätzlich Zustimmung verdient[34], auch bei der GmbHG die Bewertungswillkür einschränken, also „gläserne Taschen" haben will, so muß man zugleich dafür sorgen, daß ein angemessener Teil des Gewinns in Gestalt offener Rücklagen für die eigenen Bedürfnisse der Unternehmung durch einfachen Mehrheitsbeschluß zurückbehalten werden darf.

2. Bei der im Entwurf erstmalig geregelten *Verschmelzung* mit einer GmbH als aufnehmender Gesellschaft oder durch Neubildung einer GmbH (§§ 271—288) sollen gemäß § 280 Abs. 1 die letzten Buchwerte der übertragenden Gesellschaft bei der aufnehmenden (der neugebildeten) Gesellschaft als Anschaffungskosten gelten. Infolge des Fehlens einer gesetzlichen Rücklage läßt diese aus dem Aktienrecht übernommene Regelung eine Lücke offen. Wenn nämlich der innere Wert der übertragenden Gesellschaft und ihrer Anteile unter dem der aufnehmenden Gesellschaft liegt, so daß das Umtauschverhältnis nicht 1 : 1 sein kann, sondern die Geschäftsanteile der übertragenen Gesellschaft geringer anzusetzen sind, so steht auch nur ein diesem Umtauschverhältnis entsprechender Teil der Stammkapitalziffer der übertragenden Gesellschaft für die Bindung des übertragenen Vermögens bei der aufnehmenden Gesellschaft zur Verfügung; bei einem Umtauschverhältnis 3 : 1 würden beispielsweise nur ein Drittel der übergehenden Buchwerte im Stammkapital gebunden, zwei Drittel hingegen als offene Rücklage auszuweisen sein. Folglich würde in allen derartigen Fällen eine Verminderung der bisher durch das Stammkapital der übertragenden Gesellschaft gewährleisteten Bindung unvermeidlich sein. Der Gläubigerschutz gemäß § 279 E mildert zwar diesen Mangel, aber es bleibt doch der mißliche Umstand, daß die gesellschaftsrechtlichen Sicherungen denen einer aktienrechtlichen Verschmelzung nicht gleichwertig sind. Gestattet der Gesellschaftsvertrag der aufnehmenden GmbH gemäß § 132 Abs. 2 E eine Unterbewertung, so wird zwar die Gefahr einer im unmittelbaren Anschluß an die Verschmelzung möglichen Auflösung und Verteilung der

34 Die Ausführungen im Text können nicht den Anspruch erheben, eine auch nur halbwegs erschöpfende Erörterung des Bewertungsproblems überhaupt zu bieten. *Goerdeler* hat dazu a. a. O. S. 163 ff. genau abwägende Ausführungen gemacht. Geordeler neigt im Prinzip, vorbehaltlich gewisser Verfeinerungen, einer Übernahme des aktienrechtlichen Bewertungsrechts zu, ohne daß der Gesellschaftsvertrag Abweichungen zulassen dürfte. In der Tat ist es auch aus systematischen Gründen nicht befriedigend, gesetzliche Bewertungsregeln aufzustellen, diese dann aber doch wieder der Disposition der Gesellschafter unterzuordnen. Das Interesse der Gesellschafter ist legitim hinsichtlich der Gewinnverwendung, aber Gewinnverwendung und Bewertung sollten getrennt bleiben, was für das Unternehmen und die Gläubiger gefahrlos geschehen kann, sofern man der Gesellschaft in angemessenem Umfang ein Anrecht auf offene Rücklagen zuerkennt. In der Stellungnahme „Gefahr für die GmbH", herausgeg. vom DIHT, wird empfohlen, an der Zulässigkeit stiller Reserven im bisherigen Umfange im Interesse der Wettbewerbsfähigkeit und Finanzierungsmöglichkeiten der GmbH festzuhalten (S. 64 f.). Vgl. auch die kritischen Bemerkungen über die Zulassung stiller Reserven durch den Gesellschaftsvertrag bei *Hensche*, Zur Reform des GmbH-Rechts, Das Mitbestimmungsgespräch, H. 8/1970, S. 131, 136.

offenen Rücklage vermindert, aber nicht gebannt, und außerdem wird der Abschreibungsspielraum der aufnehmenden Gesellschaft in einer vielleicht recht unerwünschten Weise eingeengt. Die geeignete Abhilfe wäre eine dem § 150 Abs. 1, Abs. 2 Ziff. 2 AktG nachgebildete gesetzliche Rücklage.

III.

Das PublizitätsG vom 15. 8. 1969 hätte insofern Bewertungsprobleme im Zusammenhang mit gesellschaftsrechtlichen Vorgängen auch bei Personalgesellschaften mit sich bringen können, als es die Pflicht zur Abschlußprüfung und zu öffentlicher Rechnungslegung für Unternehmen oberhalb der in § 1 bestimmten Größenmerkmale ohne Rücksicht auf ihre Rechtsform anordnet. Tatsächlich hatte denn auch § 5 Abs. 2 des Regierungsentwurfs vorgesehen, daß für alle publizitätspflichtigen Großunternehmen das aktienrechtliche Bilanzrecht der §§ 149, 151—158, also einschließlich der Bewertungsvorschriften der §§ 153—156 AktG maßgebend sein sollte. Daraus hätte sich z. B. ergeben, daß ein in ein einzelkaufmännisches Unternehmen oder in eine Personalgesellschaft eingelegtes Wirtschaftsgut grundsätzlich mit dem Zeitwert anzusetzen gewesen wäre.[35] Der Grund für die vorgeschlagene Anordnung eines einheitlichen Bewertungsrechts liegt auf der Hand: nur auf dieser Grundlage könnte das mit dem PublizitätsG verfolgte Interesse der Öffentlichkeit an der Vergleichbarkeit der Jahresabschlüsse der Großunternehmen befriedigt werden. Der Bundestag hat sich diesen Gesichtspunkt jedoch nicht zueigen gemacht.[36] In der Gesetz gewordenen Fassung spart § 5 Abs. 2 die Bewertungsvorschriften aus der Verweisung auf das aktienrechtliche Bilanzrecht aus. Insofern soll es bei den für die verschiedenen Unternehmensformen geltenden gesetzlichen und gesellschaftsvertraglichen Regelungen bleiben. Man möchte wünschen, daß dies nur ein Übergangszustand sein wird.

35 Für eine große GmbH hätte sich daraus ergeben, daß etwaige gesellschaftsvertragliche Bewertungsbestimmungen nach Erreichung der kritischen Größengrenze nicht mehr anwendbar gewesen wären. Welche Folgerungen der Offenlegungszwang für die Gewinnverteilung unter den Gesellschaftern gehabt hätte, ist allerdings dem RegE des Publizitätsgesetzes nicht zu entnehmen. Auch insoweit hätte die Grundregel gelten sollen, daß Bewertung und Gewinnverwendung zu trennen sind.

36 Die vom Bundestag beschlossene Fassung des § 5 Abs. 2 beruht auf dem Bericht des Rechtsausschusses, vgl. TB-Drucks. V/4416. Mit dem im Text hervorgehobenen Gesichtspunkt der Vergleichbarkeit setzt der Bericht sich nicht auseinander.

AUFSICHTSRAT UND AUSLANDSVERBINDUNGEN

Ernst von Caemmerer

I.

Das Bedürfnis nach Schaffung größerer Unternehmenseinheiten durch übernationale Unternehmenszusammenschlüsse oder doch nach möglichst enger organisatorisch gesicherter Kooperation von Unternehmen über die Grenzen hinweg sucht nach Formen, in denen sich ein solches Konzentrations- und Kooperationsstreben rechtlich verwirklichen läßt. *Internationale Fusionen* stoßen zur Zeit noch auf unüberwindliche rechtliche und psychologische Schwierigkeiten. Im Bereich der Europäischen Gemeinschaften haben die intensiven Arbeiten an einem Übereinkommen gemäß Art. 220 (3) des Vertrages über die Europäische Wirtschaftsgemeinschaft, das internationale Fusionen ermöglichen soll, noch nicht zum Erfolge geführt. Die Bestrebungen zur Schaffung *„europäischer Aktiengesellschaften"* sind durch den Vorschlag der Kommission an den Rat vom 24. Juni 1970, gemäß Art. 235 des Vertrages durch Verordnung ein Statut über europäische Aktiengesellschaften zu erlassen, in ein neues Stadium getreten.[1] Aber die Zeit, die die Verwirklichung eines solchen Planes noch brauchen würde, darf nicht unterschätzt werden. So wird man sich auf absehbare Zeit mit *Ersatz- oder Alternativlösungen* behelfen müssen. Aber auch wenn internationale Fusionen und die Gründung europäischer Handelsgesellschaften möglich geworden sind, werden solche alternativen Formen für übernationale Unternehmenskonzentration und -kooperation im Wege vertraglicher Vereinbarung, Beteiligung und personeller Verflechtung ihre Bedeutung behalten. *Ernst Geßler* hat davon 1969 in seiner Überschau über den Stand der Arbeiten und die Wege und Ziele des europäischen Gesellschaftsrechts berichtet.[2] In Deutschland will der 48. Deutsche Juristentag in Mainz 1970 die Frage behandeln, ob

1 *Kommission der Europäischen Gemeinschaften:* Vorschlag einer Verordnung des Rats über das Statut für Europäische Aktiengesellschaften vom 24. Juni 1970, Sonderbeilage zum Bulletin 8-1970 der Europäischen Gemeinschaften; *Sanders,* Vorentwurf eines Statuts für europäische Aktiengesellschaften, Kommission der Europäischen Gemeinschaften, Studien Reihe Wettbewerb Nr. 6, 1967; *Geßler,* Grundfragen der europäischen Handelsgesellschaft, BB 1967, S. 381 ff.; *von Caemmerer,* Europäische Aktiengesellschaft, in: Das Unternehmen in der Rechtsordnung, Festgabe für Kronstein 1967, S. 117 ff.; *derselbe,* Entwurf einer europäischen Gesellschaftsform, in: Europäische Handelsgesellschaft und Angleichung des nationalen Gesellschaftsrechts (Arbeiten zur Rechtsvergleichung Band 39) S. 54 ff., daselbst weitere Nachweise.

2 *Geßler,* Europäisches Gesellschaftsrecht am Scheideweg? Der Betrieb 1969, S. 1001 ff.

sich für die Zusammenfassung europäischer Unternehmen neben oder statt der europäischen Handelsgesellschaft und der internationalen Fusion weitere Möglichkeiten der Gestaltung auf dem Gebiet des Gesellschaftsrechts empfehlen.[3] Die Kommission der Europäischen Gemeinschaften selbst hat zu diesen Problemen kürzlich in interessanter Weise Stellung genommen.[4]

Bei solcher übernationaler Kooperation, durch welche die auf dem Weltmarkt erforderlichen Unternehmensgrößen und Kapazitäten geschaffen werden sollen, können personelle Verflechtungen durch entsprechende Organbesetzungen bei den beteiligten Unternehmungen eine wichtige Rolle spielen. In den nationalen Gesellschaftsrechten gibt es jedoch Vorschriften gegen Ämterhäufung und Ämterverbindung in Verwaltungs- und Aufsichtsorganen, die hier möglicherweise Schranken aufrichten. Ein Beispiel ist § 100 Abs. 2 des deutschen Aktiengesetzes von 1965. Es ist daher unter dem Gesichtspunkt internationaler Unternehmenskooperation ein wichtiges Problem, zu klären, wie weit Organmitgliedschaften bei ausländischen Gesellschaften unter die Inkompatibilitätsvorschriften fallen, die für den deutschen Aufsichtsrat nach *§ 100 Abs. 2 Nr. 1, 2 und 3 des Aktiengesetzes von 1965* gelten.

Bei dieser Frage geht es um die internationale Tragweite der Vorschriften des deutschen Aktiengesetzes. Kollisionsrechtlich besteht an der Kompetenz des deutschen Aktienrechts kein Zweifel, da es sich um die Zusammensetzung der Organe nach deutschem Recht lebender Gesellschaften handelt.[5] Aber es ist eine Frage der Auslegung des deutschen Aktiengesetzes, ob, wenn Beziehungen zu anderen Gesellschaften oder Unternehmen geordnet werden, dabei nur inländische Unternehmen gemeint sind oder ob auch die Beziehungen zu ausländischen Unternehmen von der getroffenen Regelung erfaßt werden sollen. Zum Teil ist das im Aktiengesetz selbst ausdrücklich klargestellt worden. Die Vorschriften über wechselseitig beteiligte Unternehmen zum Beispiel beziehen sich nur auf inländische Beteiligungen (§ 19 Abs. 1 AktG), während ein ausländisches Unternehmen herrschendes oder abhängiges Unternehmen im Sinne von § 17 AktG sein kann und etwa die Mitteilungspflicht aus § 20 Abs. 1 AktG auch ausländische Unternehmen trifft.[6] Das Aktiengesetz ist aber nicht immer so vorgegangen, daß es in dieser Weise den beabsich-

---

3 Das Gutachten zu dieser Frage wird von *Lutter* erstattet. Es wird erscheinen in: Verhandlungen des 48. Deutschen Juristentages Mainz 1970, Band I: „Gutachten".

4 *Kommission der Europäischen Gemeinschaften:* Die Industriepolitik der Gemeinschaft, Memorandum der Kommission an den Rat, 1970 (S. 137 ff. „Die Kooperation und die Konzentration der Unternehmen in der Gemeinschaft"); vgl. *Van Ommeslaghe*, Unternehmenskonzentration und Rechtsangleichung in der EWG, ZfHR 132 (1969) S. 201 ff.

5 *Grasmann*, System des internationalen Gesellschaftsrechts, 1969, Randziffer 1039–1044

6 vgl. hierzu *Rudolf Mueller* in Mueller-Galbraith, Aktiengesetz 1965 – The German Stock Corporation Law, 1966, S. 18 ff. (S. 20 Anm. 10); *Würdinger*, Aktien- und Konzernrecht, 2. Aufl. 1966, § 4 I 3 S. 21 f.

tigten Anwendungsbereich klargestellt hat. Auch da wo das Gesetz ganz allgemein von Gesellschaften und Unternehmen spricht, kann sich entweder aus den allgemeinen Prinzipien des internationalen Privatrechts oder aber aus dem Zweck der betreffenden Vorschrift ergeben, daß ausländische Gesellschaften nicht mitgemeint sind und den inländischen Gesellschaften nicht gleichgestellt werden sollten.

II.

Ein Beispiel hierfür bietet § 100 Abs. 2 Nr. 1 AktG über die *Beschränkung der Zahl der Aufsichtsratsposten.* Die Vorschrift bestimmt, daß nicht Mitglied des Aufsichtsrats sein kann, wer bereits in zehn Handelsgesellschaften oder bergrechtlichen Gewerkschaften, die gesetzlich einen Aufsichtsrat zu bilden haben, Aufsichtsratsmitglied ist. Die Vorschrift legt also eine Höchstzahl von Aufsichtsratsposten fest, die eine einzelne Persönlichkeit bekleiden kann, wobei sich die Höchstzahl, wenn Aufsichtsratsposten bei Konzerntöchtern dazugehören, unter Umständen auf fünfzehn erhöhen kann.

Die Vorschrift geht in die gleiche Richtung wie Art 92, 136 und 151 des französischen Gesetzes über Handelsgesellschaften von 1966, nach dem niemand mehr als acht Verwaltungsrats- oder Aufsichtsratssitze bekleiden kann. Während aber das französische Gesetz für die Bemessung dieser Höchstzahl ausdrücklich nur Verwaltungs- und Aufsichtsratsmandate bei Gesellschaften mit Sitz in Frankreich zählt, ist eine solche Einschränkung in das deutsche Gesetz nicht ausdrücklich aufgenommen worden. Die Bestimmung wird aber von der fast einhelligen Meinung in dem gleichen Sinne ausgelegt. Nur Aufsichtsratssitze in deutschen Gesellschaften zählen. Das wurde schon für § 86 Abs. 2 Satz 2 des Aktiengesetzes von 1937 angenommen.[7] Der Gesetzgeber von 1965 hat hieran offenbar nichts ändern wollen. Auch für das neue Gesetz ist man daher fast einhellig der Meinung, daß Aufsichtsratsposten in ausländischen Gesellschaften nicht mitzurechnen sind.[8]

Dieser Anschauung ist beizutreten. Zu ihrer Begründung stützt man sich vor allem auf den rechtspolitischen Zweck der Vorschrift und auf Gründe der Praktikabilität. Bei der getroffenen Regelung hat die Vor-

---

7 *Schlegelberger-Quassowski*, Aktiengesetz, 3. Aufl. 1939, § 86 Anm. 17; *Schmidt-Meyer-Landrut*, Großkommentar zum Aktiengesetz von Gadow-Heinichen, 2. Aufl. 1961, § 86 Anm. 8; *Baumbach-Hueck*, Aktiengesetz, 12. Aufl. 1965, § 86 Anm. 3 B

8 So *Baumbach-Hueck*, Aktiengesetz, 13. Aufl. 1968, § 100 Anm. 3; *Godin-Wilhelmi*, Aktiengesetz, 3. Aufl. 1967, § 100 Anm. 3; *Möhring-Schwartz-Rowedder-Haberlandt*, Die Aktiengesellschaft und ihre Satzung, 2. Aufl. 1966, S. 113 f.; *Obermüller-Werner-Winden*, Die Hauptversammlung der Aktiengesellschaft, 3. Aufl. 1967, S. 242; *Werner*, Der Aufsichtsrat im neuen Aktienrecht, Bank-Betrieb 1965, S. 278 ff., 283; *Jörg Gessler*, Aktiengesetz, 3. Aufl. 1970, § 100 Anm. 2; *Grasmann* a. a. O. (Anm. 5) Rz. 1042; a. A. offenbar nur *Schütze*, Die Berücksichtigung ausländischer Aufsichtsratsmandate im Rahmen von § 100 Abs. 2 Nr. 1 AktG, Die Aktiengesellschaft 1967, S. 342 f., der mit seiner abweichenden Meinung jedoch vereinzelt geblieben ist.

stellung eine erhebliche Rolle gespielt, daß es wirtschaftspolitisch unerwünscht sei, wenn sich eine Vielzahl von Aufsichtsratssitzen in einer Hand vereinigen. Das führe dazu, daß sich die leitenden Posten bei den bedeutsamen Unternehmungen unter den etwa 2300 Aktiengesellschaften in der Hand einer verhältnismäßig kleinen Personengruppe vereinigten, denen man in den Organen aller wichtigen Gesellschaften wieder begegne. Diese Konzentration der Macht- und Führungsbefugnisse bei einem verhältnismäßig kleinen Kreis von Persönlichkeiten sollte durch die Festsetzung einer Höchstzahl von Aufsichtsratsmandaten, die in einer Hand vereinigt sein können, als wirtschaftspolitisch unerwünscht verhindert werden.[9]

Dieser Gesichtspunkt entfällt aber bei Aufsichtsrats- oder Verwaltungsratsposten in ausländischen Gesellschaften. Hier geht es nicht um die Machtkonzentration in einem kleinen Kreis von Führungspersönlichkeiten in der deutschen Wirtschaft, sondern um die Kooperation über die Grenzen hinweg, um die Ermöglichung des Wirkens deutscher Persönlichkeiten bei ausländischen Unternehmungen und umgekehrt. Das tragende Motiv für die Beschränkung der Zahl der Aufsichtsratsmandate entfällt also bei Aufsichtsrats- oder Verwaltungsratssitzen in ausländischen Gesellschaften. Die herrschende Meinung, die diese ausländischen Sitze nicht mitzählt, ist also rechtpolitisch gerechtfertigt.

Freilich wird als weiterer Grund für die Beschränkung der Zahl der Aufsichtsratsmandate, die in einer Hand vereinigt sein dürfen, auch die Gefahr einer Überlastung genannt, die eine sachgerechte Wahrnehmung der Aufsichtsratsfunktionen bei jeder einzelnen Gesellschaft gefährden könnte.[10] Früher konnte es vorkommen, daß leitende Persönlichkeiten der Wirtschaft mehr als hundert Aufsichtsratsposten bekleideten.[11] Das sollte verhindert werden, da das Aufsichtsratsmitglied bei einer über die Höchstzahl hinausgehenden Mandatshäufung nicht mehr in der Lage wäre, sich genügend jeder einzelnen Gesellschaft anzunehmen.

Dieses Argument würde nun freilich auch gegen die Beteiligung an Aufsichts- und Verwaltungsräten ausländischer Gesellschaften sprechen.[12] Für sich allein reicht dieser Gesichtspunkt jedoch nicht aus, um die Anrechnung ausländischer Mandate auf die Höchstzahl der Aufsichtsratsposten zu erzwingen. Entscheidend ist, daß der gesellschaftspolitische Grund, die Zusammenballung von Leitungsposten der deutschen Wirtschaft in der Hand Weniger zu verhindern, hier nicht eingreift. Entscheidend ist aber weiter, daß es große praktische Schwierigkeiten machen

---

9 vgl. hierzu *Godin-Wilhelmi*, § 100 Anm. 3, S. 509; *Regierungsentwurf eines Aktiengesetzes*, Deutscher Bundestag – 4. Wahlperiode Drucksache IV/171, Begründung S. 137 linke Spalte

10 vgl. Begründung zum Referentenentwurf eines Aktiengesetzes, 1958, S. 249; Begründung zum Regierungsentwurf S. 137

11 *Hueck*, Gesellschaftsrecht, 15. Aufl. 1970, § 25 I 2 S. 148

12 Das ist das Hauptargument, mit dem *Schütze* a. a. O. (oben Anm. 8) der herrschenden Meinung entgegentreten wollte.

würde zu entscheiden, ob eine ausländische Körperschaft einer deutschen Aktiengesellschaft und ob ein bestimmtes Organ einer solchen Gesellschaft einem deutschen Aufsichtsrat gleichzusetzen wäre. Darauf ist bereits im Schrifttum zu § 86 des Aktiengesetzes von 1937 mit Recht hingewiesen worden.[13] Entsprechendes gilt in verstärktem Maße für § 100 Abs. 2 Nr. 1 des Aktiengesetzes von 1965, der die betroffenen Gesellschaften und Organstellungen nach ganz konkreten Merkmalen des deutschen Rechts umschreibt. Damit können nur deutsche Handelsgesellschaften oder bergrechtliche Gewerkschaften, die nach deutschen gesetzlichen Vorschriften obligatorisch einen Aufsichtsrat haben müssen, gemeint sein, nicht aber Gesellschaften ausländischen Rechts.

Es wäre aber nicht nur wegen der Qualifikationsschwierigkeiten unpraktikabel, wenn man gewisse analoge Aufsichtsposten in ausländischen Gesellschaften auf die Höchstzahl des § 100 Abs. 2 Nr. 1 AktG anrechnen wollte, es würde auch die Gewichte falsch verteilen. Schon ein Blick auf die faktischen Unterschiede in der Verwendung der Rechtsform der Aktiengesellschaft in Deutschland einerseits, der Schweiz, Italien, Frankreich, Belgien und den Niederlanden andererseits zeigt, daß man Unvergleichbares gleichstellen würde. In Deutschland existieren zur Zeit rund 2300 Aktiengesellschaften, die ein Durchschnittskapital von 23,7 Millionen DM haben.[14] In der Schweiz gibt es rund 55 000 Aktiengesellschaften, in Frankreich rund 84 000, in Italien rund 41 000, in Belgien rund 16 000 und in den Niederlanden rund 36 000.[15] Die Aktiengesellschaft spielt also in diesen Ländern eine ganz andere Rolle als in Deutschland. Die kleine und mittlere Aktiengesellschaft hat in den genannten Ländern ganz weitgehend die Funktionen zu erfüllen, die in Deutschland der Gesellschaft mit beschränkter Haftung zufallen. Das verbietet es, Aufsichtsrats- oder Verwaltungsratsmandate bei Aktiengesellschaften dieser Länder den in § 100 Abs. 2 Nr. 1 AktG genannten Aufsichtsratssitzen gleichzustellen.[16]

Hinzu kommt die bereits erwähnte Unvergleichbarkeit der Leitungs- und Aufsichtsratsorgane, die zu erheblichen Qualifikationsschwierigkeiten führen müßten.

In der Schweiz, in Italien, Belgien und den Niederlanden besteht, ebenso wie in England, ein einheitliches Verwaltungsorgan, „die Verwaltung" oder „der Verwaltungsrat", der „conseil d'administration", der

13 vgl. *Schmidt* in Gadow-Heinichen Aktiengesetz, 2. Aufl. 1961, § 86 Anm. 8 mit weiteren Nachweisen

14 vgl. Wirtschaft und Statistik, 1970 S. 144

15 vgl. die eingehenden Angaben und Nachweisungen über Zahl und Kapital von Aktiengesellschaften und Gesellschaften m.b.H. in diesen Ländern bei *Lübbert*, Abstimmungsvereinbarungen in den Aktien- und GmbH-Rechten der EWG-Staaten, der Schweiz und Großbritanniens (im Druck)

16 Auch der vom Bundesjustizministerium 1969 herausgegebene Referentenentwurf eines Gesetzes über Gesellschaften mit beschränkter Haftung sieht von einer Beschränkung der Mandatshäufung für den freiwillig gebildeten Aufsichtsrat einer GmbH ab (vgl. Entwurf § 97 und Begründung S. 255).

„consiglio di amministrazione" und im englischen Recht der „board of directors". Die Zweiteilung des deutschen Rechts, die die Leitung der Gesellschaft durch den Vorstand und die Überwachung durch den Aufsichtsrat streng voneinander scheidet, ist diesen Rechten fremd. Zwar kommt es auch in diesen Ländern zur Betrauung leitender Direktoren oder zur Bildung geschäftsführender Ausschüsse, so daß die Funktionen der übrigen Mitglieder des board of directors oder des Verwaltungsrats denen deutscher Aufsichtsratsmitglieder im Faktischen nahe kommen können. Der Unterschied in der rechtlichen Ausgestaltung kann dabei bei den einzelnen Gesellschaften sehr verschieden sein. Rechtlich bleibt aber ein solcher Angehöriger eines Verwaltungsrats oder eines board of directors jedenfalls Mitglied eines Organs, in dem Vorstands- und Aufsichtsratsbefugnisse zusammengefaßt sind. Das schließt es aus, einen solchen Verwaltungsratssitz oder Direktorposten einem deutschen Aufsichtsratsmandat gleichzustellen.

Das französische Gesetz über Handelsgesellschaften von 1966 hat beide Systeme zur Wahl gestellt. Die Gesellschaften können bei dem traditionellen System eines einheitlichen Verwaltungsrats („conseil d'administration") bleiben (Art. 89-117), aus dessen Mitte ein Präsident und Generaldirektor („président directeur général") gewählt wird, in dessen Händen die eigentlichen Leitungsaufgaben liegen (Art. 110, 113). Das Unternehmen kann sich aber auch für das durch das Gesetz von 1966 nach deutschem Vorbild wahlweise eingeführte System der Zweiteilung der Verwaltung in „directoire" (Vorstand) und „conseil de surveillance" (Aufsichtsrat) entscheiden (Art. 118-150). Mandate in diesem „conseil de surveillance" sind nun, anders als der Sitz in einem „conseil d'administration", deutschen Aufsichtsratssitzen zwar durchaus vergleichbar. Aber sie sind gleichwohl nicht auf die Höchstzahl des § 100 Abs. 2 Nr. 1 AktG anzurechnen. Gehören Aufsichtsratsmitglieder deutscher Unternehmen zugleich überwachenden Organen französischer Gesellschaften an, so wäre es befremdlich, wenn die Anrechnung dieser Sitze davon abhängen sollte, ob die Gesellschaft nach dem traditionellen Verwaltungsratssystem oder nach dem System der rechtlichen Zweiteilung der Verwaltung lebt, obwohl die faktischen Unterschiede beider Systeme sehr gering sein können.[17]

Es ist also trotz der vereinzelt geäußerten Kritik an der Anschauung festzuhalten, daß Mandate in Verwaltungs- und Aufsichtsorganen ausländischer Gesellschaften ebenso wie nach französischem Recht auch in Deutschland auf die Höchstzahl der Aufsichtsratsmandate nicht anzurechnen sind. Das Aktiengesetz meint, wenn es in § 100 Abs. 2 Nr. 1 von Handelsgesellschaften oder bergrechtlichen Gewerkschaften spricht, die gesetzlich einen Aufsichtsrat zu bilden haben, nur Gesellschaften, die deutschem Recht unterliegen. Das wirtschaftspolitische Ziel, die Anhäu-

---

17 so treffend *Lutter,* Das neue französische Gesellschaftsrecht, NJW 1967 S. 1153 ff. (1154)

fung von Aufsichtsratsposten deutscher Unternehmen in den Händen einer kleinen Gruppe von Personen zu verhindern, fordert die Anrechnung ausländischer Mandate nicht. Eine solche Anrechnung würde es nötig machen zu entscheiden, welche ausländischen Gesellschaftsformen und welche ausländischen Organstellungen einem deutschen Aufsichtsratsmandat gleichzuachten wären. Das macht wegen der Unterschiede in der Organisation der Gesellschaften größte praktische Schwierigkeiten und führt bei der Verschiedenartigkeit der Funktionen der Aktiengesellschaft in den in Betracht kommenden Ländern auch von daher zu nicht sinnvollen Ergebnissen. Aus heutiger Sicht ist im Hinblick auf das jetzt anerkannte Bedürfnis zur Unternehmenskooperation über die Grenzen hinweg hinzuzufügen, daß die Nichteinbeziehung ausländischer Mandate in das Verbot der Mandatshäufung auch de lege ferenda zu befürworten ist, um keine unnötigen Hindernisse für solche Zusammenarbeit zu schaffen.[18]

III.

Im Falle der Leiter *abhängiger Unternehmungen (§ 100 Abs. 2 Nr. 2 AktG)* ist die Problematik anders gelagert. Nach § 100 Abs. 2 Nr. 2 AktG kann nicht Mitglied des Aufsichtsrats einer Gesellschaft sein, wer gesetzlicher Vertreter eines von der Gesellschaft abhängigen Unternehmens ist. Der gesetzliche Vertreter eines Tochterunternehmens kann also nicht in den Aufsichtsrat der Muttergesellschaft gewählt werden. Man kann fragen, ob auch diese Vorschrift auf den Fall zu beschränken ist, daß das abhängige Unternehmen ein deutsches Unternehmen ist. Das ist jedoch zu verneinen. Anders als bei § 100 Abs. 2 Nr. 1 AktG kommt hier nach dem Zweck und Zusammenhang des Gesetzes eine Beschränkung auf abhängige Unternehmen mit Sitz in Deutschland nicht in Betracht.

Die Vorschrift des § 100 Abs. 2 Nr. 2 AktG wurde während der parlamentarischen Beratungen neu eingefügt. Sie erklärt es für unzulässig, daß ein gesetzlicher Vertreter eines abhängigen Unternehmens in den Aufsichtsrat der herrschenden Gesellschaft gelangt, weil das „dem natürlichen Organisationsgefälle im Konzern widerspreche“.[19] Es sei nicht möglich, das Vorstandsmitglied einer Gesellschaft, die mehr oder weniger vom Vorstand des herrschenden Unternehmens abhängig ist, zum Aufsichtsratsmitglied zu machen, welches Überwachungspflichten gegenüber dem gleichen Vorstand übernehmen soll.[20]

Diese Auffassung ist vielleicht etwas rigoros. Vor dem Inkrafttreten des Aktiengesetzes von 1965 hat es nicht wenige Fälle gegeben, in denen

18 so mit Recht *Grasmann* a. a. O. (oben Anm. 5) Rz. 1042

19 Bericht des Abgeordneten *Wilhelmi* als Vorsitzenden des Rechtsausschusses. Deutscher Bundestag – 4. Wahlperiode. Zu Drucksache IV/3296 S. 16

20 *Godin-Wilhelmi*, Aktiengesetz § 100 Anm. 4

solche Aufsichtsratsmitgliedschaft des Leiters der Tochtergesellschaft die Zusammenarbeit und das Zusammenwachsen im Konzern gefördert und zugleich eine gewisse Selbstverwaltung des Konzerngliedes begünstigt hat. Der Gedanke, daß eine Überwachung nur im Verhältnis von Über- und Unterordnung möglich sei, ist auch nicht unbedingt zwingend. Bei dem System des einheitlichen Verwaltungsorgans nach dem Typ des Verwaltungsrats, des conseil d'administration oder des board of directors kann es, insbesondere bei Aufgabenteilung unter den Beteiligten, durchaus dazu kommen, daß Gleichgestellte sich wechselseitig zu überwachen haben, und auch das kann funktionieren.

Aber man kann der klar zum Ausdruck gekommenen abweichenden Konzeption des Gesetzgebers im deutschen Aktiengesetz nicht die Konsequenz absprechen. Sie entspricht seiner auch sonst hervortretenden Tendenz zur Straffung und Klarstellung der Verantwortlichkeiten im Konzernrecht.[21] Auch harmoniert die Regelung mit dem Prinzip der §§ 105 Abs. 1 und 111 Abs. 4 Satz 1 AktG. Das Aufsichtsratsmitglied, dem Geschäftsführungsaufgaben im Unternehmen nicht übertragen werden können, soll auch nicht die Geschäfte eines Konzerngliedes oder eines sonst abhängigen Unternehmens führen.

Der Gedanke des Gesetzgebers, daß ein Abhängiger nicht Kontrollaufgaben gegenüber dem, von dem er abhängt, zugewiesen erhalten soll, trifft nun aber auch zu, wenn die Tochtergesellschaft oder das sonst abhängige Unternehmen ein ausländisches Unternehmen ist. Während die Idee, die hinter § 100 Abs. 1 Nr. 1 AktG steht, wirtschafts- und gesellschaftspolitischer Art ist und bestimmte Ziele hinsichtlich der Zusammensetzung der Führungsgruppen deutscher Unternehmen verfolgt, geht es in § 100 Abs. 1 Nr. 2 AktG einfach um Probleme sachgerechter Organisation. Die erstgenannte Vorschrift muß sich vernünftigerweise auf die Führungskreise deutscher Unternehmen beschränken und an den deutschen Grenzen haltmachen. Die organisatorische Norm des § 100 Abs. 2 Nr. 2 AktG verlangt dagegen Anwendung, soweit die in ihr angesprochene Abhängigkeit reicht und damit auch über die Grenzen hinweg.

Dem entspricht auch die Formulierung des Gesetzes. Anders als in Nr. 1 ist in Nr. 2 von § 100 Abs. 2 AktG nicht auf die Rechtsform der in Rede stehenden Handelsgesellschaft abgestellt, sondern ganz allgemein von abhängigen Unternehmen gesprochen, ohne das es auf deren rechtliche Gestalt ankäme. Ausländische abhängige Unternehmen können daher ohne weiteres miteinbezogen werden. Auch bei der Definition der abhängigen Unternehmen in § 17 AktG ist, anders als im Fall der wechselseitig beteiligten Unternehmen (§ 19 AktG), nicht verlangt, daß es sich um Unternehmen mit Sitz im Inland handele. Die zahlreichen Vorschriften, in denen der Begriff des abhängigen Unternehmens eine Rolle spielt, könnten im übrigen auf das Leichteste umgangen werden, wenn

21 Zu dieser Tendenz vgl. auch *von Caemmerer,* Die Deutsche Aktienrechtsreform von 1965, Gesammelte Schriften II (1968) S. 138 ff. (156)

das herrschende Unternehmen in der Lage wäre, ihnen durch Einschaltung einer ausländischen Tochtergesellschaft auszuweichen.

In § 100 Abs. 2 Nr. 2 AktG kommt es danach nicht darauf an, ob das abhängige Unternehmen ein inländisches oder ein ausländisches ist. Ist ein ausländisches Unternehmen von einer deutschen Aktiengesellschaft abhängig, so können seine Vertretungsorgane dem Aufsichtsrat der deutschen Gesellschaft nicht angehören.

Man hat dieses Ergebnis im Interesse der Kooperation zwischen Unternehmungen verschiedener Staaten kritisiert.[22] Es scheint mir aber im Falle des § 100 Abs. 2 Nr. 2 AktG zweifelsfrei und da, wo Abhängigkeit vorliegt, auch sachgerecht zu sein.

Nur wird man dann, wenn die Abhängigkeit zweifelhaft ist, bei Vereinbarungen zwischen Unternehmen verschiedener Nationalität schon aus psychologischen Gründen sehr viel eher davon auszugehen haben, daß nicht Beherrschung, sondern gleichberechtigte Zusammenarbeit gewollt ist. Und die Bereitschaft, ein Mitglied des Führungsorgans der ausländischen Gesellschaft in den Aufsichtsrat der deutschen Gesellschaft hineinzunehmen, wird in Zweifelsfällen vielleicht sogar ein Indiz dafür sein können, daß an Beherrschung nicht gedacht wird, sondern Kooperation auf gleicher Ebene gewollt ist.

IV.

Auch *§ 100 Abs. 2 Nr. 3 AktG* über die sogenannte *Überkreuzverflechtung* — ein Vorstandsmitglied einer Bank sitzt zum Beispiel im Aufsichtsrat eines industriellen Unternehmens und ein Vorstandsmitglied dieses Industrieunternehmens im Aufsichtsrat der Bank — ist erst im Laufe der parlamentarischen Arbeiten in das Gesetz eingefügt worden. Die Überkreuzverflechtung ist nunmehr verboten. Nach § 100 Abs. 2 Nr. 3 AktG kann nicht Mitglied des Aufsichtsrats einer Gesellschaft sein, wer gesetzlicher Vertreter einer anderen Kapitalgesellschaft oder bergrechtlichen Gewerkschaft ist, deren Aufsichtsrat ein Vorstandsmitglied der Gesellschaft angehört.

Auch für § 100 Abs. 2 Nr. 3 AktG stellt sich die Frage, ob sich das ausgesprochene Verbot auf die gesetzlichen Vertreter deutscher Kapitalgesellschaften beschränkt oder ob ausländische Aktiengesellschaften diesen gleichzustellen sind. Ihre Beantwortung ist für die Möglichkeiten internationaler Kooperation besonders wichtig. Meines Erachtens ist das Verbot der Überkreuzverflechtung nur auf die gesetzlichen Vertreter inländischer Kapitalgesellschaften zu beziehen. § 100 Abs. 2 Nr. 3 AktG ist also ebenso auszulegen wie § 100 Abs. 2 Nr. 1.

Die Äußerungen im Schrifttum zu dieser Frage sind noch relativ spär-

---

22 *Grasmann* a. a. O. (Anm. 5) Rz. 1044, vgl. aber auch Rz. 1039

lich, tendieren aber in die hier vertretene Richtung.[23] Was die rechtspolitische Begründung der vom Rechtsausschuß des Bundestages neu eingefügten Vorschrift des § 100 Abs. 2 Nr. 3 AktG angeht, so hat *Wilhelmi* dazu in seinem Bericht[24] das Folgende ausgeführt:

> In dem neuen Absatz 2 Nr. 3 wird die sog. „Überkreuzverflechtung" verboten. Danach kann nicht Mitglied des Aufsichtsrats sein, wer gesetzlicher Vertreter einer anderen Kapitalgesellschaft oder bergrechtlichen Gewerkschaft ist, deren Aufsichtsrat ein Vorstandsmitglied der Gesellschaft angehört. Das bisher nicht bestehende Verbot erscheint erforderlich, um Gefahren, die sich aus der Überkreuzverflechtung für die Überwachung des Vorstands durch den Aufsichtsrat ergeben können, vorzubeugen. Außerdem ist zu erwarten, daß sich bei einem Verbot der Überkreuzverflechtung der für Aufsichtsratsmandate in Betracht kommende Personenkreis erweitern wird. Es ist gesellschaftspolitisch unerwünscht, daß die Aufsichtsratsmandate der Aktionäre nur durch einen verhältnismäßig kleinen Kreis von Personen ausgeübt werden.

Der entscheidende Grund ist also hier ebenso wie im Fall des § 100 Abs. 2 Nr. 1 AktG bei der Regelung der Höchstzahl der Aufsichtsratsmandate wiederum gesellschafts- und wirtschaftspolitischer Art. Man will verhindern, daß sich die Aufsichtsrats- und Vorstandsposten der deutschen Großunternehmen bei einem verhältnismäßig kleinen Kreis von Persönlichkeiten konzentrieren, die wechselseitig in den verschiedenen Gesellschaften entweder die Positionen im Aufsichtsrat oder im Vorstand innehaben und sich dann, wie man annimmt, wechselseitig nicht mehr wirksam überwachen. Der kleine Kreis der die deutschen Großunternehmen leitenden Persönlichkeiten sollte gesprengt und nach außen geöffnet werden. Diese rechtspolitischen Gesichtspunkte beschränken sich aber auf die bei deutschen Unternehmen tätigen leitenden Persönlichkeiten. Sie entfallen, wenn es sich darum handelt, führende Persönlichkeiten ausländischer Gesellschaften für die Aufsichtsräte deutscher Unternehmen zu gewinnen. Hier überwiegt vielmehr der Gesichtspunkt, daß die Hereinnahme solcher Persönlichkeiten die Zusammenarbeit von Unternehmungen über die Grenzen hinweg ermöglicht. Das fällt umso mehr ins Gewicht, als, wie oben I ausgeführt wurde, den vom Vertrag über die Europäische Wirtschaftsgemeinschaft (Art. 200 (3)) angestrebten Fusionen über die Grenzen hinweg noch auf absehbare Zeit fast unüberwindliche rechtliche und psychologische Hindernisse im Wege stehen. Die gleichen Gesichtspunkte, die in § 100 Abs. 2 Nr. 1 AktG die Auslegung geboten erscheinen ließen, daß Aufsichtsratsmandate in ausländischen Gesellschaften nicht mitzählen, daß die Vorschrift sich vielmehr auf Gesellschaften deutschen Rechts beschränkt, fordern also für § 100 Abs. 2 Nr. 3 AktG eine entsprechende Auslegung.

Ein weiteres kommt hinzu: Das Aktiengesetz wendet sich gegen wech-

---

23 Wie hier *Werner*, Der Aufsichtsrat im neuen Aktienrecht, Bank-Betrieb 1965, S. 278 ff., 284 und *Obermüller-Werner-Winden*, Die Hauptversammlung der Aktiengesellschaft, 3. Aufl. 1967, S. 245; *Grasmann* a. a. O. (Anm. 5) Rz. 1040 geht von der gegenteiligen Entscheidung aus, befürwortet Rz. 1044 rechtspolitisch aber die hier vertretene Lösung.

24 *Wilhelmi*, Schriftlicher Bericht des Rechtsausschusses a. a. O. (oben Anm. 19) S. 16

selseitige Abhängigkeiten. Es verbietet deshalb die personelle „Überkreuzverflechtung“ der Art, daß wechselseitig je ein Vorstandsmitglied der einen Gesellschaft dem Aufsichtsrat der anderen Gesellschaft angehört. Die Vorschrift gehört also in einen ähnlichen Zusammenhang wie die Bestimmung über die wechselseitige Beteiligung in § 19 AktG. Durch diese Vorschrift werden wechselseitige Abhängigkeiten, die durch Beteiligungsbesitz begründet werden, bekämpft. Hier hat sich der Gesetzgeber ausdrücklich darauf beschränkt, Unternehmen mit Sitz im Inland zu erfassen. Das spricht dafür, auch die Normen über die personelle Überkreuzverflechtung in § 100 Abs. 2 Nr. 3 AktG in entsprechender Weise auf inländische Unternehmen zu begrenzen.

Nur der Gedanke der Beeinträchtigung der Überwachungsfunktion könnte dafür sprechen, auch die gesetzlichen Vertreter ausländischer Aktiengesellschaften, in deren Organen Vorstandsmitglieder der deutschen Gesellschaft vertreten sind, in die Vorschrift des § 100 Abs. 2 Nr. 3 AktG mit einzubeziehen. Der Gedanke, daß derjenige, der einen anderen überwacht, nicht gleichzeitig wieder von diesem überwacht werden könne, würde für eine solche Auslegung sprechen. Dem steht aber entgegen, daß bei einer Einbeziehung ausländischer Gesellschaften alsbald die Qualifikationsprobleme auftreten, die schon oben in Abschnitt II erörtert worden sind. Man muß daher § 100 Abs. 2 Nr. 3 AktG auf die gesetzlichen Vertreter von Kapitalgesellschaften und bergrechtlichen Gewerkschaften des deutschen Rechts beschränken, weil sonst bei der Frage, ob eine ausländische Körperschaft als Aktiengesellschaft anzusehen und ob ein bestimmtes Organ einer solchen Gesellschaft dem Aufsichtsrat einer deutschen Aktiengesellschaft gleichzusetzen ist, die geschilderten kaum überwindbaren Schwierigkeiten auftreten würden.

Die gesetzlichen Vertreter ausländischer Gesellschaften können also in den Aufsichtsrat einer deutschen Gesellschaft hineingenommen werden, auch wenn Vorstandsmitglieder der deutschen Gesellschaft im Verwaltungs- oder Aufsichtsrat der ausländischen Gesellschaft sitzen. Auf diese Weise kann eine Zusammenarbeit auch durch personelle Verflechtung organisatorisch gestützt werden. Voraussetzung ist freilich, daß es sich um gleichberechtigte Zusammenarbeit handelt. Ist das ausländische Unternehmen als abhängig anzusprechen, so steht § 100 Abs. 2 Nr. 2 AktG der Hereinnahme ihrer gesetzlichen Vertreter in den Aufsichtsrat der deutschen Gesellschaft entgegen.

V.

Die Frage, ob die Hereinnahme ausländischer leitender Persönlichkeiten in den Aufsichtsrat einer deutschen Aktiengesellschaft nach § 100 Abs. 2 AktG rechtswirksam ist, kann danach, insbesondere wenn nicht ganz sicher ist, ob eine Abhängigkeit angenommen werden muß, im einzelnen Fall einmal zweifelhaft sein. Nimmt ein Gericht einen Verstoß gegen eine der in § 100 Abs. 2 AktG enthaltenen Bestimmungen an, so ist die Wahl des betreffenden Aufsichtsratsmitglieds durch die Hauptversammlung nicht bloß anfechtbar, sondern nichtig (§ 250 Abs. 1 Nr. 4 AktG).

In Frankreich ist in Art. 92 und 136 des Gesetzes über die Handelsgesellschaften von 1966 bestimmt, daß die Unwirksamkeit der Bestellung von Verwaltungs- und Aufsichtsratsmitgliedern die Wirksamkeit von Beschlüssen, an denen diese Personen teilgenommen haben, nicht berührt. Auch bei der Umgestaltung dieser Vorschriften durch Gesetz vom 6. Januar 1969 ist dieser Gedanke beibehalten worden.

In Deutschland fehlt leider eine entsprechende Bestimmung. Die Auffassungen über die Unwirksamkeit von Beschlüssen, an denen nicht rechtswirksam bestellte Personen teilgenommen hatten, waren ursprünglich sehr streng. Eine solche Mitwirkung bei der Beschlußfassung sollte die Beschlüsse in jedem Falle nichtig machen.[25] Der Bundesgerichtshof hat das bereits 1954 etwas gelockert. Der Beschluß sollte wirksam sein, wenn derjenige, der sich auf seine Gültigkeit berief, einwandfrei die Möglichkeit ausräumte, daß der Beschluß durch das Mitstimmen des Unbefugten — wenn auch vielleicht nur psychologisch — beeinflußt worden war.[26] Es blieb jedoch im Prinzip dabei, daß der Beschluß im Zweifel als unwirksam angesehen wurde. Nur wenn jeder Einfluß der Stimmabgabe des Unbefugten einwandfrei ausgeschlossen werden konnte, etwa weil dieser gegen den Beschluß gestimmt hatte, sollte der Beschluß wirksam sein.

Glücklicherweise ist der Bundesgerichtshof heute aber auch von diesen Anforderungen abgegangen. Sie bedeuteten immer noch, daß bei der Unwirksamkeit der Bestellung eines einzigen Aufsichtsratsmitglieds alle Beschlüsse des Aufsichtsrats von der Nichtigkeitsgefahr bedroht waren, auch wenn der Wegfall der Stimme des Unbefugten die Erreichung der erforderlichen Mehrheiten nicht in Frage stellte. In einem Urteil von 1967 wird die Entscheidung von 1954 ausdrücklich aufgegeben. Aufsichtsratsbeschlüsse, an denen nicht wirksam bestellte Aufsichtsratsmitglieder teilgenommen haben, sind nunmehr nur noch dann unwirksam, wenn die Beschlußfassung auf dieser Teilnahme beruhte, weil ohne sie die erforderliche Mehrheit nicht zustandegekommen wäre.[27] Gleichwohl wäre zu wünschen, daß der Gesetzgeber die französische Regel übernimmt, nach der Verstöße gegen die Inkompatibilitätsvorschriften bei der Bestellung von Verwaltungs- und Aufsichtsratsmitgliedern die Wirksamkeit von Beschlüssen nicht berühren, die unter der Beteiligung der nicht rechtmäßig bestellten Mitglieder gefaßt worden sind.

---

25 *Schlegelberger-Quassowski*, Aktiengesetz § 92 Anm. 26; vgl. auch *Godin-Wilhelmi*, Aktiengesetz (2. Aufl. 1950) § 93 Anm. 4

26 BGH v. 24. Februar 1954 BGHZ 12, 327

27 BGH v. 17. April 1967 BGHZ 47, 341 (345); ebenso für Vereinsbeschlüsse BGH v. 18. Dezember 1967 BGHZ 49, 209 (211) und für Gesellschafterbeschlüsse bei einer GmbH BGH v. 22. September 1969 BGHZ 52, 316 (320)

ZUM GEWINNBEGRIFF DES NEUEN AKTIENGESETZES

Georg Döllerer

Einleitung

Als die Erörterungen über die Neugestaltung des Aktienrechts begannen, entstand sogleich ein heftiger Meinungsstreit darüber, welches Organ der Gesellschaft zur Feststellung des Jahresabschlusses zuständig sein sollte. Überwiegend wurde zunächst die Rückkehr zum Recht des Handelsgesetzbuchs gefordert, nach dem die Hauptversammlung zuständig war (§ 260 HGB). Zur Begründung wurde geltend gemacht, daß es sich um ein „Grundrecht“[1] oder ein „Urrecht“[2] der Aktionäre handle. Die Mitglieder des Ausschusses II der Studienkommission des Deutschen Juristentags konnten sich nicht einigen.[3] Die Mehrheit trat dafür ein, die Regelung des Aktiengesetzes 1937, das die Bilanzfeststellung dem Vorstand und Aufsichtsrat übertragen hatte (§ 125 AktG 1937), beizubehalten. Das Bilanzfeststellungsrecht der Verwaltung — so wurde gesagt — ergebe sich zwingend aus der dem Vorstand nach § 70 AktG 1937 obliegenden Aufgabe, das Unternehmen eigenverantwortlich zu leiten. Die Minderheit sprach sich für das Bilanzfeststellungsrecht der Hauptversammlung aus und folgerte dieses Recht aus der Inhaberschaft an der Aktie und dem damit verbundenen Kapitalrisiko.

In dieser verfahrenen Lage, in der die Streitfrage beinahe zu einer Weltanschauungsfrage geworden war, sprach der Jubilar das klärende Wort. In einem Vortrag vor dem Handels- und Wirtschaftsrechtlichen Institut der Universität Bonn wies er darauf hin, daß die Frage der Zuständigkeit nur eine geringe Bedeutung habe und daß es allein auf die materielle Seite der Sache ankomme, nämlich auf eine wohl abgewogene Abgrenzung der Interessen aller Beteiligter in der Frage der Gewinnermittlung und Gewinnverwendung. Die Verteilung der einzelnen Aufgaben stellte sich der Jubilar so vor: Vorstand und Aufsichtsrat erhalten das unbeschränkte und unbeschränkbare Recht zur Vornahme der Abschreibungen, Wertberichtigungen und Rückstellungen, ferner das Recht zur bilanzmäßigen Festsetzung des Sozialaufwands für die Belegschaft. Das Recht zur Bildung freier Rücklagen steht dagegen der Verwaltung

1 Arbeitsgemeinschaft der Schutzvereinigungen für Wertpapierbesitz, Aktienrechtsausschuß, Denkschrift zur Reform des Aktienrechts, 1952, S. 41

2 *Bühler,* Steuerrecht der Gesellschaften und Konzerne, 1953, S. 84

3 Untersuchungen zur Reform des Unternehmensrechts, Bericht der Studienkommission des Deutschen Juristentags, Teil I (Berichte der Ausschüsse I und II), 1955, S. 70 ff.

nur in dem Maße zu, wie es ihr die Satzung einräumt. Über den verbleibenden Reingewinn kann dann die Hauptversammlung verfügen.

Dieser Vorschlag beherrschte die weiteren Erörterungen und wurde in seinen Grundzügen Gesetz. Das neue Aktiengesetz hat an der formalen Zuständigkeit der Verwaltung zur Feststellung des Jahresabschlusses festgehalten, diesem Feststellungsrecht jedoch einen anderen Inhalt gegeben. Der entscheidende Unterschied zum Aktiengesetz 1937 besteht darin, daß die Verwaltung nicht mehr das uneingeschränkte Recht hat, freie Rücklagen zu bilden. Die gesetzliche Regelung im einzelnen wird unter Nr. II 2 a näher dargestellt. In ihr kommt ein Wandel im Gewinnbegriff des Aktiengesetzes zum Ausdruck, der in diesem Beitrag nach einigen Richtungen hin untersucht werden soll.

I. Geschichtlicher Rückblick

Nach § 261 Nr. 6 HGB 1897 war der „aus der Vergleichung sämtlicher Aktiva und sämtlicher Passiva sich ergebende Gewinn oder Verlust" am Schluß der Bilanz besonders anzugeben. Diese klassische Definition des Gewinnes/Verlustes wurde in die Aktienrechtsnovelle 1931 nicht übernommen, galt aber nach allgemeiner Meinung auch für den Begriff Reingewinn/Reinverlust in § 261 a Abs. 2 HGB 1931.[4] Das Aktiengesetz 1937 übernahm wieder — in etwas vereinfachter Ausdrucksweise — die Begriffsbestimmung des § 261 Nr. 6 HGB 1897: Reingewinn war danach der Überschuß der Aktivposten über die Passivposten, Reinverlust der Überschuß der Passivposten über die Aktivposten (§ 131 Abs. 3 Satz 1 AktG 1937).

Für die Höhe des Reingewinnes/Reinverlustes ist danach entscheidend, welche Posten bei Feststellung des Jahresabschlusses in die Jahresbilanz einzustellen sind. In diesem Punkt wichen das Aktiengesetz 1937 und das Handelsgesetzbuch voneinander ab. Nach dem Recht des HGB wurde allgemein angenommen, daß Abschreibungen, Wertberichtigungen und Rückstellungen für das Geschäftsjahr bereits in der Jahresbilanz vorzunehmen, offene Rücklagen dagegen erst aus dem Reingewinn zu bilden waren.[5] Die Praxis hielt sich freilich nicht immer streng an diese Unterscheidung und führte bisweilen die Gewinnverwendung bereits in der Jahresbilanz durch oder nahm umgekehrt Abschreibungen, Wertberichtigungen oder Rückstellungen erst nach Feststellung der Bilanz aus dem Reingewinn vor.[6] Andererseits nahm man an, daß die Auflösung von Rücklagen bereits bei Feststellung des Jahresabschlusses zu erfolgen habe und daher

4 *Schlegelberger-Quassowski-Schmölder*, Verordnung über Aktienrecht, 1932, § 261a Anm. 28; *Staub-Pinner*, Kommentar zum Handelsgesetzbuch, Nachtrag zur 12. und 13. Auflage, § 261a, Anm. 39

5 *Hefermehl*, Juristische Wochenschrift 1937, S. 3069, 3070 f.

6 *Passow*, Die Bilanzen der privaten und öffentlichen Unternehmungen, Band II, 3. Auflage, 1923, S. 138 f.

den Reingewinn erhöhe.[7] Aus diesem Grund wurde bereits für das Recht des HGB festgestellt: Der Reingewinn ist nicht gleichbedeutend mit dem Betriebsgewinn. Er ist auch insoweit Reingewinn, als er nicht dem Geschäftsbetrieb im engeren und eigentlichen Sinn des Wortes seine Entstehung verdankt.[8]

Die grundsätzliche Abweichung des Aktiengesetzes 1937 vom Handelsgesetzbuch besteht darin, daß nicht nur Abschreibungen, Wertberichtigungen und Rückstellungen, sondern auch die Bildung und Verstärkung offener Rücklagen bereits in der Jahresbilanz vorzunehmen waren (§ 131 Abs. 2 AktG 1937). Wenn das Reichsgericht darin nur eine Klarstellung erblickt hat,[9] so scheint mir das nicht richtig zu sein. Die Schöpfer des Aktiengesetzes 1937 haben jedenfalls in der Einbeziehung der offenen Rücklagen eine Änderung der Rechtslage gesehen.[10] Der Grund und die praktische Bedeutung dieser Änderung lagen in der veränderten Zuständigkeit zur Feststellung des Jahresabschlusses. Das Aktiengesetz 1937 übertrug diese Zuständigkeit grundsätzlich der Verwaltung, die auf diese Weise das Recht erhielt, offene Rücklagen zu bilden, die die Hauptversammlung nicht mehr kürzen konnte (§ 125 Abs. 1 bis 3, § 131 Abs. 2, § 126 Abs. 3 Satz 1 AktG 1937).

Aus § 131 Abs. 2 AktG 1937 wurde geschlossen, daß auch die Auflösung der Rücklagen bereits in der Jahresbilanz vorzunehmen war.[11] Das Aktiengesetz 1937 führte diesen Gedanken über das Recht des HGB hinaus vollständig durch und gestattete auch die Auflösung der gesetzlichen Rücklage zur Deckung eines Verlustes bereits in der Jahresbilanz, so daß der Verlust in der Jahresbilanz nicht mehr in Erscheinung trat (§ 130 Abs. 3 AktG; anders § 262 HGB).

Auch für das Aktiengesetz 1937 galt daher der Satz, daß der Begriff Reingewinn/Reinverlust formaler Natur war und mit dem betriebswirtschaftlichen Jahresgewinn/Jahresverlust nichts gemein hatte.[12]

Die Kleine Aktienrechtsreform 1959 hat daran nichts geändert. Sie behielt den Begriff Reingewinn/Reinverlust in der bisherigen Bedeutung bei (§ 132 Abs. 2 I Nr. 18, II Nr. 15, Abs. 3 Nr. 33 Aktiengesetz 1937 in der Fassung des Gesetzes über die Kapitalerhöhung aus Gesellschaftsmitteln und über die Gewinn- und Verlustrechnung vom 23. 12. 1959), brachte aber doch etwas Neues: Sie führte den Begriff Jahresüberschuß/Jahresfehlbetrag ein (§ 132 Abs. 3 Nr. 29 AktG 1937 in der Fassung des Gesetzes vom 23. 12. 1959). Die amtliche Begründung bezeichnet ihn bescheiden als „Zwischenergebnis", das die Auswertung der Gewinn- und

---

7 *Schlegelberger-Quassowski-Schmölder*, a. a. O. (Fußnote 4); RGZ 103, 367; RGZ 156, 52

8 *Schlegelberger-Quassowski-Schmölder*, a. a. O. (Fußnote 4); RGZ 103, 367; RGZ 156, 52

9 RGZ 156, 52

10 *Hefermehl*, a. a. O. (Fußnote 5)

11 *Hefermehl*, a. a. O. (Fußnote 5)

12 *Ballerstedt*, Kapital, Gewinn und Ausschüttung bei Kapitalgesellschaften, 1949, S. 42

Verlustrechnung erleichtern soll, und als „Überschuß oder Fehlbetrag des Geschäftsjahrs vor Bildung und Auflösung der Rücklagen".[13] Da dieser Posten durch die Bildung und Auflösung von Rücklagen und durch einen Gewinnvortrag/Verlustvortrag aus dem Vorjahr nicht beeinflußt ist, kommt er schon viel eher als der Reingewinn/Reinverlust an das heran, was man unter dem betriebswirtschaftlichen Ergebnis des Geschäftsjahrs verstehen könnte. Eine besondere rechtliche Bedeutung konnte er allerdings im Rahmen der Kleinen Aktienrechtsreform nicht erlangen, da die übrigen Vorschriften des Aktiengesetzes nicht auf ihn eingestellt wurden.

Diesen Schritt hat erst das Aktiengesetz 1965 getan.

II. Bilanzgewinn/Bilanzverlust, Jahresüberschuß/Jahresfehlbetrag nach dem neuen Aktiengesetz (AktG)

1. Inhalt und Aussagewert

Das neue Aktiengesetz hat, einem Vorschlag des Instituts der Wirtschaftsprüfer folgend,[14] den irreführenden Begriff Reingewinn/Reinverlust durch den zutreffenderen „Bilanzgewinn/Bilanzverlust" ersetzt (§ 151 Abs. 1 Aktivseite Nr. V, Passivseite Nr. VIII, § 157 Abs. 1 Nr. 32 AktG).[15] Der Begriff Bilanzgewinn/Bilanzverlust soll zum Ausdruck bringen, daß es sich um eine formal ermittelte Größe handelt, die mit dem betriebswirtschaftlichen Ergebnis des Geschäftsjahrs nicht übereinstimmen muß. Die Begriffsbestimmung ist die gleiche wie im Aktiengesetz 1937: Bilanzgewinn ist der Überschuß der Aktivposten über die Passivposten, Bilanzverlust der Überschuß der Passivposten über die Aktivposten (§ 151 Abs. 4 Satz 3 AktG). Das neue Aktiengesetz hat außerdem aus der Kleinen Aktienrechtsreform den Begriff Jahresüberschuß/Jahresfehlbetrag übernommen (§ 157 Abs. 1 Nr. 28 AktG).

Inhalt und Aussagewert dieser Begriffe ergeben sich aus der Gliederung der Gewinn- und Verlustrechnung nach § 157 AktG, auf die verwiesen wird. Stark zusammengedrängt ergibt sich folgendes Bild:

Erträge
Aufwendungen
Jahresüberschuß/Jahresfehlbetrag
Gewinnvortrag/Verlustvortrag aus dem Vorjahr

---

13 Entwurf eines Gesetzes über die Kapitalerhöhung aus Gesellschaftsmitteln und über die Gewinn- und Verlustrechnung, Bundesrat-Drucksache 100/58, Begründung zu § 132 Abs. 3 Nr. 30 AktG

14 Vorschläge zur Aktienrechtsreform des Arbeitskreises Aktienrechtsreform im Institut der Wirtschaftsprüfer in Deutschland e. V., 1956, § 131 Abs. 1 A VIII, B VIII mit Begründung

15 Regierungsentwurf eines Aktiengesetzes, Begründung, abgedruckt bei *Kropff*, Aktiengesetz, 1965, zu § 157

Entnahmen aus offenen Rücklagen
Einstellungen in offene Rücklagen
Bilanzgewinn/Bilanzverlust

a) Jahresüberschuß/Jahresfehlbetrag

Dieser Posten ist der Saldo zwischen den Erträgen und Aufwendungen Nr. 1 bis 27, die insofern als echte Aufwendungen und Erträge bezeichnet werden können, als sie überwiegend einen Verbrauch oder einen Zuwachs an Wirtschaftsgütern bedeuten.[16] Er erscheint daher geeignet, für eine Bilanzanalyse den im Geschäftsjahr erzielten Gewinn oder erlittenen Verlust anzugeben.[17] Dieser Aussagewert erfährt allerdings Einschränkungen. Zunächst ist der Einfluß der Posten zu beachten, die aus Unternehmensverträgen herrühren (Nr. 7: Erträge aus Gewinngemeinschaften, Gewinnabführungs- und Teilgewinnabführungsverträgen, Nr. 15: Erträge aus Verlustübernahmen, Nr. 25: Aufwendungen aus Verlustübernahme, Nr. 27: auf Grund einer Gewinngemeinschaft, eines Gewinnabführungs- und Teilgewinnabführungsvertrags abgeführte Gewinne). Der Ausweis der Gewinnabführung vor dem Jahresüberschuß/Jahresfehlbetrag hat normalerweise zur Folge, daß — abgesehen von dem in die gesetzliche Rücklage einzustellenden Betrag — ein Jahresüberschuß nicht entsteht (§ 301 AktG), obgleich die Gesellschaft betriebswirtschaftlich gesehen mit Erfolg gearbeitet hat. Umgekehrt führt der Ausweis des Ertrags aus Verlustübernahme im Normalfall dazu, daß ein Jahresfehlbetrag nicht entsteht (§ 302 AktG), obwohl die Gesellschaft betriebswirtschaftlich gesehen einen Verlust erlitten hat. Die Begründung zur Kleinen Aktienrechtsreform hat daher ausgeführt, diese beiden Posten seien keine echten Aufwendungen und Erträge.[18] Etwas schwieriger scheint mir die Beurteilung der Aufwendungen aus Verlustübernahme und der Erträge aus Gewinngemeinschaften zu sein. Auch hier liegen zwar die betrieblichen Ursachen der Aufwendungen und Erträge nicht im eigenen, sondern in einem fremden Betrieb. Das gleiche gilt aber z. B. für die „Erträge aus Beteiligungen" (Nr. 8). Hier erlangt der Unterschied zwischen Betriebserfolg und Unternehmenserfolg Bedeutung.[19] Versteht man in diesem Zusammenhang den Betrieb mehr als technische Einheit und das Unternehmen mehr als wirtschaftliche Einheit in ihrer Verflechtung mit dem Markt und mit anderen Unternehmen,[20] so dürften die hier erwähnten, aus Unternehmensverträgen herrührenden Posten der Unternehmenssphäre zuzurechnen sein, aber nicht nur sie allein.[21]

---

16 Vgl. *Bülow*, Wörterbuch der Wirtschaft, 4. Aufl. 1963, unter „Ertrag", „Aufwand"
17 *Adler-Düring-Schmaltz*, Rechnungslegung und Prüfung der Aktiengesellschaft, 4. Aufl., Band I, 1968, § 157 Randziff. 186
18 a. a. O. (Fußnote 13), Begründung zu § 132 Abs. 2 I Nr. 14, II Nr. 12 AktG
19 *Adler-Düring-Schmaltz*, a. a. O. (Fußnote 17) § 157 Randziff. 6
20 Vgl. dazu *Hax* in Festgabe für Otto Kunze S. 109 ff.
21 *Adler-Düring-Schmaltz*, a. a. O. (Fußnote 19)

Eine gewisse Beeinträchtigung des Aussagewerts des Postens Jahresüberschuß/Jahresfehlbetrag liegt ferner darin, daß in den Aufwendungen und Erträgen, deren Saldo er darstellt, auch außerordentliche Aufwendungen und Erträge enthalten sind (vgl. Nr. 11 bis 14, 21, 22, 26), außerordentlich entweder in zeitlicher Hinsicht (sie betreffen ein früheres Geschäftsjahr) oder in sachlicher Hinsicht (sie sind nicht im regelmäßigen Geschäftsverkehr entstanden). Da der Einfluß der außerordentlichen Aufwendungen und Erträge auf den Jahresüberschuß/Jahresfehlbetrag ein falsches Bild von der Beschaffenheit und Lage des Betriebs vermitteln kann,[22] hat das Aktiengesetz auf ihren gesonderten Ausweis Wert gelegt, leider aber auf den gesonderten Ausweis der „sonstigen" außerordentlichen Aufwendungen (Nr. 26) verzichtet.

b) Bilanzgewinn/Bilanzverlust

Die Posten, die in der Gewinn- und Verlustrechnung auf den Jahresüberschuß/Jahresfehlbetrag folgen und vor dem Bilanzgewinn/Bilanzverlust auszuweisen sind, unterscheiden sich von den Erträgen und Aufwendungen, die vor dem Jahresüberschuß/Jahresfehlbetrag stehen, in einem wesentlichen Punkt. Sie stellen keine Erträge und Aufwendungen im Sinne einer Vermögensmehrung oder Vermögensminderung dar, sondern lassen das Reinvermögen der Gesellschaft der Höhe nach unberührt. Der Gewinnvortrag/Verlustvortrag stammt aus dem Vorjahr und bewirkt daher keine Veränderung des Vermögens der Gesellschaft im vergangenen Geschäftsjahr. Die Einstellungen in offene Rücklagen vermindern nicht das Vermögen der Gesellschaft. Sie führen nur eine bestimmte gesellschaftsrechtliche Bindung des vorhandenen Vermögens in Höhe der eingestellten Beträge herbei, die schwächer ist als die Bindung durch den Ansatz des Grundkapitals auf der Passivseite der Bilanz und die bei der gesetzlichen Rücklage (§ 150 AktG) stärker ist als bei den freien Rücklagen.[23] Die Entnahmen aus offenen Rücklagen heben diese Bindung wieder auf, vermehren aber nicht das Vermögen der Gesellschaft.

Wegen des Einflusses der Bildung und Auflösung von Rücklagen auf den Bilanzgewinn/Bilanzverlust hat Stützel den Begriff Bilanzgewinn/Bilanzverlust als Schwindel bezeichnet.[24] Diese scharfe Kritik halte ich nicht für berechtigt. Durch die Wahl des Begriffs Bilanzgewinn/Bilanzverlust statt bisher Reingewinn/Reinverlust hat der Gesetzgeber bereits zum Ausdruck gebracht, daß es sich nicht um ein betriebswirtschaftliches Ergebnis des vergangenen Geschäftsjahres handelt. Wenn der Gesetzgeber auch in dem neuen Begriff die Worte Gewinn und Verlust verwendet, so

22 *Schmalenbach*, Dynamische Bilanz, 12. Auflage, 1956, S. 66

23 *Würdinger*, Aktien- und Konzernrecht, 2. Auflage, 1966, S. 28 ff., 32

24 Das Frankfurter Publizitätsgespräch, 1962, S. 251 f.

scheint mir das nicht unbegründet zu sein. Denn wenn der Bilanzgewinn auch nicht den betriebswirtschaftlichen Jahresgewinn darstellt, so ist er doch — von Ausnahmefällen abgesehen — ein Teil des betriebswirtschaftlichen Totalgewinns.[25]

2. *Rechtliche Bedeutung*

a) Zuständigkeiten

Nach dem neuen Aktiengesetz ist grundsätzlich die Verwaltung (Vorstand und Aufsichtsrat) zur Feststellung des Jahresabschlusses zuständig (§§ 148, 170 bis 172 AktG). Der Einfachheit halber lasse ich im folgenden den Fall, daß ausnahmsweise die Hauptversammlung den Jahresabschluß feststellt, außer Betracht. In der Feststellung des Jahresabschlusses ist die Feststellung der Posten Jahresüberschuß/Jahresfehlbetrag und Bilanzgewinn/Bilanzverlust eingeschlossen. Der sachliche Inhalt des Feststellungsrechts der Verwaltung ist aber für beide Posten verschieden.

aa) Die Ermittlung des *Jahresüberschusses/Jahresfehlbetrags* liegt uneingeschränkt und uneinschränkbar in den Händen der Verwaltung. Hier handelt es sich um Gewinnermittlung, bei der die Verwaltung allein an die gesetzlichen Vorschriften über den Inhalt des Jahresabschlusses gebunden ist. Bestimmungen der Satzung, die von diesen Vorschriften abweichen, sind nicht gestattet, da die §§ 149, 151 bis 159 AktG keine Abweichung zulassen (§ 23 Abs. 4 Satz 1 AktG). Auch für ergänzende Satzungsbestimmungen ist nach meiner Meinung kein Raum, da die §§ 149, 151 bis 159 AktG eine abschließende Regelung enthalten (§ 23 Abs. 4 Satz 2 AktG). Soweit diese Vorschriften einen Spielraum gewähren, insbesondere durch Bilanzierungs- und Bewertungswahlrechte oder durch die Möglichkeit der Wahl der Bewertungs- und Abschreibungsmethoden,[26] steht dieser Spielraum allein der Verwaltung zur Verfügung. Die gesetzliche Regelung bleibt auch in diesen Fällen „abschließend" im Sinne des § 23 Abs. 4 Satz 2 AktG. Sie lautet: Nach dem Ermessen des bilanzfeststellenden Organs ist so oder so zu bilanzieren, zu bewerten, abzuschreiben. Das schließe ich aus der Zuständigkeit zur Feststellung des Jahresabschlusses, die nicht nur eine Zuständigkeit zur Einhaltung zwingender gesetzlicher Vorschriften, sondern auch eine Zuständigkeit zur Ausübung von Wahlrechten und zur Entscheidung über die anzuwendenden Bewertungs- und Abschreibungsmethoden bedeutet. Darin liegt eine Abweichung vom früheren Recht. Nach dem Aktiengesetz 1937 wurden Satzungsbestimmungen über den Inhalt des Jahresabschlusses, z. B. über

---

25 *Ballerstedt*, a. a. O. (Fußnote 12) S. 44 ff.

26 Vgl. *Adler-Düring-Schmaltz*, a. a. O. (Fußnote 17) § 149 Randziff. 94, Vorbemerkungen zu §§ 153 bis 156, Randziff. 9 ff.

die Höhe der Abschreibungen, allgemein für zulässig gehalten.[27] Die Änderung der Rechtslage ist begründet. Da nach dem Aktiengesetz 1937 stille Reserven fast uneingeschränkt zulässig waren, die Bildung stiller Reserven aber in Wahrheit stille Gewinnverwendung bedeutet, war es angebracht, daß die Hauptversammlung durch Satzungsbestimmungen ein Wort mitreden konnte. Unter der Herrschaft des neuen Aktiengesetzes besteht dazu kein Anlaß, da an die Stelle der höchstens zulässigen Werte feste Werte getreten sind und damit die Möglichkeit, stille Reserven zu bilden, weitgehend eingeschränkt wurde.

Zur Feststellung des Jahresüberschusses/Jahresfehlbetrags gehören nach ausdrücklicher Vorschrift auch die Bildung und die Auflösung der Sonderposten mit Rücklageanteil, d. h. der Posten, die erst bei ihrer Auflösung zu versteuern sind (§§ 152 Abs. 5, 158 Abs. 6, 151 Abs. 4 Satz 1 AktG). Das Recht, die verschiedenen Möglichkeiten der Bildung steuerfreier Rücklagen auszuschöpfen, liegt damit in den Händen der Verwaltung.

bb) Formal ist die Verwaltung auch zur Ermittlung des *Bilanzgewinnes/Bilanzverlustes* zuständig. Ihre sachliche Zuständigkeit ist jedoch eingeschränkt. Hier geht es der Sache nach nicht mehr um Gewinnermittlung, sondern um Gewinnverwendung durch Bildung offener Rücklagen.

Einstellungen in offene Rücklagen:

Die Einstellungen in freie Rücklagen wollte das neue Aktiengesetz in angemessener Weise auf die Verwaltung und auf die Hauptversammlung verteilen. Die Verwaltung kann einen Teil des Jahresüberschusses, höchstens jedoch die Hälfte, in freie Rücklagen einstellen. Die Satzung kann Vorstand und Aufsichtsrat ermächtigen, einen größeren Teil des Jahresüberschusses in freie Rücklagen einzustellen (§ 58 Abs. 2 AktG). Ausgangspunkt für diese Einstellung in freie Rücklagen ist somit der Jahresüberschuß, der sich allerdings vorweg zwei Berichtigungen gefallen lassen muß: Der Verlustvortrag und der in die gesetzliche Rücklage einzustellende Betrag sind vorab abzuziehen (§ 58 Abs. 2 Satz 4, Abs. 1 Satz 3 AktG). Im Abzug des Verlustvortrags kommt der allgemeine, im Gesetz mehrfach verankerte Gedanke zum Ausdruck, daß der Verlustvortrag in erster Linie aus dem Jahresüberschuß zu decken ist und daß diese Verwendung des Jahresüberschusses jeder anderen vorgeht (§ 150 Abs. 3 Nr. 2, Abs. 4 Nr. 2, § 86 Abs. 2, § 301 AktG). Ähnlich bedeutet der Abzug des in die gesetzliche Rücklage einzustellenden Betrags, daß die Einstellung in die gesetzliche Rücklage den Vorrang vor der Einstellung in freie Rücklagen hat. Auch dieser Gedanke kehrt im Gesetz wieder (§ 86 Abs. 2, § 301 AktG).

Andererseits wäre es nicht zulässig, aus § 58 Abs. 2 Satz 4, Abs. 1 Satz 3 AktG den Umkehrschluß zu ziehen, daß ein Gewinnvortrag die Be-

27 *von Godin-Wilhelmi*, Aktiengesetz, 2. Aufl. 1950, § 125 Anm. II, 1

rechnungsgrundlage „Jahresüberschuß" für die Einstellung in freie Rücklagen nach § 58 Abs. 2 AktG erhöhe. Einmal spricht dagegen der Wortlaut des Gesetzes. Ferner würde die Einbeziehung des Gewinnvortrags dazu führen, daß dieser Betrag zweimal Berechnungsgrundlage für die Einstellung in freie Rücklagen nach § 58 Abs. 2 AktG wäre. Denn der Bilanzgewinn des Vorjahres, der als Gewinn vorgetragen wurde, muß einmal im Jahresüberschuß und damit in der Berechnungsgrundlage für den in freie Rücklagen einstellbaren Betrag enthalten gewesen sein. Der Gewinnvortrag dient daher, soweit er nicht durch einen Jahresfehlbetrag aufgezehrt wird, nur zur Erhöhung des Bilanzgewinns. Das entspricht seinem Wesen. Er stammt aus dem Bilanzgewinn des Vorjahrs. Diesen konnte die Hauptversammlung in offene Rücklagen einstellen oder als Gewinn vortragen (§ 58 Abs. 3 AktG). Beide Formen der Einbehaltung des Bilanzgewinns sind nicht gleichwertig. Die Einstellung in offene Rücklagen bewirkt, wie bereits bemerkt, eine bestimmte gesellschaftsrechtliche Bindung, die durch Entnahme aus offenen Rücklagen wieder aufgehoben werden kann. Anders der Gewinnvortrag. Er ist in der Gewinn- und Verlustrechnung zwischen dem Jahresüberschuß/Jahresfehlbetrag und dem Bilanzgewinn/Bilanzverlust auszuweisen und erhöht den Bilanzgewinn (vermindert den Bilanzverlust), ohne daß es einer besonderen gesellschaftsrechtlichen Maßnahme, ähnlich der einer Entnahme, bedürfte. Gewährte man daher der Verwaltung das Recht, aus dem Gewinnvortrag Beträge in offene Rücklagen einzustellen, so stünde das im Widerspruch zum erklärten Willen der Hauptversammlung bei der Beschlußfassung über die Verwendung des Bilanzgewinns des Vorjahrs. Diese Bemerkungen zeigen zugleich, daß es nicht richtig wäre, den Gewinnvortrag in jeder Beziehung einer Rücklage gleichzustellen.

Die Einstellung in die gesetzliche Rücklage bestimmt sich nach § 150 AktG und obliegt der Verwaltung. Für Satzungsbestimmungen bleibt ein kleiner Spielraum. Die Satzung kann die obere Grenze für die gesetzliche Rücklage von dem zehnten Teil des Grundkapitals auf einen größeren Teil des Grundkapitals heraufsetzen (§ 150 Abs. 2 Nr. 1 AktG).

Entnahmen aus offenen Rücklagen:

Die Zuständigkeit der Verwaltung zur Entnahme aus offenen Rücklagen ergibt sich einmal daraus, daß die Entnahme aus offenen Rücklagen nach der Gliederung der Gewinn- und Verlustrechnung den Bilanzgewinn erhöht, die Feststellung des Bilanzgewinns aber Teil der Feststellung des Jahresabschlusses ist. Soweit noch Zweifel bestehen könnten, werden sie durch § 151 Abs. 4 Satz 2 AktG beseitigt, der gegenüber § 131 Abs. 2 AktG 1937 ausdrücklich klargestellt hat, daß auch Entnahmen aus offenen Rücklagen bereits in der Jahresbilanz vorzunehmen sind. Die Verwaltung ist in ihrer Entscheidung über die Entnahmen aus offenen Rücklagen sachlich nicht beschränkt, soweit es sich nicht um die gesetzliche Rücklage oder um zweckgebundene freie Rücklagen handelt. Für die gesetzliche Rücklage ergeben sich Schranken aus § 150 Abs. 3, 4 AktG. Für die Entnahmen aus freien Rücklagen, soweit diese nicht zweckgebunden sind, findet sich im Gesetz — abgesehen natürlich von der allgemeinen Sorgfaltspflicht (§§ 93, 116 AktG) — keine Einschränkung der Entscheidungsfreiheit der Verwaltung. Die Verwaltung kann daher auch freie Rücklagen auflösen, die sie nicht selbst, sondern die die Hauptversammlung gebildet hat, sei es im Beschluß über die Verwendung des Bilanzgewinns (§ 58 Abs. 3 AktG), sei es bei der Feststellung des Jahresabschlusses, wenn sie ausnahmsweise dafür zuständig war (§ 58 Abs. 1 AktG).[28] Dem steht der Grundsatz nicht entgegen, daß ein Organ der Gesellschaft an die gesetzmäßigen Beschlüsse eines anderen Organs im allgemeinen gebunden ist.[29] Denn der Beschluß der Hauptversammlung hat nur den Inhalt, daß Beträge aus dem Jahresüberschuß oder aus dem Bilanzgewinn in freie Rücklagen eingestellt werden, nicht aber, daß sie dort verbleiben müssen. Ein Beschluß der Hauptversammlung, daß die Beträge in den freien Rücklagen zu verbleiben hätten, wäre nicht gesetzmäßig, da er über die gesetzliche Ermächtigung nach § 58 Abs. 1, 3 AktG hinausginge.

Anders scheint mir die Rechtslage bei zweckgebundenen freien Rücklagen zu sein. Durch § 208 Abs. 2 Satz 2 AktG ist nunmehr klargestellt, daß der Zweckbestimmung freier Rücklagen eine rechtliche Bedeutung zukommt. Nach dieser Vorschrift können freie Rücklagen, die einem bestimmten Zweck zu dienen bestimmt sind, im Wege der Kapitalerhöhung aus Gesellschaftsmitteln in Grundkapital nur umgewandelt werden, soweit dies mit ihrer Zweckbestimmung vereinbar ist. Die Vorschrift schweigt sich aber darüber aus, wer die Zweckbestimmung setzen und wer sie wieder aufheben kann. Der Jubilar hat die erste Frage klar beantwortet: Die freien Rücklagen können in ihrer Verwendbarkeit durch die Satzung, durch Hauptversammlungsbeschluß oder durch die Verwaltung, die sie gebildet hat, beschränkt werden, dann sind sie zweckgebundene freie Rücklagen.[30] In der zweiten Frage hat sich der Jubilar nicht festgelegt, sondern nur allgemein erklärt, das Verbot der Verwendung zweckgebundener freier Rücklagen zur Umwandlung in Grundkapital hindere nicht, „soweit diese gesellschaftsrechtlich zulässig ist", die Zweckbestimmung aufzuheben und dann die Rücklagen in Grundkapital umzuwandeln.[31] Von Godin-Wilhelmi nehmen an, das den Jahresabschluß feststellende Organ könne kraft seines Rechts, freie Rücklagen aufzulösen, auch die Zweckbestimmung freier Rücklagen aufheben, gleich von wem die Rücklagen gebildet worden seien. Nur wenn die Zweckbestimmung in der Satzung angeordnet sei, müsse die Satzung ge-

28 *Würdinger*, a. a. O. (Fußnote 23) S. 32

29 *Würdinger*, a. a. O. (Fußnote 23) S. 110, 137 f.

30 Kleine Aktienrechtsreform, Wertpapier-Mitteilungen, Sonderbeilage Nr. 1/1960 zu Teil IV B Nr. 4 vom 23. 1. 1960, S. 16

31 a. a. O. (Fußnote 30)

ändert werden.[32] Adler-Düring-Schmaltz bezweifeln das.[33] Auch ich habe mich unter Berufung auf das Schrifttum gegen die Ansicht von von Godin-Wilhelmi ausgesprochen.[34] Diese widerspricht dem bereits erwähnten allgemeinen Grundsatz, daß gesetzmäßige Beschlüsse eines Gesellschaftsorgans von den anderen Organen der Gesellschaft zu beachten sind. Sie leugnet im Grunde genommen die rechtliche Wirkung der Zweckbestimmung und setzt sich damit in Widerspruch zu § 208 Abs. 2 Satz 2 AktG. Auf das Recht der Verwaltung zur Auflösung freier Rücklagen kann sie sich nicht berufen, denn es geht gerade um die Frage, ob dieses Recht nicht durch die Zweckbestimmung eingeschränkt wird.

cc) Durch den Beschluß der Hauptversammlung über die Verwendung des Bilanzgewinns (§ 58 Abs. 3, § 174 AktG) wird der festgestellte Jahresabschluß nicht berührt (§ 174 Abs. 3 AktG). Das hat für die Posten Jahresüberschuß/Jahresfehlbetrag und Bilanzgewinn/Bilanzverlust zwei entgegengesetzte Folgen. Einerseits wird verhindert, daß der Posten Bilanzgewinn/Bilanzverlust durch Maßnahmen der Gewinnverwendung noch weiter verfälscht wird, als dies schon durch die ihn beeinflussenden Einstellungen in offene Rücklagen und Entnahmen aus offenen Rücklagen geschieht. Andererseits wirkt sich aber auch der zusätzliche Aufwand auf Grund des Gewinnverteilungsbeschlusses (§ 174 Abs. 2 Nr. 5 AktG) auf den Jahresüberschuß/Jahresfehlbetrag nicht mehr aus, obwohl er an sich in den Bereich der Gewinnermittlung gehörte.

Zu einer Änderung des festgestellten Jahresabschlusses und damit auch zu einer Änderung des Jahresüberschusses/Jahresfehlbetrags und Bilanzgewinns/Bilanzverlustest führt es dagegen, wenn gesetzwidrige Überbewertungen vorliegen und der Gewinnanspruch der Aktionäre insoweit „nach Gesetz" (§ 58 Abs. 4 AktG) ausgeschlossen ist.[35]

b) Maßstab für die Bildung der gesetzlichen Rücklage

Nach § 150 Abs. 2 Nr. 1 AktG ist der 20. Teil des um einen Verlustvortrag aus dem Vorjahr verminderten Jahresüberschusses in die gesetzliche Rücklage einzustellen. Durch die Verwendung des Begriffes Jahresüberschuß als Berechnungsgrundlage wurde gegenüber § 130 Abs. 2 Nr. 1 AktG 1937, der an den Begriff Reingewinn anknüpfte, die Rechnung vereinfacht, weil der in die gesetzliche Rücklage einzustellende Betrag nicht mehr selbst die Berechnungsgrundlage vermindert. Außerdem sollte der einzustellende Betrag nicht mehr durch die Bildung und Auflösung freier Rücklagen und durch den Gewinnvortrag beeinflußt werden.

Besonderheiten gelten, wenn ein Gewinnabführungsvertrag oder ein Teilgewinnabführungsvertrag besteht. Hier ist Berechnungsgrundlage der

32 Aktiengesetz, 3. Aufl., 1967, § 208 Anm. 7
33 a. a. O. (Fußnote 17) § 151 Randziff. 263
34 BB 1961, 140
35 BGH JZ 1957, 310, 311

ohne die Gewinnabführung entstehende Jahresüberschuß (§ 300 Nr. 1 und 2 AktG). Damit wird der Bildung der gesetzlichen Rücklage der Vorrang vor der Gewinnabführung eingeräumt und die Folgerung daraus gezogen, daß der Jahresüberschuß das betriebswirtschaftliche Ergebnis des vergangenen Geschäftsjahrs insoweit nicht richtig wiedergibt, als er durch eine Gewinnabführung vermindert ist.

c) Tantiemen des Vorstands und des Aufsichtsrats

Wird den Vorstandsmitgliedern ein Anteil am Jahresgewinn der Gesellschaft gewährt, so berechnet sich der Anteil nach dem Jahresüberschuß, vermindert um einen Verlustvortrag aus dem Vorjahr und um die Beträge, die nach Gesetz oder Satzung aus dem Jahresüberschuß in offene Rücklagen einzustellen sind (§ 86 Abs. 2 AktG). Wird den Aufsichtsratsmitgliedern ein Anteil am Jahresgewinn der Gesellschaft gewährt, so berechnet sich der Anteil nach dem Bilanzgewinn, vermindert um den Betrag von mindestens 4 v. H. der auf den Nennbetrag der Aktien geleisteten Einlagen (§ 113 Abs. 3 AktG). Die unterschiedliche Berechnungsgrundlage — einmal der Jahresüberschuß, das andere Mal der Bilanzgewinn — wird damit begründet, daß für den Vorstand der „im Geschäftsjahr erzielte Ertrag“ maßgebend sein soll, während es der Stellung des Aufsichtsrats besser entspreche, seine Gewinnbeteiligung der der Aktionäre anzugleichen.[36] Hier zeigt sich deutlich, daß es rechtlich einen einheitlichen Gewinnbegriff nicht gibt.

d) Gewinnabführung, Verlustübernahme

Verpflichtet sich eine Gesellschaft, ihren Gewinn an ein anderes Unternehmen abzuführen, so kann es höchstens den ohne die Gewinnabführung entstehenden Jahresüberschuß, vermindert um einen Verlustvortrag aus dem Vorjahr und um den in die gesetzliche Rücklage einzustellenden Betrag, abführen (§ 301 Satz 1 AktG). Außerdem dürfen die während der Dauer des Vertrags gebildeten freien Rücklagen abgeführt werden (§ 301 Satz 2 AktG). Die Abführung vorvertraglicher freier Rücklagen ist damit verboten.

Das Gegenstück zur Gewinnabführung ist die Verlustübernahme. Besteht ein Beherrschungs- oder Gewinnabführungsvertrag, so hat der andere Vertragsteil jeden während der Dauer des Vertrags sonst entstehenden Jahresfehlbetrag auszugleichen, soweit dieser nicht dadurch ausgeglichen wird, daß den freien Rücklagen Beträge entnommen werden, die während der Dauer des Vertrags in sie eingestellt worden sind (§ 302 Abs. 1 AktG).

36 Regierungsentwurf eines Aktiengesetzes, Begründung, abgedruckt bei *Kropff*, a. a. O. (Fußnote 15) zu § 86, § 113

In beiden Fällen ist somit — ähnlich wie bei der Bildung der gesetzlichen Rücklage im Falle der Gewinnabführung (§ 300 AktG) — ein hypothetischer Jahresüberschuß/Jahresfehlbetrag maßgebend, nämlich der ohne die Gewinnabführung/Verlustübernahme entstehende Jahresüberschuß/Jahresfehlbetrag. Tatsächlich entsteht dieser Jahresüberschuß/Jahresfehlbetrag nicht, da die Gewinnabführung und die Verlustübernahme in der Gewinn- und Verlustrechnung vor dem Jahresüberschuß/Jahresfehlbetrag auszuweisen sind.

Schwierigkeiten bereitet der Gewinnvortrag. Dem Sinn und Zweck der gesetzlichen Regelung dürfte es entsprechen, den Gewinnvortrag, der aus einem vor Wirksamkeit des Vertrags entstandenen Bilanzgewinn stammt, wie eine vorvertragliche Rücklage und den Gewinnvortrag, der aus einem während der Vertragsdauer entstandenen Bilanzgewinn stammt, wie eine während der Vertragsdauer gebildete Rücklage zu behandeln.[37]

e) Gewinnanspruch der Aktionäre

Der Gewinnanspruch der Aktionäre knüpft an den Begriff Bilanzgewinn an. Die Aktionäre haben nach § 58 Abs. 4 AktG Anspruch auf den Bilanzgewinn, soweit er nicht nach Gesetz oder Satzung, durch Hauptversammlungsbeschluß oder als zusätzlicher Aufwand auf Grund des Gewinnverwendungsbeschlusses von der Verteilung unter die Aktionäre ausgeschlossen ist. Hier besteht kein Anlaß, den Gegenstand des Anspruchs auf den Jahresüberschuß zu beschränken. Denn die Aktionäre in ihrer Gesamtheit sind die wirtschaftlichen Eigentümer des Unternehmens und haben daher nicht nur ein Recht auf den betriebswirtschaftlichen Jahresgewinn, sondern ein Recht auf den betriebswirtschaftlichen Totalgewinn, als dessen Teil sich der Bilanzgewinn erweist. Anders ausgedrückt: Den Aktionären gehören wirtschaftlich gesehen auch die Rücklagen, deren Auflösung über den Bilanzgewinn daher ihnen zugute zu kommen hat.

III. Zusammenfassung

Sieht man von kleineren Abweichungen ab, so geht das neue Aktiengesetz von drei Gewinnbegriffen aus:

1. Der Bilanzgewinn: Er ist maßgebend für den Gewinnanspruch der Aktionäre (§ 58 Abs. 4 AktG) und die Gewinnbeteiligung des Aufsichtsrats (§ 113 Abs. 3 AktG).

2. Der Jahresüberschuß: Er ist maßgebend für die Bildung offener Rücklagen (§ 58 Abs. 1, 2, § 150 Abs. 2 Nr. 1 AktG) und für die Gewinnbeteiligung des Vorstands (§ 86 Abs. 2 AktG).

3. Der ohne die Gewinnabführung entstehende Jahresüberschuß: Er ist

37 *von Godin-Wilhelmi*, a. a. O. (Fußnote 32) § 301 Anm. 3, § 302 Anm. 3

maßgebend für die Höhe der Gewinnabführung (§ 301 AktG) und für die Bildung der gesetzlichen Rücklage im Fall eines Gewinnabführungsvertrags (§ 300 AktG).

Wollte man den Versuch einer betriebswirtschaftlichen Deutung dieser Begriffe wagen, so könnte man vielleicht sagen: Der ohne die Gewinnabführung entstehende Jahresüberschuß nähert sich dem Jahresgewinn des Betriebs (der Unternehmensvertrag wird nicht berücksichtigt), der Jahresüberschuß nähert sich dem Jahresgewinn des Unternehmens (der Unternehmensvertrag wird berücksichtigt), der Bilanzgewinn ist kein betriebswirtschaftlicher Jahresgewinn, sondern Teil des betriebswirtschaftlichen Totalgewinns.

IV. Steuerrecht

Der Jubilar hat stets auch dem Steuerrecht, soweit es Berührungspunkte mit dem Gesellschaftsrecht aufweist, seine Aufmerksamkeit gewidmet. Daher sei es mir erlaubt, kurz auf die steuerrechtliche Bedeutung der soeben unter Nr. III herausgestellten aktienrechtlichen Gewinnbegriffe einzugehen.

1. Der Bilanzgewinn

Da der Bilanzgewinn durch den Gewinnvortrag/Verlustvortrag aus dem Vorjahr und durch die Bildung und Auflösung von offenen Rücklagen beeinflußt ist, kann er nicht Grundlage für die Ermittlung des steuerrechtlichen Gewinns nach § 6 Abs. 1 Satz 1 KStG, § 5 EStG sein. Zwar geht der amtliche Berechnungsbogen für die Körperschaftsteuer Nr. III/5 — KSt 2 A von dem Handelsbilanzgewinn — aber bereits ohne Gewinnvortrag/Verlustvortrag aus dem Vorjahr — aus (Zeile 2). In der Zeile 5 folgt aber sogleich die Hinzurechnung der Zuführung zu Rücklagen. Man erwartet nun, daß andererseits bei den Abzügen die Entnahmen aus Rücklagen, die den Handelsbilanzgewinn erhöht haben, ausdrücklich aufgeführt sind. Das ist merkwürdigerweise nicht der Fall. Doch besteht kein Zweifel, daß die Entnahmen aus offenen Rücklagen vom Handelsbilanzgewinn, den sie erhöht haben, abzuziehen sind. Denn sie stellen, wie oben unter Nr. II, 1 b ausgeführt, keine Vermehrung des Vermögens der Gesellschaft (§§ 4, 5 EStG, § 6 Abs. 1 Satz 1 KStG), sondern lediglich die Aufhebung der gesellschaftsrechtlichen Bindung des Vermögens in Höhe der entnommenen Beträge dar. In Wahrheit ist daher der Jahresüberschuß die Grundlage für die Berechnung des steuerrechtlichen Gewinns.

Aber der handelsrechtliche Bilanzgewinn hat doch in mancher Beziehung auch steuerrechtliche Bedeutung. Er ist maßgebend für die Frage, ob berücksichtigungsfähige Ausschüttungen vorliegen, die einem ermäßigten Steuersatz unterliegen. Berücksichtigungsfähige Ausschüttungen sind nach § 19 Abs. 3 Satz 1 KStG die auf Grund eines den gesellschaftsrechtlichen Vorschriften entsprechenden Gewinnverteilungsbeschlusses vorgenommenen Gewinnausschüttungen. Hier liegt eine klare Verweisung auf das Handelsrecht vor. Der BFH hat daher wiederholt, zuletzt in den Urteilen I R 10/67 vom 14. 5. 1969 und I R 92/67 vom 16. 7. 1969,[38] den handelsrechtlichen Bilanzgewinn für maßgeblich dafür erklärt, ob der Tatbestand der berücksichtigungsfähigen Ausschüttung erfüllt ist. In dem soeben erwähnten Urteil I R 10/67 hat der BFH entschieden, daß keine berücksichtigungsfähigen Ausschüttungen vorliegen, wenn die Gesellschaft Rücklagen ausschüttet, ohne sie vorher über den Bilanzgewinn aufzulösen. Der BFH bestätigt in diesem Urteil die schon früher vertretene Auffassung, daß berücksichtigungsfähige Ausschüttungen auch aus Rücklagen, d. h. also aus dem Jahresüberschuß früherer Geschäftsjahre, stammen können, betont aber, daß die Rücklagen vorher aufgelöst werden und den sich aus der Bilanz ergebenden Gewinn erhöhen müssen.

Anders § 9 KStG über das Schachtelprivileg. Diese Vorschrift gewährt unter bestimmten Voraussetzungen die Steuerfreiheit für „Gewinnanteile jeder Art", die eine Kapitalgesellschaft von einer anderen Kapitalgesellschaft empfängt. Zu diesen Gewinnanteilen zählen nicht nur die Beträge, die aus dem Bilanzgewinn verteilt werden, sondern auch verdeckte Gewinnausschüttungen.[39]

2. *Der Jahresüberschuß*

Da der Jahresüberschuß weder durch den Gewinnvortrag/Verlustvortrag aus dem Vorjahr noch durch die Bildung und Auflösung offener Rücklagen beeinflußt ist und somit weit mehr als der Bilanzgewinn das betriebswirtschaftliche Ergebnis des vergangenen Geschäftsjahrs wiedergibt (oben Nr. II 1 a), ist er auch, wie bereits bemerkt, die geeignete Grundlage für die Berechnung des steuerrechtlichen Gewinns. Er muß sich allerdings alle Berichtigungen gefallen lassen, die sich aus der Abweichung der steuerrechtlichen Vorschriften über die Gewinnermittlung, insbesondere über die Bewertung, vom Handelsrecht ergeben und auf die hier nicht näher einzugehen ist. Im Zusammenhang mit dem hier erörterten aktienrechtlichen Gewinnbegriff möchte ich auf einen Punkt hinweisen, in dem das Handelsrecht und das Steuerrecht im wesentlichen übereinstimmen. Oben (Nr. II 1 a) wurde festgestellt, daß der Jahresüberschuß auch durch außerordentliche Aufwendungen und Erträge beeinflußt ist. Diese sind trotz ihrer Außerordentlichkeit handelsrechtlich echte Aufwendungen und Erträge. Das gleiche gilt im Steuerrecht. Die Frage beschäftigte schon den Reichsfinanzhof und führte zu einer aufschlußreichen Meinungsverschiedenheit zwischen dem I. und dem VI. Senat. Der VI. Senat hatte die Auffassung vertreten, steuerpflichtig sei nur der wirtschaftliche Ertrag,

38 BFH 95, 534; 96, 310

39 *Bühler-Paulick*, Einkommensteuer, Körperschaftsteuer, 2. Aufl., § 9 KStG Anm. 13

der auf der gewerblichen Tätigkeit des Unternehmens als solcher beruhe. Damit wollte er die Steuerfreiheit des Sanierungsgewinns begründen. Der I. Senat trat dieser Auffassung entgegen und erklärte in dem Urteil I A 394/27 vom 5. 2. 1929:[40] Nach dem Gesetz sei steuerpflichtig der Vermögenszuwachs, der bei ordnungsmäßiger Buchführung auszuweisen sei, auch zufällige Vermögenszugänge seien danach steuerpflichtig.

In neuerer Zeit hatte der I. Senat des BFH Anlaß, im Urteil I 97/65 vom 12. 3. 1969,[41] folgendes klarzustellen: „Die Tatsache, daß die Entschädigung im Streitfall außerhalb des regelmäßigen Geschäftsablaufs anfiel und daher zu den außerordentlichen Erträgen zählt (vgl. § 132 Abs. 1 II Nr. 4 des Aktiengesetzes — AktG — 1937, § 157 Abs. 1 Nr. 11, 14 AktG 1965), ist kein Hindernis, sie bei der Ermittlung des steuerpflichtigen Gewinns anzusetzen. Denn es gibt . . . keinen allgemeinen Rechtssatz, daß nur ordentliche Erträge der Besteuerung unterliegen."

Das Steuerrecht folgt in diesem Punkt aber nicht ausnahmslos dem Handelsrecht. Die wichtigste Ausnahme liegt darin, daß das Körperschaftsteuerrecht nach ständiger Rechtsprechung des RFH und des BFH verdeckte Einlagen, die handelsrechtlich in der Regel als außerordentliche Erträge auszuweisen sein werden, steuerfrei läßt.[42]

3. Der ohne die Gewinnabführung entstehende Jahresüberschuß

Der ohne die Gewinnabführung entstehende Jahresüberschuß ist maßgebend für die Ermittlung des Einkommens der Gesellschaft, die durch einen Gewinnabführungsvertrag verpflichtet ist, ihren Gewinn an ein anderes Unternehmen, das ihr Gesellschafter ist, abzuführen.

a) Das versteht sich von selbst in den Fällen, in denen keine steuerrechtliche Organschaft vorliegt. In der Gewinnabführung liegt ein Vorteil, den die Gesellschaft ihrem Gesellschafter auf Grund des Gesellschaftsverhältnisses, aber außerhalb der gesellschaftsrechtlichen Gewinnverteilung gewährt. Der Betrag der Gewinnabführung ist daher als verdeckte Gewinnausschüttung dem um die Gewinnabführung geminderten Jahresüberschuß hinzuzurechnen (§ 6 Abs. 1 Satz 2 KStG).[43] Das Ergebnis dieser Hinzurechnung ist dann der ohne die Gewinnabführung entstehende Jahresüberschuß, natürlich auch hier (wie oben Nr. IV 2) nach den weiteren Berichtigungen, die sich aus der Abweichung des Steuerrechts von den handelsrechtlichen Vorschriften über den Jahresabschluß ergeben. Das steht in klarem Gegensatz zum Handelsrecht, das ausdrücklich vorgeschrieben hat, daß Leistungen der Gesellschaft auf Grund eines (Beherrschungs- oder) Gewinnabführungsvertrags nicht als Verstoß gegen die

40 Reichssteuerblatt 1929, 228

41 BFH 95, 178

42 BFH-Urteile I 187/65 vom 29. 5. 1968, BFH 93, 62; I 161/65 vom 30. 4. 1968, BFH 93, 44

43 Vgl. BFH-Urteil I 252/64 vom 7. 12. 1969, BFH 98, 152

§§ 57, 58 und 60 AktG und somit nicht als verdeckte Gewinnausschüttung gelten (§ 291 Abs. 3 AktG).
b) Aber auch im Fall einer steuerrechtlichen Organschaft ist der ohne die Gewinnabführung entstehende Jahresüberschuß die Grundlage für die Ermittlung des Einkommens der Organgesellschaft. Verpflichtet sich eine Aktiengesellschaft oder eine Kommanditgesellschaft auf Aktien mit Geschäftsleitung und Sitz im Inland (Organgesellschaft) durch einen Gewinnabführungsvertrag im Sinne des § 291 Abs. 1 AktG, ihren ganzen Gewinn an ein anderes inländisches gewerbliches Unternehmen abzuführen, so ist das Einkommen der Organgesellschaft unter bestimmten weiteren Voraussetzungen dem anderen Unternehmen (Organträger) zuzurechnen (§ 7 a KStG). Die Zurechnung setzt voraus, daß vorher das Einkommen der Organgesellschaft ermittelt wird (vgl. § 7 a Abs. 2 Satz 1 KStG). Für die Ermittlung dieses Einkommens gelten, von einigen Ausnahmen abgesehen, (§ 7 a Abs. 2 KStG), die allgemeinen Vorschriften, auch § 6 Abs. 1 Satz 2 KStG über verdeckte Gewinnausschüttungen. Wiederum ist der Betrag der Gewinnabführung als verdeckte Gewinnausschüttung dem um die Gewinnabführung geminderten Jahresüberschuß hinzuzurechnen, so daß sich auch hier als Grundlage für die Ermittlung des Einkommens der ohne die Gewinnabführung entstehende Jahresüberschuß ergibt. Darin liegt, was Reuter zu verkennen scheint,[44] der große Unterschied zwischen der sogenannten Zurechnungstheorie des RFH, zu der § 7 a KStG zurückgekehrt ist, und der sogenannten Bilanzierungstheorie, die die Rechtsprechung des BFH seit dem Jahr 1953 bis zur Neuregelung der Organschaft durch § 7 a KStG geprägt hatte und nach der die Verpflichtung der Organgesellschaft zur Abführung ihres Gewinns als Schuldposten in der Bilanz der Organgesellschaft anzusehen war.[45]

In einem anderen Punkt stimmen das Handelsrecht und das Steuerrecht überein. Neben dem ohne die Gewinnabführung entstehenden Jahresüberschuß können aktienrechtlich auch Beträge abgeführt werden, die aus der Auflösung freier Rücklagen stammen, soweit diese Beträge während der Vertragsdauer in freie Rücklagen eingestellt wurden (§ 301 AktG). Darin liegt, wie bereits bemerkt (oben Nr. II 2 d), das Verbot der Abführung vorvertraglicher Rücklagen. Gleiches gilt kraft der Verweisung des § 7 a Abs. 1 KStG auf den aktienrechtlichen Gewinnabführungsvertrag und damit auch auf § 301 AktG im Steuerrecht. Ebensowenig wie nun die Beträge, die aus den freien Rücklagen entnommen und an den Organträger abgeführt werden, den ohne die Gewinnabführung entstehenden Jahresüberschuß der Organgesellschaft berühren, da sie in der Gewinn- und Verlustrechnung als Entnahmen aus Rücklagen nach dem Jahresüberschuß auszuweisen sind, berühren sie auch das Einkommen der Organgesellschaft. Das folgt m. E. aus dem bereits erwähnten Satz, daß Entnahmen aus

44 Die Besteuerung der verbundenen Unternehmen, 1970, S. 316
45 *von Wallis,* Die Aktiengesellschaft 1969, S. 308, 309, 314

Rücklagen keine Vermehrung des Vermögens und damit auch keinen steuerrechtlichen Gewinn darstellen (vgl. oben Nr. II 1, IV 1).

Während ohne steuerrechtliche Organschaft die Gewinnabführung in keiner Weise steuerrechtlich anerkannt wird, führt sie im Fall einer steuerrechtlichen Organschaft zur Zurechnung des Einkommens der Organgesellschaft an den Organträger (§ 7 a KStG). Dieser Weg der Zurechnung und der aktienrechtliche Weg des Ausweises der Gewinnabführung als Aufwendung in der Gewinn- und Verlustrechnung, dem sich seinerzeit die Bilanzierungstheorie angeschlossen hat, unterscheiden sich nicht nur in der Methode, sondern teilweise auch im Ergebnis. Aktienrechtlich kann trotz des Ausweises der Gewinnabführung ein Jahresüberschuß in Höhe des in die gesetzliche Rücklage einzustellenden Betrags (§§ 300, 301 AktG) und in Höhe weiterer nach Maßgabe des Gewinnabführungsvertrags in freie Rücklagen einzustellender Beträge entstehen (§ 301 AktG). Die Einstellung in die gesetzliche Rücklage und, soweit sie bei vernünftiger kaufmännischer Beurteilung wirtschaftlich begründet sind, auch die Einstellungen in freie Rücklagen werden steuerrechtlich anerkannt. Das ergibt sich für die Einstellung in die gesetzliche Rücklage daraus, daß § 7 a Abs. 1 KStG auf den aktienrechtlichen Gewinnabführungsvertrag und damit auch auf die §§ 300, 301 AktG verweist, für die Einstellungen in freie Rücklagen aus § 7 a Abs. 1 Nr. 5 KStG. Die Beträge, die auf diese Weise von der Organgesellschaft zurückbehalten werden, stellen aber kein steuerpflichtiges Einkommen der Organgesellschaft dar. Vielmehr wird das gesamte Einkommen der Organgesellschaft dem Organträger zugerechnet. Dieses Einkommen enthält auch die in die gesetzliche Rücklage und in freie Rücklagen eingestellten Beträge, die, wie bereits ausgeführt, keine Verminderung des Vermögens darstellen und daher den steuerrechtlichen Gewinn nicht mindern dürfen (vgl. oben Nr. IV 1, 2). Damit hat § 7 a KStG die Lehre vom „eigenen Einkommen der Organgesellschaft", die auf der Grundlage der Bilanzierungstheorie entwickelt wurde,[46] verlassen. Eine Ausnahme bilden, soweit ich sehe, nur die Ausgleichszahlungen, die kraft ausdrücklicher gesetzlicher Vorschrift von der Organgesellschaft zu versteuern sind (§ 7 a Abs. 3 KStG).

Ich bin mir darüber im klaren, daß ich mit diesen Ausführungen zu § 7 a KStG Neuland betreten habe und will sie nur als den Versuch einer ersten Beurteilung der neuen Vorschrift in ihrem Verhältnis zum handelsrechtlichen Gewinnbegriff betrachten.

---

46 Vgl. BFH-Urteil I R 161/66 vom 13. 1. 1970, BFH 98, 165

ÜBER DIE „AUSGLIEDERUNG“

BRUNO KROPFF

Diese Festschrift ehrt vor allem den Praktiker der Gesetzgebungsarbeit, den „Vater der Aktienrechtsreform“. Durch die Mitarbeit an dieser Reform konnte ich aus der Nähe verfolgen, wie unabhängig und gründlich unser Jubilar die durch die wirtschaftliche Entwicklung gestellten Rechtsfragen durchdachte und durch neuartige Lösungen, oft unter Aufgabe überkommener Rechtsgrundsätze zu beantworten suchte. Das mag einen Beitrag rechtfertigen, der sich auch an den Gesetzgeber wendet. Ich will einige Fragen aus dem Recht der „Ausgliederung“ darstellen und versuchen, Möglichkeiten rechtlicher Erleichterungen aufzuzeigen.

I.

1. Die Struktur der Wirtschaft ändert sich immer schneller. Die Dynamik der technischen Entwicklung zwingt zu steigenden Ausgaben für die Forschung und zu wachsendem Kapitalaufwand je Arbeitsplatz. Der Bau von Großanlagen überfordert oft die Investitionskraft selbst großer Gesellschaften. Daneben stellen Änderungen der Kaufgewohnheiten und die Erschließung neuer Märkte namentlich in Entwicklungsländern die Gesellschaften vor die Notwendigkeit, sich schnell auf neue Vertriebsformen und Absatzwege einzustellen.

In den Organisationsformen der wirtschaftlichen Betätigung kommt dieser Strukturwechsel durch die mit den Schlagworten „Konzentration“ und „Kooperation“ bezeichnenden Vorgänge zum Ausdruck. Gesellschaften, die die für eine rationelle Fertigung nötige Größenordnung nicht erreichen oder das erforderliche Kapital nicht allein aufbringen können, schließen sich mit Anderen zusammen oder werden von Größeren aufgenommen. Vorhaben,die im Alleingang zu riskant oder nur mit dem „know-how“ eines Anderen durchzuführen sind, werden in Gemeinschaftsunternehmen verwirklicht.

Dem Bedürfnis, die Unternehmensstruktur schnell und beweglich diesen Anforderungen anpassen zu können, trägt das Handelsrecht in wachsendem Maße Rechnung.

a) Die formwechselnde Umwandlung – der Wechsel in eine andere Rechtsform – wurde einem immer weiteren Kreis von Rechtsformen ermöglicht; z. B. die Umwandlung in eine Aktiengesellschaft neuerdings auch Körperschaften oder Anstalten des öffentlichen Rechts (§ 385 a ff. AktG), Versicherungsvereinen auf Gegenseitigkeit (§ 385 d ff. AktG) und Genossenschaften (§ 385 m ff. AktG).

b) Neben die formwechselnde Umwandlung stellt das Umwandlungsgesetz die errichtende Umwandlung, bei der das umzuwandelnde Unternehmen auf einem neuen Rechtsträger übergeht. Sie war im Umwandlungsgesetz schon bisher für die Umwandlung einer Kapitalgesellschaft auf eine neu errichtete OHG oder KG vorgesehen. Durch das Gesetz zur Ergänzung der handelsrechtlichen Vorschriften über die Änderung der Unternehmensform vom 15. August 1969 sind die Umwandlung einer Personenhandelsgesellschaft auf eine AG, KGaA oder GmbH (§§ 40 ff. UmwG), die Umwandlung des Unternehmens eines Einzelkaufmanns auf eine AG oder KGaA (§§ 50 ff. UmwG), die Umwandlung der Unternehmen von Gebietskörperschaften und Gemeindeverbänden auf eine AG oder GmbH, sowie der Realgemeinden, Kolonialgesellschaften und wirtschaftlichen Vereine auf eine AG hinzugetreten (§§ 57–62 UmwG).

c) Die Verschmelzung von Gesellschaften – ursprünglich nur für Aktiengesellschaften untereinander vorgesehen – wurde bereits im Aktiengesetz von 1937 vereinfacht und auf die Verschmelzung einer AG mit einer KGaA, GmbH, oder bergrechtlichen Gewerkschaft erstreckt (vgl. jetzt §§ 354–358 AktG). Das Umwandlungsgesetz 1969 hat nunmehr die Verschmelzung von Versicherungsvereinen auf Gegenseitigkeit hinzugefügt (§§ 44 a bis 44 c, § 53 a VAG). Daneben ermöglicht das Umwandlungsgesetz die verschmelzende Umwandlung einer AG oder GmbH auf eine OHG oder KG oder auf den Allein- bzw. Hauptgesellschafter (§§ 1 ff.).

d) Schließlich hat das Aktiengesetz 1965 aus den Ansätzen des Aktiengesetzes von 1937 ein eigenes Recht der Unternehmensverbindungen entwickelt. Es sieht – neben gewissen Formen der vertraglichen Zusammenarbeit (Gewinngemeinschaft, Betriebspacht – Betriebsüberlassungsvertrag, § 292 AktG) – drei Formen der konzernmäßigen Zusammenfassung von Unternehmen unter der einheitlichen Leitung eines herrschenden Unternehmens vor: die meistens als faktischer Konzern bezeichnete Zusammenfassung auf Grund bloßer Beherrschung (§ 311 ff. AktG), den Vertragskonzern auf Grund eines Beherrschungsvertrags (§ 291 ff. AktG) und – als engste Form – die Eingliederung (§§ 319 ff. AktG), die auch als Verschmelzung unter Aufrechterhaltung der Rechtspersönlichkeit der aufgenommenen Gesellschaft angesehen werden kann.

2. Alle diese gesetzlich geregelten Strukturänderungen sind dadurch gekennzeichnet, daß sie den Rechtsträger in seiner Gesamtheit und demgemäß auch den gesamten Bereich seiner wirtschaftlichen Betätigung erfassen. Die Verschmelzung vereinigt zugleich mit den Rechtsträgern deren sämtliche Unternehmen. Im Konzern sind die abhängigen Konzernunternehmen in ihrer Gesamtheit unter der einheitlichen Leitung des herrschenden Unternehmens zusammengefaßt. In den letzten Jahren hat sich aber häufiger ein Bedürfnis für Strukturänderungen ergeben, die nur Teilbereiche erfassen. Drei Fallgruppen sind typisch:

a) Eine Kapitalgesellschaft wandelt ein von ihr betriebenes Unternehmen in ein rechtlich selbständiges Unternehmen, d. h. ein Unternehmen mit eigenem Rechtsträger (AG oder GmbH) um. Dahinter steht häufig die Absicht, in diesem Teilbereich mit einem Partner zu kooperieren. Daneben spielen organisatorische Gründe oder der Gesichtspunkt der Risikobeschränkung eine Rolle. Man kann hier von „Ausgründung" sprechen.

b) Zwei oder mehrere Gesellschaften bringen jeweils einen Unternehmensbereich in ein gemeinsames neues Unternehmen („Gemeinschaftsunternehmen") ein. Meistens wollen die Partner ihr technisches Wissen kombinieren oder große und riskante Investitionen auf mehrere Schultern verteilen; in anderen Fällen geht es um die Sicherung des Rohstoffbezugs.

c) Schließlich werden Unternehmensbereiche gegen Gewährung von Anteilsrechten in eine andere, bestehende Gesellschaft eingebracht. Die Motive sind oft die gleichen wie bei einer Verschmelzung; von einer Verschmelzung sieht man aber ab, weil eine der beteiligten Gesellschaften nur mit einem Teilbereich fusionieren will oder weil diese Gesellschaft aus rechtlichen (z. B. als Partner eines Unternehmensvertrags) oder wirtschaftlichen Gründen erhalten bleiben soll. Man kann den Vorgang als „Teilfusion“ bezeichnen.

Wirtschaftlich stehen diese Fallgruppen ohne scharfe Abgrenzung nebeneinander. Ein Gemeinschaftsunternehmen wird z. B. auch gegründet, indem zunächst eine Gesellschaft einen Teilbereich ausgründet (a) und dann eine andere ihren Beitrag als Sacheinlage einbringt (c). Rechtlich sind alle drei Fallgruppen dadurch gekennzeichnet, daß mindestens eine der beteiligten Gesellschaften einen Teil, aber eben nur einen Teil ihrer unternehmerischen Betätigung auf eine andere Gesellschaft überträgt. Der Vorgang soll hier als Ausgliederung bezeichnet werden; der Ausdruck kennzeichnet die Herauslösung aus dem Tätigkeitsbereich des bisherigen Rechtsträgers. Diese „Ausgliederung“ ist aber nicht einfach das Gegenteil der aktienrechtlichen Eingliederung (§ 319 ff. AktG), die der Rechtsstatus einer besonders engen Unternehmensverbindung ist; für die Lösung dieser Verbindung ist eine besondere Bezeichnung weder gesetzlich vorgesehen (vgl. § 327 AktG) noch nötig. — Der Ausgliederungsbereich soll hier in Anlehnung an die wenigen Vorschriften des geltenden Rechts, die solche Strukturänderungen behandeln, als „Unternehmen“ bezeichnet werden. Allerdings sprechen diese Vorschriften teils nur von „Unternehmen“ (z. B. § 32 Abs. 2 Nr. 3, § 153 Abs. 5 AktG) teils von „Unternehmen oder Teilen eines Unternehmens“ (z. B. § 31 AktG, § 1059 a BGB). Da beide Ausdrucksweisen sachlich dasselbe bezeichnen, genügt hier der Arbeitstitel „Unternehmen“. Dabei ist aber zu beachten, daß das Aktiengesetz den Ausdruck „Unternehmen“ namentlich in den konzernrechtlichen Vorschriften (vgl. §§ 15—19 AktG) auch in einem anderen Sinne, nämlich als Subjekt (Rechtsträger) und Normadressaten verwendet. Demgegenüber wird im folgenden das Unternehmen verstanden als Zusammenfassung von Sachen, Rechten und imateriellen Werten (geschäftlichen Beziehungen, know-how) in einer dafür geschaffenen Organisation zwecks wirtschaftlicher Betätigung, die sowohl als abgrenzbarer Teil eines größeren Unternehmens als auch — in der Hand eines besonderen Rechtsträgers — als rechtlich selbständiges Unternehmen betrieben werden kann.

3. Im geltenden Gesellschaftsrecht ist die Ausgliederung nicht besonders geregelt. Sie wird z. Z. in der Weise durchgeführt, daß man das auszugliedernde Unternehmen als Sacheinlage in den neuen Rechtsträger einbringt. Allerdings enthält § 17 des steuerlichen Umwandlungsgesetzes eine steuerliche Sonderregelung des dort als „Einbringung eines Betriebs oder Teilbetriebs“ bezeichneten Vorgangs, die sich an die Vorschriften über die steuerbegünstigte Verschmelzung anlehnt. Hingegen eröffnet das französische Gesetz Nr. 66—537 „sur les sociétés commerciales“ vom 24. Juli 1966 in den Artikeln 371 bis 389 vielfältige Möglichkeiten der Ausgliederung. Danach können Gesellschaften ihr Vermögen ganz oder zum Teil (vgl. Art. 387) im Wege der „Spaltung (scission) in eine oder mehrere bereits bestehende oder neu gegründete Gesellschaften einbringen. Wird es in eine bereits bestehende Gesellllschaft eingebracht, ist die Zustimmung der Hauptversammlungen beider Gesellschaften erforderlich

(Art. 382 i. V. m. Art. 376, 378). Wird es in eine neu gegründete Gesellschaft eingebracht, ist die Zustimmung der Hauptversammlung der sich spaltenden Gesellschaft notwendig; diese Hauptversammlung kann sich zur Gründungs-Hauptversammlung der neuen Gesellschaft konstituieren; in diesem Falle stehen die Aktien der neuen Gesellschaft unmittelbar den Aktionären der sich spaltenden Gesellschaft zu. Bringt eine Gesellschaft nur einen Teil ihres Vermögens in eine andere Gesellschaft ein, so können die Gesellschaften beschließen, daß die Einbringung nach den Vorschriften über die Spaltung erfolgt (Art. 387). Die französische Regelung geht also insofern über das Thema dieses Aufsatzes hinaus, als sie auch — als Gegenteil einer Verschmelzung — eine „Spaltung" der Gesellschaft selbst vorsieht. Sie verdient aber hier insofern Interesse als sie auch eine „Spaltung" nur des Vermögens durch Ausgliederung auf einen oder mehrere andere Rechtsträger regelt und zwar als gesellschaftsrechtlichen Vorgang der ausgliedernden Gesellschaft.

Im folgenden sollen unter II einige Fragen untersucht werden, die die nach geltendem Recht allein mögliche Ausgliederung eines Unternehmens durch Einbringung als Sacheinlage in den neuen Rechtsträger aufwirft; dabei soll geprüft werden, ob der Weg der Sacheinlage den wirtschaftlichen Erfordernissen entspricht. Unter III wird dann der Frage nachgegangen, ob und wie die Ausgliederung gesetzlich erleichert werden könnte. Steuerrechtliche Fragen müssen dabei außer Betracht bleiben. Die Erörterung beschränkt sich auf Aktienrecht. Für andere Rechtsformen ergeben sich keine wesentlich anderen Probleme.

II.

1. Bei der — in den Fällen der Ausgründung oder der Gründung eines Gemeinschaftsunternehmens notwendigen — Bereitstellung eines neuen Rechtsträger ergeben sich keine besonderen Rechtsfragen. Wenn kein Gesellschaftsmantel vorhanden ist, der für diesen Zweck benutzt werden kann, hilft sich die Praxis mit einer Strohmann-Gründung. Ihre Rechtswirksamkeit ist heute anerkannt.[1] Für die Bestellung des ersten Aufsichtsrats enthält § 31 AktG eine auf die Ausgliederung zugeschnittene Sonderregelung.

Die besonderen Rechtsprobleme der Ausgliederung ergeben sich vielmehr aus der Notwendigkeit, das Unternehmen als Sacheinlage auf seinen neuen Rechtsträger zu übertragen. Die Vorschriften über die Sacheinlage gehen von der Vorstellung aus, daß ein oder mehrere einzelne Gegenstände eingebracht werden. Hingegen geht mit einem Unternehmen eine

---

1 BGHZ 21, 378; BB 1956 S. 1118 (zur GmbH); *Schmidt-Meyer Landrut* in Großkommentar Aktiengesetz 2. Aufl. § 2 Anm. 16; *Baumbach-Hueck*, Aktiengesetz, 13. Aufl. § 2 Anm. 7

Sachgesamtheit, ein lebender Organismus mit vielfältigen rechtlichen und wirtschaftlichen Beziehungen auf einen neuen Rechtsträger über.

2. Nach §§ 27, 183 AktG muß der Gegenstand der Sacheinlage in der Satzung bzw. im Beschluß über die Kapitalerhöhung festgesetzt werden. An die genaue Festlegung der Sacheinlage werden stenge Anforderungen gestellt. Auch bei Sachgesamtheiten muß das Einzubringende so genau bezeichnet sein, daß es eindeutig bestimmbar ist.[2] Über die Identität der Sachen darf kein Zweifel bestehen.[3] Dahinter steht die an sich richtige Überlegung, daß vor allem im Interesse von Minderheitsaktionären klar sein muß, was als Sacheinlage einzubringen ist. Sonst besteht die Gefahr, daß nicht die volle ausbedungene Gegenleistung eingebracht wird. Außerdem können die Gründungsprüfer (§§ 33 ff. AktG) in Grenzfällen nur bei eindeutiger Bestimmung der Sacheinlage prüfen, ob ihr Wert den Nennbetrag der dafür gewährten Aktien erreicht.

Gleichwohl sind diese Anforderungen auf die Einbringung einzelner Gegenstände zugeschnitten. Sie werfen kaum zu überwindende Schwierigkeiten auf, wenn als Sacheinlage ein lebendes Unternehmen eingebracht wird. Zwar kann die Satzung bzw. der Kapitalerhöhungsbeschluß auf einen besonderen Einbringungsvertrag verweisen, der von den Gründern bzw. der Hauptversammlung mitzubeschließen und mit zum Handelsregister einzureichen ist.[4] In ihm lassen sich die übergehenden Grundstücke und Patente listenmäßig, die übergehenden Anlagen durch eine Betriebsbeschreibung erfassen.[5] Hingegen umfassen die übergehenden Bestände an Roh-, Hilfs- und Betriebsstoffen, halbfertigen und fertigen Erzeugnissen, Magazinmaterial und Forderungen tausende von Positionen, die sich täglich ändern. Ihre genaue Festlegung ist vor allem dann schlechthin unmöglich, wenn das Unternehmen zu einem künftigen Stichtag eingebracht werden soll. Hier muß man sich zwangsläufig mit allgemeinen Grundsätzen über die Abgrenzung des Einbringungsbereichs begnügen. Die Anforderungen der Registergerichte sind unterschiedlich; in einem Falle soll eine Betriebsbesichtigung den Registerrichter von der Unmöglichkeit der Einzelaufzählung überzeugt haben.

3. Vergleichbare Schwierigkeiten bereitet der Gründungsbericht. In ihm sind nach § 32 Abs. 2 Nr. 2 AktG „die Anschaffungs- und Herstellungskosten aus den letzten beiden Jahren“ anzugeben. Bei Einbringung eines größeren Unternehmens ist es oft schlechthin unmöglich, sämtliche Anschaffungs- oder Herstellungskosten der letzten zwei Jahre aufzuführen. Die Angabe hätte in diesen Fällen regelmäßig auch keinen Aussagewert,

---

2 *Baumbach-Hueck* a. a. O. § 27 Anm. 10

3 *Fischer* in Großkommentar a. a. O. § 20 Anm. 25

4 Zur Bedeutung solcher zum Handelsregister eingereichter weiterer Erklärungen RGZ 127, 186 ff., 193

5 vgl. zum Beispiel die Verträge über die Einbringung der Bergbauunternehmen in die Ruhrkohle AG; der Mustervertrag ist abgedruckt in „Vertragswerk zur Neuordnung des Ruhrbergbaus, Sonderdruck aus „Energiemarktrecht“, herausgegeben von *Zydeck* und *Heller*, Essen 1969; ferner z. B. der Einbringungsvertrag über das Salzgitter Hüttenwerk in die Ilseder Hütte, Bundesanzeiger Nr. 88 vom 15. Mai 1970 S. 11 bis 15

da die Anschaffungskosten der letzten zwei Jahre keine Rückschlüsse auf den Wert des Unternehmens erlauben.Die Praxis setzt sich in diesen Fällen mit Recht über § 32 Abs. 2 Nr. 2 AktG hinweg.

4. Über die Bilanzierung einer Sacheinlage bestehen Meinungsverschiedenheiten. Dabei wirft die Einbringung eines Unternehmens als Sacheinlage besondere Fragen auf, deren Beantwortung auch für den Inhalt des Beschlusses über die Sacheinlage wesentlich ist.

a) Früher nahm man ganz überwiegend an, eine Sacheinlage dürfe, wenn kein höherer Ausgabekurs bestimmt sei, mit dem Nennbetrag der für die gewährten Aktien als Anschaffungswert bilanziert werden; es sei aber auch ein höherer Ansatz bis höchstens zum gemeinen Wert zulässig. So soll es auch nach der herrschenden Ansicht zum geltenden Recht sein.[6]

Früher hat aber bereits Ballerstedt[7] und neuerdings haben Döllerer[8] und Frey[9] auf Bedenken gegen die herrschende Meinung hingewiesen. In der Tat besteht, abgesehen von den Schwierigkeiten der Ermittlung des Zeitwerts, denen durch eine vorsichtige Bewertung Rechnung zu tragen ist, kein Grund, der eine bewußte Unterbewertung der Sacheinlage rechtfertigte. Die von der herrschenden Ansicht eingeräumte Bewertungsfreiheit widerspricht der Tendenz der neuen aktienrechtlichen Bewertungsvorschriften zu objektiven Wertansätzen unter weitgehender Einschränkung des Bewertungsspielraums. Als objektiver Wert scheidet der Gesamtnennbetrag der gewährten Aktien aus, weil er nur den mindestens erforderlichen Wert der Sacheinlage festlegt, ihr wirklicher Wert jedoch weit höher liegen kann. Vor allem würde aber bei Ansatz der Sacheinlage unter dem Zeitwert die gesetzliche Rücklage nicht ausreichend dotiert. Wenn eine Sacheinlage im Wert von 100 gegen Aktien im Nennbetrag von 50 eingebracht und nur mit 50 angesetzt wird, ist der Sache nach weiteres Kapital in Höhe von 50 zugeführt worden, das aber im Buchansatz nicht zum Ausdruck kommt und daher auch nicht der gesetzlichen Rücklage zugewiesen werden kann. In späteren Jahren entstehen dann durch entsprechend geringere Abscheibungen, u. U. auch durch Veräußerung, Buchgewinne, die den Einblick in die Vermögens- und Ertragslage erschweren und entgegen dem Zweck der gesetzlichen Rücklage auch ausgeschüttet werden können.[10] Sacheinlagen sind daher m. E. grundsätzlich mit ihrem vorsichtig geschätzten Zeitwert anzusetzen.

---

6 *Adler-Düring-Schmaltz*, Rechnungslegung und Prüfung der Aktiengesellschaft, 4. Aufl. § 153 Tz. 55; *Baumbach-Hueck* a. a. O. § 150 Anm. 8; *Mellerowicz* in Großkommentar, 3. Aufl. § 150 Anm. 19; *v. Godin-Wilhelmi*, Aktiengesetz, 3. Aufl. § 150 Anm. 4

7 Kapital, Gewinn und Ausschüttung bei Kapitalgesellschaften 1949, S. 52 ff., ähnlich schon *Lehmann*, Zentralblatt für Handelsrecht 1930 S. 288 ff.

8 Wirtschaftsprüfung 1969 S. 333 ff.

9 BB 1969 S. 1489 ff.

10 Unter diesem Gesichtspunkt Bedenken auch bei *Adler-Düring-Schmaltz* a. a. O. (Fußnote 6) § 150 Tz. 22; dagegen *Trumpler*, Die Bilanz der Aktiengesellschaft, 1950 S. 444, 445 mit der nicht überzeugenden Begründung, daß die Gesellschaften sonst gezwungen wären, erhebliche Teile ihres Eigenkapitals in der gesetzlichen Rücklage zu immobilisieren

b) Bei Einbringung eines Unternehmens muß aber daneben eine andere Lösung, nämlich die Fortführung der Buchwerte zugelassen werden. Sie ist bei der Verschmelzung von Aktiengesellschaften sogar vorgeschrieben (§ 348 Abs.1 AktG). Dadurch soll der Bilanzzusammenhang gewahrt, die sonst nötige oft schwierige Neubewertung erspart werden. Der gleiche Gesichtspunkt rechtfertigt die Fortführung der Buchwerte jedenfalls, wenn eine Aktiengesellschaft ein lebendes Unternehmen in eine andere Aktiengesellschaft einbringt.[11] Mittelbar läßt sich dieses Ergebnis, darauf weist Frey[12] zutreffend hin, auch aus § 17 des steuerlichen Umwandlungsgesetzes herleiten. Danach darf eine Kapitalgesellschaft die Buchwerte eines eingebrachten Betriebs steuerlich fortführen. Das gleiche muß ihr dann aus dem Rechtsgedanken des § 154 Abs. 2 Nr. 2, § 155 Abs. 3 Nr. 2 AktG auch in der Handelsbilanz gestattet sein.

Die Buchwerte der eingebrachten Gegenstände liegen in der Regel unter dem Zeitwert. Sie können bei Anlagen ausnahmsweise auch über dem Zeitwert liegen, wenn eine nur vorübergehende Wertminderung angenommen wird (vgl. § 154 Abs. 2 AktG). Auch die Fortführung eines solchen vorübergehend über dem Zeitwert liegenden Buchwerts ist zuzulassen, wenn die übernehmende Gesellschaft insgesamt die Buchwerte fortführt. Da der Ansatz bei der ausgliedernden Gesellschaft zulässig war, begegnet er auch bei der übernehmenden Gesellschaft keinen durchgreifenden Bedenken.

c) Das Ergebnis, daß für Sacheinlagen keine Bewertungsfreiheit besteht, ist auch für die Festsetzung der Sacheinlage wesentlich. Es fragt sich nämlich, ob bei einem den Nennbetrag übersteigenden Wert der Sacheinlage ein Ausgabeaufgeld bestimmt werden muß. Ein Aufgeld kann auch bei Sacheinlagen bestimmt werden. Das folgt aus § 27 Abs. 2 Satz 3, § 183 Abs. 2 Satz 3 AktG, wonach der Aktionär den „Nennbetrag oder den höheren Ausgabebetrag“ einzuzahlen hat, wenn die Festsetzung der Sacheinlage unwirksam ist. Eine Verpflichtung zur Bestimmung eines Aufgeldes könnte sich aus den vorstehenden Bewertungsgrundsätzen für Sacheinlagen ergeben. Sie bestände, wenn die Sacheinlage nur bei Festsetzung eines entsprechenden Aufgeldes mit ihrem den Nennbetrag übersteigenden Wert eingebucht werden dürfte. Dagegen sprechen aber drei Gründe. Erstens träfe die Pflicht, ein entsprechendes Aufgeld festzusetzen, bei einer Gründung mit Sacheinlagen die Gründer, bei einer Kapi-

11 M. E. dürfen die Buchwerte auch fortgeführt werden, wenn eine GmbH ein Unternehmen im Wege der Sacheinlage einbringt. Zwar gilt § 348 Abs. 1 AktG nicht für den Fall einer Verschmelzung AG/GmbH, vgl. § 355 AktG. Da aber heute überwiegend angenommen wird, daß die oberen Bewertungsgrenzen des Aktiengesetzes nur einen auch für andere Gesellschaftsformen geltenden Grundsatz ordnungsmäßiger Buchführung wiedergeben und auf die – nur für Aktiengesellschaften geltenden – unteren Bewertungsgrenzen des Aktiengesetzes insoweit kein entscheidender Wert gelegt zu werden braucht, ist auch die Fortführung der Buchwerte einer GmbH vertretbar.

12 BB 1969 S. 1489 ff., 1491, 1492. Allerdings gestattet § 17 UmwStG nur die Fortführung der steuerlichen Buchwerte. Die Berufung auf § 17 hilft daher nicht, soweit die Buchwerte in der Handelsbilanz niedriger sind.

talerhöhung die Hauptversammlung. In der Tat versucht Ballerstedt[13], eine derartige Verpflichtung der Gründer aus ihrer organschaftlichen Stellung gegenüber der künftigen Gesellschaft herzuleiten. Dieser Gesichtspunkt versagt aber jedenfalls für die Kapitalerhöhung mit Sacheinlagen. Hier müßte die Hauptversammlung das Ausgabeaufgeld festsetzen. Sie kann schwerlich als verpflichtet angesehen werden, ein Aufgeld nach Maßgabe des Zeitwertes zu bestimmen. Eine solche Verpflichtung wäre auch nicht durchzusetzen. Zweitens entschieden damit die Gründer bzw. die Hauptversammlung über den Wert, mit dem die Sacheinlage einzubuchen ist. Später entschieden dann über den Wertansatz die Organe, die die Bilanz feststellen, in der Regel Vorstand und Aufsichtsrat. Sie könnten die Sacheinlage zwar nicht höher als mit Nennbetrag zuzüglich Aufgeld ansetzen; sie müßten sie aber niedriger ansetzen, falls sie den Zeitwert niedriger veranschlagen (§ 154 Abs. 2, § 155 Abs. 2 AktG). Bewertungsdifferenzen gingen damit zu Lasten des nächsten Geschäftsjahrs und könnten den Ertragsausweis für dieses Jahr verfälschen.

Schließlich gelten diese Bedenken in besonderem Maße für ein Unternehmen als Sacheinlage, bei dem — wie ausgeführt — die Buchwerte fortgeführt werden dürfen und oft zur Vermeidung steuerlicher Nachteile fortgeführt werden müssen. Hier führt die Festsetzung eines Aufgeldes in jedem Fall zu unbefriedigenden Ergebnissen. Entweder müßte das Aufgeld nach dem Wert des eingebrachten Unternehmens bemessen werden. Das würde eine schwierige und unsichere Unternehmensbewertung voraussetzen, die sonst bei der Einbringung eines Unternehmens in der Regel nicht nötig ist, weil es nicht auf absolute Werte sondern nur auf das relative Wertverhältnis des eingebrachten und des aufnehmenden Unternehmens zueinander ankommt. Müßte hingegen das Aufgeld nach der Summe der Buchwerte des eingebrachten Vermögens bemessen werden, so entständen Schwierigkeiten, wenn zu einem künftigen Stichtag eingebracht werden soll. Dann sind die genauen Buchwerte im Zeitpunkt des Beschlusses über die Sacheinlage noch nicht bekannt. Man liefe Gefahr, das Aufgeld zu hoch oder zu niedrig festzusetzen und insoweit die Buchwerte nicht fortführen zu können.

d) Liegt der Wert, mit dem die übergehenden Gegenstände einzubuchen sind, über dem Nennbetrag der dafür gewährten Aktien, so ist der Unterschied in die gesetzliche Rücklage einzustellen.[14] Das entspricht der allgemeinen Aufgabe der gesetzlichen Rücklage, Kapitaleinlagen, die nicht durch Grundkapital belegt werden, in der gesetzlichen Rücklage zu binden. Auch dazu bedarf es nicht der Festsetzung eines Aufgeldes. Vielmehr ist der den Nennbetrag übersteigende Buchwert ohne weiteres in die gesetzliche Rücklage einzustellen. Denn er ist „bei der Ausgabe von Aktien . . . . . über den Nennbetrag der Aktie hinaus erzielt“ worden

---

13 a. a. O. – Fußnote 7 – S. 77

14 *Adler-Düring-Schmaltz* a. a. O. § 150 Tz. 22; *Baumbach-Hueck* a. a. O. § 150 Anm. 8; *v. Godin-Wilhelmi* a. a. O. § 27 Anm. 14

(§ 150 Abs. 2 Nr. 2). Es zwingt nichts dazu, diese Vorschrift nur bei ausdrücklicher Festsetzung eines Aufgeldes anzuwenden.

Alle Überlegungen sprechen daher dagegen, die Bilanzierung des eingebrachten Unternehmens von der Festsetzung eines Aufgeldes abhängig zu machen. Einbuchungswert und Zuweisung zur gesetzlichen Rücklage ergeben sich vielmehr unmittelbar und ohne daß sie zunächst durch ein Aufgeld konkretisiert werden müßten aus den für Sacheinlagen geltenden Bewertungsgrundsätzen. Ein Aufgeld ist insoweit bedeutungslos.[15] Es kann nur die Höhe der Bareinlage bestimmen, die bei Unwirksamkeit der Sacheinlage zu leisten ist (§ 27 Abs. 2 Satz 3; § 183 Abs. 2 Satz 3 AktG). Da mit dieser Unwirksamkeit im allgemeinen nicht gerechnet werden braucht und die Festsetzung eines Aufgeldes mißverstanden werden kann, sollte man von ihr absehen.

5. Der Wert des eingebrachten Unternehmens — nur auf ihn, nicht auf den Wert oder Buchwert der einzelnen Gegenstände kommt es an — muß mindestens dem Gesamtnennbetrag der gewährten Aktien entsprechen (vgl. § 34 Abs. 1 Nr. 2; § 184 Abs. 3 AktG). Ist der Einbringungswert der einzelnen Gegenstände niedriger als der Gesamtnennbetrag der gewährten Aktien, so kann der Unterschied aktiviert, er muß dann in den folgenden Geschäftsjahren mit je einem Fünftel abgeschrieben werden. Man kann darüber streiten, ob dies unmittelbar aus dem Wortlaut des § 153 Abs. 5 AktG herzuleiten ist. Nach dem Sinn und Zweck der Vorschrift bestehen jedenfalls keine Bedenken dagegen, als „Gegenleistung" den Gesamtnennbetrag der gewährten Aktien anzusehen. Zu dem gleichen Ergebnis würde die entsprechende Anwendung des § 348 Abs. 1 AktG über den Ausweis eines Unterschiedsbetrages im Falle der Verschmelzung führen. Allerdings verlangt § 348 — im Wortlaut abweichend von § 153 Abs. 5 — nur die Tilgung des Unterschiedsbetrages innerhalb von 5 Jahren (nicht mit jährlich einem Fünftel). Dabei handelt es sich aber nur um ein Redaktionsversehen, so daß die Tilgungsregelung des § 153 Abs. 5 auch für § 348 AktG gelten sollte.[16]

6. Die Ausgliederung des Unternehmens bedarf bei der ausgliedernden Gesellschaft nicht der Zustimmung ihrer Hauptversammlung. Sie setzt keine Satzungsänderung voraus. In der Abgabe eines Unternehmens liegt keine Änderung des Gegenstandes, weil die Gesellschaft jederzeit wieder in dem gleichen Bereich tätig werden könnte.[17] Dem widerspricht es nur scheinbar, daß nach allgemeiner Ansicht[18] in der Verpachtung des Betriebes gegen eine Dividendengarantie eine Änderung des Gegenstandes liegt.

---

15 so schon *Lehmann*, Zentralblatt für Handelsrecht 1930 S. 290

16 *Adler-Düring-Schmaltz* a. a. O. § 153 Tz. 151; aA *Frey*, BB 1969 S. 1493

17 z. B. *Baumbach-Hueck* a. a. O. § 179 Anm. 9; *Fischer* in Großkommentar 2. Aufl. § 145 Anm. 4, § 146 Anm. 7

18 *Fischer* a. a. O. § 146 Anm. 7; *Baumbach-Hueck* § 179 Anm. 9; *Schlegelberger-Quassowski* § 16 Anm. 17, anders allerdings § 146 Anm. 4. Die Rechtsfrage hat jetzt keine Bedeutung mehr, da die Vorschriften über Satzungsänderungen auf den Abschluß eines Betriebspachtvertrags nicht mehr anzuwenden sind, § 292 Abs. 1 Nr. 3 i. V. m. § 293 Abs. 1 Satz 4 AktG.

Denn hier wird die Gesellschaft in einer neuen Form — als Verpächterin — tätig und das muß durch den Gegenstand des Unternehmens gedeckt sein.

Bei der großen Bedeutung, die die Ausgliederung eines wesentlichen Unternehmens für die Aktionäre hat, ist das fehlende Mitspracherecht der Hauptversammlung unbefriedigend. Auch die Verwaltung wird in wichtigen Fällen auf einen Beschluß der Hauptversammlung Wert legen. Sie kann ihr die Frage gemäß § 119 Abs. 2 AktG vorlegen. Der Vorstand der VEBA beabsichtigte zeitweilig sogar, eine außerordentliche Hauptversammlung über die Einbringung des Bergbauvermögens in die Ruhrkohle AG entscheiden zu lassen. Das unterblieb, als sich in der vorhergehenden ordentlichen Hauptversammlung eine klare Zustimmung abzeichnete.

7. Die bisher erörterten Fragen der Ausgliederung lassen sich einigermaßen befriedigend lösen, weil bei der Auslegung des geltenden Rechts die Besonderheiten der Einbringung eines lebenden Unternehmens weitgehend berücksichtigt werden können. Das gleiche gilt für andere Fragen, die hier nicht behandelt werden konnten, wie die Rechtslage der Vorgesellschaft bei Einbringung eines Unternehmens.[19]

Eine entscheidende Schwierigkeit liegt aber darin, daß das Gesellschaftsrecht keine Übertragung des Unternehmens in einer Gesamtheit oder Gesamtrechtsnachfolge in ein Unternehmen vorsieht. Infolgedessen müssen alle übergehenden Vermögensgegenstände einzeln übertragen werden. Die organische Sachgesamtheit wird dabei in einzelne Gegenstände zerlegt; die rechtlichen und wirtschaftlichen Beziehungen des Unternehmens werden in einzelne Übertragungsakte aufgelöst. Grundstücke müssen durch Auflassung und Eintragung (§ 873 BGB), bewegliche Sachen nach § 929 BGB übertragen werden. Beschränkte persönliche Dienstbarkeiten bedürfen zu ihrer Übertragung der Genehmigung der obersten Landesbehörde (§ 1092 BGB i.V. m. § 1059 a Nr. 2 BGB); das gleiche gilt für die — seltener notwendige — Übertragung eines Nießbrauches (§ 1059 a Nr. 2 BGB) sowie eines subjektiven persönlichen Vorkaufsrechts, dessen Übertragbakeit nicht vereinbart ist (§ 1098 BGB). Die Übertragung von GmbH-Anteilen bedarf eines Vertrages in gerichtlicher oder notarieller Form (§15 GmbH-Gesetz). Besondere Schwierigkeiten entstehen, wenn zum Übertragungsbereich Gesellschaftsanteile gehören, deren Übertragung der Zustimmung der Gesellschafterversammlung oder der Mitgesellschafter bedarf oder an denen Vorkaufsrechte der Mitgesellschafter bestehen. Z. B. sind bei einer Übertragung von Anteilen an der Aktionsgemeinschaft Deutscher Steinkohlenreviere GmbH Negativerklärungen von mehr als 400 Gesellschaftern einzuholen. Bei Auslandsvermögen, namentlich Patenten, sind die Formerfordernisse des ausländischen Rechts zu beachten.

Verträge gehen nicht als solche über; vielmehr wird die Forderung durch

19 vgl. *Fischer* in Großkommentar a. a. O. § 34 Anm. 11 ff.

Abtretung (§ 398 BGB), die Verbindlichkeit durch eine Vereinbarung übertragen, die der Zustimmung des Gläubigers bedarf. Auch bei Arbeits- und Anstellungsverträgen geht die Praxis davon aus, daß die Zustimmung jedes einzelnen Arbeitnehmers notwendig ist, Das gleiche gilt für den Übergang von Pensionsverpflichtungen.

Die Kosten einer solchen Einzelübertragung sind erheblich. Man veranschlagt sie z. B. für die Einbringung des Salzgitter-Hüttenwerks in die Ilseder Hütte auf 4 Mill. DM. Für den Rechts- und namentlich den Grundstücksverkehr noch hinderlicher ist, daß die Einzelübertragung eines größeren Unternehmens mehrere Jahre in Anspruch nimmt und die Stabsabteilungen der beteiligten Unternehmen während dieser Zeit weitgehend auslastet.

Die Einzelübertragung ist daher eine juristisch ausgesprochen unelegante Lösung, die die organische Einheit des auszugliedernden Unternehmens zerstört und Rechtsbeziehungen löst, die durch den neuen Rechtsträger oft nur unter erheblichen Schwierigkeiten wiederhergestellt werden können. Hierdurch und durch den mit ihr verbundenen Arbeits- und Kostenaufwand ist sie ein erhebliches Hindernis für wirtschaftlich sinnvolle Strukturänderungen.

III.

Die Ausgliederung im Wege der Sacheinlage stößt hiernach auf erhebliche Schwierigkeiten. Daher fragt sich, ob der Vorgang gesellschaftsrechtlich geregelt und erleichtert werden könnte. Zu dieser Frage veranlassen auch die eingangs[20] erwähnten Vorschriften des französischen Rechts, mit denen sich die Bundesrepublik im Rahmen der Rechtsharmonisierung innerhalb der EWG auseinandersetzen muß.

1. Entscheidend ist dabei die Frage der Gesamtrechtsnachfolge. Da die wesentlichste Schwierigkeit der Ausgliederung im Wege der Sacheinlage in der Notwendigkeit der Einzelübertragung besteht, könnte der Gesetzgeber den Vorgang nur dann wirklich erleichtern, wenn er den Übergang des Unternehmens im Wege der Gesamtrechtsnachfolge zuließe.

Dagegen drängt sich ein gewichtiger Einwand auf. In den klassischen gesellschaftsrechtlichen Fällen der Gesamtrechtsnachfolge erlischt stets der bisherige Rechtsträger. Bei der Verschmelzung erlischt die übertragende Gesellschaft mit der Eintragung der Verschmelzung (§ 346 Abs. 4, § 353 Abs. 6 AktG). Auf diese Vorschrift verweist das Gesetz für die Vermögensübertragung auf die öffentliche Hand (§ 359), auf einen Versicherungsverein auf Gegenseitigkeit (§ 360) sowie für die Verschmelzung oder Vermögensübertragung von Versicherungsvereinen auf Gegenseitigkeit (§§ 44 a ff. VAG). Auch mit der Eintragung einer Umwandlung nach dem Umwandlungsgesetz wird die übertragende Gesellschaft aufge-

20 oben I, 3

löst (§ 5 Satz 2 Umwandlungsgesetz); es tritt, da ihr Vermögen übergeht, Vollbeendigung ein.[21] Der Grundsatz, daß Gesamtrechtsnachfolge nur bei Erlöschen des bisherigen Rechtsträgers stattfindet, gilt auch außerhalb des Gesellschaftsrechts, namentlich im wichtigen Fall der Erbfolge. Der Bundesgerichtshof hat in einer Entscheidung vom 28. 6. 1951[22] ausgesprochen, solange der Schuldner in seiner Rechtspersönlichkeit unverändert fortbestehe, sei für eine Gesamtrechtsnachfolge kein Raum.

Die Regel, daß Gesamtrechtsnachfolge nur bei Erlöschen des bisherigen Rechtsträgers eingreift, entspricht auch dem Bedürfnis nach Rechtssicherheit. Bei Einzelrechtsnachfolge macht der Übertragungsakt deutlich, daß der Gegenstand nicht mehr dem bisherigen sondern einem neuen Rechtsträger zusteht. Diese Klarstellung fehlt bei Gesamtrechtsnachfolge. Bei ihr folgt aber aus dem Erlöschen des bisherigen Rechtsträgers, daß jedenfalls *ihm* das übergehende Vermögen nicht mehr zusteht. Es kann lediglich noch — namentlich bei einer Mehrheit von Gesamtrechtsnachfolgern (z. B. im Falle der Nacherbschaft) ungewiß sein, wer Gesamtrechtsnachfolger ist. Daher fragt sich, ob eine Gesamtrechtsnachfolge bei Fortbestehen des bisherigen Rechtsträgers nicht die Rechtssicherheit gefährdet. Kann das im Wege der Gesamtrechtsnachfolge übergehende Vermögen für den Rechtsverkehr genügend sicher gegen das nicht übergehende Vermögen des fortbestehenden Rechtsträgers abgegrenzt werden? Wird nicht z. B. die Publizität der dinglichen Rechte an Grundstücken durch das Grundbuch bei einem Übergang solcher Rechte von dem bisherigen und fortbestehenden Rechtsträger auf einen anderen Rechtsträger im Wege der Gesamtrechtsnachfolge untragbar eingeschränkt?

Der Grundsatz, daß Gesamtrechtsnachfolge nur bei Erlöschen des bisherigen Rechtsträgers eingreift, gilt jedoch nicht ausnahmslos. Allerdings kann man sich auf den im Arbeitsrecht entwickelten Gedanken der partiellen Gesamtrechtsnachfolge bei Übergang eines Betriebs[23] nicht berufen, da er sich auf den Übergang der Arbeitsverhältnisse beschränkt. Ebensowenig können — als Sonderregelungen — etwa die nach Kriegsende im Rahmen der Entflechtung ergangenen Rechtsakte der Besatzungsmächte oder die Fälle der Gesamtrechtsnachfolge nach neugegliederten Gebietskörperschaften herangezogen werden. Wesentlich ist hingegen, daß das Umwandlungsgesetz seit 1969 in zwei Fällen eine Ausgliederung von Unternehmen im Wege der Gesamtrechtsnachfolge zuläßt.

Nach § 50 UmwG kann ein Einzelkaufmann „ein von ihm betriebenes Unternehmen, dessen Firma im Handelsregister eingetragen ist . . . in eine Aktiengesellschaft oder Kommanditgesellschaft auf Aktien umwandeln." Dazu bedarf es einer Umwandlungserklärung, die die Gründung der Aktiengesellschaft oder Kommanditgesellschaft auf Aktien und

21 *Baumbach-Hueck*, a. a. O., Anm. 5 zu § 5 UmwG im Anhang zu § 393 AktG

22 DVerwBl. 1951 S. 729; kritisch *Reinhardt*, Identität und Rechtsnachfolge, NJW 1952 S. 441 ff., 445

23 Schrifttum bei *Enneccerus-Nipperdey*, Allgemeiner Teil des Bürgerlichen Gesetzbuches, Zweiter Halbband, 15. Auflage 1960, S. 880, Fußnote 13

die Übertragung des Geschäftsvermögens enthält (§ 51). Mit der Eintragung der neuen Gesellschaft in das Handelsregister geht dieses Geschäftsvermögen im Wege der Gesamtrechtsnachfolge[24] auf die AG oder KGaA über (§ 55 Abs. 1). Hier ist nun wesentlich, daß die Umwandlung nicht das gesamte Vermögen des Einzelkaufmanns erfaßt; sie ist sogar ausgeschlossen, wenn die übergehenden Gegenstände sein Vermögen im Sinne von § 419 BGB wären (§ 50 Nr. 1). Die Umwandlung braucht auch nicht sein gesamtes Geschäftsvermögen zu erfassen. Der Einzelkaufmann kann mehrere Unternehmen betreiben; § 1 Abs. 5 des Publizitätsgesetzes[25], nach dem mehrere Handelsgeschäfte eines Einzelkaufmanns, auch wenn sie nicht unter der gleichen Firma betrieben werden, nur ein Unternehmen im Sinne des Publizitätsgesetzes sind, gilt nicht für das Umwandlungsrecht. Die Begründung des Regierungsentwurfs zu § 50 UmwG[26] sagt ausdrücklich, daß ein Einzelkaufmann, der unter verschiedenen Firmen mehrere Unternehmen betreibt, nach freiem Ermessen entscheiden kann, ob er eines dieser Unternehmen, mehrere oder alle in eine oder mehrere Aktiengesellschaften oder Kommanditgesellschaften auf Aktien umwandeln will. Das Problem der Abgrenzung des übergehenden Vermögens löst das Gesetz durch die in § 52 Abs. 4 geregelte Übersicht. In ihr sind alle Gegenstände, die übergehen sollen, aufzuführen. Sie ist zum Handelsregister einzureichen (§ 54 Abs. 1 Nr. 3) und kann dort von jedermann eingesehen werden. Ferner können nach §§ 57 ff. Gebietskörperschaften und Gemeindeverbände, die nicht Gebietskörperschaften sind, von ihnen betriebene Unternehmen in Aktiengesellschaften oder Gesellschaften mit beschränkter Haftung umwandeln. Diese „Ausgliederung“[27] erfaßt zwangsläufig ebenfalls nur einen Teil des Vermögens der Gebietskörperschaft und möglicherweise auch nur einen Teil der von ihr betriebenen Unternehmen. Sie ist im wesentlichen ebenso wie die Umwandlung eines einzelkaufmännischen Unternehmens geregelt.

2. Eine unmittelbare Anwendung dieser Vorschriften auf die Ausgliederung des Unternehmens einer Aktiengesellschaft ist nicht zulässig. Einzelkaufmann ist im Sprachgebrauch des Handelsrechts nur eine natürliche Person. Das ergibt sich bei den Vorschriften, die vom Einzelkaufmann sprechen, unzweideutig aus dem Zusammenhang (z. B. bei § 28 HGB, § 309 Abs. 1 AktG, § 4 Abs. 1, 3, § 5 Abs. 1 Satz 2, § 6 Abs. 3 Satz 2 Publizitätsgesetz). Dieser Sprachgebrauch gilt, wie namentlich die Behandlung des Privatvermögens zeigt[28] auch für das Umwandlungsgesetz.

---

24 Das folgt unzweideutig aus dem mit den entsprechenden anderen Vorschriften des Umwandlungsgesetzes übereinstimmenden Wortlaut und ist allgemeine Ansicht, z. B. *Schneider-Schlaus*, DB 1969 S. 2263

25 Gesetz über die Rechnungslegung von bestimmten Unternehmen und Konzernen vom 15. 8. 1969, BGBl I S. 1189

26 Bundesratsdrucksache 224/68 S. 14

27 die Begründung des Regierungsentwurfs – a. a. O. S. 17 – verwendet den Ausdruck „Ausgliederung“

28 vgl. die Begründung des Entwurfs § 50 UmwG, a. a. O. S. 14, 15

Auch eine entsprechende Anwendung dürfte ausscheiden, da die Gesamtrechtsnachfolge als Ausnahme grundsätzlich nicht analog angewandt werden kann[29] und die entsprechende Anwendung jedenfalls für die Praxis eine zu unsichere Rechtsgrundlage wäre. Nachdem aber der Gesetzgeber des Umwandlungsgesetzes in einem Teilbereich dem Bedürfnis nach rechtstechnischen Erleichterungen für wirtschaftlich gebotene Strukturänderungen Vorrang eingeräumt hat gegenüber den Bedenken, die gegen eine Gesamtrechtsnachfolge in einen Teil des Vermögens eines fortbestehenden Rechtsträgers sprechen, wird man auch den juristischen Personen des Handelsrechts die entsprechende Möglichkeit, Unternehmen im Wege der Gesamtrechtsnachfolge auszugliedern, nicht vorenthalten müssen. Diese Ausgliederung könnte in Anlehnung an die §§ 50 ff. UmwG gesetzlich zugelassen werden. Dabei ergäben sich namentlich folgende Probleme:

a) Auf das Erfordernis von 5 Gründern (§ 2 AktG) müßte für den neuen Rechtsträger verzichtet werden. Es könnte eingewandt werden, dadurch würden die mit der Haftung von 5 Gründern verbundenen Garantien für die Einhaltung der Gründungsvorschriften geschwächt. Der Gründerhaftung unterliegen auch Strohmann-Gründer.[30] Ihre Mithaftung ist aber im allgemeinen nicht viel wert, zumal sie die Richtigkeit der Angaben des Hauptgründers nur beschränkt nachprüfen können und im Innenverhältnis meistens freigestellt werden. Jedenfalls muß, wenn nach § 50 ff. UmwG die Gründerhaftung nur des umwandelnden Einzelkaufmanns genügt, erst recht die Gründerhaftung einer ausgliedernden Kapitalgesellschaft ausreichen.

b) Aus den unter II. 6 genannten Gründen sollte eine Aktiengesellschaft ein Unternehmen grundsätzlich nur mit Zustimmung ihrer Hauptversammlung ausgliedern können. Der Beschluß sollte, wie allgemein bei Strukturänderungen, einer Mehrheit bedürfen, die mindestens drei Viertel des bei der Beschlußfassung vertretenen Grundkapitals umfaßt. Auf das Erfordernis eines Hauptversammlungsbeschlusses könnte verzichtet werden, wenn das auszugliedernde Unternehmen im Verhältnis zum Gesamtvermögen der Gesellschaft geringfügig ist. Die Grenze könnte bei etwa 10% des in der Bilanz ausgewiesenen Aktivvermögens liegen.

Das Erfordernis der Zustimmung der Hauptversammlung stellt gegenüber der z. Z. allein möglichen Form der Einbringung im Wege der Sacheinlage eine Erschwerung dar, so daß sich fragt, ob diese Form neben einer Ausgliederung im Wege der Gesamtrechtsnachfolge zulässig bleiben sollte. Für ein Wahlrecht zwischen beiden Wegen sprechen die Schwierigkeiten der Abgrenzung. Die „Ausgliederung“ sollte auf Unternehmen beschränkt sein; wann ein Unternehmen im Sinne dieser Überlegungen vorliegt, wird manchmal zweifelhaft sein. Außerdem könnte für ein Wahlrecht angeführt werden, daß die in der Zulassung der Gesamtrechts-

---

29 RGZ 133, 102 ff., 110

30 *Schmidt-Meyer Landrut* in Großkommentar § 2 Anm. 16

nachfolge liegende Vereinfachung ohnehin in allen Fällen von Gewicht dazu veranlassen wird, den Weg der Ausgliederung — mit Gesamtrechtsnachfolge — zu gehen. Beide Überlegungen wiegen jedoch nicht schwer, wenn durch eine Bagatelle-Klausel, wie oben angeregt, die Ausgliederung in geringfügigen Fällen auch ohne Beschluß der Hauptversammlung ermöglicht wird. Konsequenter wäre es, die Übertragung eines Unternehmens auf eine andere Gesellschaft gegen Gewährung von Anteilsrechten nur im Wege der Ausgliederung, d. h. — von Bagatelle-Fällen abgesehen — nur mit Zustimmung der Hauptversammlung zuzulassen.

Eine derartige Regelung würde nicht dazu zwingen, auch die Veräußerung eines Unternehmens an die Zustimmung der Hauptversammlung zu binden. Denn aus der Sicht des Aktionärs ist die Veräußerung eines Unternehmens gegen ein Entgelt, das wieder in Produktionsmitteln reinvestiert werden kann, wohl in der Regel weniger einschneidend als die Einbringung in eine andere Gesellschaft gegen Gewährung von Anteilsrechten; die in dieser Beteiligung festgelegten Mittel scheiden für die eigene Produktionsleistung aus. Eine andere Frage ist es, ob jedenfalls die Möglichkeit eröffnet werden sollte, auch bei Veräußerung das Unternehmen im Wege der Gesamtrechtsnachfolge — dann allerdings mit Zustimmung der Hauptversammlung — zu übertragen. Die Schwierigkeiten, die sich bei der Veräußerung der Bergbaubereiche an die Ruhrkohle-AG aus der Notwendigkeit der Einzelübertragung ergeben, legen diesen Weg nahe.

Die Zustimmung der Hauptversammlung müßte in jedem Falle gefordert werden, wenn die Möglichkeit vorgesehen werden sollte, daß die für das Unternehmen gewährten Anteilsrechte unmittelbar den Aktionären der ausgliedernden Gesellschaft zustehen, wie es das französische Recht bei der „Spaltung“ von Gesellschaften vorsieht (oben I, 3). Auf die besonderen Probleme dieser Möglichkeit kann hier nicht eingegangen werden, zumal mir ein Bedürfnis für sie bisher nicht bekannt geworden ist. Es bleibt abzuwarten, ob die z. Z. erörterten Fragen der Fusionskontrolle eine gesetzliche Regelung der „Spaltung“ von Gesellschaften nahelegen werden.

c) Die Sicherheit der Gläubiger darf durch die Ausgliederung nicht gefährdet werden. Für Verbindlichkeiten, die im ausgegliederten Unternehmen begründet sind und auf den neuen Rechtsträger übergehen, muß die ausgliedernde Gesellschaft daher weiterhin mithaften, solange nicht der Gläubiger den Übergang der Verbindlichkeit genehmigt hat (§ 415 BGB). Es entsteht ein Gesamtschuldverhältnis, wie zwischen Einzelkaufmann und Aktiengesellschaft nach § 55 Abs. 2 UmwG. Allerdings sollten die Ansprüche gegen die ausgliedernde Gesellschaft spätestens nach Ablauf von fünf Jahren verjähren; das entspricht einem allgemeinen Rechtsgedanken (z. B. §§ 45, 56 UmwG, § 159 HGB, § 327 Abs. 4 AktG).

Zum Schutz der Gläubiger der nicht mit übergehenden Verbindlichkeiten des Einzelkaufmannes schließt § 50 UmwG die Umwandlung für den Fall aus, daß die übergehenden Vermögensgegenstände das Vermögen des Einzelkaufmanns im Sinne des § 419 BGB sind. Der — im Regierungsentwurf mißverständlich begründete[31] — Ausschluß soll verhindern, daß im wesentlichen das gesamte Vermögen des Einzelkaufmanns auf die neue Aktiengesellschaft übertragen und damit dem unmittelbaren Zugriff seiner Gläubiger entzogen wird. Ob dieser Gesichtspunkt die Vorschrift wirklich rechtfertigt, ist zweifelhaft. Auf Kapitalgesellschaften sollte er jedenfalls nicht übertragen werden. Denn an die Stelle des ausgegliederten Unternehmens tritt eine Beteiligung. In sie kann der Gläubiger in der Regel sogar leichter vollstrecken als in das ausgegliederte Sachvermögen. Die entgegenstehende Meinung des früheren Reichsgerichts[32] trifft heute für einen Großteil der Unternehmen nicht mehr zu, da bei ihnen die Vollstreckung in einzelne Anlagen die Produktionsmittel zerschlagen und kaum mehr als Schrotterlöse erbringen würde.

Schließlich schließt § 50 Abs. 2 UmwG die Umwandlung zum Schutz der Gläubiger auch aus, wenn der Einzelkaufmann überschuldet ist. Die wirtschaftliche Grundlage der neuen Aktiengesellschaft soll nicht sofort dadurch gefährdet sein, daß in ihre Aktien vollstreckt wird. Für Kapitalgesellschaften stellt sich die Frage anders, da bei ihnen Überschuldung Konkursgrund ist. Bei ihnen sollte im Interesse ihrer Gläubiger die Ausgliederung eines noch gesunden Unternehmens aus einer an sich konkursreifen Gesellschaft ermöglicht werden, damit die dafür gewährte Beteiligung zugunsten der Masse verwertet werden kann.

---

31 vgl. *Schneider-Schlaus*, DB 1969 S. 2261
32 RGZ 148, 264

PROXY-STIMMRECHT UND GELTENDES DEUTSCHES AKTIENRECHT

PHILIPP MÖHRING

Einleitung

Die Stimmrechtsausübung durch Dritte war früher Gegenstand teilweise heftiger Kontroversen.[1] In Anknüpfung an die Regelung im Aktiengesetz 1937,[2] die ihrerseits auf die alte aktienrechtliche Bestimmung des § 252 HGB zurückzuführen ist,[3] läßt zwar das Aktiengesetz 1965 die Ausübung des Stimmrechts durch Kreditinstitute, deren Geschäftsleiter und Angestellte, Aktionärsvereinigungen sowie geschäftsmäßig Handelnde (§ 135 Abs. 1, Abs. 9 AktG 1965) zu,[4] die Diskussion um die sachliche Rechtfertigung einer solchen Repräsentation des Aktionärsstimmrechts durch Dritte ist aber nach wie vor nicht abgeklungen.[5] Dies ist verständlich, wenn man bedenkt, daß es sich hierbei letztlich um ein strukturelles Problem handelt, das eng mit der Frage nach den funktionalen Zusammenhängen in der Kapitalgesellschaft und der Abgrenzung der jeweiligen Kompetenzbereiche verflochten ist. So stellt sich die Frage, ob sich eine Stimmrechtsausübung durch Dritte mit der Kontrollfunktion der Hauptversammlung verträgt, wie sie beispielsweise in den §§ 118 ff. AktG[6] zum Ausdruck kommt. Muß die Einbeziehung gesellschaftsexterner Personen und Institutionen der Dialektik innergesellschaftlicher Prozesse nicht vielmehr wesensfremd erscheinen? Damit angesprochen ist die weitere, meist primär diskutierte Frage nach dem „Machtzuwachs" derjenigen, die in Ausübung fremden Stimmrechts auftreten.[7] In neuerer

1 Einen guten Überblick über die Entwicklung gibt *von Falkenhausen*, Das Bankenstimmrecht im neuen Aktienrecht, Die AG 1966, 69 ff.

2 § 114 Abs. 3 – Abs. 7 AktG 1937; hierzu *Gadow-Heinichen*, Großkommentar zum Aktiengesetz 1961, § 114 Anm. 19 ff.; ferner *von Falkenhausen*, a. a. O., 69 f.; *Möhring*, Die Ausübung des Stimmrechts durch Kreditinstitute im Referentenentwurf eines Aktiengesetzes, in: Beiträge zur Aktienrechtsreform, hrsg. von Hengeler, 1959, 88 ff.

3 *Düringer-Hachenburg-Lehmann*, Kommentar zum HGB, 3. Aufl., 1932, § 252

4 *Geßler*, Das neue Aktienrecht, BB 1965, 677 ff., 679

5 Vgl. u. a.: *von Hippel*, Zur Problematik des Aktionär-Stimmrechts, in: Jus privatum gentium. Festschrift für Max Reinstein, Bd. II, Tübingen, 1969, S. 1081 ff.; *Johansson*, Die Ausübung des Depotstimmrechts aufgrund eigener Vorschläge des Kreditinstituts, BB 1967, 1315 ff.; *Schmidt*, Die Ausübung des sog. Depotstimmrechts durch Kreditinstitute, BB 1967, 818 ff.; *Eckhardt*, Die Ausübung des Stimmrechts durch einen anderen, insbesondere durch ein Kreditinstitut, Betrieb 1967, 191 ff.

6 Soweit nicht besonders vermerkt, verweisen Gesetzeszitate auf das AktG 1965

7 Mit diesem Argument befaßt sich eingehend *Vallenthin*, Die Ausübung von Aktionärsstimmrechten durch Banken, Die AG 1958, 204 f.

Zeit ist die Diskussion um eine interessante Variante bereichert worden. Wiethölter hat sich in seiner Untersuchung aus dem Jahre 1961 „Interessen und Organisation der Aktiengesellschaft im amerikanischen und deutschen Recht“[8] für eine Übernahme des amerikanischen proxy-Systems ausgesprochen und sich zugleich für eine Vereinheitlichung der Verwaltungsspitze (Verwaltungsrat) in Anlehnung an den amerikanischen board of directors eingesetzt.[9] Im Zusammenspiel beider Faktoren sieht er eine Möglichkeit, den wegen des „Interessengleichlaufs von Verwaltungen und Banken“ überflüssigen Weg über das Kreditinstitut aufzugeben. Derartige Überlegungen konnten sich allerdings bei der Beratung des AktG 1965 nicht durchsetzen. In Anknüpfung an die Regelung im AktG 1937 und die vom Bundesverband des privaten Bankgewerbes beschlossenen „Grundsätze über die Ausübung des Depotstimmrechts“ aus dem Jahre 1952 ist in der Begründung zum Referentenentwurf des AktG 1965 vielmehr ausgeführt:

> „Ziel der Neuregelung ist es nicht, die Ausübung des Stimmrechts durch Banken zu unterbinden. Aufgrund ihrer Erfahrungen und der Fachkunde sind die Banken besonders geeignet, den Aktionär bei der Ausübung seiner Rechte zu beraten und zu unterstützen. Es gibt gegenwärtig keine Stelle, welche diese Aufgabe in derselben Weise wie die Banken erfüllen könnte.“[10]

Das geltende Aktienrecht geht davon aus, daß eine Stimmrechtsvertretung durch sachkundige Dritte unumgänglich ist, solange viele Aktionäre, die ihren Aktienbesitz als reine Kapitalanlage verstehen, an einer persönlichen Mitwirkung nicht interessiert sind.[11] Soll das Kräftegleichgewicht zwischen Aufsichtsrat, Vorstand und Aktionärsversammlung nicht außer Balance geraten, so ist die Ausübung des vakanten Stimmrechts gerade im wohlverstandenen Interesse von Gesellschaft und Aktionär unerläßlich. Es kann dann allenfalls noch darum gehen, ob die Kreditinstitute — und sie interessieren hier in erster Linie — die geeigneten Repräsentanten sind.

Vallenthin[12] hat das Problem des sog. Bankenstimmrechts[13] neuerdings aufgegriffen und sich gleichfalls — allerdings ohne ausdrücklichen Bezug auf das amerikanische proxy-System — für die Einführung eines Verwaltungsstimmrechts eingesetzt. Auch er unterstellt, daß eine Vertretung nicht anwesender Aktionäre bei der Ausübung des diesen zustehenden Stimmrechts zur ordnungsgemäßen Abwicklung der Hauptversammlung

---

8 Kritisch hierzu, insbesondere zur Übernahme des amerikanischen proxy-Systems, die Rezension von *Geßler*, BB 1961, 1135 f.

9 *Wiethölter*, a. a. O., 336

10 Begr. zu § 135 Abs. 3 RegE

11 Das Gesetz zur Privatisierung des VW-Werks vom 22. 6. 1960 sucht demgegenüber die Mitwirkung der Aktionäre zu aktivieren und schränkt zugleich die Stimmrechtsausübung durch Dritte ein; vgl. *von Falkenhausen*, Die AG 1966, 70, 72

12 Die ZEIT vom 11. 7. 1969, S. 34

13 Der Ausdruck ist ungenau, da wegen § 135 Abs. 9 AktG zu eng; gleichwohl hat er sich aber zur Charakterisierung der hier interessierenden Fragestellung durchgesetzt

und zur Durchsetzung erforderlicher Beschlüsse letztlich unumgänglich ist. Andererseits sei aber das herkömmliche Bankenstimmrecht aus „politischen Gründen" heute nicht mehr weiter zu rechtfertigen. Vallenthin hält die Einführung eines Verwaltungsstimmrechts sogar schon de lege lata für zulässig. Seiner Ansicht nach enthält das AktG keine Vorschrift, die es der Verwaltung einer Gesellschaft verbietet, Stimmrechte aus fremden Aktien wahrzunehmen.

Die hiermit aufgeworfene Frage nach der Übernahme des amerikanischen proxy-Systems soll nachstehend weiter verfolgt werden. Es wird zu prüfen sein, ob die Einführung eines Verwaltungsstimmrechts nach amerikanischem Vorbild geltendem Recht zufolge zulässig und ob sie überhaupt wünschenswert ist. Es wird sich zeigen, wie die — teils latenten teils offenen — Interessengegensätze zwischen den einzelnen Gesellschaftsorganen am zweckmäßigsten ausgeglichen werden können.

I. Das amerikanische proxy-System

Die Entwicklung der proxy[14] — nach Common law zunächst verboten und vom Gesetzgeber erst nach und nach zugelassen — wurde in den USA durch den Umstand begünstigt, daß dort fast sämtliche Aktien Namensaktien sind. Erst hierdurch ist ein unmittelbarer Kontakt zwischen Gesellschaft[15] und Aktionären möglich.[16] Die Gesellschaften erkannten auch schon bald die hierin begründete Chance und ließen sich Vollmachten für den Fall der Abwesenheit des Gesellschafters bei der Aktionärsversammlung geben. Die gesetzliche Grundlage dieser anfangs umstrittenen Praxis wurde später der Securities and Exchange Act vom Jahre 1934, insbesondere sec. 14. Aufgrund dieser Ermächtigungsgrundlage wurde die Securities and Exchange Commission (SEC) als eine Bundesbehörde ins Leben gerufen, die ihrerseits die Proxy Rules and Regulations[17] veröffentlichte.

In der Praxis bedeutet dies: dem Aktionär geht mit der Einladung zur Aktionärsversammlung ein Antrag auf Erteilung einer Vollmacht (proxy-solicitation) zu. In einem proxy-statement[18] werden dem Aktionär alle

14 Der Begriff bezeichnet sowohl das Vollmachtsformular wie die Vertretungsbefugnis selbst. Eingehend zur Entwicklungsgeschichte *Wiethölter*, a. a. O., 247 ff.

15 Das amerikanische Recht kennt nicht die im deutschen Recht gebräuchliche Scheidung von AG und GmbH, sondern nur die „corporation"; *von Falkenhausen*, Die Kapitalgesellschaft nach dem Recht der Vereinigten Staaten von Amerika, Die AG 1959, 186

16 Nach *Schlesinger*, Comparative Law, 1959, 449 (zitiert nach *von Falkenhausen*, Die amerikanische Aktionärs-Demokratie, Die AG 1960, 92 Anm. 8) ist die Abneigung gegenüber der Inhaber-Aktie in den USA gerade darauf zurückzuführen, daß sie die unmittelbare Kontaktaufnahme zwischen der corporation und dem Aktionär nicht gestattet

17 Code of Federal Regulations, Titel 17, Teil 240 (AS 17) CFR 14a – 1 – 14a – 11). Zum ganzen ausführlich: *Wiethölter*, a. a. O., 161 ff.

18 Jedes proxy-statement wird bei der SEC registriert; eingehend *von Falkenhausen*, Die AG 1960, 93

wichtigen Informationen mitgeteilt. Ein Oppositionsvorschlag ist auf Verlangen der betreffenden Gruppe und auf ihre Kosten in das proxy-statement aufzunehmen, soweit es sich nicht um Fragen der laufenden Geschäftsführung oder Besetzung des board of directors handelt.[19] Andererseits ist die Verwaltung aber nicht verpflichtet, das proxy-statement der Oppositionsgruppe weiterzuleiten. Wird dies abgelehnt, so ist der Opposition eine Liste sämtlicher Aktionäre zu überlassen, so daß sie sich dann selbst unmittelbar an die Aktionäre mit ihren Vorschlägen wenden kann. So wird der Aktionär u. a. über die Widerruflichkeit der proxy und auch darüber unterrichtet, wer diese beantragt hat. Das proxy-statement muß der Securities and Exchange Commission zur Prüfung vorgelegt werden. Das dann aufgrund der Vollmachtserteilung zuständige proxy-committee ist regelmäßig aus Mitgliedern von board und management gebildet; jedenfalls besteht es aus Vertrauensleuten der Verwaltungsspitze.[20] Es ist somit meist ein „linientreues" Instrument des board of directors.[21] Allerdings ist es immer wieder vorgekommen, daß sich eine Oppositionsgruppe gerade mit Hilfe der proxy an die Macht bringen konnte.[22]

Die Möglichkeit, die Unternehmensverwaltung selbst zu bevollmächtigen, bestand in den USA zunächst nicht uneingeschränkt. Sie existierte anfangs nur für die an der Börse zugelassenen Aktien. Die Proxy-Rules sind indessen später auch für Aktien, die „ower-the-counter" gehandelt werden, durch entsprechende Börsenregeln[23] für anwendbar erklärt worden. Die Bevollmächtigung des proxy-committee schließt andererseits aber auch eine Stimmrechtsvertretung durch Banken,[24] Makler oder Agenten (brokers) nicht aus. Das amerikanische Recht kennt den legal owner, den im Aktienbuch eingetragenen (nominee),[25] und den eigentlichen Aktionär, den beneficial owner. Allein der legal owner ist zur Ausübung der

---

19 Bei Wahlvorschlägen zum board of directors ist ein eigenes proxy-statement einer Oppositionsgruppe immer erforderlich. Vgl. *von Falkenhausen*, Die AG 1960, 93 f.

20 Hierzu *von Hippel*, a. a. O., 1083; *von Falkenhausen*, Die AG 1960, 92; *Wiethölter*, a. a. O., 248 Anm. 63 und das dort zitierte Material

21 Board (grundsätzlich unbegrenzte Zuständigkeit) und management (officers – in der Regel festbegrenzte Kompetenz) sind nicht wie im deutschen Recht selbständige, inkompatibile Organe neben der Aktionärsversammlung. Das amerikanische Recht kennt als Organe nur die Hauptversammlung (share-holders-meeting) und den board of directors (Verwaltungsrat), das management bestellt. Im board vereinigen sich daher Elemente von Aufsichtsrat und Vorstand; *von Falkenhausen*, Die AG 1959, 189 f. Nach *Wiethölter*, a. a. O., 208, ist board ein „Institutionsbegriff", management dagegen ein „Funktionsbegriff"

22 Die Kämpfe zwischen Unternehmensleitung und einer Oppositionsgruppe, meist erbittert und kostspielig geführt, pflegen regelmäßig zu Lasten des Gesellschaftsvermögens zu gehen; *von Falkenhausen*, Die AG 1959, 212 Anm. 87; *id.*, Die AG 1960, 91 ff.

23 *Garbers*, Börsenmakler, Banken und Nominees – ihre Bedeutung für die Aktionärsvertretungen im nordamerikanisches Recht, BB 1963, 212 f. mit weiteren Zitaten

24 Im Ergebnis spielt das Bankenstimmrecht in den USA aber keine bedeutsame Rolle; *von Falkenhausen*, Die AG 1960, 213

25 Hierzu *Heinsius*, Die Vertretung bei der Ausübung des Stimmrechtes nach amerikanischem Aktienrecht (proxy-system), BB 1962, 825 f.; *Garbers*, BB 1965, 213 f.

Mitgliedschaftsrechte befugt, ihm gehen proxy-solicitation und proxy-statement zu. Die General Rules and Regulations der SEC betreffen aber nur das Verhältnis zwischen corporation und legal owner. Im „Innenverhältnis" zwischen legal owner und beneficial owner gelten dagegen die Regeln der Securities and Exchange Commission nicht.[26] Von der in sec. 14 b des Securities Exchange Act enthaltenen Ermächtigung, auch für dieses „Innenverhältnis" Regeln zu erlassen, wurde bislang kein Gebrauch gemacht.[27] Derzeit gelten insoweit Börsenregeln, die zum Schutze der Kunden von broker-Firmen ergangen sind. Auch hier ist eine weitgehende Information des Aktionärskunden gewährleistet. Großbanken unterliegen dieser Regelung nicht, soweit sie nicht Mitglieder der Börse sind. Sie haben sich jedoch meist freiwillig der für die broker geltenden Reglementierung unterworfen.[28]

Proxy-fights sind oft mit sehr erheblichen Kosten verbunden, die regelmäßig zulasten der Gruppe gehen, die sich um eine Bevollmächtigung bemüht. Die Praxis zeigt indessen, daß diese Kämpfe letztlich fast ausschließlich aus der Gesellschaftskasse bestritten werden, da sich siegreiche Oppositionsgruppen ihre Kosten ersetzen lassen.[29] Ein Korrektiv gegenüber einer allzu umfassenden Machtkonzentration bei der Verwaltungsspitze durch das proxy-System ist lediglich dadurch gegeben, daß der einzelne Aktionär einen Beschluß der Gesellschafterversammlung mit der Begründung anfechten kann, bei der Einholung der Stimmrechtsvollmachten seien die Proxy-Rules verletzt.[30]

II. Stimmrechtsausübung durch Dritte nach geltendem Aktienrecht

Die Rechtslage hinsichtlich der Stimmrechtsausübung durch Dritte nach deutschem Aktienrecht wird als bekannt vorausgesetzt. Die hier angestellten Überlegungen bezwecken keine neuerliche Analyse[31] dieses Rechtsinstituts, sie wollen vielmehr die zugrundeliegenden Strukturprinzipien

---

26 *Heinsius*, BB 1962, 825

27 *Heinsius*, BB 1962, 826

28 Hier wird indessen zwischen custody-accounts, der rechtsgeschäftlichen Fremdverwaltung, und fiduciary-accounts, der Nachlaß- und Treuhandverwaltung, unterschieden. Im letzteren Fall stimmen die Banken nach eigenem Ermessen ab; vgl. *Heinsius*, BB 1962, 826. Zur Unterscheidung von commercial banks (Handelsbanken) und investment banks (Wertpapierbanken) vgl. *Wiethölter*, a. a. O., 171 ff., 255

29 *von Falkenhausen*, Die AG 1960, 122 f.

30 Vgl. *Garbers*, BB 1963, 214 Anm. 53

31 Zum Schrifttum vgl. *von Falkenhausen*, Das Bankenstimmrecht im neuen Aktienrecht, Die AG 1966, 69 ff.; *Eckardt*, Die Ausübung des Stimmrechts durch einen anderen, insbesondere durch ein Kreditinstitut, DB 1967, 191 ff., 233 ff.; *Schmidt*, Die Ausübung des sog. Depotstimmrechts durch Kreditinstitute, BB 1967, 818 ff.; *Johansson*, Die Ausübung des Depotstimmrechts aufgrund eigener Vorschläge des Kreditinstituts, BB 1967, 1315 ff.; *Möhring*, Das Bankenstimmrecht im Referentenentwurf eines Aktiengesetzes, BB 1958, 1177 ff.; *id.*, Die Ausübung des Stimmrechts durch Kreditinstitute, a. a. O., 88 ff.

im Blick auf die Kontroll- und Informationsrechte des Aktionärs verdeutlichen. Erst dann kann sich erweisen, ob das Verwaltungsstimmrecht nach dem Vorbild der amerikanischen proxy in das geltende Rechtssystem integriert werden könnte.

Die Aktionäre üben gemäß § 118 Abs. 1 AktG ihre Rechte[32] in den Angelegenheiten der Gesellschaft in der Hauptversammlung aus. Die Aktionärsversammlung hat somit im gesellschaftlichen Kräftespiel eine echte Kontroll- und Überwachungsfunktion,[33] die sich beispielsweise nachdrücklich in der Bestellung der Mitglieder des Aufsichtsrats (§ 119 Abs. 1 Nr. 1 AktG) sowie in der Entscheidung für die Entlastung der Mitglieder des Vorstandes und des Aufsichtsrats (§ 119 Abs. 1 Nr. 3 AktG) äußert. Insoweit handelt es sich um eine unverzichtbare Zuständigkeit der Hauptversammlung.[34] Weitere Kompetenzen sind der Hauptversammlung eingeräumt bei Meinungsverschiedenheiten über Fragen der Geschäftsführung zwischen Vorstand und Aufsichtsrat auf Verlangen des Vorstands gemäß § 118 Abs. 2 AktG, durch die Möglichkeit, Sonderprüfer nach §§ 142 Abs. 1, Abs. 2, 145 AktG zu bestellen, sowie durch die ausschließliche Zuständigkeit über die Verwendung des Bilanzgewinns (§ 174 Abs. 1 AktG). Die Hauptversammlung ist ferner zur Feststellung des Jahresabschlusses im Falle des § 173 Abs. 1 AktG berufen. Die Aktionärsversammlung hat schließlich die weitere Möglichkeit, über die Bestellung von Abschlußprüfern auf die Prüfung des Jahresabschlusses einzuwirken (§§ 119 Abs. 1 Nr. 4, 163 Abs. 1 AktG).[35] Nach § 171 AktG ist dem Aktionär auch ein spezifisches, auf der Teilnahme an der Hauptversammlung beruhendes und mit der Kontrollfunktion des Gesellschafters korrespondierendes Auskunftsrecht eingeräumt.[36]

Auf diesem Hintergrund muß die Regelung des § 135 AktG gesehen werden. Die Stimmrechtsausübung durch Kreditinstitute etc. setzt bei Inhaberaktien eine schriftliche Bevollmächtigung voraus. Sie muß einem bestimmten Kreditinstitut und darf diesem nur für längstens 15 Monate erteilt werden. Dem Bedürfnis nach Anonymität[37] des Aktieninhabers wird dadurch Rechnung getragen, daß das Kreditinstitut — bei ausdrücklicher Bestimmung in der Vollmachtsurkunde — das Stimmrecht im Namen dessen ausübt, den es angeht.[38] Zwar ist eine Stimmrechtsermäch-

32 Vgl. *Möhring*, Die Kontrollrechte der Gesellschafter, in: Geld, Kapital und Kredit. Festschrift für Rittershausen, 1968, S. 357 ff., wo zwischen „egoistischen“ und „altruistischen“ Mitgliedschaftsrechten unterschieden wurde

33 Zur Frage nach dem Verhältnis von Kontroll- und Auskunftsrecht des einzelnen Aktionärs und einem Prüfungsrecht des Aufsichtsrats vgl. *Möhring*, a. a. O., 365; ferner BGHZ 36, 121 ff.

34 §§ 120, 136 Abs. 1 AktG; vgl. ferner die Folge des § 84 Abs. 3 AktG

35 Hierzu *Möhring*, a. a. O., 366

36 Zum Auskunftsrecht des Aktionärs: *Deuss*, Das Auskunftsrecht des Aktionärs, 1962

37 Zu diesem Problemkreis *von Falkenhausen*, Die AG 1966, 69 ff.

38 Hierzu ferner *Thiling*, Die Anonymität der Aktionäre im Gesellschafts- und Wettbewerbsrecht, Die AG 1968, 95 ff.; Zum Bankgeheimnis: *Möhring*, Die Ausübung des Stimmrechts durch Kreditinstitute, a. a. O., 93 f.

tigung nunmehr mit einer Ausnahme für Namensaktien (§ 135 Abs. 7 AktG) ausgeschlossen, diese Konstruktion kommt dem aber im Ergebnis gleich.[39] Zugleich mit der Einholung der Vollmacht hat die Bank die ihr mitgeteilten Informationen an die Kunden nebst eigenen Vorschlägen weiterzugeben (§§ 125, 128 Abs. 1, Abs. 2 AktG);[40] kostenmäßig ist hier unter den Einschränkungen des § 128 Abs. 6 Nr. 2 AktG das Kreditinstitut belastet.[40a]

Oppositionen müssen gemäß § 126 Abs. 1 AktG unmittelbar bei der Gesellschaft angemeldet werden, die zu entscheiden hat, ob es sich um einen neuen Beratungsgegenstand oder um einen Gegenantrag zu einem bereits benannten Thema handelt.[41] An die vom Kunden erteilte Weisung ist die Bank gebunden, sobald sie den Auftrag akzeptiert hat, den Aktionär in der Hauptversammlung zu vertreten. Ist eine Weisung nicht erteilt, so gilt § 135 Abs. 5, 1. Halbsatz AktG. Eine Abweichung von ihren eigenen, den Kunden mitgeteilten Vorschlägen ist bei Nichtvorliegen einer Weisung nur unter der Voraussetzung des § 135 Abs. 5, Halbsatz 2 AktG zulässig.

Eine Verletzung dieser Bestimmungen begründet nur bei Verstoß gegen die Vorschrift des § 135 Abs. 1 Satz 1, Abs. 4 AktG ein Anfechtungsrecht (§§ 135 Abs. 6, 243 Abs. 3 AktG).[42]

III. Folgerungen

Im folgenden ist die Forderung nach einem Stimmrecht der Verwaltung nach zwei Seiten hin zu untersuchen: Zulässigkeit eines Verwaltungsstimmrechts de lege lata sowie Zweckmäßigkeit einer solchen Stimmrechtsausübung durch die Unternehmensverwaltung.

1. Zulässigkeit des Verwaltungsstimmrechts nach geltendem Recht

Die Unzulässigkeit eines Verwaltungsstimmrechts de lege lata ergibt sich aus zwei Überlegungen: Es verbietet sich wegen der gesellschaftlichen Kompetenzaufteilung zwischen Aufsichtsrat, Vorstand und Hauptversamm-

---

39 *Möhring-Tank-Grass-Reuss,* Handbuch der AG, Bd. 1, 1967, I 405; kritisch zur derzeitigen Regelung, wonach eine Stimmrechtsermächtigung grundsätzlich ausgeschlossen ist: *Möhring*, Die Ausübung des Stimmrechts durch Kreditinstitute, a. a. O., 93 f.

40 Zur Frage, ob eine Informationspflicht auch besteht, wenn den Banken keine Mitteilung zugegangen ist, vgl. *Eckhardt*, Zur großen Aktienrechts-Reform, Sparkasse 65, 325 f.; *von Falkenhausen*, Die AG 1966, 73

40a Vgl. die Denkschrift des Bundesverbandes des Privaten Bankgewerbes, zitiert bei *Möhring*, Die Ausübung des Stimmrechts durch Kreditinstitute, a. a. O., 100; zur Kostenfrage ferner: *von Falkenhausen*, Die AG 1966, 77 ff.

41 *von Falkenhausen*, Die AG 1966, 74

42 Die Einhaltung der gesetzlichen Gebote wird gemäß § 30 Abs. 1 Satz 2 KWG in der Fassung des § 36 Nr. 2 EG AktG kontrolliert

lung. Zum anderen normiert § 136 AktG bestimmte Fälle eines Interessenkonflikts, der zum Ausschluß einer Stimmrechtsvertretung führt. Gerade auch aus dieser Regelung ergeben sich Folgerungen für die hier interessierende Frage.

Zunächst gilt indessen folgende Einschränkung: Die Stimmrechtsvertretung durch Mitglieder von Vorstand oder Aufsichtsrat ist nicht schlechthin ausgeschlossen. § 134 Abs. 3 AktG gestattet die Ausübung des Stimmrechts durch einen Bevollmächtigten. Hiernach ist auch die Vertretung durch einzelne Vorstands- oder Aufsichtsratsmitglieder zulässig, es sei denn, daß diese Möglichkeit in der Satzung ausgenommen ist.[42a]

Das Verwaltungsstimmrecht führt demgegenüber aber nicht nur zur Bevollmächtigung einzelner Verwaltungsmitglieder, sondern eines eigens hierfür geschaffenen Gremiums, dessen Konstitutierung und Besetzung ausschließlich — und ohne jede Kontrolle durch die Gesellschafter — von Seiten der Unternehmensleitung gesteuert würde. Nach § 136 Abs. 1 AktG[42b] kann niemand für sich oder für einen anderen das Stimmrecht ausüben, wenn Beschluß gefaßt wird, ob er zu entlasten oder von einer Verbindlichkeit zu befreien ist oder ob die Gesellschaft gegen ihn einen Anspruch geltend machen soll. In einem solchen Fall muß auch ein Verwaltungsstimmrecht ausgeschlossen sein, da andernfalls ein von der Verwaltung eingesetztes Gremium über dessen Entlastung zu entscheiden hätte. Eine Stimmrechtsvertretung ist insoweit nur durch unbeteiligte Dritte möglich, um eine echte und unabhängige Kontrolle zu gewährleisten.

Gleiches muß für die Wahl der Mitglieder des Aufsichtsrats gelten (§§ 119 Abs. 1 Nr. 1, 101 AktG). Aus der in § 105 AktG normierten Inkompatibilität einer Zugehörigkeit zu Vorstand und Aufsichtsrat sowie aus der in § 111 AktG festgelegten Kontrollfunktion des Aufsichtsrats gegenüber der Geschäftsführung des Vorstands folgt, daß die Wahl des Aufsichtsrats durch ein vom Vorstand propagiertes Instrumentarium entsprechend dem amerikanischen proxy-committee unzulässig ist. Andernfalls würde der Vorstand auf diesem Weg Einfluß auf die Besetzung seines eigenen Kontrollorgans nehmen können. Dies widerspräche der innergesellschaftlichen Zuständigkeitsverteilung.

Gerade hier zeigt sich der wesentliche Unterschied zwischen einer Stimmrechtsvertretung durch e i n z e l n e Vorstands- oder Aufsichtsratsmitglieder und der Delegation von Aktionsbefugnissen an ein mit der Verwaltung nahezu identisches k o l l e k t i v e s Instrument. In anderem Zusammenhang spricht § 136 Abs. 3 von Weisungen „der Gesellschaft, des Vorstands oder des Aufsichtsrats der Gesellschaft“. Zwar gilt diese Bestimmung nur für Stimmrechtsbindung, sie ist aber Ausdruck des

---

42a RG in JW 1904, 73; RGZ 55, 41

42b Vgl. hierzu *Obermüller-Werner-Winden*, Die Hauptversammlung der Aktiengesellschaft, 3. Aufl., 1967, 119 ff.; *Möhring-Schwartz-Rowedder-Haberlandt*, Die Aktiengesellschaft und ihre Satzung, 2. Aufl., 1966, 203 ff.

aktienrechtlichen Grundsatzes einer möglichst strikten Zuständigkeitsverteilung. Das deutsche Aktienrecht hat diese Gewalten- und Funktionstrennung der Gesellschaftsorgane konsequent durchgeführt. Soweit es um die Kompetenz der Hauptversammlung geht, ist dieses Prinzip letztlich rückführbar auf den Grundsatz des Minderheitenschutzes. Das geltende Recht sucht daher die Ausbalancierung verschiedener Gewalten zu erreichen, die zwar ein gemeinsames Interesse verfolgen, von daher miteinander korrespondieren, aber eben doch gerade in Fragen der Kontrolle und Überwachung gegensätzlich sind. Anders das amerikanische Aktienrecht, das angelegt ist, auf die Ausübung einheitlicher Gewalt.[43] Es zeigt sich dort eine Egalisierung anfangs noch deutlich von einander abgesetzter Zuständigkeiten. In der Praxis sind directors und officers oft miteinander identisch; eine echte Kontrolle und Überwachung ist schon von daher ausgeschlossen. Die Verschmelzung von board und management bewirkte zudem mehr und mehr eine Schwächung der Aktionäre. Dieser Unterschied zu der im deutschen Aktienrecht konsequent vollzogenen Gewaltentrennung ist gerade für die Zulässigkeit des Verwaltungsstimmrechts entscheidend. Das geltende Recht sucht einen unerwünschten Einfluß der Verwaltung auf die Willensbildung der Hauptversammlung möglichst zurückzudrängen.[43a] Eine solche mit der innergesellschaftlichen Gewaltenteilung unvereinbare Einflußnahme ist aber nicht nur bei vertraglicher Stimmrechtsbindung gegeben, sie liegt gleichfalls vor, wenn die Gesellschafter, die gerade den Aktionären eingeräumten Kontroll- und Überwachungsbefugnisse auf ein Organ delegieren, das angesichts seiner Besetzung einseitig Verwaltungsinteressen wahrnimmt. Ist eine Beeinflussung des Aktionärs durch die Verwaltung verboten, soweit es um Kontroll- und Überwachungskompetenzen des Gesellschafters geht, dann macht es keinen Unterschied, ob statt dessen ein Interesseninstrument der Verwaltung als weiteres Organ zwischengeschaltet wird.

Das Verwaltungsstimmrecht läßt sich daher auch nicht aus § 135 Abs. 9 Nr. 3 AktG begründen. „Geschäftsmäßigkeit" setzt ein Anerbieten zur Stimmrechtsvertretung für eine unbestimmte Anzahl von Fällen voraus.[44] Das proxy-committee ist demgegenüber ein ad hoc gebildetes Organ, das „egoistischen", nicht „altruistischen" Zwecken dient. Es handelt sich somit gerade nicht um eine den Kreditinstituten oder Aktionärsvereinigungen vergleichbare Institution.[44a]

Die hier entwickelte Argumentation stützt sich im wesentlichen auf das nicht ausdrücklich normierte, aber der innergesellschaftlichen Kompetenzaufteilung implizite zugrunde gelegte Prinzip der Gewaltenteilung. § 136 AktG ist zwar als Ausnahmebestimmung mit erheblichen Folgen (Nichtigkeit, Ordnungswidrigkeit etc.) eng auszulegen; damit ist ein Rückgriff auf die gerade auch dieser Vorschrift vorgeordneten Struktur-

---

43 *Wiethölter*, a. a. O., 103

43aBegr. zu § 136 RegE

44 *Obermüller-Werner-Winden*, a. a. O., 114

44aBegr. zu § 135 Abs. 9 RegE

und Ordnungsprinzipien aber nicht ausgeschlossen. Diesem immanenten Gewaltenteilungsprinzip widerspricht das Verwaltungsstimmrecht, indem es durch Einschaltung eines nur scheinbar zusätzlichen Organs in Wirklichkeit zu einer Nivellierung innergesellschaftlicher Zuständigkeiten führt.

2. Zur Zweckmäßigkeit eines Verwaltungsstimmrechts

Auf strukturelle Unterschiede zwischen amerikanischem und deutschem Aktienrecht, die sich gerade auch für das Verwaltungsstimmrecht auswirken, ist schon hingewiesen worden. Zwei Überlegungen gilt es indessen noch nachzutragen:

Das amerikanische proxy-System war eine technische Notwendigkeit, da ein bestimmtes Quorum in der Aktionärsversammlung der corporation erreicht sein mußte.[44b] Da das amerikanische Recht eine strikte Gewaltenteilung nicht kennt, lag es nahe, der Verwaltung selbst die Stimmrechtsausübung zu überlassen. Diese Entwicklung wurde zudem dadurch begünstigt, daß den Banken in den USA in diesem Bereich längst nicht die Bedeutung zukommt wie in Deutschland, wo sie von Anfang an in die Stimmrechtsvertretung eingeschaltet waren. Bestand in den Vereinigten Staaten gerade ein Bedürfnis für die Einbeziehung eines der Verwaltung nahestehenden proxy-committee, so hat sich das Bankenstimmrecht in Deutschland trotz mancherlei Kritik im wesentlichen bewährt. Ein Bedürfnis, das Depotstimmrecht der Kreditinstitute zugunsten eines Verwaltungsstimmrechts abzulösen, besteht daher überhaupt nicht. Im übrigen hat sich in den USA eine sehr bedenkliche Praxis mehr und mehr durchgesetzt. Es steht dem Unternehmen nämlich frei, auf eine proxy-solicitation einfach zu verzichten. Eine große Anzahl von Gesellschaften[44c] praktiziert dies, so daß sich dann wieder die ursprüngliche Frage nach Erreichung des Quorum in der Aktionärsversammlung stellt.

Mit der gesetzlichen Regelung der Stimmrechtsausübung durch Dritte hat das geltende Aktiengesetz aus wohlerwogenen Gründen an die guten Erfahrungen mit dem Bankenstimmrecht aus früherer Zeit angeknüpft. Zwar sind die Kreditinstitute angesichts ihrer eigenen Geschäftspolitik kein völlig außenstehender Dritter; Unternehmens-, Banken- und Aktionärsinteresse werden aber oft übereinstimmen. Das Kreditinstitut ist indessen — und hierin ist der grundlegende Unterschied zu einem Verwaltungsstimmrecht begründet — kein Gesellschaftsorgan. Mag auch das Bankenstimmrecht problematisch sein, wenn es um die Entscheidung divergierender Interessen — beispielsweise Dividendenpolitik — geht, so sind die Kreditinstitute doch aufgrund ihrer Sachkunde zur Beratung und Unterstützung des Aktionärs besonders geeignet. Zu Recht

44b *Wiethölter*, a. a. O., 249
44c *Wiethölter*, a. a. O., 256

wird dieses zwischen Bank und Kunden bestehende Vertrauensverhältnis[44d] bei der Legitimation der Stimmrechtsausübung durch die Kreditinstitute genannt. Ein echter Interessenkonflikt ist hier weit seltener denkbar als bei der Ausübung des Stimmrechts durch die Verwaltung des Unternehmens selbst. Das Bankeninstitut läßt im übrigen die innergesellschaftliche Zuständigkeitsverteilung unberührt — und dieser Hinweis ist mehr als ein nur formalistisches Argument.

Eine echte Alternative zur Stimmrechtsausübung durch Kreditinstitute besteht nicht. Die Schaffung eines staatlichen Aktienamtes wurde zu Recht als mit unserer Wirtschaftsordnung unvereinbar abgelehnt. Es geht somit einzig darum, vorhandene Machtpositionen, die mit der jeweiligen Kompetenz gegeben sind, nicht etwa abzubauen, sondern im Interesse sämtlicher Beteiligter zu kontrollieren. Jede „Aktionärsdemokratie" ist daher daran zu messen, wie diese gegenseitige Überwachung im gesellschaftlichen Kräftespiel funktioniert. Von hieraus erweist sich auch der Einwand, die Banken würden sich mittels der Stimmrechtsvollmacht einen ihnen gemäßen Aufsichtsrat bestellen, als wirklichkeitsfremd. Die Praxis zeigt, daß es im Rahmen des gegenseitigen Wettbewerbs auch eine Kontrolle der Banken untereinander gibt, die ein wirksames Korrektiv gegen eine einseitig orientierte Geschäftspolitik der Kreditinstitute darstellt. Zudem sind die Banken selbst naturgemäß stark daran interessiert, daß ihre Kunden mit den verkauften Wertpapieren zufrieden sind. Schon dieses geschäftliche Interesse setzt ein Limit gegenüber einer allzu egoistischen Ausnutzung der Stimmrechtsvollmacht.

Eine Veränderung der ökonomischen und gesellschaftspolitischen Voraussetzungen, auf denen die derzeitige Regelung beruht, ist nicht eingetreten. Die Nachteile, die das amerikanische proxy-System durch Aufhebung der innergesellschaftlichen Kompetenzaufteilung mit sich bringt, konnten in der Praxis auch durch echte Vorteile nicht ausgeglichen werden.[45] Zwar ist es in den Vereinigten Staaten gelungen, durch die Proxy-Rules ein gewisses Korrektiv zu garantieren; das Verwaltungsstimmrecht vermochte aber nicht, die Macht der Verwaltungsspitze wirklich einzuschränken.[46]

Eine Übernahme dieses amerikanischen Systems würde in Deutschland auch zudem dadurch außerordentlich erschwert, daß die Aktien hier regelmäßig Inhaberaktien sind. Schon daran scheitert die unmittelbare Kontaktaufnahme zwischen Gesellschaft und Aktionär, die der proxy gerade ihre besondere Effektivität verleiht.[47] Man kann auch das proxy-

---

44d *Möhring*, Die Ausübung des Stimmrechts durch Kreditinstitute, a. a. O., 98 ff.

45 Kritisch und sehr eingehend zu diesem Problem *von Hippel*, Zur Problematik des Aktionärsstimmrechts, a. a. O., 1081 ff.; ferner *Immenga*, Verwaltungsvollmacht oder Bankenstimmrecht?, Blick durch die Wirtschaft vom 6. 8. 1969, S. 5

46 Zu kritischen Stimmen vgl. *von Hippel*, a. a. O., 1085, Anm. 23–28

47 Eine kurze Übersicht über die Rechtslage in Frankreich, das ebenfalls eine Verwaltungs-Vollmacht – in Form des Blankomandats – kennt, gibt *von Hippel*, a. a. O., 1086

System nicht isoliert nur als eine Frage nach der Zulässigkeit des Verwaltungsstimmrechts sehen. Die Stimmrechtsausübung durch die Unternehmensverwaltung ist nur ein Teilaspekt weitreichender Zusammenhänge, die Hand in Hand mit dem Verwaltungsstimmrecht gehen, dieses voraussetzen oder durch dieses bedingt sind.[48]

Unterrichtungspflicht und Kontrollfunktion der Aktionäre korrespondieren miteinander.[49] Um dem vom Regierungsentwurf genannten Ziel, „die Verwaltung der Gesellschaft mehr als bisher unter die Kontrolle der Aktionäre zu stellen",[50] gerecht zu werden, muß daher an dieser grundsätzlichen Funktion der Hauptversammlung festgehalten werden. Es ist ein Vorzug der geltenden Regelung, daß bei der Stimmrechtsausübung durch Kreditinstitute eine weitere Institution eingeschaltet wird und nicht etwa ein schon beteiligtes Organ mit zusätzlichen, dann aber notwendigerweise divergierenden Kompetenzen betraut wird. Zudem fällt ins Gewicht, daß eine Information nach deutschem Aktienrecht gemäß §§ 125, 128 AktG voll gewährleistet ist. In den USA ist die Verwaltung dagegen nicht verpflichtet, ein proxy-statement der Opposition zu verschicken. Der nach geltendem Aktienrecht erwünschte Informationsfluß wird nach dem amerikanischen proxy-System somit gerade nicht erzielt.

IV. Ergebnis

Zusammenfassend läßt sich damit zu der eingangs gestellten Frage nach Zulässigkeit und Zweckmäßigkeit eines Verwaltungsstimmrechts sagen: eine Stimmrechtsausübung durch die Unternehmensverwaltung oder ein durch sie beeinflußtes proxy-committee widerspricht der im deutschen Aktiengesetz zugrunde gelegten innergesellschaftlichen Gewaltenteilung. Die Einführung eines Verwaltungsstimmrechts wäre zudem nicht opportun, da die Banken nach der zur Zeit geltenden Regelung die Aufgabe einer Repräsentation in der Hauptversammlung nicht anwesender Gesellschafter voll erfüllen. In Verbindung mit den §§ 125, 128 AktG ist außerdem eine weitgehende Information der Aktionäre gerade auch über Oppositionsvorschläge gewährleistet.

---

48 Eine eindringliche Schilderung gibt *von Falkenhausen*, Die AG 1960, 122 ff.

49 Vgl. auch *Mestmäcker*, Verwaltung, Konzerngewalt und Rechte der Aktionäre, 1958, 93 f.; *Möhring*, Die Ausübung des Stimmrechts durch Kreditinstitute, a. a. O., 106 ff.

50 BT-Drucksache IV/171, 157 f.

ZUR VERANTWORTUNG DES VORSTANDES NACH § 76 ABS. 1 AKTG 1965

FRITZ RITTNER

I.

§ 76 Abs. 1 AktG 1965 ist ebenso wie sein unmittelbarer Vorgänger, § 70 Abs. 1 AktG 1937, aus einer Gesetzgebungsarbeit hervorgegangen, an der Ernst Gessler wesentlich, wenn auch mit verschiedener Verantwortung, beteiligt war.[1] Schon aus diesem Grunde dürften als bescheidene Gabe für den Jubilar einige Gedanken nicht fehl am Platze sein, die sich um die wissenschaftlichen und die praktischen Probleme der beiden Bestimmungen bemühen.

1. *§ 70 Abs. 1 AktG 1937* wird zu den schöpferischen legislatorischen Leistungen gezählt, an denen das deutsche Aktienrecht besonders reich ist. Noch die Entwürfe des Reichsjustizministeriums von 1930 und 1931 hielten am Text des § 231 HGB fest, der im wesentlichen bereits in Art. 227 ADHGB enthalten war. Wer auf den preußischen Entwurf von 1857 zurückgeht,[2] findet freilich dort in der Vorschrift, aus der Art. 227 ADHGB gebildet wurde, zu seiner Überraschung einen Satz, der an § 70 Abs. 1 AktG 1937, § 76 Abs. 1 AktG 1965 erinnert (Art. 193 Abs. 1, 1. Halbsatz):

> „Die Geschäfte der Gesellschaft werden durch einen nach Inhalt des Gesellschaftsvertrags bestellten Vorstand verwaltet."[3]

Mag auch alles Einzelne verschieden sein, so bleibt doch als Gemeinsames der durch genau achtzig Jahre voneinander getrennten Bestimmungen festzuhalten, daß sie etwas über die Aufgabe oder die Funktion des Vorstandes besagen, während alle Gesetze und Entwürfe der Zwischenzeit sich an dieser Stelle nur zur Frage der „Vertretung" äußern.[4]

---

1 Zum AktG 1937 vgl. *Gessler,* Vorstand und Aufsichtsrat nach dem neuen Aktiengesetz, JW 1937, 497 ff.

2 Entwurf eines Handelsgesetzbuchs für die Preußischen Staaten, 1857

3 Vorbild des Art. 193 Pr. Entw. war Art. 31 Code de Commerce von 1807: „Elle est administrée par des mandataires à temps ..."; vgl. dazu auch die Motive zum Pr. Entw. S. 95.

Zur Entstehung des Art. 227 ADHGB vgl. des näheren Nürnberger Protokolle, S. 346 f., 1056; danach läßt sich nicht mehr genau ermitteln, aus welchen Gründen der erste Halbsatz des Art. 193 Abs. 1 Pr. Entw. entfiel.

4 Und über die andere „Seite der Sache, die mindestens ebenso wichtig ist, mit Stillschweigen hinweg(gehen)", wie *Brodmann,* Aktienrecht, 1928 § 231 HGB Anm. 1b zu Recht bemerkt.

Dem Gesetzgeber des Jahres 1937 ging es jedoch nicht so sehr darum, einen Gedanken seiner Vorläufer wieder aufzunehmen und überhaupt etwas über die Funktion des Vorstands innerhalb der Gesellschaft festzulegen. Er zielte vielmehr auf den Inhalt der Funktionsbestimmung ab: für „die Leitung der Gesellschaft und damit die Geschäftsführung" sollte künftig grundsätzlich allein der Vorstand zuständig sein.[5] § 70 Abs. 1 AktG 1937 enthält insoweit mithin eine inhaltlich präzisierte Funktionsbestimmung für den Vorstand.[6]

2. *§ 76 Abs. 1 AktG 1965* hat zwar die Funktionsbestimmung des § 70 Abs. 1 AktG 1937 übernommen, nicht jedoch die Richtlinienbestimmung: „so (zu leiten), wie das Wohl des Betriebes und seiner Gefolgschaft und der gemeine Nutzen von Volk und Reich es fordern."[7] Das geschah bewußt.[8] Dennoch geht das Schrifttum davon aus, daß „aus der Streichung der (Richtlinien-)Bestimmung . . . nicht auf eine Änderung des bisherigen Rechtszustandes geschlossen werden" dürfe.[9]

Daraus ergibt sich das erste Problem: kann wirklich davon gesprochen werden, daß der bisherige Rechtszustand weitergilt, wenn der Gesetzgeber — bewußt — einen Rechtssatz so wesentlich geändert hat?

3. § 76 Abs. 1 AktG 1965 bietet, auch von dieser Frage abgesehen, in

---

Diese sich zu Unrecht ganz auf die Teilnahme der Gesellschaft am Zivilrechtsverkehr beschränkende Blickrichtung dominiert übrigens bei uns bis heute. So begnügt sich der Referentenentwurf eines GmbH-Gesetzes von 1969 (§ 60) mit einer nur unwesentlich modifizierten Übernahme des § 35 Abs. 1 GmbHG; über die Aufgaben oder die Funktion der Geschäftsführer wird im übrigen nichts bestimmt. Vgl. dazu schon *Scholz*, Kommentar zum GmbHG, 4. Aufl. 1960, § 35 Anm. 3: „Die Geschäftsführungsbefugnis ... wird vom Gesetz als selbstverständlich vorausgesetzt". Allein der – inzwischen längst überholte – Referentenentwurf eines Genossenschaftsgesetzes vom 23. Februar 1962 schloß sich dem aktienrechtlichen Vorbild an. Sein § 51 Abs. 1 lautete: „Der Vorstand hat die Gesellschaft unter eigener Verantwortung zu leiten." Die Begründung zum Referentenentwurf bringt nur einen Hinweis auf § 73 Abs. 1 des damals vorliegenden Regierungsentwurfs eines Aktiengesetzes.

5 Vgl. Amtl. Begründung zum AktG 1937, Vorbem. vor § 70

6 *Harry Westermann*, Die Verantwortung des Vorstandes der Aktiengesellschaft. Freundesgabe für Vits, 1963, S. 251 ff., 252, nennt sie „Leitungs- und Verantwortungsklausel" und nimmt damit die inhaltliche Präzisierung mit hinein.

7 *Westermann*, a. a. O., S. 252 bezeichnet sie als „Gemeinwohlklausel". Damit wird der Inhalt der Bestimmung möglicherweise verkürzt wiedergegeben. Westermann selbst schränkt später den Begriff auf die Klausel vom „gemeinen Nutzen von Volk und Reich" ein (S. 260). Wir ziehen den Ausdruck „Richtlinienbestimmung" aber vor allem deswegen vor, weil er es ganz auf die Funktion abstellt und alle inhaltlichen Fragen offen läßt.

8 Vgl. den Regierungsentwurf (§ 73) und seine Begründung. In den Ausschüssen wurde vorgeschlagen, an Stelle der Richtlinienbestimmung einen neuen Paragraphen einzufügen und in ihm zu bestimmen, daß die Gesellschaft das Unternehmen unter Berücksichtigung des Wohls seiner Arbeitnehmer, der Aktionäre und der Allgemeinheit zu betreiben hat, doch auch ohne Erfolg; vgl. dazu des näheren unten II 1 a.

9 So *Baumbach-Hueck*, Aktiengesetz, 13. Aufl. 1968, § 76 Anm. 1; ähnl. *v. Godin-Wilhelmi*, Aktiengesetz, 3. Aufl. 1967, § 76 Anm. 5 1. u. 2. Abs.; *Mertens*, Kölner Kommentar, 1970, § 76 Anm. 5; sowie *Würdinger*, Aktienrecht, 2. Aufl. 1966, S. 118 f., der das Problem freilich nicht anspricht; etwas zurückhaltend *Duden*, Über Unternehmensziele, Festschrift für Kunze, 1969, S. 127 ff., 133.

seiner praktischen Anwendung *wenig Halt für den Rechtssuchenden:* Darf der Vorstand Spenden an politische Parteien, an staatsbürgerliche Vereinigungen, an wissenschaftliche oder soziale Organsationen oder zugunsten der Opfer bestimmter Naturkatastrophen (im Inland oder auch im Ausland) erbringen? Darf der Vorstand einzelne sportliche Veranstaltungen durch Stiften von Preisen oder ähnliche Maßnahmen unterstützen, im Rahmen der Entwicklungshilfe Geräte aus der eigenen Produktion oder auch andere Gegenstände, etwa eine ganze Schule, schenken, zugunsten eines Museums Kunstwerke oder zugunsten eines Zoologischen Gartens Tiere kaufen? Darf der Vorstand Aktien, die er für die Gesellschaft gekauft hat, an Arbeitnehmer des Unternehmens verschenken oder Werte einer ausländischen Tochtergesellschaft zuführen, um inländische Steuern zu sparen? Darf der Vorstand (etwa einer Bank) ein gesamtwirtschaftlich bedeutendes Unternehmen sanieren, obwohl das Engagement der Gesellschaft auf absehbare Zeit keinen Nutzen bringen wird, darf er eine vom Markte her mögliche Preiserhöhung unterlassen, um einem erklärten Wunsch der Bundesregierung zu entsprechen?

Viele dieser Fragen lassen sich auch als Gebote an den Vorstand formulieren: Hat er, wie es etwa im Frühjahr 1962 für den Vorstand des Volkswagenwerks praktisch wurde, eine Preiserhöhung aus (angeblich?) gesamtwirtschaftlichen Gründen zu unterlassen; hat er einen neuen Betrieb in ein Entwicklungsgebiet zu legen anstatt in einen vom Landesentwicklungsplan weniger empfohlenen Verdichtungsraum, hat er — wenigstens in jedem Geschäftsjahr einmal — eine „freiwillige“ Sozialleistung zugunsten der Belegschaft zu erbringen?

Obwohl die Fragen zur täglichen Praxis der Vorstände[10] gehören, und obwohl die Richtlinienbestimmung des § 70 Abs. 1 AktG 1937 fast dreißig Jahre gegolten hat, bringt die Judikatur nahezu nichts.[11] Im Schrifttum hat, von den einschlägigen Bemerkungen in Kommentaren und Lehrbüchern abgesehen, nur Harry Westermann das Problem — für § 70 Abs. 1 AktG 1937 — gründlicher behandelt.[12] Dementsprechend groß

10 Hin und wieder auch der Hauptversammlungen: So wurde in der ordentlichen Hauptversammlung der Deutschen Bank AG am 15. Mai 1970 beanstandet, daß die Gesellschaft dem Stifterverband für die deutsche Wissenschaft anläßlich ihres Jubiläumsjahrs 10 Mio DM gespendet hatte.

11 Der BGH hat, soweit ersichtlich, nur einmal ganz knapp die Frage berührt: In dem Urteil des II. Zivilsenats vom 30. März 1967 - II ZR 245/63 - (NJW 1967, 1462 = LM Nr. 5 zu § 112 AktG) heißt es, daß die (beklagte) Aktiengesellschaft darin recht habe, daß sie „an die staatsbürgerliche Vereinigung Spenden leisten dürfte“ (a. a. O. nicht mit abgedruckt). Vgl. auch das Urteil des OLG Hamburg als Berufungsinstanz in derselben Sache (Die AG, 1964, 45).

12 In der bereits zitierten Abhandlung: Die Verantwortung des Vorstandes der Aktiengesellschaft. Freundesgabe für Vits, 1963, S. 251 ff. - Die Arbeit (Dissertation?) von *Golling*, Sorgfaltspflicht und Verantwortlichkeit der Vorstandsmitglieder für ihre Geschäftsführung innerhalb der nicht konzerngebundenen Aktiengesellschaft, 1969, berührt unser Thema kaum. *R. Goldschmidt*, Die zivilrechtliche Verantwortlichkeit der Verwaltungsmitglieder der Aktiengesellschaft, ZHR 113 (1950) 33 ff. bringt zu dem Fragenkomplex nichts.

ist die Rechtsunsicherheit. Selbst für § 70 Abs. 1 AktG 1937 werden durchaus entgegengesetzte Auffassungen vertreten: Während der Großkommentar (W. Schmidt u. Meyer-Landrut) lehrt: „Übergeordnet ist in jedem Falle das Gemeinwohl"[13], meint Leo: „das Interesse der Gesellschaft muß die oberste Richtschnur der Geschäftsführung sein."[14] Eine verbindliche Rangfolge innerhalb der Wertetrias des § 70 Abs. 1 AktG 1937 hat sich bisher nicht finden lassen. Wenn dieser Rechtszustand unter dem AktG 1965 weitergehen soll,[15] obgleich die allein maßgebliche Bestimmung nunmehr erheblich anders lautet, kann man noch weniger an Rechtsklarheit erwarten.

II.

Die Frage der — in § 76 Abs. 1 AktG 1965 nicht übernommenen — *Richtlinienbestimmung*[16] bleibt mithin als erste gestellt: Gilt dieser Teil des § 70 Abs. 1 AktG 1937 trotzdem in irgendeiner Weise weiter? Gibt es vielleicht andere Bestimmungen, die der Aktiengesellschaft oder ihrem Vorstand Richtlinien für ihr Verhalten vorschreiben?

1. Als *Auslegungsfrage des § 76 Abs. 1 AktG 1965* ist sie nicht anders zu beantworten als mit dem Satz: so deutlich wie in dem ersatzlosen Streichen einer Rechtsnorm (oder eines Rechtsnormteils) kann der Gesetzgeber seinen Willen zur Änderung kaum manifestieren.

a) Dieses zunächst aus dem schlichten Wortlaut(-vergleich) zu gewinnende Ergebnis wird durch die *Entstehungsgeschichte* bestätigt. Während noch der Referentenentwurf an der Richtlinienbestimmung festhielt, ihr sogar eine „Aktionärsklausel" hinzufügen wollte,[17] erklärte der Regierungsentwurf eine solche Bestimmung für entbehrlich: daß der Vorstand die Belange der Aktionäre und der Arbeitnehmer sowie auch der Allgemeinheit zu berücksichtigen habe, verstehe sich von selbst.[18]

Das Plenum und die Ausschüsse des Bundestages haben eine noch wesentlich deutlichere Entscheidung getroffen. Sie haben sich nämlich überhaupt nicht mehr mit einer Richtlinienbestimmung für den Vorstand (nach Art des § 70 Abs. 1 AktG 1937) beschäftigt, sondern mit einer ganz anderen Frage. Es sollte eine besondere Vorschrift des Inhalts in das Gesetz eingefügt werden, daß „die *Gesellschaft* das Unternehmen

---

13 Großkommentar zum Aktiengesetz, 2. Aufl. 1961, § 70 Anm. 11

14 *H.-Chr. Leo,* Der Schutz der Aktionärsinteressen durch den Vorstand nach geltendem Aktienrecht, Die AG 1957, 152 ff., 156

15 Vgl. ob. zu FN 9

16 *Duden,* Über Unternehmensziele, a. a. O. S. 132 f. spricht von einer „imperativen Zielvorschrift", nimmt damit aber ein bestimmtes – und keineswegs unbestrittenes – Auslegungsergebnis zum Teil vorweg.

17 Referentenentwurf eines Aktiengesetzes, 1958, § 71 Abs. 1: „Der Vorstand hat unter eigener Verantwortung die Gesellschaft so zu leiten, wie das Wohl des Unternehmens, seiner Arbeitnehmer und der Aktionäre sowie das Wohl der Allgemeinheit es fordern."

18 Begründung zum Regierungsentwurf, § 73

unter Berücksichtigung des Wohls seiner Arbeitnehmer, der Aktionäre und der Allgemeinheit (zu) betreiben" hat.[19] Die Mehrheit in den Ausschüssen hielt indes eine solche Vorschrift für „überflüssig". Der Antrag wurde in der 2. Lesung des Gesetzes im Bundestag wiederholt, aber ebenfalls abgelehnt.[20] Der „historische Gesetzgeber", soweit er sich im Ausschußbericht und in den Plenardebatten des Bundestages manifestiert, dachte mithin gar nicht mehr an eine Richtlinienbestimmung für den Vorstand, wie das AktG 1937 sie in seinem § 70 Abs. 1 enthielt. Er hat sich auch mit keinem Wort darüber geäußert, daß eine solche Bestimmung „selbstverständlich" oder „überflüssig" wäre. Alle dahin gehenden Äußerungen beziehen sich auf den beantragten § 72 a. Der Unterschied zwischen den beiden Bestimmungen ist übrigens zu groß, als daß man diese Äußerungen zugleich auf die Richtlinienbestimmung des § 70 Abs. 1 AktG 1937 beziehen und damit den hierauf gerichteten Äußerungen in der Begründung zum Regierungsentwurf[21] sachlich gleichstellen könnte. In der Begründung des Antrags durch den Abg. Dr. Reischl kommt das vielleicht noch nicht hinreichend zum Ausdruck.[22] Aber jeder Blick in die Interpretationsversuche des § 70 Abs. 1 AktG 1937 genügt, um zu sehen, wie sehr sich der gescheiterte § 72 a von seinem vermeintlichen Vorbild unterschieden hätte.

b) Über die *mögliche Funktion* des beantragten § 72 a bestand bei den parlamentarischen Beratungen allerdings neben politischen Meinungsverschiedenheiten auch mancherlei Unklarheit in der Sache. Sie kulminiert in einigen schwerwiegenden Irrtümern, die z. T. in die nachfolgende Literatur eingedrungen sind[23] und deswegen der Korrektur bedürfen.

So war die Mehrheit in den Ausschüssen der Ansicht, es ergebe sich bereits aus § 396 AktG 1965, daß „jede Aktiengesellschaft, auch wenn ihre Tätigkeit auf die Erzielung eines Gewinns gerichtet sei, sich in die Gesamtwirtschaft und in die Interessen der Allgemeinheit einfügen müsse".[24] Sie hat dabei offensichtlich übersehen, daß § 396 AktG u. a. eine Gefährdung des Gemeinwohls *„durch gesetzwidriges Verhalten"* der Verwaltungsträger voraussetzt, während der beantragte § 72 a Richtlinien — für das Betreiben des Unternehmens — *innerhalb* der Gesetze geben

19 Ausschußbericht; vgl. *Kropff*, Aktiengesetz, 1965, S. 97. Hervorhebung hinzugefügt.

20 Deutscher Bundestag 4. WP. 184. Sitzung vom 19. Mai 1965, S. 9217 f. Beantragt war, einen § 72 a (vor dem „Ersten Abschnitt Vorstand") unter der Überschrift „Gesellschaft und Unternehmen" einzufügen:

„Die Gesellschaft hat das Unternehmen unter Berücksichtigung des Wohles seiner Arbeitnehmer, der Aktionäre und der Allgemeinheit zu betreiben".

21 Vgl. ob. bei FN 18

22 Der Abg. Dr. Reischl betonte freilich, daß der „Antrag sich von der damaligen Fassung ganz erheblich unterscheidet", ohne das jedoch näher auszuführen; Dt.BTag, a. a. O., S. 9217 C

23 So z. B. *v. Godin-Wilhelmi*, a. a. O., § 76 Anm. 5 2. Abs.

24 Ausschußbericht, a. a. O. S. 98. Der Ausschußbericht hätte übrigens mit wenigstens demselben Recht noch auf § 241 Nr. 3 und auf § 256 Abs. 1 Nr. 1 AktG hinweisen können.

sollte. Ganz ähnlich argumentierte offenbar die Mehrheit, als es um das „Wohl der Arbeitnehmer" ging: dessen Beachtung ergebe sich „aus einer Vielzahl von Rechtsvorschriften . . . (Kündigungsschutzgesetz, Schwerbeschädigtengesetz, Betriebsverfassungsgesetz, Unfallverhütungsvorschriften)"[25]: Dazu, daß diese allgemein geltenden Gesetze des Arbeitsrechts von der Aktiengesellschaft respektiert werden, bedarf es gewiß keiner Richtlinienbestimmung. Der Raum für eine solche Vorschrift, welche Funktionen im einzelnen ihr auch zugedacht sein mögen, beginnt erst dort, wo die Vorschriften des zwingenden Rechts enden und die Aktiengesellschaft sich an der freien Gestaltung beteiligt. Dort liegen auch sämtliche praktischen Probleme, die zu dem Thema anstehen, und nicht in der Konkretisierung der allgemeinen Pflicht zum Gehorsam gegen die Gesetze.

Diese Bezugnahmen (im Ausschußbericht) waren mithin durchaus ungeeignet, die angebliche Entbehrlichkeit und mangelnde „rechtliche Substanz" der beantragten Richtlinienbestimmung zu begründen. Als tragfähiger Grund, eine solche Bestimmung abzulehnen, bleibt innerhalb der Materialien, von der eher sekundären Frage der „Reihenfolge" der verschiedenen Interessen abgesehen,[26] nur der Gedanke, daß der Grundsatz des sozialen Rechtsstaats (oder der sozialen Bindung des Eigentums) das rechtspolitische Problem bereits gelöst habe.[27] Doch die Tragweite dieses Gedankens wurde, nach den Materialen zu urteilen, nicht erkannt: er führt zwangsläufig aus dem Aktienrecht heraus. Denn sowohl die beantragte Richtlinienbestimmung (§ 72 a) wie jene Gegenposition können sich nicht auf die Aktiengesellschaft beschränken. Die Forderung an den Unternehmensträger, das Unternehmen unter Berücksichtigung des Wohls seiner Arbeitnehmer und auch der Allgemeinheit zu betreiben, gilt, wenn sie für die Aktiengesellschaft selbstverständlich ist, ebenso selbstverständlich für alle anderen Unternehmen(-sträger). Ist sie aber nicht selbstverständlich, so müßte sie auch in andere einschlägige Gesetze aufgenommen werden.

c) Aus alledem folgt: *Eine (Sonder-)Vorschrift des Aktienrechts, wie sie § 70 Abs. 1 AktG 1937 in der Richtlinienbestimmung enthielt, gibt es nicht mehr.* Sofern von dem Rechtsgedanken dieser Bestimmung etwas weitergelten sollte, kann es nur auf anderen Normen, und zwar auf allgemeinen Normen, namentlich des Verfassungsrechts, beruhen. Die verbreitete Meinung, nach der sich am „bisherigen Rechtszustand" nichts geändert habe,[28] läßt sich daher nicht länger halten. Sie verdeckt nur zwei andere Probleme: Zum einen die Frage nach einer allgemeinen (aber noch nicht positivierten) Richtlinienbestimmung, die eben nicht nur für die

---

25 Ausschußbericht, a. a. O.

26 Vgl. dazu bes. Abg. Dr. Wilhelmi in der 184. Sitzung, a. a. O., S. 9218 A f.; daneben auch den Ausschußbericht

27 So namentlich der Abg. Dr. Aschoff, a. a. O., S. 9218 D; im Ausschußbericht findet sich nur eine auf das Wohl der Arbeitnehmer beschränkte, inhaltlich zudem wenig präzise Bemerkung.

28 So z. B. ausdrücklich *Baumbach-Hueck*, a. a. O. *Mertens*, a. a. O.; der Sache nach ebenso die Begründung zum Regierungsentwurf (zu § 73 Abs. 1 RegEntw.).

Aktiengesellschaft (und ihren Vorstand), sondern für jedes Unternehmen (und seine Leitung)[29] [30] Geltung hat. Zum andern die Frage, ob und inwieweit der Vorstand einer Aktiengesellschaft auf das Wohl der Arbeitnehmer, auf das gemeine Wohl und andere Belange Rücksicht nehmen darf oder sogar muß — und zwar allein als Problem des Innenrechts der Gesellschaft.

2. Die Frage einer *allgemeinen Richtlinienbestimmung* — für sämtliche Unternehmen,[31] gleich welcher Rechtsform, — hat man bisher in der Diskussion um § 76 Abs. 1 AktG 1965 merkwürdigerweise nicht gestellt. Dies verwundert um so mehr, als sich die Literatur zum Teil durchaus auf allgemeine Gesichtspunkte dieser Kategorie stützt. So folgert z. B. Würdinger „(allein?) aus dem in Art. 14 GG statuierten Grundsatz der sozialen Bindung des Eigentums", daß der Vorstand „in pflichtgemäßem Ermessen nicht nur die Interessen der Aktionäre zu wahren, sondern auch den Interessen der Arbeitnehmer der Gesellschaft und dem Gesamtinteresse Rechnung zu tragen (hat)".[32] Doch läßt er im unklaren, ob diese Verpflichtung nicht auch jede andere Unternehmensleitung trifft, die Geschäftsführer einer GmbH, den Vorstand einer Genossenschaft, die geschäftsführenden Gesellschafter einer Kommanditgesellschaft oder den Einzelunternehmer. Daß eine Aufgabe für die „Unternehmensleitung" je nach der Rechtsgestalt des Unternehmensträgers schon aus strukturellen Gründen verschieden sein kann (und muß), braucht kaum hervorgehoben zu werden. Würdinger sieht jedoch, wie seine weiteren Ausführungen zeigen, nur die gesellschaftsinterne Seite der Problematik — die Frage des „Dürfens", — und diese ausschließlich bei der Aktiengesellschaft, nämlich als praktische Frage zu § 84 Abs. 3 Satz 2 (grobe Pflichtverletzung) und § 93 (Sorgfaltspflicht) AktG.[33] Diese Beschränkung wird

---

29 Das war übrigens exakt das – mehr oder weniger unbewußte – caput non controversum in der parlamentarischen Auseinandersetzung am 19. Mai 1965 (vgl. oben FN 20 u. 22): Der Abg. Dr. Reischl argumentierte in der Begründung des Antrags nicht primär aktienrechtlich, sondern unternehmensrechtlich: „Unsere pluralistische Gesellschaftsordnung verlangt aber die Berücksichtigung der drei tragenden Faktoren des Unternehmens nach wie vor, nämlich der Faktoren *Kapital, Arbeit und öffentliches Interesse* . . ." (Hervorhebung im Original).

Die Abg. Dr. Wilhelmi und Dr. Aschoff auf der anderen Seite betonten, daß eben dies „selbstverständlich" sei und deshalb nicht in das (Aktien-)Gesetz gehöre, wobei Dr. Aschoff noch darauf hinwies, daß aus der im Grundgesetz begründeten „Sozialverpflichtung im sozialen Rechtsstaat . . . nicht nur die Richtung, sondern auch die Begrenzung der Verhaltensweise" sich ergäbe.

30 *Ballerstedt,* Aktienrechtsreform und Unternehmensverfassung. Zur großen Aktienrechtsreform, 1962, S. 33 ff., 36, hat mit Recht bemerkt, daß das AktG 1937 mit seiner Richtlinienbestimmung „über den eigentlichen Bereich des Gesellschaftsrechts hinaus(griff)", und die Bestimmung im Zusammenhang mit der „Entfaltung des Unternehmensrechts" gewürdigt.

31 Genauer: für die Unternehmensträger; vgl. dazu *Rittner,* Die handelsrechtliche Publizität außerhalb der Aktiengesellschaft, 1964, S. 1 FN 1 sowie *ders.,* Die Funktion des Eigentums im modernen Gesellschaftsrecht, Marburger Gespräch über Eigentum – Gesellschaftsrecht – Mitbestimmung, 1967, S. 50 ff., 54

32 *Würdinger,* a. a. O., S. 119

33 *Würdinger,* a. a. O.

jedoch dem von Würdinger selbst an die Spitze gestellten Grundsatz (Art. 14 GG) keinesfalls gerecht: die Sozialbindung des unternehmerischen Verhaltens zwingt auch zu der Frage des Sollens, und zwar für jeden Unternehmensträger.

a) Die Geltung einer allgemeinen Richtlinienbestimmung für sämtliche Unternehmen folgt *unmittelbar aus der Verfassung:* Das soziale Gebot des Art. 14 Abs. 2 GG und die Sozialstaatsklausel stellen an den Unternehmensträger eher höhere Anforderungen als an jeden anderen Bürger, jedenfalls Anforderungen, die mit der gesamtwirtschaftlichen Bedeutung des Unternehmens in einem engen Bezug stehen.[34]

Für Bedeutung und Inhalt einer solchen allgemeinen Richtlinienbestimmung gibt es nur sehr wenige Anhaltspunkte. Die Judikatur hat so gut wie kein Material geliefert.[35] Die verfassungsrechtliche Literatur verharrt durchweg auf einer wenig ergiebigen Abstraktionshöhe.[36] Die aktienrechtliche Literatur bringt ebenfalls wenig Konkretes. Dennoch vermag sie das meiste beizutragen, da immerhin für ihren Bereich eine — wenn auch ihrer Funktion nach recht unklare und umstrittene — Richtlinienbestimmung fast dreißig Jahre lang geltendes Recht war.

Das ursprüngliche Verständnis des § 70 Abs. 1 AktG 1937 braucht allerdings heute nur noch als Warnung vor einer ihre Grenzen weit überschreitenden Staatsmacht zitiert zu werden.[37] Westermann hat im einzelnen nachgewiesen, daß die Bestimmung „in dieser Form und in dieser Absicht" der Wirtschafts- und Rechtsauffassung eines totalitären Staats angehört und daher in der Rechtsordnung des Grundgesetzes keine (derartige) Bedeutung beanspruchen kann.[38]

b) Innerhalb dessen, was verfassungsrechtlich zugelassen oder geboten ist, bleiben mehrere *Möglichkeiten des Verständnisses und der Konkretisierung.* So könnte man z. B. die Richtlinienbestimmung als einen „rechtlich unverbindlichen Appell" ansehen[39] und dabei das Schwergewicht auf die Unverbindlichkeit legen. Der Gedanke einer Rechtspflicht ohne Sank-

---

34 Vgl. dazu insbes. *Reinhardt,* Privates Unternehmen und öffentliches Interesse. Festschrift für Hueck, 1959, S. 439 ff., S. 439 f. *Ballerstedt,* Wirtschaftsverfassungsrecht, Die Grundrechte, Bd. III 1, S. 79

35 Auch das BVerfG kommt über allgemeine Wendungen nicht hinaus, vgl. etwa das Feldmühle-Urteil, BVerfGE 14, 263, 282

36 VVDStRL Heft 22 (1965) mit Berichten und Diskussion über das Thema „Staatsaufsicht in Verwaltung und Wirtschaft". *E. Stein,* Die Wirtschaftsaufsicht, 1967, S. 41 ff.

37 Vgl. namentlich die Erläuterung bei *Schlegelberger-Quassowski,* § 70 Anm. 5: das neue Recht stelle „für die Leitung der Gesellschaft eine *oberste Richtschnur* auf, die auf dem nationalsozialistischen Grundsatz, daß Gemeinnutz vor Eigennutz geht, beruht . . . Es stellt für die Leitung der Gesellschaft zwei *unabdingbare* Forderungen auf: eine *sozialpolitische* . . . und eine *wirtschaftspolitische* . . . Die Erfüllung dieser Forderungen gehört im nationalsozialistischen Staat zu den Grundpflichten des Vorstandes" (Hervorhebungen im Original). Merklich zurückhaltender übrigens *Gessler,* a. a. O., S. 498.

38 A. a. O., S. 265 f. Vgl. auch *Ipsen,* VVDStRL Heft 22 (1965) 332

39 So *Westermann,* a. a. O., S. 266, zu § 70 Abs. 1 AktG 1937. Ähnlich *Würdinger,* Aktienrecht, 1959, S. 132

tion[40] liegt indes nicht weniger fern. Als Parallelen dazu wären etwa die Pflicht der Bundestagsabgeordneten zu bedenken, „ihr Mandat nach bestem Wissen und Gewissen und mit allen Kräften zum Wohle des Ganzen zu führen“,[41] oder auch die Aufgabe der Tarifvertragsparteien zur „Ordnung und Befriedigung des Arbeitslebens“.[42] Die sozialen Komponenten der Verfassung dürften mehr für eine Lösung in dieser Richtung sprechen.[43] Der Grundsatz der Pflicht und Verantwortung gegenüber der Gemeinschaft verwirklicht sich damit in einer Weise, die der freiheitlich-sozialstaatlichen Grundordnung am ehesten gerecht wird. Dieser Grundsatz hebt sich deutlich ab von den (einzelnen) Pflichten, deren Befolgung der Gesetzgeber der Kontrolle irgendwelcher Behörden, wie etwa der Kartellbehörden oder der Behörden der speziellen Wirtschaftsaufsicht, überantwortet. Anders als diese muß die *allgemeine* Pflicht der Unternehmen (-sträger), das Wohl ihrer Arbeitnehmer und die Belange der Gesamtwirtschaft zu beachten, ohne Sanktion bleiben, soll nicht unerträglicher staatlicher Dirigismus und kleinlicher Bürokratismus das für die Gemeinschaft lebensnotwendige Phänomen der selbstverantwortlichen Entscheidung mit der Zeit austilgen. Eine durchsetzbare allgemeine Richtlinienbestimmung würde nämlich zumindest einer Art staatlicher Oberaufsicht bedürfen, wie sie der absolutistische Staat für sich beanspruchte.[44] Die Konkretisierungsaufgabe, die bei näherer Betrachtung in den Vordergrund tritt,[45] liegt aber, rechtsstaatlichen Grundsätzen entsprechend, auf der nächsten Stufe unterhalb der Verfassung dem Gesetzgeber ob. Der Gesetzgeber hat für konkret-abstrakte Problemlagen zu definieren, was er unter Gemeinwohl usw. versteht. Erst damit werden Rechtsnormen geschaffen werden, die hinreichend bestimmt und deswegen auch durchsetzbar sein können.

Auch soweit die allgemeine verfassungsrechtliche Richtlinienbestimmung nicht auf solche Weise konkretisiert wird, bleibt sie keineswegs ohne Wirkung. Der einzelne Unternehmensträger befolgt sie in vielen Situationen, ohne dazu gezwungen und häufig auch ohne sich dessen bewußt zu sein.[46] Wer nicht zu utopischen Erwartungen neigt, außerdem weniger auf die kleinen und großen Versager sieht als auf den Regelfall

40 Vgl. dazu allg. etwa *Henkel*, Einführung in die Rechtsphilosophie, 1964, S. 97 f.; *Ryffel*, Rechts- und Staatsphilosophie, 1969, S. 187 f.; aus der älteren Literatur bes. *Somló*, Juristische Grundlehre, 2. Aufl. 1927, S. 430 ff.

41 So *Hesse*, Grundzüge des Verfassungsrechts der Bundesrepublik Deutschland, 3. Aufl. 1969, § 15 IV 2

42 Vgl. BVerfGE 18, 18 (27); auch 4, 96 (107 ff.)

43 So auch *Maunz-Dürig*, Art. 14 GG Anm. 2, während *v. Mangoldt-Klein* (Art. 14 Anm. II 5, S. 415 u. V 2 c, S. 434) nur eine sittliche Verpflichtung annehmen

44 Vgl. dazu *Bullinger*, Staatsaufsicht in der Wirtschaft, VVDStRL 22 (1965) 277 ff.

45 Vgl. dazu schon *Reinhardt*, a. a. O., S. 443, 456

46 So kann man durchaus mit der Mehrheit der Ausschüsse sagen, die – zum AktG 1965 von der Minderheit vergeblich beantragte – Richtlinienbestimmung sei „in einem sozialen Rechtsstaat selbstverständlich“, darf aber nicht hinzufügen, „die beantragte Vorschrift habe keine rechtliche Substanz“; so der Ausschußbericht; vgl. *Kropff*, a. a. O., S. 98.

des Lebens, wird feststellen, daß die Rechtswirklichkeit jenem Postulat nicht so weit entfernt ist, wie manche „Kapitalismus-Kritiker" behaupten.

Den Inhalt einer solchen Richtlinienbestimmung können wir selbstverständlich hier nicht näher darlegen. Wie so vieles im Recht ist er mehr aufgegeben als vorgegeben. Für unsere Frage bleibt nur wesentlich, daß diese unmittelbar aus der Verfassung hergeleitete Richtlinienbestimmung für sämtliche Unternehmen grundsätzlich gleichermaßen gilt.

3. Die Frage einer *aktienrechtlichen Richtlinienbestimmung* muß sich demgegenüber auf die Aktiengesellschaft und ihre internen Verhältnisse beschränken. Sie betrifft die Verantwortung des Vorstands (ggf. auch des Aufsichtsrats) für bestimmte Verhaltensweisen, und zwar vornehmlich der Hauptversammlung oder den Aktionären gegenüber.

Das AktG 1965 bringt, wie gesagt, auch für diese Frage keinerlei eigene Lösung. Anders als das Problem der (allgemeinen) Richtlinienbestimmung für Unternehmensträger, das überhaupt jenseits des Aktienrechts liegt, gibt die innere Ordnung der Aktiengesellschaft jedoch hier einigen Anhalt. Denn es handelt sich sachlich in erster Linie um ein Kompetenzproblem für die Organe, das in seiner Allgemeinheit übrigens erst der strengen Funktionsabgrenzung innerhalb der Aktiengesellschaft entspringt, wie sie seit dem AktG 1937 rechtens ist: Was darf der Vorstand „in eigener Verantwortung" tun? Darum ist es auch nicht paradox, daß zur Verantwortung des Vorstands und über die Richtlinien seines Handelns (innerhalb der Gesellschaft!) etwas gesagt werden kann, bevor die Diskussion über die Verhaltensrichtlinien für die Unternehmensträger überhaupt und ihre (öffentliche!) Verantwortung in der nötigen Konkretheit erst begonnen hat. Gewiß ließen sich über jene Verantwortung leichter Ergebnisse gewinnen, wenn diese Verantwortung bereits mehr Konturen gewonnen hätte. Aber der Entwicklungsabstand zwischen dem nahezu perfekten Gesellschaftsrecht[47] und dem noch ganz zu den „werdenden Rechten" zählenden Wirtschaftsrecht[48] kann nicht in einem kurzen Anlauf überwunden werden.

Das Fehlen einer (aktienrechtlichen) Richtlinienbestimmung in § 76 Abs. 1 AktG 1965 erschwert nicht einmal die Lösung der anstehenden Fragen. Es erleichtert sie eher, indem es keinen Anlaß mehr zu den mannigfachen Zweifeln und Kontroversen gibt, die angesichts der wenig glücklichen Fassung jener Bestimmung ohnehin auf eine befriedigende Lösung nicht hoffen lassen konnten.[49]

---

47 Das legislatorisch vielleicht sogar zur Übertreibung des Perfekten neigt; vgl. kritisch etwa *Rittner,* Probleme der GmbH-Reform, 1970, S. 152 f.

48 „Wirtschaftsrecht" selbstverständlich in dem spezifisch systematischen Sinne gemeint, wie ihn vor allem *Schmidt-Rimpler,* Art. Wirtschaftsrecht, HDSW XII. Bd. 1965, 686 ff., 693 entwickelt hat; vgl. auch *Rittner,* Art. Wirtschaftsrecht, Staatslexikon, 6. Aufl. 1963 VIII. Bd., Sp. 817 ff., 821 sowie *Schluep,* Was ist Wirtschaftsrecht? in: Festschrift für Walther Hug; Bern 1968, S. 25 f., 94

49 Außer der bereits erwähnten Abhandlung von Westermann hat das Schrifttum zwar eine Vielzahl von Stellungnahmen, aber keine auch nur einigermaßen geschlossene

Da von einem Fortleben der Richtlinienbestimmungen des § 70 Abs. 1 AktG 1937 in keiner Hinsicht mehr die Rede sein kann, fällt auch jedenfalls diese Stütze für die im Schrifttum bisher tradierten Blankettermächtigungen zugunsten des Vorstands. So läßt sich z. B. die Feststellung von Baumbach-Hueck nicht mehr halten, nach der der Vorstand seine Pflicht gegenüber der Gesellschaft nicht verletzt, „wenn er eine Maßnahme ergreift, die Kosten hervorruft und dadurch den Gewinn der Gesellschaft vermindert und insofern nicht dem Vermögensinteresse der Gesellschaft und ihrer Aktionäre entspricht, *falls er diese Maßnahme aus sozialen Gründen oder im Allgemeininteresse für berechtigt halten durfte.*“[50]

Die Richtlinienbestimmung des § 70 Abs. 1 AktG 1937 hat in diesem Verständnis (als interne Vorschrift) lediglich das Verdienst, die Sachfrage verdeutlicht zu haben. Ihre Lösung hat sie nicht nur nicht gefördert, sondern nur erschwert. Denn sowohl das Problem der Rangfolge zwischen den verschiedenen Werten wie das Problem ihrer Ausschließlichkeit und wie nicht zuletzt das Konkretisierungsproblem hatte das Gesetz zwar gestellt, mußte sie aber sämtlich als unlösbar offen lassen: die Richtlinienbestimmung war bereits von ihrem Ansatz her unbrauchbar.[50a]

III.

Die Verantwortung des Vorstands, die Antwort auf die Frage, was er kraft seiner Organstellung tun darf und tun soll, ergibt sich mithin allein

---

Konzeption für diesen oder jenen Standpunkt entwickelt. So betont etwa *Spieker* (JZ 1962, 721 ff., 730), daß § 70 Abs. 1 AktG 1937 „dem Vorstand die Berücksichtigung der Belange der Arbeitnehmerschaft und des Gemeinwohls bei der laufenden Geschäftsführung zur Pflicht macht“, verrät aber nicht, wem gegenüber diese Pflicht bestehen soll. Andererseits postuliert *Leo* (Die AG 1957, 152 ff., 156 f.; vgl. auch Die AG 1960, 261 ff., 262) als Verständnis des § 70 Abs. 1 AktG 1937: „Das Interesse der Gesellschaft muß die oberste Richtschnur der Geschäftsführung sein“ und setzt das „Interesse der Gesellschaft“ dem Interesse sämtlicher Aktionäre gleich. Die Kommentare und Lehrbücher bieten eher noch weniger.

50 *Baumbach-Hueck,* a. a. O., § 76 Anm. 1 a. E.; Hervorhebung hinzugefügt. Der Satz findet sich seinem wesentlichen Gehalt nach schon in den Auflagen des Kommentars zum AktG 1937, vgl. 12. Aufl. 1965, § 70 Anm. 3 A a. E., 9. Aufl. 1956, § 70 Anm. 3 A a. E. Ähnlich wohl *Würdinger,* a. a. O., S. 119, mit dem Beispiel, daß der Vorstand „es im Interesse der Preisstabilität unterlassen hat, für seine Erzeugnisse den jeweils höchstmöglichen Preis zu erzielen.“

50a Darüber besteht, jedenfalls was die am meisten diskutierte „Gemeinwohlklausel“ angeht, weithin Einigkeit, wenn auch die Akzente variieren. Vgl. z. B. *Ballerstedt,* Untersuchungen zur Reform des Unternehmensrechts. Teil I. 1955, S. 22 ff.: der Begriff „Gemeinwohl“ entziehe sich offensichtlich jedem Versuch einer juristischen Normierung; es sei „durchaus folgerichtig, wenn § 70 AktG zwar dem Wandel der Wirtschaftsgesinnung Ausdruck gibt, daraus aber keine normativ faßbaren Folgerungen ... zieht“; *Zöllner,* Die Schranken mitgliedschaftlicher Stimmrechtsmacht bei den privatrechtlichen Personenverbänden, 1963, S. 60; *Mestmäcker,* Das Verhältnis der Wirtschaftswissenschaft zur Rechtswissenschaft. Schriften des Vereins für Socialpolitik, N. F. Bd. 33, 1964, S. 116 ff.; *Kübler,* Eigentum und Verantwortung. Schriften der

aus der ihm durch Gesetz und Satzung zugewiesenen Stellung innerhalb der Aktiengesellschaft sowie — für die einzelne Situation — aus dem Kontext der Rechtsordnung.

1. Das Gesetz überträgt dem Vorstand zwingend die *alleinige Geschäftsführungsbefugnis* der Gesellschaft (§§ 76, 77 i. V. m. §§ 111 Abs. 3, 119 AktG 1965). Daraus folgt dreierlei:

a) Der Vorstand hat die *Ziele der Gesellschaft*, so wie sie in der Satzung niedergelegt sind, *zu verwirklichen und ggf. zu konkretisieren.*[51] Sie sind im Rahmen der allgemeinen Gesetze autonom bestimmt und bestimmbar. Auch die Kontrolle über ihre Einhaltung liegt grundsätzlich in der Autonomie der Gesellschaft: der Aufsichtsrat überwacht die Geschäftsführung (§ 111 Abs. 1 AktG), die Hauptversammlung beschließt alljährlich über die Entlastung der Mitglieder des Vorstandes (§ 120 AktG), bei Pflichtverletzungen sind die Vorstandsmitglieder der Gesellschaft schadenersatzpflichtig (§ 117 AktG).

Dem Vorstand ist damit ein weiter Raum zur freien Gestaltung übertragen. Er hat selbst dann, wenn die Satzung, wie in der Praxis selten, den „Gegenstand des Unternehmens" nicht ganz präzis umreißt, das Tätigwerden der Gesellschaft im großen und im einzelnen wesentlich selbst zu bestimmen, Erfolg oder Mißerfolg zu verantworten.

Diese Stellung des Vorstands entspricht durchaus den Verhältnissen bei der Publikumsaktiengesellschaft. Der Großaktionär oder gar der Alleinaktionär sowie auch Aktionärsgruppen (etwa in einer gemischten Familiengesellschaft) neigen jedoch nicht selten dazu, die Geschäftsführung des Vorstandes — namentlich mit Hilfe des § 111 Abs. 4 Satz 2 AktG, aber auch via facti — mehr oder weniger stark einzuengen. Das führt zu Konflikten mit dem Gesetz und häufig auch zu persönlichen Auseinandersetzungen, die beide aber hier nicht näher untersucht werden können.[52]

b) Ist die Gesellschaft, wie gewöhnlich, Träger eines Unternehmens, so

---

Evangelischen Akademie in Hessen und Nassau, Heft 75, 1968, S. 16; *Duden*, Über Unternehmensziele, a. a. O., S. 133, 135; und allg. bes. *Streissler*, Zur Anwendbarkeit von Gemeinwohlvorstellungen in richterlichen Entscheidungen. Zur Einheit der Rechts- und Staatswissenschaften. Freiburger Ringvorlesung, 1967, S. 1 ff.

51 Maßgeblich ist vor allem die Bestimmung des „Gegenstandes des Unternehmens" nach § 23 Abs. 3 Nr. 2 AktG 1965. Die Vorschrift ist bemerkenswerterweise gegenüber § 16 Abs. 3 Nr. 2 AktG 1937 für „Industrie- und Handelsunternehmen" erheblich präzisiert worden, und zwar, wie die Begründung zum RegEntw. (zu § 20 2. Abs.) ergibt, um die Kompetenz der Hauptversammlung zu festigen.

52 Das Konzernrecht des AktG 1965 hat gewiß viele der angedeuteten Probleme gelöst, konnte aber trotz seiner Akribie und seines weitgespannten Programms nicht sämtliche Fragen aus der Welt schaffen. Zwischen dem Weisungsrecht, dem der Vorstand unter den Voraussetzungen des § 308 AktG unterworfen ist, und dem auch de facto weisungsfreien Vorstand einer großen Publikumsaktiengesellschaft liegt eine ganze Skala von Falltypen, die sich aber m. E. noch weniger zu gesetzlichen Regelungen eignen als das klassische Konzernverhältnis des Beherrschungsvertrages. Allen diesen Fällen gegenüber ist jedoch daran festzuhalten, daß niemand den Vorstand von seiner Verantwortung befreien kann.

umfaßt die Geschäftsführung auch *die Leitung des Unternehmens.* Das heißt vor allem: der Vorstand bestimmt kraft seiner aktienrechtlichen Kompetenz die Geschäftspolitik des Unternehmens.[53] § 76 Abs. 1 AktG 1965 braucht das nicht eigens zu sagen, weil es sich von selbst versteht.[54] Dennoch werden diese Sachzusammenhänge häufig nicht recht erkannt. So geben z. B. Godin-Wilhelmi § 76 Abs. 1 ohne weiteres mit dem Satz wieder: „der Vorstand leitet das Unternehmen . . .",[55] von der Aktiengesellschaft selbst ist nicht mehr die Rede. Was zunächst vielleicht nur als Abbreviatur gedacht war, begünstigt verhängnisvolle Fehlvorstellungen in der Sache: Dem Vorstand werden zwei unterschiedliche Funktionen zuerkannt — Leitung des Unternehmens und Leitung der Gesellschaft —, deren Verhältnis zueinander unklar bleibt und bleiben muß, solange man sie nebeneinander stellt. Daraus gewinnen endlich manche seltsamen Theorien, wie etwa die der „Personifikation des Unternehmens",[56] ihre Nahrung.

Die Funktion der Unternehmensleitung setzt dem Vorstandshandeln von selbst einigermaßen strenge Richtlinien und Grenzen. Die Daten und Signale, die von außen her kommen, von den natürlichen Gegebenheiten, von der technologischen Entwicklung, von der Konkurrenz, vom Arbeitsmarkt, von der Rechtsordnung usw., verengen den Spielraum der Vorstandsentscheidungen so sehr, daß sie sich weithin in der kreativen Reaktion erschöpfen. Auch wenn die Zielkonzeption des Unternehmens pluralistisch und individuell zugleich erscheint,[57] vermag doch kein Unternehmen sich jener Situation des permanenten Zugzwangs in weitgehender Ungewißheit zu entziehen.[58]

Solange eine Aktiengesellschaft ein Unternehmen betreibt, ist es deswegen müßig, darüber zu streiten, wessen Interessen der Vorstand primär zu verfolgen hat. Das Gedeihen des Unternehmens, des satzungsmäßigen Gegenstandes der Gesellschaft, innerhalb der Gesamtgesellschaft reicht in aller Regel als Zielpunkt aus. Dazu werden dem Vorstand ganz überwiegend Sachentscheidungen abverlangt, bei denen es gar nicht zu einer Konfrontation verschiedener Interessen kommt. Eigentliche In-

---

53 Vgl. auch § 90 Abs. 1 Satz 1 Nr. 1 AktG 1965: wenn der Vorstand nach dieser Vorschrift dem Aufsichtsrat u. a. über „die beabsichtigte Geschäftspolitik" zu berichten hat, so impliziert das, daß die Geschäftspolitik selbst ihm im vollen Umfang zusteht. Über Abweichungen in der Praxis vgl. schon bei FN 52.

54 Zum Einzelnen vgl. insbes. *Rittner,* Die Funktion des Eigentums im modernen Gesellschaftsrecht, a. a. O.

55 *Godin-Wilhelmi,* a. a. O., § 76 Anm. 4. Unklar bleibt *Westermann* (a. a. O. S. 255): „daß der Vorstand die Gesellschaft (wichtiger wohl, ihr Unternehmen) . . . zu leiten . . . hat."

56 So *Thomas Raiser,* Das Unternehmen als Organisation, 1969, insbes. S. 23, 166 ff.

57 So *R.-B. Schmidt,* Wirtschaftslehre der Unternehmung, 1969, S. 141. Vgl. auch *Heinen,* Das Zielsystem der Unternehmung, 1966, S. 46

58 So antwortete z. B. der Vorstandsvorsitzende der Bank für Gemeinwirtschaft in einem Interview: „Wir agieren genau wie kapitalistische Unternehmungen auch . . ." Der Volkswirt Nr. 27/1970, S. 19.

teressenkonflikte, die vom Vorstand zu lösen wären, sind viel seltener, als die Literatur z. T. anzunehmen scheint.[59]

c) Aufgabe des Vorstands ist es namentlich auch, alle die *Anforderungen zu erfüllen,* welche — über die einzelnen Rechtspflichten hinaus — *die Rechts- und die übrige Sozialordnung an die Gesellschaft stellen.* Das folgt vor allem daraus, daß der Vorstand die Gesellschaft weitgehend in ihrer unmittelbaren Teilnahme am Rechts- und Sozialleben repräsentiert. In die Kompetenz der anderen Organe fällt vergleichsweise nur sehr wenig an derartigen Funktionen. Denn der Vorstand bestimmt sowohl die Geschäftspolitik, wie er auch für alle Maßnahmen ihrer Durchführung zuständig ist.

aa) Jene Anforderungen erwachsen der *Aktiengesellschaft* daraus, daß sie als *Träger eines Unternehmens am Rechts- und Sozialleben teil hat.* Sie hat nicht nur im spezifisch juristischen Sinne (Rechts-)Persönlichkeit, sondern wird auch, soweit ihre körperschaftliche Natur es erlaubt, in allen anderen wesentlichen Hinsichten so behandelt und tritt so auf. Sie dankt und grüßt, sie feiert Jubiläen und gratuliert anderen, sie äußert sich zu Plänen der Stadtgemeinde und zu Vorhaben staatlicher Instanzen, sie beteiligt sich an öffentlichen Sammlungen, an gemeinschaftlichen Bildungsprojekten u. a. m. — im großen und ganzen nicht anders als etwa der Einzelunternehmer. Das in dem Personenbegriff liegende Gleichheitsmoment erklärt dieses soziale Phänomen zwanglos: von jedem Unternehmensträger wird in einer bestimmten Situation ungefähr dasselbe erwartet, gleichgültig, „wer dahinter steht". Diese untereinander gewiß recht verschiedenartigen Anforderungen muß das Gesellschaftsrecht berücksichtigen, wenn es gilt, die Aufgaben der Aktiengesellschaft und die Zuständigkeiten des Vorstands zu bestimmen. Sie sind in diesem Zusammenhang nicht minder bedeutsam als die (zivilrechtlichen) Pflichten und Rechte, auf die wohl das Rechtsgeschäftsrecht, aber nicht das Gesellschaftsrecht seinen Blick beschränken kann. Sie kommen in der traditionellen Darstellungsweise unseres Gesellschaftsrechts allerdings viel zu kurz. Diese streift höchstens noch die „Geschäftsfühung" des Vorstands, vergißt aber dabei regelmäßig zu erwähnen, daß die Kompetenz des Vorstandes eine entsprechende Aufgabe der Gesellschaft überhaupt voraussetzt.[60]

bb) Die Anforderungen, die sich so aus den gesellschaftsrechtlichen Zusammenhängen ergeben, decken sich nur teilweise mit den Pflichten — oder auch Befugnissen —, die *aus der Verfassung* (vor allem der Sozialbindung des Eigentums und der Sozialstaatsklausel) herzuleiten sind.

---

59 Mißverständlich allerdings BGHZ 15, 71, 78: „Die Pflichten der Vorstandsmitglieder erschöpfen sich nicht darin, allein die Belange des Unternehmens als solchen wahrzunehmen; sie haben sich auch den Aktionären gegenüber loyal zu verhalten." Noch problematischer ist es, wenn *Godin-Wilhelmi* (§ 76 Anm. 6) vom Vorstand verlangen, „alle Interessen – die der Gesellschaft, des Aktionärs, der Arbeitnehmer und der Allgemeinheit – in gleicher Weise zu berücksichtigen".

60 Vgl. dazu schon oben bei I. 1

Sie greifen auf der einen Seite weiter, indem sie nicht des verfassungsrechtlichen Bezugs (noch der Orientierung nach der Wertetrias der Richtlinienbestimmung des § 70 Abs. 1 AktG 1937) bedürfen. Auf der anderen Seite sind sie erheblich konkreter und damit enger gezogen, indem der Kontext mit dem Gegenstand der Gesellschaft von vornherein Richtung und Grenze bestimmt. Soweit sie die sozialen Komponenten der Verfassung konkretisieren, bedeutet das freilich keinen Einwand: hier handelt es sich um einen sachlich notwendigen Konkretisierungsvorgang zwischen Verfassungsrecht und Gesellschaftsrecht.[61]

cc) Die Anforderungen betreffen — das sei besonders gegenüber der Richtlinienbestimmung des AktG 1937 bemerkt — *den Vorstand ebensowenig unmittelbar wie die eigentlichen Rechtspflichten der Gesellschaft;* es fällt nur in seine Kompetenz, sie zu erfüllen. Die Richtlinienbestimmung in § 70 Abs. 1 AktG 1937 hat insoweit freilich mancherlei Verwirrung gestiftet: teils wurde — und wird heute noch — der Vorstand selbst als Adressat der „Verpflichtung" — nach außen hin — angesehen,[62] teils wurde — und wird — die nur auf den Vorstand gemünzte Vorschrift ohne weiteres als eine Bestimmung angesehen, welche für die Aktiengesellschaft als solche Verantwortlichkeiten festlegt.[63] Nur eine klare Differenzierung, wie sie nach dem Abschied von der alten Richtlinienbestimmung endlich möglich ist, kann hier weiterhelfen.

2. Die *Verantwortung des Vorstands im einzelnen* dürfte nach alledem sicherer und genauer zu bestimmen sein als mit den bisher verwandten Maßstäben. Aus der Stellung, welche die Aktiengesellschaft überhaupt und die konkrete AG mit ihrem satzungsmäßigen Gegenstand und mit ihren vielen anderen Bezügen innerhalb des Soziallebens hat, und aus den Funktionen des Vorstandes innerhalb der Gesellschaft ergibt sich, daß dieser grundsätzlich dieselbe Freiheit und Verantwortung hat, wie die Unternehmensleitung eines seiner Art und Größe vergleichbaren anderen Unternehmens. Die Haftungsvorschrift des § 93 AktG 1965 nimmt denn auch durchaus richtig „die Sorgfalt eines ordentlichen und gewissenhaften Geschäftsleiters" zum Maßstab.[64] Damit hat das Gesetz zugleich

---

61 Vgl. dazu bezüglich § 70 Abs. 1 AktG 1937 das Feldmühle-Urteil, a. a. O., S. 282: „. . . die insbes. in Art. 14 Abs. 2 GG, für die einzelne Aktiengesellschaft in § 70 Abs. 1 AktG, statuierte Verantwortlichkeit gegenüber dem Gemeinwohl".

62 *Westermann* (a. a. O. S. 260 f.) hat die Frage bes. klar formuliert: ob der Vorstand „auch materielle Aufgaben (hat), die die Aktiengesellschaft nicht hat", sie aber aufgrund einer Auslegung des AktG 1937 verneint. Darüber hinaus bezweifelt Westermann sehr mit Recht, „daß dieser Weg gangbar ist" (S. 261 f.).

63 So z. B. das Feldmühle-Urteil, a. a. O.

64 Die Sorge *Westermanns* (a. a. O. S. 268 f.), ob dieser Maßstab – ohne eine den § 70 Abs. 1 AktG 1937 entsprechende Richtlinienbestimmung – nicht zu eng wäre, besteht nach dem bisherigen Ergebnis dieser Untersuchung nicht. Auch *Westermann* (a. a. O.) hält es immerhin „für möglich . . ., daß in dem Begriff des ordentlichen Geschäftsleiters auch die . . . Verantwortlichkeit des Unternehmensleiters gegenüber der Allgemeinheit eingebaut ist". Sein Vorschlag, in der Haftungsvorschrift von dem „pflichtbewußten Unternehmer" zu sprechen, geht jedoch zu weit, jedenfalls wenn man

die Kompetenzvorschrift des § 76 Abs. 1 AktG 1965 erläutert: dem Vorstand stehen alle Befugnisse unter eigener Verantwortung zu, die auch sonst ein ordentlicher und gewissenhafter Geschäftsleiter in einem Unternehmen der betreffenden Branche usw. hat. Der Vorstand darf (und soll) alle möglichen Maßnahmen treffen, die er für die Gesellschaft und ihren Gegenstand als nötig und förderlich ansieht, wobei ihm, seinen kreativen Aufgaben entsprechend, ein hinreichender Spielraum für „trial and error" bleibt.[65] Zwischen der Kompetenzbestimmung des § 76 Abs. 1 und der Sorgfaltspflicht des § 93 Abs. 1 AktG 1965 muß freilich weiterhin unterschieden werden: nicht alles Handeln, für das der Vorstand zuständig ist, entspricht auch den Anforderungen der Sorgfalt. Doch da es hier im wesentlichen um die Kompetenzfrage selbst geht, können wir die mit jener Frage verbundenen Einzelheiten auf sich beruhen lassen.

a) Die meisten der bisher als Beispiele für die Richtlinienbestimmung des § 70 Abs. 1 AktG 1937 genannten Fälle sind deswegen auch ohne eine solche Regel einfacher zu lösen. Sie betreffen Maßnahmen des Vorstandes, die in einem verhältnismäßig engen und ohne weiteres erkennbaren *Bezug zu den Zielen der Gesellschaft* stehen und daher jedenfalls in seine Kompetenz fallen.

aa) Das gilt z. B. für den großen Bereich der sogenannten *freiwilligen Sozialleistungen.* Sie sollen zumeist gar nicht die Sozialkomponente der Verfassung konkretisieren, sondern gehen weit darüber hinaus, indem sie versuchen, das Betriebsklima zu verbessern, das Interesse der Arbeitnehmer für das Unternehmen zu beleben, der Fluktuation von Arbeitnehmern entgegenzuwirken und Anreize für Bewerber zu schaffen.[66] Dazu gehört z. B. auch die Ausgabe von Belegschaftsaktien nach § 71 Abs. 1 Nr. 2 AktG 1965, die sich freilich, wie Geßler mit Recht darlegt,[67] an das nach der Üblichkeit und der Lage des Unternehmens angemessene Maß zu halten hat.[68]

bb) Nicht weniger gehört es zum Bereich des Vorstandes, daß er durch *mannigfache Freigebigkeit* (latente) Werbung oder andere Public Relations betreibt. Zum Beispiel dürften wohl so gut wie alle Aufwendungen für sportliche Veranstaltungen diesem Zweck dienen, das Aussetzen von Preisen, das Veranstalten von Rennen und Wettbewerben, das Fördern

---

als „Unternehmer" den Unternehmensträger, also den Einzelkaufmann ebenso wie die Aktiengesellschaft usw., versteht.

65 Vgl. *Stützel,* Aktienrechtsreform und Konzentration. Die Konzentration in der Wirtschaft. Schriften des Vereins für Socialpolitik, II. Bd. 1960, S. 958

66 Die ebenso durch den Einfallsreichtum der Unternehmensleitungen wie durch krasse Fehlentscheidungen gekennzeichnete Geschichte des sog. „sozialen Klimbims" während der letzten zwei Jahrzehnte bietet hervorragende Beispiele für den Weg zwischen „trial and error", dem kaum eine Unternehmensführung ausweichen konnte.

67 BB 1960, 11; vgl. dazu allg. auch *Zöllner,* Die Schranken mitgliedschaftlicher Stimmrechtsmacht bei den privatrechtlichen Personenverbänden, 1963, S. 49 f.

68 Die beiden anderen Wege zur Ausgabe von Belegschaftsaktien (§ 192 Abs. 2 Nr. 3, § 204 Abs. 3 AktG 1965) bedürfen übrigens eines Hauptversammlungsbeschlusses bzw. einer entsprechenden Satzungsbestimmung.

von Spitzensportlern, etwa für die Olympischen Spiele. Auch viele Einladungen zu Betriebsbesichtigungen, oft verbunden mit Mittagessen und kleinen Geschenken, beruhen keineswegs auf Altruismus; man braucht sich nur die Adressaten anzusehen und weiß sofort, auf welche Zielgruppe es dem Unternehmen hier ankommt. Der für die Öffentlichkeitsarbeit der Unternehmen gern empfohlene Grundsatz: „Tue Gutes und rede darüber" leitet derartige Aufwendungen regelmäßig genau an die maßgeblichen Stellen: dorthin, wo das Publikum, an das sich das Unternehmen werbend wenden will, sein wesentliches Interesse hat.

b) Eine weitere Gruppe von Zuwendungen hat einen *weniger engen bzw. erkennbaren Bezug* zu den Zielen der Gesellschaft.

aa) So dienen manche Freigebigkeiten im Rahmen der *Entwicklungshilfe* wohl zumindest auch den Public Relations für (große) Unternehmen in dem betreffenden Land.[69] Eine darüber hinausgehende Zielsetzung kann ihnen in der Regel aber ebensowenig abgesprochen werden wie etwa großzügigen Spenden anläßlich von Naturkatastrophen in derartigen Ländern. Solange das Unternehmen allerdings kommerzielle Interessen in dem Empfängerland hat, wird es nur selten möglich sein, die Frage der altruistischen Zwecksetzung einwandfrei zu beantworten.

bb) Bei vielen Leistungen im eigenen Lande, z. B. für *Wissenschaft und Kunst*, für allgemeine und für spezielle, namentlich politische, Bildung, für Museen und Zoologische Gärten, liegt es nur wenig anders. Sie gehören wenigstens zum Teil in den Bereich der Öffentlichkeitsarbeit, die dem Unternehmen nützt oder doch nützen soll.[70] Dies wird man insbesondere dann bejahen, wenn derartige Aktivitäten von Unternehmen entsprechender Größe, Art oder örtlicher Lage der Üblichkeit oder doch den allgemeinen Erwartungen entsprechen. So zählt es in nicht wenigen Städten zu den Gepflogenheiten, daß die ortsansässigen Unternehmen das Kunstmuseum oder den Zoologischen Garten bei Ankäufen tatkräftig unterstützen, was ihnen regelmäßig auch in publizistisch wirksamer Weise gedankt wird. Aber selbst wenn die Öffentlichkeitswirkung verhältnismäßig gering ist, vermag die für den „guten Zweck" gebildete Konvention allein oft durchaus noch die Leistung zu veranlassen. So sammelte z. B. der Stifterverband für die Deutsche Wissenschaft in den letzten Jahren jeweils etwa 30 Mio DM aus der gewerblichen Wirt-

---

69 So berichtet z. B. die „Rohr-Post" der Mannesmann-AG (Heft 38 vom Juli 1969, S. 17): „Der Konzern nimmt seine Aufgaben in einem Entwicklungsland ernst. In der Türkei schenkt Mannesmann-Sümerbank jedes Jahr einem der benachbarten Dörfer am Bosporus jeweils eine zweiklassige Volksschule, in der auch die Wohnung für den Lehrer nicht fehlt. Auf diese Weise sind bislang fünf Schulen finanziert und gebaut worden. Die türkische Presse ist darob jedesmal des Lobes voll."

Den Hinweis verdanke ich Herrn Rechtsanwalt Siemon von der Deutschen Schutzvereinigung für Wertpapierbesitz.

70 So verteidigte z. B. der Vorstandssprecher der Deutschen Bank die ob. (FN. 10) erwähnte Jubiläumsspende der Deutschen Bank u. a. mit dem Hinweis, es sei dies „auch gleichzeitig eine billige Werbung"; vgl. Handelsblatt Nr. 93 v. 19. 5. 1970, S. 13.

schaft, ohne daß die Mitglieder und Spender wesentlich Gelegenheit haben, ihr Mäzenatentum vorzuweisen.[71]

cc) Je lockerer der Bezug zu den Zielen der Gesellschaft wird, um so mehr tritt die *Frage nach der Höhe* der Leistung sowie die *Frage nach den sonstigen Motiven* in den Vordergrund. Unverhältnismäßig hohe Spenden auch für die lautersten Zwecke darf der Vorstand nicht bewilligen. Ebenso würde er seine Pflichten verletzen, wenn er irgendwelche kulturelle, humanitäre oder religiöse Vereinigungen finanziell unterstützen würde, weil sie vielleicht nach der persönlichen Überzeugung der Vorstandsmitglieder dem Gemeinwohl in besonderem Maße dienen. Am schwierigsten, aber zugleich am interessantesten liegt das Problem bei den Zuwendungen an politische Parteien:[72] Darf der Vorstand gezielt eine bestimmte Partei unterstützen, weil etwa die von ihr verfolgte Wirtschaftspolitik den Belangen des Unternehmens mehr entspricht als die der anderen Parteien? Die so konkretisierte Frage kann man ebensowenig a limine verneinen, wie man dem Vorstand freistellen darf, nach seinen eigenen politischen Überzeugungen Gelder an eine politische Partei zu wenden. Jedenfalls aber versagt auch hier die Berufung auf das Gemeinwohl oder auf die Sozialkomponente der Verfassung.

c) Während bisher im wesentlichen nur von irgendwelchen Zuwendungen der Gesellschaft die Rede war, greift der nächste Komplex auf das Vorstandshandeln schlechthin über: die *Rücksichtnahme auf gesellschaftsfremde, insbesondere „öffentliche" Interessen.*

Damit sind zum einen die vielen Belange gemeint, die sich auf das öffentliche Wohl beziehen und die viele Unternehmen heute stillschweigend — also ohne Rücksicht auf Public-Relations-Wirkung — respektieren, und zwar aus dem Grunde, weil sie sich unter der öffentlichen Verantwortung fühlen. So versuchen z. B. nicht wenige Unternehmen der Verschmutzung von Wasser und Luft zu steuern, indem sie freiwillig entsprechende Vorkehrungen treffen. Niemand wird zweifeln, daß auch dies in dem erlaubten Bereich des Vorstandshandeln liegt. Nicht wesentlich anders dürfte ein antizyklisches Verhalten in der Investitionspolitik oder die Hilfe bei der Sanierung eines volkswirtschaftlich kaum entbehrlichen Unternehmens seitens einer Großbank zu beurteilen sein.[73]

---

71 Das war in den Anfangsjahren des Stifterverbandes etwas anders. Sein damals ins Auge gefaßtes Ziel, daß jedes Unternehmen wenigstens 1 % des Gewinns oder der Dividendensumme als Spende abführen solle, hat er dennoch nicht erreicht. Zur Zeit hat der Stifterverband nur wenig mehr als 5000 Mitglieder.

Es ist bemerkenswert, daß die Deutsche Schutzvereinigung für Wertpapierbesitz in ihrer Zeitschrift die Bemühungen des Stifterverbandes ausdrücklich unterstützt hat, vgl. Das Wertpapier, 1963, 373 f.

72 Die oben FN 11 zitierte BGH-Entscheidung nimmt nur zu Zuwendungen an staatsbürgerliche Vereinigungen und dgl. Stellung. *Meilicke*, Zuwendungen an politische Parteien aus Mitteln wirtschaftlicher Unternehmen, NJW 1959, 409 ff., geht leider auf § 70 Abs. 1 AktG 1937 gar nicht ein.

73 Vgl. dazu z. B. *Seidenzahl*, 100 Jahre Deutsche Bank, 1970, S. 283 f. über die Sanierung von Daimler und Benz Mitte der 20er-Jahre. – Mit Recht bemerkt *Franz H.*

Vielleicht gehört auch noch der von Würdinger[74] genannte Fall hierher, daß der Vorstand es im Interesse der Preisstabilität unterläßt, auf den „höchstmöglichen" Preis zu gehen. Denn eine Grenze besteht auch hier. Das Reichsgericht hat sie in einem sehr instruktiven Urteil aus dem Jahre 1938, allerdings für die Genossenschaft, festgelegt: der Vorstand darf nicht, um der Allgemeinheit zu dienen, über die ihm durch das Statut gezogenen Schranken hinausgehen.[75]

Jene Beispiele dürften ohne weiteres einleuchten, soweit sie besagen, daß der Vorstand in solcher Weise handeln *darf.* Ob er aber auch so handeln soll, ist eine andere Frage. Sie betrifft den Entscheidungsbereich des Vorstands unmittelbar, indem sie am Ende den Richter über die Politik des Vorstandes entscheiden läßt. Deswegen sollten sich die rechtlichen Anforderungen hier zurückhalten, abgesehen davon, daß es selten dazu kommen wird, daß der Aufsichtsrat oder die Aktionäre in der Hauptversammlung den Vorstand wegen mangelnden Engagements dieser Art rügen werden.

d) Mit dieser Fallgruppe verwandt, aber doch sehr scharf von ihr zu unterscheiden ist die letzte: *die Rücksichtnahme auf Regierungsempfehlungen.* Das Musterbeispiel hat die Preiserhöhung des Volkswagenwerks im Frühjahr 1962 geliefert.[76] Obwohl der Bundeswirtschaftsminister in diesem Fall sogar den Vorstand des Volkswagenwerks unmittelbar aufgefordert hatte, mit Rücksicht auf die Preisentwicklung eine angekündigte Preiserhöhung zu unterlassen, entschloß der Vorstand sich dazu, die Preise heraufzusetzen.

Das war die beste Antwort, die der Vorstand geben konnte, vorausgesetzt, er hat gründlich das Für und Wider auch im Interesse der Gesamtwirtschaft erwogen. Anders wäre nämlich der Anfang davon gemacht, daß Regierungsempfehlungen als solche befolgt werden; damit aber wäre der Weg zu einem alle Freiheit erdrückenden „demokratischen Zentralismus" eröffnet. Die Kompetenz der Vorstände verdient gegenüber sämtlichen Empfehlungen von Regierungsseite besonders deutlich betont zu werden. Der Vorstand ist weder entschuldigt, wenn er eine solche Empfehlung befolgt, noch kann es ihm zur Last gelegt werden, wenn er sie ignoriert. So wenig nämlich die Regierung imstande ist, das Gemeinwohl inhaltlich festzulegen, so problematisch sind auch derartige Empfehlungen. Die Richtigkeit der Gesamtentwicklung einer Volkswirtschaft und eines Gemeinwesens überhaupt wird vielmehr nur dadurch

---

Ulrich (Deutsche Bank) unlängst in einem Interview, durch derartige Maßnahmen würden auch „das Standing und die geschäftliche Bedeutung der Bank und letztlich auch die Ertragskraft gestärkt", Der Volkswirt Nr. 15 v. 10. 4. 1970, S. 32.

74 A. a. O., S. 119

75 JW 1938, 2019 m. zust. Anm. *Ruth.* Es handelte sich um eine Heimstättengenossenschaft, die ein „der Öffentlichkeit zugängliches repräsentatives Höhenrestaurant" gebaut hatte, was nicht nur von der Stadt gewünscht worden war, sondern angeblich auch im öffentlichen Interesse lag.

76 Vgl. dazu besonders *Westermann,* a. a. O., S. 265

gewährleistet, daß möglichst viele unabhängige Entscheidungsträger mitwirken. Den Vorständen der Aktiengesellschaft ist dabei, der Struktur dieses Gesellschaftstyps entsprechend, ein „Bereich der Unverantwortlichkeit" zuzuerkennen, von dem Walter Strauß sagt, in ihm sei „der Manager nur vor Gott und sich selbst verantwortlich".[77]

3. Auch wenn man dies etwas nüchterner faßt, bleibt als *Ergebnis* festzuhalten, daß die Verantwortung des Vorstandes sich nach wesentlich anderen Grundsätzen richtet als nach der Richtlinienbestimmung des § 70 Abs. 1 AktG 1937 oder nach dem, „was als Interpretationsgrundsatz von ihm in das AktG 1965 übergegangen sein soll".[78] Die Richtlinienbestimmung kann bestenfalls als untauglicher Versuch bezeichnet werden, eine dem Art. 14 Abs. 2 GG entsprechende Wirtschaftsgesinnung zu positivieren. Die anstehenden Sachfragen und ihre Lösung werden vielmehr durch die organschaftliche Stellung des Vorstandes innerhalb der Aktiengesellschaft, durch die aus der Verfassung — für alle Unternehmen — sich ergebende wirtschaftsrechtliche Richtlinienbestimmung und vor allem durch die konkreten Unternehmensziele in ihrer spezifischen Gemengelage bestimmt. Die danach gebotene Problemanordnung, die hier nur in Ansätzen vorgelegt werden konnte, setzt voraus, daß die Rechtswissenschaft nicht nur das so ungewöhnlich komplexe Institut der Aktiengesellschaft richtig versteht und die Hinweise der Verfassung zutreffend deutet. Sie muß sich auch von der Vorstellung lösen, das Unternehmen wäre ein Gebilde „rein erwerbswirtschaftlicher Interessen" (und nur auf Abschluß von Rechtsgeschäften angelegt). Denn das Unternehmen — zumal das der Aktiengesellschaft — ist seit langem zu einer sozialen Veranstaltung ersten Ranges geworden.

---

77 *Walter Strauß*, Grundlagen und Aufgaben der Aktienrechtsreform, 1960, S. 19; zust. *von Caemmerer*, Frankfurter Publizitätsgespräch, S. 154 FN 40; in der Sache ähnl. *Westermann*, a. a. O., S. 251 u. pass. Von ganz anderen Ausgangspunkten her kommt *Suhr*, Eigentumsinstitut und Aktieneigentum, 1966, S. 153, zu ähnlichen Ergebnissen: „Die konkreten Entscheidungen und damit auch das ‚öffentliche Interesse' müssen vom persönlichen Gewissen beurteilt werden."

Auch der Bericht der Mitbestimmungskommission (BTagDrucks. VI/334 v. 4. 2. 1970) betont die „subjektive Unabhängigkeit" für den Vorstand (insbes. Teil IV Ziff. 72, a. a. O., S. 84).

78 *Duden*, a. a. O., S. 133. Die während der Drucklegung dieses Beitrages erschienene ausführliche Kommentierung des § 76 AktG von *Mertens* (Kölner Kommentar 1970) bleibt durchaus in den Bahnen der herrschenden Meinung: *M.* (a. a. O. Anm. 5) geht davon aus, daß „die Gemeinwohlklausel des § 70 (nicht § 71!) AktG 1937 . . . trotz ihrer Streichung . . . dem jetzigen AktG immanent" sei. Obwohl er neben der Entstehungsgeschichte des § 76 AktG Art. 14 Abs. 2 GG sowie das „öffentliche Unternehmensverfassungsrecht" heranzieht, versteht er die – s. A. stillschweigend weiter geltende – „Gemeinwohlklausel" als allein dem Aktienrecht zugehörige Norm (ebenso schon *Mertens* in: Probleme der GmbH-Reform, 1970, S. 97), ohne sich dabei insbes. die Frage zu stellen, ob überhaupt das Gebot des Art. 14 Abs. 2 GG nach der Rechtsform der Unternehmensträger differenzieren kann. Seine weiteren Ausführungen bestätigen, daß der endgültige Abschied von der Formel des § 70 AktG 1937, abgesehen von seiner rechtlichen Notwendigkeit, nur klärend und befreiend wirken kann.

MACHT UND VERANTWORTUNG IN DER AKTIENGESELLSCHAFT (ODER DAS PRINZIP DER INTERESSENEINHEIT)

Von Wolfgang Schilling

Es lohnt sich für den Aktienrechtler immer wieder, in der 1904 erschienenen Schrift über die Aktiengesellschaft[1] von *Franz Klein* zu lesen, den *Haussmann*[2] den großen Realisten des Aktienrechts genannt hat. *Klein* bezeichnet die Aktiengesellschaft als den originellen Versuch, eine Erwerbsunternehmung ausschließlich aus Geldbeiträgen zu bilden, das Geld selbst zum Unternehmer zu machen (S. 5). So genial diese Idee des Kapitalismus ist, so ist die Unpersönlichkeit, die Anonymität der Aktien auch ihre große Schwäche. So kommt es, daß in der Geschichte der Aktiengesetzgebung die Gegensätze miteinander ringen, daß der Kampf zwischen Schein und Wirklichkeit ständig fortdauert (S. 3), daß es das Los dieser Gesetzgebung ist, unaufhörlich um die Wahrheit der Form zu kämpfen (S. 55). Das hat *Ernst Gessler*, dem diese Zeilen gewidmet sind, bei seinem Bemühungen um das Aktiengesetz 1965 an führender Stelle miterlebt.

Das Ringen um die Wahrheit der Form gilt besonders der Machtverteilung in der AG. Im folgenden wird versucht, anhand einiger notwendig unvollständiger Notizen aus der deutschen Aktienrechtsliteratur, aber auch aus der eigenen praktischen Erfahrung den Zusammenhang zwischen Macht und Verantwortung darzutun und daraus einen Vorschlag zur gegenwärtigen Mitbestimmungsdebatte zu folgern. Die skizzenhafte Darstellung bezieht sich auf die Zeit bis zum 1. Weltkrieg (I), von da bis zum Aktiengesetz von 1937 (II) und von diesem bis heute (III). Die Folgerungen für die Zusammensetzung des Aufsichtsrats werden unter IV und V dargetan.

I.

Das aus dem 19. Jahrhundert überkommene Bild der AG als eines von demokratischen Grundsätzen, insbesondere vom Gleichheitsprinzip beherrschten Kapitalvereins[3] stieß schon bei *Otto v. Gierke*[4] auf Kritik.

1 Die neueren Entwicklungen in Verfassung und Recht der Aktiengesellschaft, Wien 1904

2 Vom Aktienwesen und vom Aktienrecht, Mannheim 1928 S. 12

3 Siehe dazu *Wiethölter,* Interessen und Organisation der Aktiengesellschaft im amerikanischen und deutschen Recht, Karlsruhe 1961 S. 77 ff.

4 Das deutsche Genossenschaftsrecht, 1. Band 1868

Sein Versuch, es mit genossenschaftlichen, personalistischen Elementen zu beleben, ist heute noch eindrucksvoll, blieb aber vergeblich. Er sah die Gründe selbst: In dem ganzen Bau erscheine die Personengenossenschaft lediglich als Ausfluß und Annex des Kapitalorganismus. Die leitende Intelligenz und die schaffende Arbeit seien besoldete Dienerinnen und allein das Kapital Herr des Vereins. (S. 1029). Und S. 1037: Die Arbeit sei rechtlos in ihm, der Arbeiter sei, da das Unternehmen ihn wirtschaftlich vollkommen absorbiere, des ökonomischen Bürgerrechts überhaupt bar.

Ein anderer früher Kritiker war *Franz Klein*. In der schon erwähnten Schrift[5] setzte er sich für einen starken Vorstand ein. „Bewegung ist ohne Überwiegen eines von mehreren Kräften undenkbar: halten sich Vorstand, Aufsichtsrat und Generalversammlung gegenseitig das Gleichgewicht, so ist Stillstand die Folge." Der Vorstand sei schlechthin die Gesellschaft selbst, das „Gesellschaft" genannte geschäftstätige, handelnde Wirtschaftssubjekt.

Einen neuen Akzent setzt *Rathenau* mit seiner berühmten Schrift „Vom Aktienwesen — Eine geschäftliche Betrachtung".[6] 1917 geschrieben, stand sie wohl unter dem Eindruck der Kriegswirtschaft. Aber *Rathenau* sieht als erster die Besonderheiten der Großunternehmung. Sie sei heute überhaupt nicht mehr lediglich ein Gebilde privatrechtlicher Interessen, vielmehr in steigendem Maße öffentlichen Interessen dienstbar geworden und habe sich hierdurch ein neues Daseinsrecht geschaffen (S. 38/9). Aber die ihr von der Allgemeinheit gestellten Aufgaben könne die Wirtschaft nur erfüllen, wenn man ihr die Freiheit der Entwicklung und des Entschlusses lasse. Gemeint ist nach dem Vorausgehenden die Freiheit der Unternehmungsleitung gegenüber der Generalversammlung.

II.

Die Zeit nach dem 1. Weltkrieg mit Kriegslasten, Inflation und Überfremdungsgefahr förderte die Tendenzen zur Ablösung der Unternehmen vom Kapital. Die Mehrstimmaktie in der Hand der Verwaltung war ein beliebtes Mittel dazu. Sie schlug dem gesetzlichen Leitbild von der Herrschaft der Aktionäre ins Gesicht. *Planitz*, der sie de lege lata zwar hart kritisierte, sprach aber doch dem Streben der Verwaltung nach der Führung eine starke innere Berechtigung zu.[7] Er wollte die „Wahrheit der Form" (S. 45) in einer Gesetzesänderung herstellen, die eine „Mitherrschaft aller in der AG lebendigen Kräfte" durch Ausgabe kapitalloser

5 wie in Fußn. 1 S. 32

6 Berlin 1918

7 Die Stimmrechtsaktie, Leipzig 1922 S. 46; vgl. ferner *Hueck*, Vorzugsaktien mit mehrfachem Stimmrecht 1922; *Horrwitz*, Schutz- und Vorratsaktien 1926; *Schmulewitz*, die Verwaltungsaktie 1927; *Ruth*, Eigene Aktien und Verwaltungsaktien 1928

Stimmrechtsaktien an die Verwaltung, die Angestellten und Arbeiter sowie Vertreter der Gesamtwirtschaft herbeiführen sollte. Diese drei Gruppen sollten je 25% der Stimmrechte in der Generalversammlung haben, die Aktionäre nur noch das restliche Viertel.

Planitz war ein Außenseiter und sein Vorschlag blieb ohne Echo. Anders war es mit *Rahtenaus* „geschäftlicher Betrachtung". Zwar war es ein Mißverständnis, hervorgerufen durch eine allzu freie Auslegung *Haussmanns*,[8] daß *Rathenau* das „Unternehmen an sich" propagiert hätte. Aber diese Idee kennzeichnet doch eine starke Strömung jener Zeit und hat ihren Niederschlag in der „aktienrechtlichen Theorie des Unternehmens an sich" *Netters* gefunden. Nach ihr[9] ist das Unternehmen das gestaltende Prinzip für die AG. Kapital und Verwaltung haben dem Interesse des Unternehmens zu dienen. Nur aus dem Unternehmensinteresse kann die Verwaltung Rechte herleiten und an dieses Interesse ist sie durch ihre Treupflicht gebunden. Auch der reine kapitalistische Einfluß ist so zu lenken, daß er dem Unternehmen, seiner Erhaltung und seiner Ertragsfähigkeit dient. Gesellschaft und Unternehmen sind keine Gegensätze.

Damit hat *Netter* die rechtstheoretische Fundierung der Verwaltungsaktie geliefert. Mit ihr habe sich das Prinzip der Erhaltung des Unternehmens durchgesetzt und die Geltendmachung des reinen Kapitalinteresses zurückgedrängt (S. 586). Das entsprach der herrschenden Meinung, wenn auch die Erläuterungen zum 1. Entwurf eines Aktiengesetzes von 1930, S. 94 sich vorsichtiger dahin äußern, daß die Interessen des Unternehmens als solchen ebenso schutzbedürftig seien wie das individuelle Interesse des einzelnen Aktionärs. Stimmen wie die *Nußbaums*,[10] die Verwaltungen seien nichts anderes als simple und widerruflich Beauftragte der Aktionäre, wurden dem Zeitgeist nicht mehr gerecht.

5 Jahre nach *Netters* Aufsatz verlieh das Aktiengesetz 1937 dem Vorstand die Leitungsmacht unter eigener Verantwortung und bestimmte zugleich die Prinzipien ihrer Ausübung: das Wohl der Gesellschaft, ihrer Aktionäre und ihrer Belegschaft sowie das Gemeinwohl. Der innere Zusammenhang mit der Bewegung von *Rathenau* bis *Netter* ist unverkennbar, der äußere mit nationalsozialistischem Gedankengut und Wortschatz war die List der Geschichte.[11] Der § 70 war eine gesetzgeberische Leistung, die auch der skeptische *Franz Klein* anerkannt hätte. Die Diskrepanz zwischen Schein und Wirklichkeit war in einem wesentlichen Punkte beseitigt. Der Vorstand erhielt die für eine erfolgreiche Unternehmens-

---

8 In der in Fußn. 2 genannten Schrift. Das Mißverständnis ist richtiggestellt worden von *Passow*, Der Strukturwandel der Aktiengesellschaft, Jena 1930 S. 3 Fußn. 2 und von *Netter* in dem in Fußn. 9 genannten Aufsatz S. 546 ff.

9 *Oskar Netter*, Zur aktienrechtlichen Theorie des Unternehmens an sich, Festschrift für Albert Pinner, Berlin 1932 S. 563 ff.

10 Zur neueren Entwicklung der Lehre vom Unternehmen, Beiträge zum Wirtschaftsrecht II 1932 S. 503

11 Richtig *Wiethölter* wie in Fußn. 3 S. 80: „Der Führergedanke ist 1937 nicht eingeführt, sondern höchstens gesetzlich sanktioniert worden".

führung notwendige Macht, um die er jahrzehntelang — teilweise mit bedenklichen Mitteln — gekämpft hatte, und zugleich mit ihr die dazugehörige Verantwortung. Das Gleichgewicht zwischen Macht und Verantwortung war wiederhergestellt. Notwendige Bestandteile der Regelung waren deshalb die Höchstdauer der Bestellung auf 5 Jahre und die Widerruflichkeit nur aus wichtigem Grund. Zugleich brachte sie eine schärfere Abgrenzung der Zuständigkeit und damit der Verantwortlichkeit zwischen Aufsichtsrat und Vorstand.

III.

Der Hauptversammlung blieb die Satzungsgewalt und die Wahl des Aufsichtsrats. Aber eine eigenständige Position gegenüber der Verwaltung im Sinne einer Gewaltenteilung hatte sie auch jetzt nicht. Ob von einem Großaktionär oder von den Banken aufgrund des Depotstimmrechts beherrscht, stets bildet sie mit der Verwaltung eine Einheit. Wie die eigenverantwortliche Leitung durch den Vorstand entspricht auch die einheitliche Willensrichtung der 3 Organe einem inneren Gesetz der Aktiengesellschaft als eines wirtschaftlichen Unternehmens. Es gilt das *Prinzip der Interesseneinheit*. In der aktienrechtlichen Literatur wurde darauf immer wieder hingewiesen. Die Aktiengesellschaft neige ihrem inneren Wesen nach zur aristokratischen und oligarchischen Verfassung, schrieb *Franz Klein*.[12] Und *Planitz*:[13] im Wirtschaftsleben sei ein gewisser Absolutismus der wirtschaftlich Führenden unumgänglich. *Hachenburg*[14] meinte in einem anderen Zusammenhang (Aufsichtsratsausschuß), die Leitung der Schicksale des Unternehmens könne stets nur in wenigen Händen ruhen. Ebenso sagt *Baumbach-Hueck*,[15] daß die Leitung eines so komplizierten Gebildes, wie es das moderne Großunternehmen darstelle, nur in den Händen von wenigen sachkundigen Unternehmerpersönlichkeiten liegen könne. Und *Wiethölter*[16] stellt fest, daß Hauptversammlung und Verwaltung fast stets einheitlich interessenmäßig von derselben kleinen Schar beherrscht werden.

Verstärkt wird das Prinzip der Interesseneinheit noch dadurch, daß sowohl die Bestellung des Vorstands als auch die Wahl des Aufsichtsrats nach den Grundsätzen der Kooptation gehandhabt werden.[17] Diese

12 Wie in Fußn. 1 S. 64 und in: Die wirtschaftlichen und sozialen Grundlagen des Rechtes der Erwerbsgesellschaften, Wien 1914 S. 21

13 Wie in Fußn. 7 S. 60

14 Einleitung zum Aktienrecht des HGB (2. Buch 3. Abschn.) in *Düringer-Hachenburg*, Komm. z. HGB 3. Aufl. 1934 Anm. 96

15 Aktiengesetz 1965 Üb. vor § 76 Anm. 4

16 Wie in Fußn. 3 S. 88, vgl. auch meine Ausführungen in ZHR 128 (1965) S. 236

17 Für die Publikumsgesellschaften – und die meisten Großunternehmen sind solche – stellt das auch der Bericht der Mitbestimmungskommission vom Januar 1970, Teil III Tz. 55, Teil IV Tz. 46 fest, siehe Bundestagsdrucksache VI 334 S. 48 und 74 (i. F. Mitbestimmungsbericht genannt).

Übung ist so alt wie die Aktiengesellschaft selbst[18] und Flume[19] hat wohl darin recht, daß sich jede Führungsschicht durch Kooptation ergänzt. Dabei bezieht sich die tatsächliche Kooptationskompetenz des Vorstands in der Publikumsgesellschaft nicht nur auf den Vorstand, sondern auch auf den Aufsichtsrat (so auch der Mitbestimmungsbericht Teil V Z. 18).

Der Aufsichtsrat hat dabei insofern einen Bedeutungswandel mitgemacht, als er nicht mehr so sehr dem Vorstand als Kontrollorgan gegenüber als ihm vielmehr mitberatend und mitverwaltend zur Seite steht, wobei diese Funktion oft von einem Ausschuß ausgeübt wird.[20]

Dieses System — man kann es die tatsächliche Verfassung der Publikumsgesellschaft nennen — funktioniert aus 2 Gründen. Es wird getragen von einem gemeinsamen „Kodex des geschäftlich vernünftigen und sozialethisch einwandfreien Verhaltens“[21] der Verantwortlichen und steht unter der Publizität der Rechnungslegung, des Geschäftsberichts und der Hauptversammlung und laufend unter der der Wirtschaftspresse.

Die Beteiligung von Arbeitnehmervertretern nach § 76 des Betriebsverfassungsgesetzes hat an dieser Ordnung nichts geändert. Macht und Verantwortung blieben im wesentlichen beim Vorstand und den Aktionärvertretern im Aufsichtsrat. Die Verlagerung des Schwergewichts in Ausschüsse hat sich vermehrt. Für die, die nicht in den Ausschüssen sitzen, hat schon *Hachenburg* 1934[20] die Bezeichnung „Peripherie“ geprägt. Und die Reform des Aktiengesetzes von 1965? Was Macht und Verantwortung betrifft, so blieb die bestehende Ordnung im grundsätzlichen unberührt. Das Prinzip der Interesseneinheit konnte und sollte nicht angetastet werden.

IV.

Nach alledem muß man das Prinzip der Interesseneinheit als notwendig ansehen, um ein Unternehmen in der Marktwirtschaft erfolgreich leiten zu können. Es fragt sich, ob diese Ordnung — die zum Teil nur eine faktische ist — den gesellschafts- und wirtschaftspolitischen Anforderungen unserer Zeit gerecht wird. An die Verfassung des Großunternehmens werden heute zwei Forderungen gestellt, mit denen wir uns auseinandersetzen müssen: Die *paritätische Mitbestimmung* und die Vertretung des öffentlichen Interesses. Beide Forderungen sollen in der Zusammensetzung des Aufsichtsrats verwirklicht werden.

Was zunächst die erste Forderung betrifft, so ist dazu folgendes zu sagen:

1. Mit dem Mitbestimmungsbericht (Teil IV Z 21 S. 65) halte ich es für

---

18 *Klein* wie in Fußn. 12 S. 18

19 DB 67, 298

20 So *Hachenburg* wie in Fußn. 14; ähnlich der Mitbestimmungsbericht Teil IV Tz. 40 S. 72

21 Untersuchungen zur Reform des Unternehmensrechts, Bericht der Studienkommission des DJT Teil I 1955 S. 40 (Ballerstedt)

einen „allgemeinen Grundsatz, daß die Unterwerfung unter fremde Leitungs- und Organisationsgewalt mit der Würde des Menschen nur dann vereinbar ist, wenn dem Betroffenen die Möglichkeit der Einwirkung auf die Gestaltung der Leitungs- und Organisationsgewalt eingeräumt wird, der er unterworfen ist.“ Die Arbeitnehmer müssen also an der Bestellung (Legitimation) und an der Überwachung des Vorstands ebenso teilhaben wie die Aktionäre. Die $^1/_3$-Beteiligung der Arbeitnehmervertreter im Aufsichtsrat nach dem Betriebsverfassungsgesetz verschafft ihnen diese Einwirkungsmöglichkeit bei der Bestellung so gut wie gar nicht und bei der Überwachung in unverhältnismäßig geringerem Umfang als den Aktionärvertretern. Das hat auch der Mitbestimmungsbericht gesehen und eine Verstärkung der Vertretung der Arbeitnehmerinteressen vorgeschlagen (Teil V Z. 18—24 S. 103—107). Sie soll einmal bestehen in der Mitwirkung bei der Kooptation der zwei weiteren Mitglieder, die zu den 6 Anteilseigner- und 4 Arbeitnehmervertretern treten, sodann in der paritätischen Besetzung eines Gremiums zur Vorbereitung („Vorklärung und Vorauswahl“) der Vorstandsbestellung, während diese selbst dem Gesamtaufsichtsrat obliegt.

Obwohl die Kommission (vgl. Teil III ihres Berichts) die Befürchtungen und Bedenken, die gegen die paritätische Mitbestimmung vorgebracht werden, aufgrund ihrer Untersuchungen nicht teilt, konnte sie sich zu einem dahingehenden Vorschlag aus den in Teil V Z. 8—17 (S. 100—103) dargelegten Gründen nicht entschließen. Ich will versuchen, diese Gründe kurz zusammenzufassen:

Die Funktionsfähigkeit des Aufsichtsrats als eines Kollegialorgans verlange, daß Mehrheitsentscheidungen möglich seien. Da der aus Aktionär- und Arbeitnehmervertretern gebildete Aufsichtsrat prinzipiell interessendualistisch konzipiert sei, könnten Mehrheitsentscheidungen nur entweder durch Zuweisung einer Stimmenmehrheit an eine Gruppe oder bei Parität durch Zuwahl weiterer (neutraler) Mitglieder ermöglicht werden. Parität im Sinne hälftiger Verteilung der Sitze stelle ihrem Grundgedanken nach keine überzeugende institutionelle Gestaltung dar. In Konfliktlagen sei die Entscheidungsfähigkeit des Aufsichtsrats durch einen oder mehrere neutrale Dritte nicht gesichert. Es bleibe daher nur die Zuweisung der Mehrheit an eine Gruppe. In der Erwägung, daß sich der Aufsichtsrat an der Rentabilität als der primären unternehmerischen Zielfunktion orientieren und den Vorstand unter diesem Gesichtspunkt auswählen und kontrollieren müsse, schlägt die Kommission vor, den Vertretern der Kapitalseite eine Mehrheit im Aufsichtsrat zuzuweisen. Dabei wurde sie auch von der Überlegung geleitet, daß das Gesetz das Risiko der Verlusthaftung und des schwankenden Einkommens allein dem Aktionär überbürdet.

Diese Begründung ist eindrucksvoll. Der Vorschlag der Kommission beläßt es — im Ergebnis — bei der interessenmäßigen Einheit der drei Gesellschaftsorgane. Die Kommission glaubte, zugunsten eines „flüssigen Zusammenspiels unter der Maxime des Erfolgs“ im Aufsichtsrat (Teil V

Z. 12) und zugunsten einer rentabilitätsbewußten Führung des Unternehmens auf eine gleichberechtigte Legitimation und Kontrolle des Vorstands durch Kapital und Arbeit (wie sie sich eigentlich „zunächst anbietet" Z. 11) verzichten zu müssen. Sie geht dabei davon aus, daß die interessendualistische Struktur eines mitbestimmten Aufsichtsrats derzeit noch nicht zu überwinden sei (Z. 8).

2. Wer diese Einstellung der Kommission kritisieren will, muß eine Lösung anbieten können, die die Gleichberechtigung von Kapital und Arbeit in Übereinstimmung bringt mit der das Lebensgesetz der AG bildenden Interesseneinheit. Nun ist das alle Mitglieder des Unternehmensverbandes vereinigende Prinzip das der Vorrangigkeit des *Unternehmensinteresses.* Die Lösung muß also darin bestehen, neben den Vertretern von Kapital und Arbeit eine dritte gleichstarke Gruppe von Vertretern des Unternehmensinteresses zu bilden. Sie könnte den Interessendualismus überwinden, weil sie im Konfliktsfalle dem Unternehmensinteresse den Vorrang gibt. Sie würde auch das Rentabilitätsinteresse nicht vernachlässigen, weil in der Marktwirtschaft nur ein rentabel arbeitendes Unternehmen Bestand haben kann.

Mein Vorschlag ist daher: Der Aufsichtsrat soll sich zu je einem Drittel aus Aktionär- und Arbeitnehmervertretern zusammensetzen. Das weitere Drittel sollen Vertreter des Unternehmensinteresses bilden. Die letzteren sollen in Anlehnung an die tatsächliche Unternehmensverfassung (oben III) auf Vorschlag des Vorstands von der Mehrheit jeder der beiden anderen Gruppen kooptiert werden, wie dies auch die Mitbestimmungskommission empfiehlt (Teil V Z. 18). Das Vorschlagsrecht soll allein unter der Verantwortung des Vorstands stehen, also ausschließlich ihm zustehen, nicht auch den Mitgliedern des Aufsichtsrats. Damit soll das Unternehmensinteresse im Sinne eines über den Kapital- und Belegschaftsinteressen stehenden Gesichtspunktes betont werden. Die Unabhängigkeit der Vertreter der 3. Gruppe kann im übrigen durch eine § 4 Abs. 2 Montan-MitbestG entsprechende Vorschrift gesichert werden. Weitere persönliche Voraussetzungen sollen nicht gefordert werden. Die Unvereinbarkeit von Vorstands- und Aufsichtsratsamt (§ 105 AktG) soll aber aufrechterhalten bleiben.

Problematisch ist die Frage der Ersatzberufung für den Fall der Nichteinigung der beiden Aufsichtsratsgruppen. Es gibt wohl keine andere Lösung als die der Mitbestimmungskommission, wonach die Ersatzberufung dem Registerrichter übertragen wird. Die vorzeitige Abberufung kann — entsprechend dem Kooptationsprinzip — durch einen Beschluß mit $^3/_4$-Mehrheit jeder der beiden anderen Gruppen oder aus wichtigem Grund durch den Registerrichter erfolgen.

3. Gegen meinen Vorschlag könnten vom Standpunkt des Mitbestimmungsberichtes zwei Einwendungen erhoben werden:

a) Es besteht die Möglichkeit, daß die zu kooptierenden Mitglieder paritätisch ausgewählt werden („Paritätstendenz", Teil V Z. 18 a. E.). Anders als bei der von der Mitbestimmungskommission vorgeschlagenen

Lösung könnte dies bei meinem Vorschlag zur Bildung zweier gleichstarker Blöcke führen und damit eine Mehrheitsentscheidung unmöglich machen. Diese wohl auch nach Ansicht der Kommission nur als Übergangserscheinung zu wertende Gefahr sollte man angesichts der großen Bedeutung der Paritätsidee hinnehmen. Die Gefahr erscheint mir ohnehin gering, da die dritte Gruppe, was persönliche Qualifikation, sachliche Überzeugungskraft und Kopfzahl betrifft, nunmehr genügend Durchschlagskraft hat, um das Unternehmensinteresse gegenüber etwa geltendgemachten Gruppeninteressen durchzusetzen.

b) Die Kommission mißt mit Recht der Befolgung des Rentabilitätsprinzips eine zentrale Bedeutung für das unternehmerische Verhalten zu (Teil IV Z. 53—57). Angesichts dieser Bedeutung für die Funktionsfähigkeit des marktwirtschaftlichen Systems könne die Beachtung des Rentabilitätsgrundsatzes nicht dem Belieben des einzelnen Unternehmens überlassen bleiben, müsse vielmehr institutionell gewährleistet sein (Z. 57). Die Kommission ist der Ansicht, daß die Verpflichtung des Vorstands auf den Grundsatz der Rentabilität für die Gewährleistung einer rationalen Unternehmenspolitik nicht ausreiche, der Aufsichtsrat vielmehr den Vorstand auch unter diesem Gesichtspunkt auswählen und kontrollieren müsse (Teil V Z. 15). Hiervon ausgehend erblickt die Kommission die institutionelle Sicherung der Entscheidungstendenz zugunsten der Rentabilität in der Einräumung einer relativen Mehrheit (d. h. der Hälfte der Mitglieder) im Aufsichtsrat an die Anteilseignerseite (a. a. O.).

Ich stimme den Ausführungen der Kommission über die Bedeutung des Rentabilitätsgrundsatzes grundsätzlich zu. Ich halte aber die Folgerungen, die sie daraus zieht, nicht für zwingend. Bei der Bewertung der Verpflichtung des Vorstands auf den Rentabilitätsgrundsatz berücksichtigt die Kommission nicht genügend, daß dieser die Gesellschaft unter eigener Verantwortung leitet. Er ist den Aktionären dafür verantwortlich, daß das Unternehmen rentabel arbeitet. Er macht eigenverantwortlich die Geschäftspolitik, die Gewinn oder Verlust hervorbringt. Hier liegt die eigentliche institutionelle Sicherung des Rentabilitätsprinzips. Wenn es aber einer solchen Sicherung noch in der Zusammensetzung des Aufsichtsrats bedarf, so scheint sie mir in den Vertretern des Unternehmensinteresses ebenso wirksam gegeben zu sein wie in den Aktionärvertretern. Kommt es aber zu einem Zielkonflikt „zwischen dem Rentabilitätsinteresse und kurzfristigen Arbeitnehmerinteresse“ (Teil V Z. 15), so werden die Vertreter des Unternehmensinteresses am ehesten in der Lage sein, diesen Konflikt im Sinne der Kommission „unter Wahrung der sozialen Interessen der Arbeitnehmer zugunsten der Rentabilität“ (a. a. O.) zu entscheiden.

Beiden möglichen Einwendungen gegenüber meine ich auch, daß eine starke dritte Gruppe dazu beitragen kann, den Aufsichtsrat homogener und wirkungskräftiger zu machen, was er — auch nach den Feststellungen der Mitbestimmungskommission — sowohl bei der Eindrittel-Beteiligung nach dem BetrVerfG als auch bei paritätischer Zusammensetzung dringend nötig hat.

V.

Wie verhält es sich nun weiter mit der Forderung nach einer Vertretung des *öffentlichen Interesses* im Aufsichtsrat eines Großunternehmens?

1. Diese Forderung hat ihre Wurzel in der Anschauung, daß das moderne Großunternehmen eine „pluralistisch orientierte Wertschöpfungsveranstaltung“[22] sei. Sie wird ausführlich begründet in dem sog. *Sechserbericht.*[23] Öffentliches Interesse wird dort (S. 26) als zusammenfassende Bezeichnung für alle Interessen verstanden, die nicht Unternehmer-, Eigentümer-, Arbeitnehmer- oder Geschäftspartnerinteressen sind, also das Interesse des Ganzen, der Gesamtgesellschaft (S. 27). Aufgrund ihrer gemeinwohlorientierten Interessen sei die Allgemeinheit als an den großen Unternehmen wesentlich beteiligt anzusehen (S. 32). Während das geltende Recht die innere Unternehmensordnung interessenmonistisch regle, sei die wirkliche (wirtschaftssoziologische) Struktur des Unternehmens interessenpluralistisch (S. 87). Für den Aufsichtsrat wird daraus die Folgerung gezogen, daß ihm neben den Vertretern von Kapital und Arbeit auch unabhängige Vertreter der Allgemeinheit angehören müssen (S. 132).

2. Daß das moderne Großunternehmen keine private Veranstaltung mehr ist, sondern öffentliche Relevanz besitzt,[24] dürfte heute allgemeine Auffassung sein. Hieraus ergibt sich weiter, daß sich vielfältige Interessen mit dem Großunternehmen verflechten. Die daraus gezogene Folgerung einer Vertretung der Allgemeinheit in Unternehmensorganen ist aber nicht schlüssig. Sie würde es nur dann sein, wenn die Verfolgung (nicht nur die Berücksichtigung, vgl. unten 3) des öffentlichen Wohls Aufgabe des Großunternehmens wäre. **Duden** hat in seiner interessanten Studie über Unternehmensziele[25] die Frage aufgeworfen, „ob nicht unausgesprochener „Zweck“ der Aktiengesellschaft — und wohl grundsätzlich auch anderer Handelsgesellschaften — ihre Autonomie sei.“ Ich möchte diese Frage bejahen. Auch *Kunze* kommt in seinem Karlsruher Vortrag vom 12. 11. 1969[26] zu dem Ergebnis, daß die großen Unternehmen autonome Selbstverwaltungsbereiche sind. Das bedeutet aber, daß sich jedes Unternehmen seine Ziele selbst setzt. In unserem marktwirtschaftlichen

---

22 *Herbert W. Köhler*, Rechtsform und Unternehmensverfassung, Ztschr. f. d. ges. Staatswiss. 115 (1950) 717 (721)

23 Unternehmensverfassung als gesellschaftspolitische Forderung von *Boettcher, Hax, Kunze, v. Nell-Breuning, Ortlieb, Preller*, Berlin 1968

24 vgl. meine Besprechung des Frankfurter Publizitätsgesprächs in DB 62, 1497

25 In: Recht und Rechtsleben in der sozialen Demokratie, Festgabe für Otto Kunze, Berlin 1969 S. 127 (135)

26 Wirtschaftliche Mitbestimmung als Legitimationsproblem, Schriftenreihe der Juristischen Studiengesellschaft Karlsruhe, Heft 93, Verlag C. F. Müller, Karlsruhe 1970

System verfolgt das Unternehmen in der Regel, d. h. wenn die Satzung nichts anderes bestimmt, den Erwerbszweck, ist also auf Gewinnerzielung, auf Rentabilität gerichtet.[27] Ein öffentliches Wohl definiert es nicht autonom, wie sich der Mitbestimmungsbericht (S. 108 Tz. 26) ausdrückt. Ich komme deshalb zu dem Schluß, daß die Verfolgung öffentlicher Interessen dem gesetzlichen Typ der Aktiengesellschaft nicht immanent ist. Die Vertretung des öffentlichen Interesses in einem Gesellschaftsorgan kann daher nicht gesetzlich vorgeschrieben, sondern muß der Satzungsautonomie für Fälle, in denen kein Erwerbszweck verfolgt wird, überlassen werden.

3. Die Autonomie der Aktiengesellschaft in der Verfolgung ihrer Ziele ist wie die jedes Wirtschaftssubjekts begrenzt durch ihre Sozialbindung. Die Forderungen des öffentlichen Wohls werden von außen an sie herangetragen. Ihnen hat der Vorstand bei seiner Geschäftsführung Rechnung zu tragen. Der Gedanke seiner gesamtwirtschaftlichen Verantwortung — wachsend mit der Größe des von ihm geleiteten Unternehmens — hat sich zunehmend Bahn geschaffen. Erstmals sprach wohl Rathenau[28] von einer „bewußten Einordnung in die Wirtschaft der Gesamtheit", von der „Durchdringung mit dem Geiste der Gemeinverantwortlichkeit". Die Gemeinwohlklausel des Aktiengesetzes 1937 war nationalsozialistisch verbrämt und hinter ihr standen autoritäre Absichten. Aber sie wurde auch nach dem Zusammenbruch anerkannt.[29] Man sprach von einem Wandel der Wirtschaftsgesinnung.[30] Die Diskussion ging nunmehr darum, ob der Gemeinwohlklausel, besonders wenn sie auf alle Gesellschaftsorgane ausgedehnt würde, nicht doch mehr Inhalt zukäme, als man bisher darin sah. Ob sie nicht nur einen Wandel der Wirtschaftsgesinnung, sondern auch der Wirtschaftsziele bedeute.[31] Es ging mit anderen Worten um die Frage, ob anstelle der heteronom, von außen her an das Großunternehmen herangetragenen Forderungen des Gemeinwohls dieses selbst zum autonomen Teilziel — neben dem Erwerbszweck — werden solle.

Das Aktiengesetz 1965 hat die Frage im Sinne der hergebrachten Meinung entschieden. Den Wandel der Wirtschaftsgesinnung wollte es nicht bestreiten, aber die Gemeinwohlklausel war dem Gesetzgeber inzwischen zum heißen Eisen geworden. Er hat sie gestrichen, mit der Versicherung, sie sei eine Selbstverständlichkeit, und mit dem Hinweis, daß die Aktiengesellschaft sich in die Gesamtwirtschaft einfügen müsse.[32] Die jetzige

---

27 vgl. auch den Mitbestimmungsbericht S. 23 Tz. 22–24

28 wie in Fußn. 6 S. 62

29 Vgl. z. B. *Schmidt-Meyer-Landrut* in Großkomm. z. AktG. 2. Aufl. § 70 Anm. 11, ferner *Westermann,* Die Verantwortung des Vorstands der Aktiengesellschaft in der Freundesgabe für E. H. Vits, Fritz Knapp Verlag, Frankfurt 1963 S. 251

30 Studienkommission des DJT wie in Fußn. 21 S. 23 und *Schmidt-Meyer-Landrut* wie in Fußn. 27

31 Vgl. dazu die Diskussion auf der von der Friedrich-Ebert-Stiftung veranstalteten Tagung „Zur großen Aktienrechtsreform, Hannover 1962 S. 148 ff.

32 Zur Entstehungsgeschichte vgl. die Nachweise bei *Kropff,* Aktiengesetz, Düsseldorf 1965, zu § 76 S. 97/8 und *Baumbach-Hueck,* Aktiengesetz 13. Aufl. § 76 Anm. 1

Rechtslage entspricht damit der Forderung Rathenaus,[33] man müsse der Wirtschaft die Freiheit der Entwicklung und des Entschlusses lassen, damit sie die ihr von der Allgemeinheit gestellten Aufgaben erfüllen könne.

Es bleibt also dabei, daß der Vorstand bei seiner eigenverantwortlichen Leitung neben den Belangen der Aktionäre und der Belegschaft auch die der Allgemeinheit zu berücksichtigen hat. Bei deren pflichtgemäßer Abwägung und Verschmelzung zum alle drei umfassenden Unternehmensinteresse werden ihm dessen Vertreter im Aufsichtsrat besondere Hilfe leisten können.

---

33 Siehe oben bei Fußn. 6 S. 61

DIE RECHTSPRECHUNG DES BUNDESARBEITSGERICHTS ZUR BETEILIGUNG DER ARBEITNEHMER IN DEN GESELLSCHAFTLICHEN ORGANEN

Von Georg Schröder

Vorschriften über die Beteiligung der Arbeitnehmer in den gesellschaftlichen Organen (Vorstand und Aufsichtsrat) finden sich in dem Gesetz über die Mitbestimmung der Arbeitnehmer in den Aufsichtsräten und Vorständen der Unternehmen des Bergbaus und der Eisen und Stahl erzeugenden Industrie (einschließlich des Ergänzungsgesetzes zu diesem Gesetz) [Vertretung im Aufsichtsrat und im Vorstand] und in den §§ 76, 77 des Betriebsverfassungsgesetzes (Beteiligung zu einem Drittel im Aufsichtsrat). Obwohl diese Gesetze jetzt nahezu 20 Jahre in Kraft sind, ist die Rechtsprechung des Bundesarbeitsgerichts zu ihnen noch durchaus überschaubar, denn nur verhältnismäßig wenig Streitsachen aus den §§ 76, 77 BetrVG sind bis an das Bundesarbeitsgericht gelangt; mit Fragen aus dem Mitbestimmungsgesetz hat sich das Bundesarbeitsgericht bisher überhaupt noch nicht befassen müssen.

Der nachfolgende Beitrag soll einen Überblick über die Rechtsprechung zum BetrVG geben.

I. Die Zuständigkeit der Gerichte für Arbeitssachen

1. Nach § 98 AktG entscheidet dann, wenn ungewiß oder streitig ist, nach welchen gesetzlichen Vorschriften der Aufsichtsrat einer AG zu besetzen ist, auf Antrag der nach § 98 Abs. 2 AktG Antragsberechtigten (darunter der Betriebsräte und der Spitzenorganisationen der Gewerkschaften) das Landgericht, in dessen Bezirk die Gesellschaft ihren Sitz hat, im Verfahren der freiwilligen Gerichtsbarkeit, also in einem Verfahren mit sog. Offizialmaxime (§ 12 FGG). Diese in § 98 AktG begründete *ausschließliche* Zuständigkeit der *ordentlichen* Gerichte schließt insbesondere eine Zuständigkeit der Gerichte für Arbeitssachen in diesen Fällen aus.

2. Nach § 2 Abs. 1 Nr. 4 Buchst. o ArbGG in der jetzt geltenden Fassung sind die Gerichte für Arbeitssachen für die Entscheidung über die Notwendigkeit, Vertreter der Arbeitnehmer in den Aufsichtsrat zu wählen, *nur* dann noch ausschließlich zuständig, wenn es sich darum handelt, ob Vertreter der Arbeitnehmer in den Aufsichtsrat von Erwerbs- und Wirtschaftsgenossenschaften zu wählen sind. Sie sind aber nach wie vor ausschließlich zuständig (auch bei Aufsichtsräten einer AG, einer KGaA,

einer GmbH, einer bergrechtlichen Gewerkschaft oder eines Versicherungsvereins auf Gegenseitigkeit), wenn es sich um Entscheidungen über die Durchführung der Wahl von Vertretern der Arbeitnehmer im Aufsichtsrat handelt (§ 2 Abs. 1 Nr. 4 Buchst. p ArbGG = § 82 Abs. 1 Buchst. p BetrVG), weiter, wenn es sich um die Entscheidung über die Durchführung der Abstimmung über den Widerruf der Bestellung eines Vertreters der Arbeitnehmer im Aufsichtsrat handelt (§ 2 Abs. 1 Nr. 4 Buchst. q ArbGG = § 82 Abs. 1 Buchst. q BetrVG) und schließlich insbesondere dann, wenn „nach Maßgabe einer Rechtsverordnung nach § 87 Buchst. g BetrVG" über die Anfechtung der Wahl von Vertretern der Arbeitnehmer im Aufsichtsrat und über die Anfechtung der Abstimmung über den Widerruf der Bestellung eines Vertreters der Arbeitnehmer im Aufsichtsrat zu entscheiden ist (§ 2 Abs. 1 Nr. 4 Buchst. s ArbGG = § 82 Abs. 1 Buchst. s BetrVG). Die Gerichte für Arbeitssachen sind insbesondere auch dann zuständig, wenn allein über die Frage der Sitzverteilung der Arbeitnehmervertreter im Aufsichtsrat eines Konzernunternehmens gestritten wird (BAG vom 30. 8. 1968, AP Nr. 15 zu § 76 BetrVG; BAG vom 26. 11. 1968, AP Nr. 18 a. a. O.).

Auch das arbeitsgerichtliche Beschlußverfahren ist — ebenso wie das Verfahren der freiwilligen Gerichtsbarkeit vor den ordentlichen Gerichten — ein Verfahren mit Offizialmaxime (§ 83 ArbGG).

3. Die Zuständigkeitsverteilung zwischen ordentlichen Gerichten einerseits und Gerichten für Arbeitssachen andererseits — in beiden Fällen handelt es sich um ausschließliche Zuständigkeiten — schließt Zuständigkeitszweifel im einzelnen Fall nicht aus. Insbesondere müssen die ordentlichen Gerichte bei der ihnen übertragenen Entscheidung, „nach welchen gesetzlichen Vorschriften der Aufsichtsrat zusammenzusetzen ist" (§ 98 AktG), auch rein arbeitsrechtliche Fragen beurteilen, z. B. bei der Prüfung, ob die Grenzzahl von 500 „Arbeitnehmern" (die nach § 76 Abs. 6 und § 77 BetrVG erheblich ist und für die nicht nur der Arbeitnehmerbegriff des § 4 BetrVG entscheidend ist, sondern auch andere arbeitsrechtliche Begriffe — wie z. B. der der unständig beschäftigten Personen — maßgebend sein können) erreicht ist. (Nach BAG vom 1. 12. 1961, AP Nr. 1 zu § 77 BetrVG kommt es dabei auf die Zahl der ständig besetzten Arbeitsplätze an, der Gesetzgeber habe es auf die Größe und wirtschaftliche Bedeutung des Unternehmens abgestellt). Im Rahmen des Betriebsverfassungsgesetzes selbst müssen die ordentlichen Gerichte insbesondere auch prüfen, ob es sich nicht um einen „Betrieb" (richtiger: „Unternehmen") handelt, das „politischen, gewerkschaftlichen, konfessionellen, karitativen, erzieherischen, wissenschaftlichen, künstlerischen oder ähnlichen Bestimmungen dient". Denn auf solche „Betriebe" finden nach § 81 BetrVG die §§ 76, 77 über die Beteiligung der Arbeitnehmer im Aufsichtsrat keine Anwendung. Über die Frage, ob es sich um einen dieser sog. Tendenzbetriebe handelt, muß danach je nach dem Streitgegenstand im Rahmen der jeweils ausschließlichen Zuständigkeit in einem Verfahren mit Offizialmaxime entweder von den ordentlichen Gerichten

oder von den Gerichten für Arbeitssachen entschieden werden: geht es um die Frage, ob auf ein bestimmtes Unternehmen das ganze BetrVG nach § 81 Abs. 1 oder nach § 81 Abs. 2 BetrVG keine Anwendung findet und deshalb kein *Betriebsrat* zu wählen ist oder darum, ob ein *Wirtschaftsausschuß* nach § 67 BetrVG zu errichten ist, so sind die Gerichte für Arbeitssachen ausschließlich zuständig (§ 2 Abs. 1 Nr. 4 Buchst. a ArbGG), sie entscheiden also in diesen Fällen darüber, ob es sich um einen „Tendenzbetrieb" handelt. Wird darüber gestritten, ob nach §§ 76, 77 BetrVG Arbeitnehmervertreter *in den Aufsichtsrat* zu entsenden sind, ob also unter Berücksichtigung dieser gesetzlichen Vorschriften der Aufsichtsrat zu bilden ist, so entscheiden die ordentlichen Gerichte darüber, ob es sich um einen „Tendenzbetrieb" handelt. Insoweit handelt es sich um eine für die Entscheidung der ordentlichen Gerichte erhebliche Vorfrage, die diese in eigener Zuständigkeit zu beurteilen haben oder doch jedenfalls beurteilen dürfen. Sie sind insbesondere (anders als die Gerichte für Arbeitssachen z. B. im Falle der Entscheidung über die Tariffähigkeit einer Vereinigung nach § 97 Abs. 5 ArbGG) nicht gehalten, ihr Verfahren bis zu einer nach § 2 Abs. 1 Nr. 5 ArbGG von den Gerichten für Arbeitssachen im Beschlußverfahren zu treffenden Entscheidung, ob es sich um einen „Tendenzbetrieb" handelt, auszusetzen. Die Gefahr gegenteiliger Entscheidungen ist also trotz der unter den Beteiligten eintretenden materiellen Rechtskraftwirkung auch einer im arbeitsgerichtlichen Beschlußverfahren (vgl. BAG vom 6. 2. 1968, AP Nr. 16 zu § 76 BetrVG) ergangenen Entscheidung nicht ausgeschlossen.

4. Diese Zuständigkeitsverteilung zwischen ordentlichen Gerichten und Gerichten für Arbeitssachen hat zur Folge, daß die Rechtsprechung des Bundesarbeitsgerichts sich nur auf einen Teil der mit der Beteiligung der Arbeitnehmer in den gesellschaftlichen Organen zusammenhängenden Fragen beziehen kann, und zwar insbesondere auf die Durchführung der Wahl der Vertreter der Arbeitnehmer im Aufsichtsrat, die Abstimmung über den Widerruf der Bestellung eines Vertreters der Arbeitnehmer und die Anfechtung der Wahl oder der Abstimmung über den Widerruf der Bestellung.

II. Durchführung der Wahl

1. Wahlverfahren

Bereits in der Entscheidung vom 20. 10. 1954 (AP Nr. 1 zu § 76 BetrVG) hat sich das Bundesarbeitsgericht mit der Frage befaßt, ob die Vertreter der Arbeitnehmer im Wege der Gemeinschaftswahl (= Wahl durch Arbeiter und Angestellte gemeinsam) oder im Wege der Gruppenwahl (= getrennte Wahl in der Gruppe der Arbeiter und der der Angestellten) zu wählen sind. Das Bundesarbeitsgericht hat die Gemeinschaftswahl auch dann als zulässig angesehen, wenn vorher *nicht* (wie bei der Betriebsratswahl) von der Angestelltengruppe und der Arbeitergruppe in getrennten, geheimen Abstimmungen gemäß § 13 Abs. 2 BetrVG eine gemeinsame Wahl beschlossen war. Zu der Frage, ob für die Wahl der Arbeitnehmervertreter im Aufsichtsrat die Belegschaft Gruppenwahl beschließen kann, hat das Bundesarbeitsgericht keine abschließende Stellung bezogen, sondern nur ausgeführt, daß die Gruppenwahl jedenfalls ausgeschlossen werden könne, ohne daß dabei § 13 Abs. 2 BetrVG beachtet werden müsse. (Für Zulässigkeit der Gruppenwahl Dietz in der Besprechung zu der Entscheidung; nach dem Mitbestimmungsgesetz Kohle und Stahl — § 6 — stellen die dort vorschlagsberechtigten Betriebsräte den Wahlvorschlag in getrennten Abstimmungen der Arbeitermitglieder und der Angestelltenmitglieder auf, jeder der beiden Wahlkörper wählt das auf ihn entfallende Mitglied).

2. *Wahlrecht*

a) Daß das *aktive* Wahlrecht allen Arbeitnehmern der unternehmenszugehörigen Betriebe, die das achtzehnte Lebensjahr vollendet haben, zusteht, ergibt sich unmittelbar aus § 76 BetrVG. Hierzu (und auch zu dem Vorschlagsrecht der Betriebsräte nach § 6 MitbestG) liegen keine Entscheidungen des Bundesarbeitsgerichts vor. Ebenso ist in keinem der bis an das Bundesarbeitsgericht gediehenen Verfahren jemals in Zweifel gestellt worden, daß bei der Wahl der Vertreter der Arbeitnehmer für den Aufsichtsrat des herrschenden Unternehmens eines Konzerns im Sinne des § 18 AktG auch die Arbeitnehmer der Betriebe der übrigen Konzernunternehmen das *aktive* Wahlrecht haben (vgl. § 76 Abs. 4 BetrVG).
b) Das *passive* Wahlrecht ist praktisch durch § 76 Abs. 2 Satz 2 und 3 BetrVG in der Weise beschränkt, daß bestimmte Anforderungen an die zu wählenden Personen gestellt werden: Ist nur *ein* Vertreter der Belegschaft zu wählen, so muß dieser Arbeitnehmer des Betriebes sein, also entweder Arbeiter oder Angestellter; sind zwei oder mehr Vertreter zu wählen, so müssen sich unter diesen mindestens zwei Arbeitnehmer aus den Betrieben des Unternehmens befinden, darunter ein Arbeiter und ein Angestellter. (Bei mehr als zwei Arbeitnehmer-Vertetern im Aufsichtsrat können also insbesondere auch betriebsfremde Personen als Arbeitnehmer-Vertreter in den Aufsichtsrat gewählt werden; dies kann auch nicht durch die Satzung einer AG ausgeschlossen werden (§ 100 Abs. 4 AktG). Das Erfordernis der Berücksichtigung sowohl der Gruppe der Angestellten wie der Arbeiter bedeutet für die Praxis, daß z. B. dann, wenn bei einer Belegschaft mit 1 000 wahlberechtigten Arbeitnehmern 300 Stimmen auf den Arbeiter A, 250 auf den Arbeiter B und 150 auf den Angestellten C entfallen, während der Rest Splitterstimmen sind, A und C gewählt sind, B trotz C gegenüber höherer Stimmenzahl nicht gewählt

ist. Der reine Mehrheitsgrundsatz wird also durch das Gebot der Gruppenberücksichtigung eingeschränkt.

c) Für die Praxis dürfte nunmehr durch die Rechtsprechung des Bundesarbeitsgerichts die Frage endgültig geklärt sein, wie die Sitze der Arbeitnehmervertreter in dem Aufsichtsrat des herrschenden Unternehmens eines Konzern unter die Arbeitnehmer des herrschenden Unternehmens und die der beherrschten Unternehmen zu verteilen sind. Das Gesetz läßt die Arbeitnehmer der beherrschten Betriebe deshalb an den Wahlen zu dem Aufsichtsrat des herrschenden Unternehmens teilnehmen, damit dort auch die Belange der Arbeitnehmer der beherrschten Betriebe gewahrt werden können. Dieses Anliegen würde aber nicht erfüllt, wenn — was bei sehr unterschiedlich großen Belegschaftszahlen durchaus möglich werden könnte, wenn nur nach den Mehrheiten entschieden würde — in dem Aufsichtsrat nur Arbeitnehmervertreter des herrschenden Unternehmens säßen; ebenso wäre bei Besetzung des Aufsichtsrates nur nach der Zahl der abgegebenen Stimmen — je nach der Zahl der wahlberechtigten Arbeitnehmer in dem herrschenden Unternehmen einerseits und in den Betrieben der beherrschten Unternehmen andererseits — auch nicht auszuschließen, daß in dem Aufsichtsrat des herrschenden Unternehmens nur Vertreter der Belegschaften der beherrschten Unternehmen säßen, die Arbeitnehmer des herrschenden Unternehmens dort also nicht vertreten wären.

Um dies auszuschließen und eine angemessene Vertretung sowohl der Belegschaft des herrschenden Unternehmens wie der der beherrschten Unternehmen trotz Schweigens des Gesetzes zu dieser Frage sicherzustellen, hat das Bundesarbeitsgericht bereits in der Entscheidung vom 10. 11. 1954 (AP Nr. 2 zu § 76 BetrVG) ausgeführt, daß der erste Platz im Aufsichtsrat des herrschenden Unternehmens einem Arbeitnehmer des herrschenden Unternehmens gebührt, der zweite Platz einem Arbeitnehmer der beherrschten Unternehmen. Die Besetzung der weiteren Sitze für Arbeitnehmer-Vertreter im Aufsichtsrat des herrschenden Unternehmens richtet sich danach, wer die meisten Stimmen erhalten hat. Das reine Mehrheitsprinzip gilt also erst vom dritten Sitz für Arbeitnehmer-Vertreter im Aufsichtsrat. An dieser Rechtsprechung, die nicht ohne Widerspruch geblieben ist, hat das Bundesarbeitsgericht seither ständig festgehalten (vgl. BAG vom 3. 12. 1954, AP Nr. 2 a. a. O.; vom 15. 7. 1960, AP Nr. 10 zu § 76 BetrVG; vom 17. 10. 1963, AP Nr. 13 a. a. O; vom 30. 8. 1966, AP Nr. 15 a. a. O.; vom 20. 11. 1968, AP Nr. 18 a. a. O.). Auch hat das Bundesarbeitsgericht in der Entscheidung vom 17. 10. 1963, AP Nr. 13 a. a. O., ausgeführt, ein oberster Gerichtshof des Bundes solle von seiner bisherigen Rechtsprechung nicht abweichen, wenn sowohl für die eine wie die andere Ansicht gute Gründe sprächen. Es hat aber doch versucht, in besonders gelagerten Ausnahmefällen auch unter Aufrechterhaltung seiner grundsätzlichen Einstellung zu sachgerechten Entscheidungen zu kommen.

aa) In der Entscheidung vom 24. 5. 1957, AP Nr. 7 zu § 76 BetrVG, hatte sich das Bundesarbeitsgericht mit der Frage zu befassen, ob in den Aufsichtsrat einer in der Form der AG betriebenen Holdinggesellschaft auch dann Arbeitnehmervertreter zu wählen seien, wenn die Holdinggesellschaft selbst keine Arbeitnehmer beschäftige und die bei ihr anfallenden Arbeiten durch Arbeitnehmer von Tochtergesellschaften erledigen lasse. Das Bundesarbeitsgericht hat diese Frage verneint, allerdings die Einschränkung gemacht, daß dies dann nicht gelte (also Arbeitnehmervertreter in den Aufsichtsrat zu wählen seien), „wenn bei verständiger Würdigung in einer solchen Gesellschaft die Beschäftigung eigener Arbeitnehmer geboten sei". Die Entscheidung hat keine ungeteilte Zustimmung gefunden (vgl. Kötter in der Anm. zu der Entscheidung in AP a. a. O.). Sie räumt keineswegs die in solchen besonderen Fällen möglichen Unklarheiten in für die Praxis eindeutiger Weise aus. Das Bundesarbeitsgericht hat aber bisher keine Gelegenheit gehabt, sich mit dieser Frage erneut zu befassen.

bb) In der Entscheidung vom 15. 7. 1960 (AP Nr. 10 a. a. O) hat das Bundesarbeitsgericht — wiederum unter Aufrechterhaltung seiner Rechtsprechung über die Verteilung der Aufsichtsratssitze zwischen Arbeitnehmern des herrschenden Unternehmens und der beherrschten Unternehmen — ausgeführt, daß „in besonderen Fällen, in denen die Zahl der wahlberechtigten Arbeitnehmer des herrschenden Unternehmens in einem so auffälligen Mißverhältnis zur Arbeitnehmerzahl der beherrschten Unternehmen stehe, daß ein schutzwertes Interesse, an den vom Bundesarbeitsgericht über die Sitzverteilung entwickelten Grundsätzen festzuhalten, nicht gegeben sei, das reine Mehrheitsprinzip gelte" (also nicht stets der erste Platz einem Arbeitnehmer des herrschenden Unternehmens und erst der zweite einem Arbeitnehmer aus den beherrschten Unternehmen gebühre). In dem zur Entscheidung stehendend Fall hatte das herrschende Unternehmen 1 000 Arbeitnehmer, die beherrschten Unternehmen hatten 23 000 Arbeitnehmer. Auch bei diesem Zahlenverhältnis hat aber das Bundesarbeitsgericht noch den Arbeitnehmern des herrschenden Unternehmens den ersten Sitz im Aufsichtsrat des herrschenden Unternehmens zugebilligt.

cc) Mit einer Kollusion des Grundsatzes, daß der erste Sitz im Aufsichtsrat der herrschenden Gesellschaft einem Arbeitnehmer dieser Gesellschaft gebühre, der zweite einem Arbeitnehmer eines beherrschten Unternehmens, einerseits und des Grundsatzes, daß bei zwei Arbeitnehmersitzen im Aufsichtsrat der eine mit einem Arbeiter, der andere mit einem Angestellten zu besetzen sei, andererseits, hat sich das Bundesarbeitsgericht in der Entscheidung vom 30. 8. 1966, AP Nr. 15 zu § 76 BetrVG zu befassen gehabt. Für die Wahl waren 11 Bewerber vorgeschlagen, darunter 6 Angestellte und 3 Arbeiter des herrschenden Unternehmens; aus dem Kreise der Arbeitnehmer der beherrschten Unternehmen waren nur zwei Angestellte (also kein Arbeiter) vorgeschlagen. Die höchsten Stimmenzahlen erhielten (in dieser Reihenfolge) drei Arbeiter und ein Agestellter des herrschenden Unternehmens, einer der beiden vorgeschlagenen

Angestellten des beherrschten Unternehmens folgte erst an 7. Stelle. Das Bundesarbeitsgericht hat ausgeführt, zwar müsse grundsätzlich dann, wenn (wie in diesem Fall) der erste Sitz im Aufsichtsrat einem Angestellten des herrschenden Unternehmens zugefallen sei, der zweite Sitz mit einem Arbeiter eines abhängigen Unternehmens besetzt werden; wenn aber bei den beherrschten Unternehmen sich überhaupt kein Arbeitervertreter zur Wahl gestellt habe, müsse dieser Grundsatz gegenüber dem anderen Grundsatz, daß auch die abhängigen Unternehmen im Aufsichtsrat des herrschenden Unternehmens vertreten sein müßten, zurücktreten. Der Grundsatz, daß auch Arbeitnehmer der beherrschten Unternehmen im Aufsichtsrat des Aufsichtsrates des herrschenden Unternehmens vertreten sein müßte, habe den Vorrang gegenüber dem Grundsatz, daß im Aufsichtsrat sowohl die Gruppe der Angestellten wie die der Arbeiter vertreten sein müsse. Deshalb sei in einem solchen Fall die Besetzung des Aufsichtsrates mit zwei Angestellten zulässig und geboten. Man kann über die Richtigkeit dieser Ansicht durchaus geteilter Meinung sein, jedenfalls gibt sie aber der Praxis Klarheit (vgl. dazu auch Alfred Hueck in der Besprechung zu AP).

III. Amtszeit der Arbeitnehmervertreter im Aufsichtsrat

1. Die regelmäßige Amtszeit der Arbeitnehmervertreter im Aufsichtsrat entspricht der Amtszeit der von der Hauptversammlung zu wählenden Mitglieder des Aufsichtsrates: Nach § 76 Abs. 2 Satz 2 BetrVG werden die Vertreter der Arbeitnehmer für die Zeit gewählt, die im Gesetz oder in der Satzung für die von der Hauptversammlung zu wählenden Aufsichtsratsmitglieder bestimmt ist. Sie können also ebenso wie die von der Hauptversammlung zu wählenden Aufsichtsratsmitglieder nach § 102 AktG nicht für längere Zeit als bis zur Beendigung der Hauptversammlung bestellt werden, die über die Entlastung für das vierte Geschäftsjahr nach dem Beginn der Amtszeit beschließt. Das Amt eines Ersatzmitgliedes endet spätestens mit Ablauf der Amtszeit des ausgefallenen Aufsichtsratsmitgliedes.

2. Mit der Frage, ob bei der Wahl der Arbeitnehmer durch das dieser zugrundeliegende Wahlausschreiben eine (für die von der Hauptversammlung gewählten Mitglieder des Aufsichtsrates nicht geltende) Beschränkung dieser Amtszeit vorgenommen werden kann, hat sich das Bundesarbeitsgericht in der Entscheidung vom 31. 1. 1969 (AP Nr. 19 zu § 76 BetrVG) befaßt: Dort war bei der Wahl von 5 Arbeitnehmervertretern für einen Aufsichtsrat im Wahlausschreiben bestimmt, daß die Ämter der gewählten Arbeitnehmervertreter vorzeitig erlöschen sollten, wenn sie während der Wahlzeit aus dem aktiven Dienst des Unternehmens ausscheiden sollten. Ein gewählter Arbeitnehmervertreter trat nun während der noch laufenden Amtszeit in den Ruhestand. (Ein Amtsver-

lust wegen Verlustes der Wählbarkeitsvoraussetzung „Arbeitnehmereigenschaft" trat deshalb nicht ein, weil mehr als 2 Arbeitnehmervertreter aus der Belegschaft im Aufsichtsrat saßen und zwei Belegschaftsmitglieder im Aufsichtsrat auch im Fall des Verbleibens des nur auf beschränkte Zeit gewählten Arbeitnehmervertreters im Aufsichtsrat waren). Das gewählte und dann in den Ruhestand getretene Aufsichtsratsmitglied hatte im arbeitsgerichtlichen Beschlußverfahren die Feststellung begehrt, daß er über den Tag seines Übertrittes in den Ruhestand hinaus dem Aufsichtsrat als Vertreter der Arbeitnehmer angehöre.

Das Bundesarbeitsgericht hat eine Zuständigkeit der Gerichte für Arbeitssachen im arbeitsgerichtlichen Beschlußverfahren zur Entscheidung der Frage, ob der Antragsteller trotz seines Übertritts in den Ruhestand noch dem Aufsichtsrat angehöre, als gegeben angesehen und in der Sache selbst zum Ausdruck gebracht, daß es eine derartige die Amtszeit der Arbeitnehmervertreter im Aufsichtsrat gegenüber der der von der Hauptversammlung gewählten Mitglieder beschränkende Regelung im Wahlausschreiben trotz § 76 Abs. 2 Satz 1 BetrVG für zulässig ansehe, diese Frage aber letztlich nicht abschließend entschieden; es hat vielmehr ausgeführt, das Wahlausschreiben und damit die Durchführung der Wahl sei nicht angefochten worden und deshalb als verbindlich anzusehen.

3. Mit der Frage des vorzeitigen Amtsverlustes wegen Verlustes der Wählbarkeitsvoraussetzungen (ein solcher kommt insbesondere dann in Betracht, wenn ein als Betriebsangehöriger gewählter Arbeitnehmervertreter aus dem Arbeitsverhältnis ausscheidet und dadurch die Mindestzahl von zwei Arbeitnehmern aus den Betrieben des Unternehmens nach § 76 Abs. 2 Satz 3 BetrVG nicht mehr innegehalten ist) hat sich das Bundesarbeitsgericht bisher noch nicht zu befassen gehabt. Es dürfte jedoch keinem Zweifel unterliegen, daß das Bundesarbeitsgericht in solchen Fällen über die Frage, ob das Aufsichtsratsmandat weggefallen ist, jedenfalls dann im Beschlußverfahren zu entscheiden hat, wenn es sich nunmehr um die Frage handelt, ob eine Neuwahl durchzuführen ist (§ 2 Abs. 1 Nr. 4 Buchst. p ArbGG) oder wenn darüber zu entscheiden ist, ob ein gewählter Ersatzmann nachzurücken hat und welcher Ersatzmann dies ist (insoweit vgl. BAG vom 24. 5. 1957, AP Nr. 6 zu § 76 BetrVG). Mit der Entscheidung des BGH vom 21. 2. 1963 (AP Nr. 12 zu § 76 BetrVG) steht dies nicht in Widerspruch. Aus den Entscheidungsgründen des BGH ergibt sich, daß das Aufsichtsratsmitglied von Arbeitnehmerseite, um dessen Zugehörigkeit es sich im Streitfall handelte, nicht zu den beiden nach § 76 Abs. 2 Satz 3 BetrVG notwendigen Arbeitnehmermitgliedern aus der Belegschaft gehörte, es waren mehr als zwei Arbeitnehmer im Aufsichtsrat, und es blieben dort auch zwei Belegschaftsangehörige. Damit stellte sich nicht die Frage, ob das Aufsichtsratsmitglied schon deshalb wegen des Verlustes einer Voraussetzung nach § 76 BetrVG aus dem Aufsichtsrat ausgeschieden war, weil er aufgrund (als von den Gerichten für Arbeitssachen als wirksam anerkannter) fristloser Entlassung aus dem Arbeitsverhältnis nicht mehr Arbeitnehmer des Unternehmens

und deshalb aus dem Aufsichtsrat ausgeschieden war. Das Unternehmen hatte das Ausscheiden des Aufsichtsratsmitgliedes nicht auf die Behauptung gestützt, das Aufsichtsratsmitglied sei nicht mehr Arbeinehmer des Unternehmens, sondern ausgeführt, der ausgeschiedene Arbeitnehmer sei nunmehr in einem Konkurrenzunternehmen tätig, was nach der Unternehmenssatzung mit dem Aufsichtsratsamt unvereinbar sei. Der BGH hat ausgeführt, das Aufsichtsratsmitglied sei *nicht* aufgrund dieser Satzungsbestimmung ausgeschieden. In der Satzung könnten jedenfalls nicht zu Lasten der Arbeitnehmervertreter persönliche Voraussetzungen (zu denen auch die Nichtausübung einer Konkurrenztätigkeit gehöre) für das Verbleiben im Aufsichtsrat aufgestellt werden; andernfalls würde entgegen § 76 BetrVG der Kreis der wählbaren Arbeitnehmervertreter eingeschränkt werden. (§ 100 Abs. 4 AktG stellt ausdrücklich klar, daß die Satzung einer AG persönliche Voraussetzungen nur für solche Aufsichtsratsmitglieder aufstellen kann, die von der Hauptversammlung ohne Bindung an Wahlvorschläge gewählt oder aufgund der Satzung in den Aufsichtsrat entsandt werden; die Satzung kann also nicht bestimmen, daß mehr als zwei (oder gar alle) Arbeitnehmervertreter im Aufsichtsrat Belegschaftsangehörige sein müssen).

4. Eine vorzeitige Abberufung der von Arbeitnehmerseite gewählten Aufsichtsratsmitglieder ist nach § 76 Abs. 5 BetrVG möglich. Danach kann die Bestellung eines Vertreters der Arbeitnehmer zum Aufsichtsratsmitglied vorzeitig (vor Ablauf der Wahlzeit) widerrufen werden; antragsberechtigt ist der Betriebsrat oder mindestens ein Fünftel der wahlberechtigten Arbeitnehmer. (Im Betrieb vertretene Gewerkschaften oder deren Spitzenverbände sind insoweit nicht antragsberechtigt). Der Beschluß bedarf einer Mehrheit, die mindestens drei Viertel der abgegebenen Stimmen umfaßt. Für die Entscheidung über die Durchfühung einer solchen Abstimmung sind nach § 2 Abs. 1 Nr. 4 Buchst. q ArbGG die Gerichte für Arbeitssachen zuständig. Einschlägige Entscheidungen des Bundesarbeitsgerichts liegen noch nicht vor.

5. Ob der *Wechsel der Gruppenzugehörigkeit* (Arbeiter- bzw. Angestelltengruppe) eines als Arbeiter oder Angestellter in den Aufsichtsrat gewählten Arbeitnehmervertreters dann zum Amtsverlust führt, wenn nunmehr durch diesen Gruppenwechsel eines gewählten Aufsichtsratsmitgliedes der Arbeitnehmerseite entgegen § 76 Abs. 2 Satz 3 BetrVG ein Vertreter der Gruppe, aus der das gewählte Aufsichtsratsmitglied in die andere Gruppe während der Amtszeit übergewechselt ist, nicht mehr im Aufsichtsrat sitzt, zum Amtsverlust des übergetretenen Aufsichtsratsmitgliedes führt, hat das Bundesarbeitsgericht noch nicht entschieden. Die Gründe, die das Bundesarbeitsgericht in der Entscheidung vom 10. 9. 1968 (AP Nr. 5 zu § 24 BetrVG) veranlaßt haben, den während der Amtszeit eingetretenen Gruppenwechsel eines Mitgliedes des *Betriebsrates* trotz § 10 Abs. 1 BetrVG *nicht* als Grund für das Ausscheiden aus dem Betriebsrat nach § 24 BetrVG anzuerkennen, dürften jedoch auch im Falle des Aufsichtsrates zu beachten sein.

IV. Anfechtung der Wahl der Arbeitnehmervertreter und der Abstimmung über den Widerruf der Bestellung zum Aufsichtsratsmitglied

In beiden Fällen sind nach § 2 Abs. 1 Nr. 4 Buchst. s ArbGG (= § 82 Abs. 1 Buchst. s BetrVG) die Gerichte für Arbeitssachen zur Entscheidung im Beschlußverfahren „nach Maßgabe einer Rechtsverordnung nach § 87 Buchst. g BetrVG" berufen. Die Bundesregierung hat von der ihr bereits 1952 erteilten Ermächtigung bisher keinen Gebrauch gemacht. Insbesondere enthält die Wahlordnung zum BetrVG vom 18. März 1953 auch in ihrer mehrfach geänderten Fassung keine Bestimmungen über die Anfechtung dieser Abstimmungen.

Diese Lücke hat das Bundesarbeitsgericht in ständiger Rechtsprechung dadurch zu schließen versucht, daß es die für die Betriebsratswahl geltende Vorschrift des § 18 BetrVG auf diese Fälle für entsprechend anwendbar angesehen hat.

1. Bereits in der Entscheidung vom 24. 10. 1954 (AP Nr. 1 zu § 76 BetrVG) hat das Bundesarbeitsgericht ausgeführt, die Anfechtung einer Wahl von Vertretern der Arbeitnehmer zum Aufsichtsrat sei zulässig, die Gerichte für Arbeitssachen seien hierfür zuständig. Damals hat das Bundesarbeitsgericht noch dahingestellt sein lassen, ob „vorläufig in entsprechender Anwendung des § 18 BetrVG die Frist für die Anfechtung der Wahl von Arbeitnehmern zum Aufsichtsrat mit zwei Wochen anzunehmen sei".

2. Die Ansicht, die Anfechtung der Wahl sei bereits vor Ergehen der angekündigten Rechtsverordnung zulässig, hat das Bundesarbeitsgericht immer aufrechterhalten (vgl. BAG vom 10. 11. 1954, AP Nr. 2 zu § 76 BetrVG; vom 3. 12. 1954, AP Nr. 3 a. a. O.). Weiterhin hat das Bundesarbeitsgericht schon seit der Entscheidung vom 3. 12. 1954 die bis dahin noch offen gelassene Frage, ob § 18 BetrVG vollinhaltlich (d. h. sowohl hinsichtlich der Anfechtungsgründe als auch des Kreises der Anfechtungsberechtigten und schließlich auch der Anfechtungsfrist) anzuwenden sei, dahin beantwortet, daß „im Interesse der Rechtssicherheit und des praktischen Bedürfnisses eine eindeutig klare Regelung da sein müsse, deshalb müsse die analoge Anwendung des § 18 BetrVG eine vollständige sein"; vgl. auch BAG vom 21. 12. 1965, AP Nr. 14 zu § 76 BetrVG.

Das hat folgende Auswirkungen:

a) Das Anfechtungsrecht steht allen in § 18 BetrVG bezeichneten Stellen zu, also mindestens drei Wahlberechtigten, jeder im Betrieb vertretenen Gewerkschaft und dem Arbeitgeber (hier = Unternehmer, vgl. BAG vom 26. 11. 1968, AP Nr. 18 zu § 76 BetrVG) zu. Besonders zu beachten ist, daß das Anfechtungsrecht zwar jeder im Betrieb vertretenen Gewerkschaft zusteht, nicht aber, wie das Antragsrecht nach § 98 AktG, den Spitzenorganisationen der Gewerkschaft, die „nach den gesetzlichen Vorschriften, deren Anwendung streitig oder ungewiß ist, ein Vorschlags- oder Entsendungsrecht hätten (vgl. BAG vom 21. 12. 65, AP Nr. 14 zu

§ 76 BetrVG; vom 3. 12. 1954, AP Nr. 3 a. a. O.)". Der Wahlvorstand ist weder anfechtungsberechtigt noch im Anfechtungsverfahren Beteiligter (BAG vom 26. 10. 1962, AP Nr. 11 zu § 76 BetrVG).

b) Auch die Anfechtungsfrist des § 18 BetrVG (vierzehn Tage, gerechnet vom Tage der Bekanntgabe des Wahlergebnisses) ist zu beachten. Eine verspätete Anfechtung ist unzulässig und unterliegt deshalb der Zurückweisung ohne weitere Sachprüfung. Die Folgen einer Verspätung können in aller Regel auch nicht dadurch geheilt werden, daß behauptet wird, die durchgeführte Wahl oder Abstimmung sei schlechthin nichtig (also nicht nur anfechtbar). Zwar sind Fälle denkbar, in denen eine durchgeführte Wahl der Arbeitnehmervertreter im Aufsichtsrat oder eine Abstimmung über deren Abberufung in so starkem Maße gegen die Grundsätze eines demokratischen und sozialen Rechtsstaates im Sinne des Art. 20 GG verstößt, daß von einer Wahl im echten Sinne überhaupt nicht mehr gesprochen werden kann; in solchen Fällen kann sich jedermann (also nicht nur die nach § 18 BetrVG Anfechtungsberechtigten) jederzeit, also auch nach Ablauf der Anfechtungsfristen des § 18 BetrVG, auf die Nichtigkeit der „Wahl" berufen (vgl. AP Nr. 6 zu § 3 BetrVG). Jedoch liegt eine solche Nichtigkeit nur dann vor, wenn in ganz grober Weise vorsätzlich gegen die Grundsätze eines geordneten Wahlverfahrens verstoßen worden ist, so daß der durchgeführten Wahl der Charakter einer demokratischen Wahl nicht mehr zukommt. Eine Nichtigkeit ist insbesondere dann nicht gegeben, wenn eine nicht völlig eindeutige Regelung in dem einen oder anderen Sinne angewandt worden ist, mag sich auch hinterher herausstellen, daß die getroffene Entscheidung nicht richtig war. Diese bei der Nachprüfung von Betriebsratswahlen entwickelten Grundsätze (vgl. AP Nr. 1 zu § 18 BetrVG, AP Nr. 1 zu § 19 BetrVG, AP Nr. 5 zu § 3 BetrVG) hat das Bundesarbeitsgericht auch auf die Wahl von Arbeitnehmervertretern in den Aufsichtsrat übertragen (vgl. BAG vom 31. 1. 1969, AP Nr. 19 zu § 76 BetrVG).

c) Auch die Anfechtungsgründe des § 18 BetrVG (Verstoß gegen wesentliche Vorschriften über das Wahlrecht, die Wählbarkeit oder das Wahlverfahren ohne rechtzeitige Berichtigung) sind entsprechend anzuwenden, ebenso der Grundsatz, daß auf Verstöße dann die Anfechtung nicht gestützt werden kann, wenn durch sie das Wahlergebnis nicht geändert oder beeinflußt werden konnte.

V. Wahl durch Wahlmänner nach § 76 Abs. 4 Satz 2 BetrVG

Mit der Anfechtung einer im Wahlmännerverfahren nach § 76 Abs. 4 Satz 2 BetrVG durchgeführten Wahl der Arbeitnehmervertreter im Aufsichtsrat des herrschenden Unternehmens hat sich das Bundesarbeitsgericht in der Entscheidung vom 6. 2. 1968, AP Nr. 16 zu § 76 BetrVG befaßt. Das Bundesarbeitsgericht hat in dieser Entscheidung ausgeführt, die im BetrVG erfolgte Zulassung der Wahl durch Wahlmänner verstoße nicht gegen den Gleichheitssatz des Art. 3 GG; auch sei eine solche Wahl nicht deshalb zur Zeit noch unmöglich oder unzulässig, weil die in § 87 BetrVG vorgesehene Verordnung auch über die Durchführung einer Wahl durch Wahlmänner noch nicht ergangen ist. Vielmehr sei § 76 Abs. 4 Satz 2 BetrVG geltendes Recht und daher eine Wahl durch Wahlmänner bei der Wahl der Arbeitnehmervertreter für den Aufsichtsrat des herrschenden Unternehmens zulässig. Ob die Wahl durch Wahlmänner zu erfolgen habe, unterliege der Entscheidung der Belegschaften (nicht nur der der Betriebsräte), die hierüber mit einfacher Stimmenmehrheit zu entscheiden hätten. Die Wahlordnung selbst sei von dem Wahlvorstand zu erlassen, der sich dabei (was von den Gerichten für Arbeitssachen nachgeprüft werden könne) an die Grundsätze eines rechtsstaatlichen Wahlrechts halten müsse. Bei Verstößen gegen diese Grundsätze sei die Wahlordnung rechtsunwirksam.

VI. Stellung der Arbeitnehmervertreter im Aufsichtsrat

In der Entscheidung vom 27. 9. 1957 (AP Nr. 7 zu § 13 KSchG) hat das Bundesarbeitsgericht ausdrücklich hervorgehoben, daß die Arbeitnehmervertreter im Aufsichtsrat die gleiche Rechtsstellung wie jedes andere Aufsichtsratsmitglied, insbesondere die von der Hauptversammlung gewählten Aufsichtsratsmitglieder, haben. Die Arbeitnehmervertreter im Aufsichtsrat sind nicht nur Vertreter der Belegschaft, sondern voll berechtigte unabhängige Aufsichtsratsmitglieder mit den allgemeinen Rechten und Pflichten von Aufsichtratsmitgliedern; insbesondere ist der Arbeitgeber nicht berechtigt, auf die Tätigkeit der Arbeitnehmervertreter im Aufsichtsrat Einfluß (etwa durch die Erteilung von Weisungen oder Androhung von Nachteilen im Arbeitsverhältnis) zu nehmen. (Auch an Weisungen anderer Stellen, etwa der Betriebsräte oder der Gewerkschaften, sind sie nicht gebunden). Andererseits gilt auch für die Arbeitnehmervertreter im Aufsichtsrat die Vorschrift des § 110 AktG, nach der sie einer Sorgfaltspflicht und Verantwortlichkeit in entsprechender Anwendung der für Vorstandsmitglieder insoweit geltenden Regelung des § 93 AktG unterliegen.

In diesem Zusammenhang ist besonders interessant die Entscheidung des Bundesarbeitsgerichts vom 1. 3. 1966 (AP Nr. 1 zu § 69 BetrVG). Die Aufsichtsratsmitglieder im Aufsichtsrat eines herrschenden Unternehmens hatten sich mit den Aufsichtsratsmitgliedern in den Aufsichtsräten der beherrschten Unternehmen zu einer „Arbeitsgemeinschaft Konzern“ zusammengeschlossen und von dieser einen „Konzernbrief“ drucken und durch die Betriebsräte verteilen lassen. Hiergegen hatte sich die Unternehmensleitung gewandt und ausgeführt, es sei weder Aufgabe der Betriebsräte, derartige Verlautbarungen zu verteilen, noch dürften einzelne Aufsichtsratsmitglieder nach außenhin über ihre Tätigkeit im Aufsichtsrat berichten, es dürften insbesondere nicht von den Arbeitnehmervertretern im Aufsichtsrat Sonderberichte an die Belegschaften erstattet werden. Das Bundesarbeitsgericht hat dazu ausgeführt, die einzelnen Betriebsräte dürften diese Konzernbriefe nicht verteilen, ein solches Verteilungsrecht folge weder aus § 69 Abs. 3 BetrVG (= Berichte des Unternehmers an Wirtschaftsausschuß), einer Vorschrift, die sich nur an den Unternehmer, nicht auch an den Betriebsrat wende. Auch § 42 Abs. 1 BetrVG decke die Verteilung nicht, da es sich nicht um den Bericht über die Tätigkeit des Betriebsrats handle, sondern um Berichte der Aufsichtsratsmitglieder von Arbeitnehmerseite. Auch die allgemeine Regel des § 49 BetrVG rechtfertige die Verteilung dieser Konzernbriefe nicht.

Das Bundesarbeitsgericht hat also zu der Frage, ob ein solcher „Konzernbrief" von den Arbeitnehmervertretern im Aufsichtsrat verfaßt und herausgegeben werden darf, keine Stellung bezogen. Insoweit wird jedoch der Grundsatz, daß die Arbeitnehmervertreter im Aufsichtsrat den von der Hauptversammlung gewählten Aufsichtsratsmitgliedern gegenüber keine Sonderrechte und Sonderpflichten haben, der Aufsichtsrat vielmehr ein einheitliches Organ auch dann ist, wenn er aus von der Hauptversammlung gewählten Mitgliedern und Arbeitnehmervertretern besteht, zu berücksichtigen sein. Jedenfalls sollte eine „Fraktionsbildung", auch wenn sie vielleicht in der Praxis hier und da vorkommt, nicht noch durch die Rechtsprechung ausgeweitet werden.

VII.

Dem Bundesarbeitsgericht ist auch im Zusammenhang mit seiner Rechtsprechung zu den §§ 76, 77 BetrVG wiederholt der Vorwurf gemacht worden, diese Rechtsprechung sei weitgehend Richterrecht, sie sei zu Ergebnissen gekommen, die in dem geschriebenen Recht keine eindeutige Grundlage hätten. Ein solcher Vorwurf ist sicher nicht leicht zu nehmen, denn das zwangsläufige Gegenstück zur richterlichen Unabhängigkeit ist die Bindung an das Gesetz (Art. 97 GG). Der Richter muß aber andererseits die an ihn herangetragenen Streitfälle entscheiden, und zwar auch dann, wenn der Gesetzgeber eine ihm obliegende Regelung noch nicht vorgenommen hat. Was z. B. für das Arbeitskampfrecht, das Recht der Gratifikationen, der Wettbewerbsverbote und insbesondere das Recht der Koalitionen (Materien, in denen das Bundesarbeitsgericht weitgehend rechtsschöpferisch tätigwerden mußte) gilt, trifft auch hier zu: Der Richter kann einen von ihm verlangten Rechtsschutz nicht mit der Begründung versagen, der Gesetzgeber habe (z. B.) die in § 2 Abs. 1 Buchst. g ArbGG vorgesehene Rechtsverordnung über die Anfechtung der Wahl von Vertretern der Arbeitnehmer im Aufsichtsrat und über den Widerruf der Bestellung eines Vertreters der Arbeitnehmer im Aufsichtsrat noch nicht erlassen, deshalb sei eine solche Anfechtung nicht möglich. Wenn durch Richterrecht bestehende Lücken geschlossen werden müssen, so beruht das sicher nicht auf dem Bestreben, richterliche Kompetenzen zu erweitern, sondern allein auf dem Bestreben, trotz fehlender oder lückenhafter gesetzlicher Regelung den Rechtsfrieden zu wahren.

BEDINGTES KAPITAL FÜR „WARRANT-ANLEIHEN“ VON TOCHTERGESELLSCHAFTEN

FRIEDRICH SILCHER

I.

In jüngerer Zeit ist auf dem deutschen Wertpapiermarkt ein neues Finanzierungsinstrument bekanntgeworden, das von einem verwandten Wertpapier herkömmlicher Art, nämlich der Wandelschuldverschreibung, interessante Abweichungen zeigt: die sogenannte „Warrant-Anleihe“. Ihr gelten die folgenden Ausführungen, bei denen Aspekte der Praxis im Vordergrund stehen.

1. Die Wandelschuldverschreibung wird während ihrer Laufzeit fest — oder als Gewinnschuldverschreibung dividendenabhängig variabel — verzinst und gewährt das Recht, entweder Rückzahlung zum Nennwert zu verlangen oder stattdessen — mit oder ohne Zuzahlung — Aktien der ausgebenden Gesellschaft zu beziehen (Umtauschrecht).

Bei der Warrant-Anleihe verhält es sich dagegen anders: auf dieses dem amerikanischen Finanzierungsbereich entstammende Papier erhält der Inhaber einmal neben der Verzinsung den Nominalbetrag zurückgezahlt; außerdem ist er berechtigt, von seinem Optionsrecht Gebrauch zu machen, d. h. von einem bestimmten Termin an eine bestimmte Zahl von Aktien einer Gesellschaft zu einem bestimmten Erwerbspreis zu beziehen (Bezugsrecht). Eine weitere Besonderheit liegt darin, daß der Optionsschein für den Bezug der Aktien (Warrant) nach einer gewissen Zeit von der Obligation gelöst und als getrenntes Inhaberpapier gehandelt werden kann. Obligationsinhaber und Bezugsberechtigter brauchen dann nicht mehr identisch zu sein. Gerade darin liegt der besondere Reiz dieses Papieres: die Obligation sichert den Kapitaleinsatz bei laufender Verzinsung, der rechtlich selbständige Optionsschein dient der Spekulation, da er bereits während der Laufzeit der Anleihe verwertbar ist. Diese Möglichkeit ist insbesondere deshalb interessant, da die Kursbewegungen des Warrant überproportional zur Entwicklung des Aktienkurses ausfallen. Diese sogenannte Hebelwirkung beruht auf dem Verhältnis zwischen dem Erwerbspreis für die Bezugsaktien (Einzahlung) und den Optionskonditionen. Je niedriger die Einzahlung ist und je mehr Aktien auf einen einzelnen Warrant bezogen werden können, desto höher ist die Kurssteigerung des Warrant im Verhältnis zu einem Kursanstieg der Aktie.

Die aus dem Bereich deutscher Konzerne stammenden Optionsanleihen weisen noch eine weitere Besonderheit auf. Während in der Regel die die Anleihe begebende Gesellschaft mit dem Warrant eine Option auf ihre eigenen Aktien einräumt (vgl. die Beispiele in Der Volkswirt vom 6. 6. 1969 „Chancen auf dem Euromarkt"), werden nunmehr die Anleihen von ausländischen Konzernunternehmen (Tochter- bzw. Enkelgesellschaften) ausgegeben, die den Warrant mit einem Bezugsrecht auf Aktien der deutschen Konzernmuttergesellschaft ausstatten, so z. B. die Dollar-Anleihen von Konzerngesellschaften der Firmen Siemens AG, Farbenfabriken Bayer AG, Badische Anilin- und Sodafabrik AG. Anleiheschuldner und Gesellschaft, deren Aktien bezogen werden können, sind nicht identisch.

Das Auseinanderfallen von Anleiheschuldner und Gesellschaft, auf deren Aktien die Option lautet, ist im wesentlichen auf zwei Überlegungen zurückzuführen. Für anlagesuchendes Kapital besteht ein echtes Bedürfnis, interessant ausgestattete Optionsanleihen zu zeichnen. Andererseits würde es die Beteiligungsüberlegungen der Konzernmuttergesellschaft stören, wenn auch die Aktien ihrer ausländischen Tochter- oder Enkelgesellschaft zwecks Bedienung der Optionsgläubiger dem Publikum zur Verfügung gestellt und an einer Börse eingeführt würden. Außerdem legen die Zeichner der Anleihe in erster Linie Wert auf Aktien des Mutterhauses, insbesondere dann, wenn diese Aktien auch international an Börsen gehandelt werden.

2. Diese Konstruktion ist relativ neu. Sie beruht auf einer Reihe von Zweckmäßigkeitserwägungen, wirft jedoch auch einige Probleme rechtlicher Art auf, die hier behandelt werden sollen. Als Typ sieht die Warrant-Anleihe in groben Zügen etwa wie folgt aus:

Das deutsche Unternehmen X hat mit Sitz im Ausland, z. B. auf den niederländischen Antillen, die Tochter- oder Enkelgesellschaft Y. Y begibt eine auf US-Dollar lautende Optionsanleihe, eingeteilt in Teilschuldverschreibungen (Bonds) mit dazugehörigen Optionsscheinen (Warrants) mit einer Laufzeit von 10 bis 20 Jahren und einer festen Verzinsung. Die Option wird dadurch eingeräumt, daß Y sich verpflichtet, jedem Optionsscheininhaber die vorgesehene Anzahl von a Aktien der X zum Erwerbspreis von b DM zu verschaffen. Die Optionsfrist ist von der Laufzeit der Anleihe unabhängig; sie endet einen Monat nach Verfall der Anleihe. Damit wird den Inhabern von Teilschuldverschreibungen, die sich nicht von dem selbständig handelbaren Warrant trennen, die Möglichkeit geboten, mit den Mitteln aus der Anleiherückzahlung die Optionsaktien zu bezahlen, insbesondere dann, wenn — wie in der Regel — der Optionspreis für alle auf einen Warrant zu beziehenden Aktien (a mal b) geringer ist als der Nominalbetrag einer Teilschuldverschreibung.

Für eine derartige Konstruktion können verschiedene Gründe maßgebend sein. Zunächst weist die Form der Warrant-Anleihe gegenüber der Wandelanleihe herkömmlicher Art einen nennenswerten Vorteil auf. Für den Konzern läßt sich mit einer Optionsanleihe im Vergleich zu sogenannten Straight Bonds eine nennenswert geringere Zinsbelastung erzielen. Diese Differenz wird für den Anleger durch die gesonderte Verwertbarkeit des Warrant während der Anleihdauer bzw. das dem Warrant innewohnende spekulative Element ausgeglichen. Er kann nämlich einen Wertzuwachs der Aktien der Muttergesellschaft während der Optionsdauer bereits durch einen Verkauf des Warrant ausnutzen oder aber sein Bezugsrecht zu günstigen Konditionen ausüben. Selbstverständlich hat er auch die Möglichkeit, die Teilschuldverschreibung mit oder ohne Warrant zum Tageskurs zu verkaufen. Ungünstigstenfalls, d. h. bei einer negativen Kursentwicklung, erhält er nach Ablauf der Anleihedauer seinen Kapitaleinsatz zurück.

Typisch für die hier beschriebene Situation ist, daß ein bestimmter Kapitalmarkt, z. B. der Eurodollarmarkt, angesprochen wird. Im Vordergrund steht die Erwägung, daß der Anleiheerlös der Finanzierung von ausländischen Beteiligungen, z. B. von US-Beteiligungen der deutschen Muttergesellschaft, dienen soll. Eine Kapitalbeschaffung im Dollar-Raum schließt gleichzeitig das Währungsrisiko aus. Dabei ergeben sich aus Doppelbesteuerungsabkommen z. B. für die Niederländischen Antillen günstige Möglichkeiten. In diesem Zusammenhang dürfte von besonderem Interesse sein, daß eine Quellensteuer auf Zinszahlungen der US-Unternehmen an die Antillengesellschaft unter bestimmten Voraussetzungen entfällt.

Weiter bestehen z. B. auf den niederländischen Antillen keine Bestimmungen über ein bestimmtes Mindestverhältnis zwischen Eigenkapital und aufgenommenen Anleihen. Dadurch werden derartige Kapitalbeschaffungsmaßnahmen wesentlich erleichtert. Schließlich sind auch die innerdeutschen steuerlichen Vorschriften von Bedeutung, wonach z. B. auch eine Optionsanleihe ebensowenig kuponsteuerpflichtig ist wie eine normale Anleihe, wenn diese von der ausländischen Tochtergesellschaft eines deutschen Unternehmens begeben wird.

Für die Ausgestaltung des Optionsrechtes zugunsten der Inhaber von Warrants hat die Praxis verschiedene Verfahren entwickelt.

Denkbar ist zunächst, daß die Muttergesellschaft selbst die Optionsscheine ausstellt und diese den von der Anleiheschuldnerin auszugebenden Inhaberschuldverschreibungen beifügt. Vornehmlich wohl aus Gründen der Aufrechterhaltung einer einheitlichen Betrachtungsweise von Bonds und Warrants hat die Praxis von dieser Möglichkeit keinen Gebrauch gemacht.

Bevorzugt wird der Weg, wonach sich die ausländische Tochtergesellschaft verpflichtet, jedem Inhaber von Optionsscheinen die erforderlichen Aktien der Muttergesellschaft zu verschaffen. Bei dieser Lösung wird die Muttergesellschaft in der Regel, jedoch nicht notwendigerweise die Verschaffungspflicht der Anleiheschuldnerin garantieren. Ein solches Verfahren wird nicht etwa von dem in § 71 AktG geregelten Verbot des Erwerbs eigener Aktien und des Erwerbs von Aktien der Muttergesellschaft durch ein abhängiges Unternehmen erfaßt. Die Anleiheschuldnerin erwirbt zu keiner Zeit Aktien der sie beherrschenden Muttergesellschaft, auch dann nicht, wenn eine Garantie darauf gerichtet ist, den Inhabern der Optionsscheine, nicht jedoch der Anleiheschuldnerin die Aktien zu verschaffen.

II.

Nun das Problem: Kann die deutsche Muttergesellschaft die Bezugsansprüche der Inhaber von Optionsscheinen dadurch sichern, daß sie zur Bereitstellung der Optionsaktien bedingtes Kapital (§§ 192 ff. AktG) in der erforderlichen Höhe schafft? Hierfür bedürfte es — dies vorweg — eines satzungsändernden Beschlusses der Hauptversammlung, der mindestens mit einer Mehrheit von 3/4 des bei der Beschlußfassung vertretenen Grundkapitals gefaßt werden müßte (§ 193 AktG). In diesem Beschluß müßten festgesetzt sein

— der Zweck der bedingten Kapitalerhöhung, das ist die Gewährung von Bezugsrechten auf Aktien an die Inhaber von Warrants aus der Dollar-Anleihe,

— der Kreis der Bezugsberechtigten, das sind die Inhaber von Warrants der vorgenannten Dollar-Anleihe und

— der Ausgabebetrag oder die Grundlagen, nach denen sich dieser Betrag errechnet, das ist der Bezugspreis je Optionsaktie und evtl. Ermäßigungen dieses Optionspreises.

1. § 192 Abs. 2 AktG läßt — als Sollvorschrift — die Schaffung bedingten Kapitals u. a. zu dem Zweck der „Gewährung von Umtausch- oder Bezugsrechten an Gläubiger von Wandelschuldverschreibungen" zu. Gegen die rechtliche Zuordnung einer Optionsanleihe einer ausländischen Gesellschaft als Wandelanleihe sind Bedenken erhoben worden: Sie unterliege nicht dem deutschen Recht und sei daher keine Emission im Sinne des § 192 Abs. 2 Nr. 1 AktG (vgl. Gustavus, Betriebsberater 1970, 694).

Dieses Argument ist verfehlt. Wandelschuldverschreibungen sind in § 221 Abs. 1 AktG als „Schuldverschreibungen, bei denen den Gläubigern ein Umtausch- oder Bezugsrecht auf Aktien eingeräumt wird", gesetzlich definiert. Diese Legaldefinition stellt nicht darauf ab, ob es sich um eine im Inland oder im Ausland begebene Anleihe handelt. Auch z. B. ein Vertrag, der von ausländischen Partnern abgeschlossen wird, ist ein Vertrag i. S. von §§ 145 ff., 305 ff. BGB. Aus § 192 Abs. 2 Nr. 1 AktG ergibt sich also insoweit kein Argument gegen die Möglichkeit der Schaffung bedingten Kapitals, auch wenn es der Gewährung von Bezugsrechten an Gläubiger von Wandelschuldverschreibungen dient, die von einer ausländischen Gesellschaft ausgegeben worden sind.

2. Ergeben sich Bedenken aus dem Umstand, daß einerseits Anleiheschuldnerin bzw. Verpflichtete aus den Optionsscheinen und andererseits die Gesellschaft, deren Aktien bezogen werden können, nicht identisch sind?

Im Gesetz ist dieser Fall nicht ausdrücklich erwähnt. Daraus lassen sich jedoch Folgerungen gegen die Zulässigkeit der Schaffung bedingten Kapitals für Warrant-Anleihen ausländischer Tochtergesellschaften nicht herleiten. Zwar geben die Gesetzesmaterialien über diese Fragen keinen weiteren Aufschluß. Die hier beschriebene Form der Konzernfinanzierung ist jedoch — wie eingangs erwähnt — neu, jedenfalls soweit es den deutschen Kapitalmarkt betrifft. Man kann deshalb sagen, daß sowohl zur Zeit der Schaffung des Aktiengesetzes von 1937 als auch bei der Aktienrechtsreform 1965 Warrant-Anleihen noch nicht bekannt genug waren, da sie in der Praxis noch nicht in größerem Umfange ausgegeben wurden. Es wäre also verfehlt, nur weil der Gesetzeswortlaut als Zweckbestimmung für bedingtes Kapital diesen Fall nicht ausdrücklich erwähnt, folgern zu wollen, es bestehe insoweit ein Gesetzesverbot.

Zur Klärung der Frage, ob Optionsanleihen in der hier beschriebenen Ausgestaltung die Voraussetzungen der in § 221 AktG gegebenen Legaldefinition erfüllen, ist diese Vorschrift auszulegen.

§ 221 AktG erfaßt sowohl Umtauschrechte als auch Bezugsrechte aus Wandelanleihen. Wandelanleihen im herkömmlichen — engeren — Sinne gewähren ein Umtauschrecht, d. h. der Gläubiger hat nur die Möglichkeit, entweder Rückzahlung des Anleihebetrages bei Fälligkeit zu verlangen oder die Schuldverschreibungen in Aktien umzutauschen, zu „wandeln". Bei Wandelanleihen im weiteren Sinne, z. B. Optionsanleihen, tauscht der Gläubiger nichts um. Er kann vielmehr neben der Rückzahlung der Anleihe zum Fälligkeitstage zusätzlich Aktien beziehen, also von einem weiteren Recht, dem Bezugsrecht, Gebrauch machen. Diese vom Gesetzgeber klar niedergelegte Herausstellung beider Kategorien von Wandelanleihen rechtfertigt den Schluß, daß auch die Warrant-Anleihe ebenso unter die Legaldefinition des § 221 AktG fällt wie Wandelanleihen im herkömmlichen Sinne.

Damit ergibt sich eine Möglichkeit, die hier beschriebene Warrant-Anleihe unter die Legaldefinition des § 221 Abs. 1 AktG und damit in die in § 192 Abs. 2 Nr. 1 AktG genannte Gruppe von Emissionen einzuordnen, für welche bedingtes Kapital geschaffen werden kann.

3. Die in § 221 AktG für die Ausgabe von Wandelschuldverschreibungen getroffenen Regelungen, wie Beschluß der Hauptversammlung und Gewährung eines Bezugsrechts an die Aktionäre, entsprechen jedoch nicht dem Vorgang der Ausgabe von Warrant-Anleihen, wie er eingangs beschrieben ist. Ergibt sich daraus wiederum eine Einschränkung für die Schaffung bedingten Kapitals für Warrant-Anleihen, d. h. steht diese weitere Regelung des § 221 AktG der Verwendung bedingten Kapitals entgegen?

Um diese Frage zu beantworten, soll die Gesetzesbestimmung genauer analysiert werden.

§ 221 AktG geht gedanklich von einem Modellfall aus, bei dem Wandelschuldverschreibungen ausgegeben und den Aktionären auf diese Wandelschuldverschreibungen Bezugsrechte zustehen sollen, wobei zwischen Schuldner der Anleihe und Gesellschaft, deren Aktien von dem Umtausch- bzw. Bezugsrecht erfaßt werden, Identität besteht. Für diesen Fall ist für die Ausgabe der Wandelanleihe die Beschlußfassung durch die Hauptversammlung zusätzlich zu der erforderlichen Beschlußfassung über die Schaffung bedingten Kapitals festgelegt. Charakteristisch für diesen Modellfall ist, daß die von der Gesellschaft X ausgegebene Anleihe Rechte auf Erwerb von Aktien der gleichen Gesellschaft X gibt. Aus diesem gedanklich vorausgesetzten unmittelbaren Zusammenhang folgt der Schluß, daß eine Entscheidung der Hauptversammlung auch bereits für die Ausgabe der Anleihe verlangt wird. Nach dem Willen des Gesetzgebers soll also die Zuständigkeit der Aktionäre für die Entscheidung über den wirtschaftlich ausschlaggebenden Vorgang gesichert sein, nämlich zu welchen Bedingungen Aktien der Gesellschaft erworben werden können.

Damit konkretisiert sich die gestellte Frage wie folgt:

Ist allein dieser Modellfall für den § 221 AktG insgesamt bestimmend oder sind auch Emissionen denkbar, die die Legaldefinition erfüllen, im übrigen aber von dem Modellfall in wesentlichen Punkten abweichen, so daß eine Behandlung auch abweichend von der genannten weiteren Regelung in § 221 AktG — Beschluß der Hauptversammlung über die Ausgabe der Anleihe und Bezugsrecht — gerechtfertigt ist?

a) Hierzu ist auf die obengenannte gesetzgeberische Überlegung zurückzugehen, nämlich Wahrung der Zuständigkeit der Aktionäre für die wirtschaftlich ausschlaggebende Entscheidung über die Bedingungen der Aktienausgabe.

Das in dem Modellfall bestimmende Schutzbedürfnis der Aktionäre liegt z. B. dann nicht vor, wenn eine Anleihe ohne Bezugs- oder Umtauschrecht — Straight Bonds — begeben wird. Hierüber kann der Vorstand kraft seiner Geschäftsführungsbefugnis allein entscheiden, falls nicht die Satzung oder vom Aufsichtsrat erlassene Ordnungsbestimmungen zusätzliche Erfordernisse aufstellen. Daraus kann man folgenden Schluß ziehen: Auch die Begebung einer Anleihe mit Bezugsrecht auf fremde Aktien bedarf nicht eines Beschlusses der Hauptversammlung der Gesellschaft, welche die Anleihe emittiert. Wesentlich ist dabei, daß nicht Aktien dieser Gesellschaft, sondern eines anderen Unternehmens bezogen werden können. Damit ist das Schutzbedürfnis der Aktionäre, über die wirtschaftlich entscheidende Frage der Konditionen für die Aktienausgabe beschließen zu können, nicht gegeben. Andererseits kann naturgemäß die Hauptversammlung des die Optionsaktien bereitstellenden Unternehmens nicht über die Ausgabe der Wandelanleihe der anderen Gesellschaft beschließen. Hierfür fehlt es an der notwendigen Kompetenz wie auch an einem gerechtfertigten Bedürfnis.

Bei der Ausgabe von Warrant-Anleihen bedarf es also keines Hauptversammlungsbeschlusses, und zwar weder der Tochtergesellschaft noch der Muttergesellschaft. Dabei werden berechtigte Interessen, insbesondere der Aktionäre der Muttergesellschaft nicht beeinträchtigt.

b) Ist es nun von Bedeutung, daß — abweichend von dem Modellfall des § 221 AktG — bei der hier interessierenden Warrant-Anleihe die Aktionäre kein Bezugsrecht auf die Anleihe bzw. die Warrants haben können?

Speziell unter diesem Gesichtspunkt sind gegen die Zulässigkeit der Schaffung von bedingtem Kapital für Warrant-Anleihen für Tochtergesellschaften Einwände erhoben worden (vgl. Gustavus a. a. O.). Wenn die Aktionäre auf die Warrant-Anleihe kein Bezugsrecht hätten, werde ihr Besitzstand verwässert. Dies sei speziell nach § 221 Abs. 3 AktG unzulässig. Daraus wird rückschließend gefolgert, daß bei der Identität der verwendeten Begriffe der Wandelanleihe in § 221 AktG und § 192 AktG nur solche Emissionen erfaßt sein könnten, bei denen eben den Aktionären auch das in § 221 Abs. 3 AktG genannnte Bezugsrecht gewährt werde.

Da ein Bezugsrecht auf die Warrant-Anleihe nicht gegeben ist, fragt es sich, ob ein Bezugsrecht auf die Aktien aus der bedingten Kapitalerhöhung einzuräumen ist. Der Umstand, daß den Aktionären ein Bezugsrecht zustehen müsse, ist dem Begriff der bedingten Kapitalerhöhung nicht immanent. Das ergibt sich z. B. aus § 192 Abs. 2 Nr. 3 AktG. Dort ist die Schaffung von bedingtem Kapital zur Gewährung von Bezugsrechten an Arbeitnehmer der Gesellschaft zum Bezuge neuer Aktien gegen Einlage von Geldforderungen vorgesehen, die den Arbeitnehmern aus Gewinnbeteiligung zustehen. Damit ist ein Fall erfaßt, der notwendigerweise ein Bezugsrecht der Aktionäre insoweit gedanklich ausschließt. Daraus ergibt sich also, daß bedingtes Kapital nicht nur dann geschaffen werden kann, wenn die Aktionäre darauf ein Bezugsrecht haben. Es muß also Fälle geben, in denen anderweitig dem Schutzzweck des § 221 Abs. 3 AktG nach Ansicht des Gesetzgebers ausreichend Rechnung getragen ist. Der Schutzzweck dieses Bezugsrechts liegt darin, daß dadurch einer Verwässerung des Besitzstandes der Aktionäre bei der Ausgabe der Aktien aus dem bedingten Kapital vorgebeugt werden soll.

Wie das obengenannte Beispiel des § 192 Abs. 2 Nr. 3 AktG zeigt, ist diesem Schutzbedürfnis genügt, wenn der Bezug neuer Aktien gegen Einlage von Geldforderungen — wie zu unterstellen ist, in angemessenem Umfange — erfolgt. Dies rechtfertigt die Überlegung, daß ein Bezugsrecht der Aktionäre der Muttergesellschaft bei Warrant-Anleihen dann nicht zwingend erforderlich ist, wenn die Gegenleistung, die die Gesellschaft bei der späteren Aktienausgabe aus dem bedingten Kapital erhält, angemessen ist. Für die Beurteilung der Angemessenheit bieten sich verschiedene Maßstäbe an.

Dabei sei vorab bemerkt, daß Gustavus offensichtlich von tatsächlich unzutreffenden Voraussetzungen ausgeht. Er nimmt an, daß die Muttergesellschaft als Gegenleistung für die aus dem bedingten Kapital gewährten Aktien nur Forderungsrechte gegen ein anderes Unternehmen — offenbar die Tochtergesellschaft — erhalte, die nur als zukünftige Zahlungsansprüche realisierbar seien. Es handele sich also um eine Sacheinlage, deren Bewertung auf kaum überwindliche Schwierigkeiten stoße. Tatbestandsmäßig liegt jedoch bei der Warrant-Anleihe eine andere Situation vor. Forderungen gegen das andere Unternehmen, z. B. auf Rückzahlung des Nennbetrages der Schuldverschreibungen bei Fälligkeit, stehen lediglich den Gläubigern der Anleihe zu. Auch sonstige schuldrechtliche Beziehungen bestehen nur zwischen diesen Partnern. Ein Bezugsrecht auf Aktien der Muttergesellschaft kann nur nach den dafür geltenden Bedingungen ausgeübt werden. Diese sehen — und eben dies ist für die Warrant-Anleihe charakteristisch — eine Bareinzahlung eines bestimmten Betrages vor. Damit ist also hier der Fall einer echten Geldeinlage gegeben, der insoweit über den Fall des § 192 Abs. 2 Ziff. 3 AktG — Einlage von Geldforderungen — hinausgeht.

Für die Beurteilung, wann dieser Barbetrag im Einzelfall angemessen ist, ergeben sich aus der Praxis folgende wirtschaftliche Überlegungen, die offenbar bisher wegweisend gewesen sind:

Eine Verwässerung des Kapitals der Gesellschaft tritt immer dann nicht ein, wenn die Gegenleistung für das erhöhte Kapital vollwertig ist. Speziell unter dem Gesichtspunkt des möglichen Ausschlusses des Bezugsrechts wird dies in der Praxis z. B. bei einem Aktientausch zum Erwerb einer Beteiligung von entsprechendem Wert angenommen. Dieses Argument gilt also für die Warrant-Anleihen auch dann, wenn der Gesellschaft anläßlich der Optionsausübung eine unter den jetzigen Bewertungsmöglichkeiten angemessene Einzahlung zufließt. Auch in diesem Falle ist der Besitzstand der Aktionäre nach wie vor unverwässert.

Darüber hinaus ist zu beachten, daß die Warrant-Anleihe der Finanzierung ausländischer Beteiligungsgesellschaften dienen soll. Die finanzielle Situation der Muttergesellschaft darf also nicht isoliert betrachtet werden. Zu berücksichtigen ist vielmehr die Lage des gesamten Konzernverbundes, dessen Finanzierungserfordernisse zu befriedigen waren. Dabei fällt der Umstand ins Gewicht, daß zwischen der Höhe der Warrant-Anleihe und dem entsprechend zur Verfügung zu stellenden bedingten Kapital einerseits und dem Eigenkapital der Muttergesellschaft andererseits ein ausgewogenes Verhältnis bestehen muß. Aus den praktischen Erfahrungen kann man entnehmen, daß eine Verwässerung des Besitzstandes der Altaktionäre offenbar dann nicht zu befürchten ist, wenn der Nennwert der Warrant-Anleihe 20 % und der Nennwert des zu schaffenden bedingten Kapitals für die Bedienung der Inhaber von Warrants 4—5 % des Grundkapitals der Muttergesellschaft nicht übersteigt. Fälle innerhalb dieser Grenzen sind in der Praxis gebilligt worden.

Ebenso wird eine deutsche Konzernmutter, die bereits vor Begebung der Warrant-Anleihe durch die ausländische Tochtergesellschaft selbst Wandelanleihen emittiert hat, auf die Interessen ihrer Anleihegläubiger Rücksicht nehmen. So ist es z. B. nicht bekannt, daß den Gläubigern der Warrant-Anleihe ohne zwingende Notwendigkeit aufgrund der jeweiligen Kapitalmarktverhältnisse günstigere Konditionen für einen Bezug der Aktien gewährt werden als den Anleihegläubigern. Eine interessante

Kursentwicklung während der Laufzeit bringt somit für die Wandelanleihegläubiger und die Warrantinhaber vergleichbare Chancen.

Bei den Inhabern von Wandelschuldverschreibungen der Konzernmutter könnte es auch auf Widerspruch stoßen, wenn diese die Konzernfinanzierung überwiegend im Wege der Begebung von Warrant-Anleihen durch Tochtergesellschaften vornimmt. Daher wird auch das wertmäßige Verhältnis zwischen der Warrant-Anleihe und eigenen Wandelanleihen gewissen Relationen genügen müssen. Soweit bislang ersichtlich, hat die Praxis bei deutschen Konzernmuttergesellschaften die vorstehenden Überlegungen berücksichtigt. In allen Fällen überwiegt der Nennwert der Wandelanleihen den Betrag der im Ausland begebenen Optionsanleihen von Tochtergesellschaften zum Teil sogar rund um das Doppelte.

Diese Überlegungen hinsichtlich der Angemessenheit der Geldeinlage werden naturgemäß in erster Linie von der Konzernleitung anzustellen und dem einzelnen Aktionär auch nicht voll geläufig sein. In manchen Fällen sind den Aktionären die speziellen Gesichtspunkte nicht bekannt, die den hier behandelten Finanzierungsweg als besonders zweckmäßig erscheinen lassen. Wenn auch über die Begebung der Warrant-Anleihe der Tochtergesellschaft die Hauptversammlung der Muttergesellschaft nicht zu befinden hat, so wird in der Regel dieser Vorgang in der ordentlichen Hauptversammlung der Muttergesellschaft gemäß der Auskunftspflicht des Vorstands über die rechtlichen und geschäftlichen Beziehungen der Gesellschaft zu einem verbundenen Unternehmen behandelt werden, zumal die weltweiten Aktivitäten und deren Finanzierung ohnehin in den Rahmen der Berichterstattung gehören dürften. Der Aktionär erhält somit die wesentlichen Informationen über die Finanzierungsüberlegungen, bevor seine Zustimmung zu dem Vorschlag betreffend Schaffung bedingten Kapitals erbeten wird.

Auch wenn diese Beschlußfassung auf der Hauptversammlung erst dann stattfindet, wenn die Emission durch die ausländische Tochtergesellschaft bereits erfolgt ist, werden also die Rechte der Atkionäre in ausreichendem Maße gewahrt. Sie entscheiden über die Konditionen für die Ausgabe des bedingten Kapitals. Gerade in dieser Beschlußfassung liegt die definitive wirtschaftliche Entscheidung. Wie eingangs erwähnt, sind in dem Hauptversammlungsbeschluß auch der Ausgabebetrag oder die Grundlagen, nach denen sich dieser Betrag errechnet, festzulegen. Wenn auch die Aktionäre bei der Willensbildung für die Ausgabe der Anleihe durch die Tochtergesellschaft nicht beteiligt waren, so haben sie es jetzt immer noch in der Hand, ungünstige Bedingungen für die Aktienausgabe abzulehnen und somit eine Kapitalverwässerung zu verhindern.

Im Ergebnis ist also festzuhalten, daß die Aktionäre die letzte Entscheidung über die Abwehr einer möglicherweise drohenden Verwässerung ihres Besitzstandes und damit die ausschlaggebende Schutzmöglichkeit haben. Der Umstand, daß ihnen ein Bezugsrecht auf die Warrants nicht gewährt wird, ist demnach nicht entscheidend. Es ist dem Grundgedanken des § 221 Abs. 1 und 3 AktG Rechnung getragen. Damit ist auch die in der Praxis geübte Handhabung bei der Warrant-Anleihe in ihren Abweichungen von den weiteren Regelungen in § 221 AktG insoweit gerechtfertigt. Aus diesen Überlegungen erwächst also keine Einschränkung für die Schaffung von bedingtem Kapital für Warrant-Anleihen von Tochtergesellschaften.

4. Erscheint somit der Ausgangspunkt für die Schaffung des bedingten Kapitals bei sinngemäßer Auslegung der §§ 192 und 221 AktG gesichert, so bleibt zu prüfen, ob in der weiteren rechtlichen und tatsächlichen Ausgestaltung das bedingte Kapital und die Warrant-Anleihe in ihrer wirtschaftlichen Konzeption sich entsprechen. Das Ergebnis dieser Prüfung sei vorweggenommen: Das Instrument des bedingten Kapitals paßt in hervorragender Weise zu der Warrant-Anleihe.

Dies folgt einmal schon aus dem Umstand, daß mehrere maßgebliche Charakteristika der verschiedenen Anleiheformen Wandelanleihe und Warrant-Anleihe weitgehend identisch sind. Demgemäß ist die gesetzliche Gesamtregelung bezüglich bedingten Kapitals in ihrem Zuschnitt, insbesondere ihrer gesetzlich mehrfach unterbauten und geschützten Automatik, speziell dazu geeignet, die Bezugsrechte der Inhaber von Warrants sicherzustellen. Dem § 192 Abs. 2 AktG liegt der tragende Gedanke zugrunde, daß der Gesellschaft für die von ihr auszugebenden Aktien aus bedingtem Kapital entsprechende Mittel zufließen sollen. Diese Forderung ist bei der Warrant-Anleihe erfüllt. Das Optionsrecht wird unabhängig von der Anleihe ausgeübt, d. h. es erfolgt kein Umtausch der Obligation gegen Aktien, sondern ein Bezug von Aktien gegen eine Einzahlung.

Das Gesetz schreibt für bedingtes Kapital keine Höchstlaufzeit vor. Daher können die Bezugsrechte aus einer Warrant-Anleihe mit einer Laufzeit von 10 oder auch 20 Jahren mit dem gleichen einmal für diesen Zweck beschlossenen bedingten Kapital bedient werden.

Der Beschluß der Hauptversammlung, das Kapital bedingt zu erhöhen, sichert die Inhaber von Warrants ausreichend und endgültig, da nach § 192 Abs. 4AktG jedwede Maßnahme, die ihre Rechte beeinträchtigen könnte, nichtig ist. Die Sicherstellung unentziehbarer Bezugsrechte zu den einmal festgelegten Bedingungen zugunsten der Inhaber von Warrants erfolgt somit bei der hier beschriebenen Optionsanleihe ebenso wie für die Umtauschrechte bei der Wandelschuldverschreibung im herkömmlichen Sinn. Dieses Erfordernis entspricht exakt der Interessenlage in diesem Fall.

Auch die Ausgabe von Bezugsaktien aus bedingtem Kapital erfolgt einfach und unkompliziert. Der bei großen Publikumsgesellschaften aus 15, 18 oder 21 Mitgliedern bestehende Aufsichtsrat braucht nicht jedesmal, wenn ein Inhaber von Optionsscheinen eine Bezugserklärung abgegeben hat, dem entsprechenden Erhöhungsbeschluß des Vorstands zuzustimmen, wie dies z. B. bei der Ausgabe von Aktien aus genehmigtem Kapital nach § 202 Abs. 3 AktG notwendig werden kann. Es genügt, daß der Vorstand die Bezugsaktien in Beachtung der Vorschriften des

§ 199 AktG ausgibt. Damit ist das Grundkapital kraft Gesetzes bereits erhöht, und es bedarf nicht wie sonst im allgemeinen bei einer Kapitalerhöhung der Eintragung ihrer Durchführung in das Handelsregister. Der Vorstand muß lediglich zum Handelsregister anmelden, in welchem Umfang Bezugsaktien ausgegeben worden sind. Diese Anmeldung kann gemäß § 201 AktG gesammelt für ein ganzes Geschäftsjahr im ersten Monat nach dessen Ablauf vorgenommen werden.

Ein weiterer Umstand läßt bedingtes Kapital als besonders geeignet erscheinen, wenn Gläubiger von Warrant-Anleihen wegen ihres Bezugsrechts sicherzustellen sind. Die Optionsbedingungen müssen die Interessen der Warrantinhaber auch für den Fall sichern, daß die Gesellschaft, deren Aktien bezogen werden können, während der Laufzeit der Anleihe ihr Kapital aus Gesellschaftsmitteln erhöht. Andernfalls bestünde wiederum die Gefahr einer Verwässerung der Optionsrechte. Hierfür hat das Gesetz eine Automatik vorgesehen. Nach § 218 AktG erhöht sich bedingtes Kapital im gleichen Verhältnis wie das Grundkapital. Es bedarf keiner weiteren Maßnahmen durch Vorstand, Aufsichtsrat oder Hauptversammlung, diese Wirkung tritt kraft Gesetzes ein.

Schließlich sei erwähnt, daß die Sachlage auch hinsichtlich der Börseneinführung der Bezugsaktien beim bedingten Kapital mit den dafür notwendigen Formalien einfach zu gestalten ist. Bedingtes Kapital wird im allgemeinen bereits nach seiner Schaffung und unabhängig von seiner Inanspruchnahme mit dem vollen Betrag an der Börse eingeführt. Damit erübrigt sich die Notwendigkeit, während der gesamten Laufzeit der Anleihe jedes Jahr entsprechend den ausgeübten Optionen — ggf. für relativ kleine Beträge — eine Börseneinführung mit den dafür üblichen umfangreichen Formalien vorzunehmen.

Auch diese rechtlichen und praktischen Gegebenheiten zeigen also, daß die Schaffung bedingten Kapitals ein von der gesetzlichen Automatik getragener und eine praktikable Handhabung gewährleistender Weg für eine Sicherung der Warrant-Inhaber ist.

III.

Zur Abrundung des Gesamtbildes sei darauf hingewiesen, daß bedingtes Kapital nicht der einzige Weg ist, mit dem Inhabern von Optionsscheinen aus einer Warrant-Anleihe einer ausländischen Tochtergesellschaft Aktien des Mutterhauses zur Verfügung gestellt werden können. Auch genehmigtes Kapital kommt hierfür in Frage.

1. § 202 AktG beschränkt grundsätzlich nicht den Zweck, dem das genehmigte Kapital dienen soll. Zwar kann die Hauptversammlung in der Satzung Einschränkungen mit einer Bindung des genehmigten Kapitals aussprechen oder z. B. dadurch, daß sie eine Ermächtigung zum Ausschluß des Bezugsrechts nicht gewährt, die Gestaltungsmöglichkeiten ein-

engen. Soweit ein bereits vorhandenes genehmigtes Kapital jedoch derartigen Beschränkungen nicht unterliegt, kann der Vorstand auch für den hier behandelten Zweck darüber verfügen. Wird speziell für die Bedienung einer Warrant-Anleihe genehmigtes Kapital geschaffen, ergeben sich ohnehin insoweit keine Probleme. Soweit der Vorstand nach der ihm erteilten Ermächtigung das Bezugsrecht der Aktionäre ausschließen kann, bleibt ihm freigestellt, wann und in welchem Umfang er von der ihm eingeräumten Ermächtigung Gebrauch macht. Ihm ist daher die Möglichkeit gegeben, jeweils in dem Umfang, in dem Warrant-Inhaber von ihrem Bezugsrecht Gebrauch machen, eine Kapitalerhöhung aus dem genehmigten Kapital durchzuführen und die entsprechenden Aktien auszugeben. Die unerläßliche Aufgabe, Aktien für die Optionsgläubiger zu reservieren und die Ausgabe von Optionsaktien sicherzustellen, kann somit in bindender Weise erfüllt werden.

2. Die Verwendung von genehmigtem Kapital zur Sicherstellung von Bezugsrechten aus Warrant-Anleihen wirft jedoch rechtliche und praktische Probleme auf:

Die Ermächtigung darf nach § 202 AktG für höchstens 5 Jahre nach Eintragung der Gesellschaft bzw. Eintragung der Satzungsänderung erteilt werden. Die Anleihe wird dagegen in der Regel eine längere Laufzeit, z. B. 10 oder 20 Jahre, aufweisen. Um die Optionsrechte mit Aktien bedienen zu können, muß daher rechtzeitig vor Ablauf einer 5-Jahresfrist neues genehmigtes Kapital durch die Hauptversammlung beschlossen werden. Je nach der Länge der Laufzeit kann sich die Notwendigkeit ergeben, das genehmigte Kapital drei- oder gar viermal zu erneuern. Der Hauptversammlungsbeschluß würde jedesmal sich als Satzungsänderung darstellen, die jeweils mit erheblichen Kosten der Eintragung in das Handelsregister verbunden ist, da ihr ein bestimmter Geldbetrag zugrunde liegt. Weiter kann sich die zwingende Notwendigkeit ergeben, wenigstens einmal jährlich während der gesamten Laufzeit der Anleihe eine Kapitalerhöhung aus dem genehmigten Kapital entsprechend den ausgeübten Optionen durchzuführen. Jedesmal wäre auch z. B. wegen nicht erheblicher Beträge ein Vorstandsbeschluß zu fassen und die Zustimmung des Aufsichtsrats (§ 202 Abs. 3 AktG) einzuholen.

Bei der zumindest mittleren, wenn nicht längeren Laufzeit der Anleihe kann von Bedeutung werden, daß — im Gegensatz zum bedingten Kapital — für genehmigtes Kapital kein gesetzlicher Verwässerungsschutz für den Fall vorgesehen ist, daß die Gesellschaft während der Optionsdauer ihr Kapital aus Gesellschaftsmitteln erhöht. Es müßte daher für die Warrantinhaber z. B. weiteres genehmigtes Kapital im Verhältnis zur Höhe der ausgegebenen Aktien aus Gesellschaftsmitteln geschaffen oder ein sonstiger Ausgleich vorgesehen werden. Zu denken wäre dabei an Verwässerungsschutzklauseln, wie sie beispielsweise für die Gläubiger laufender Wandelanleihen für den Fall einer Kapitalerhöhung oder einer Begebung einer weiteren Wandelanleihe vielfach vorgesehen werden. Dabei würde eine praktikable Anpassung auf die speziellen Verhältnisse der Warrant-Anleihe geboten sein, deren Behandlung im einzelnen hier zu weit führen würde.

Nicht auszuschließen ist aber auch — und dieser Umstand kann eine sehr erhebliche Bedeutung erhalten, — daß die Hauptversammlung ihre Zustimmung zu während der Anleihelaufzeit notwendig werdenden Erneuerungen des genehmigten Kapitals verweigert. Demgemäß könnte der Vorstand gehalten sein, rechtzeitig vor Verfall das genehmigte Kapital in Höhe des zur Bedienung aller Warrants erforderlichen Betrages auszugeben. Dies könnte er, indem er z. B. mit einem Kreditinstitut vereinbart, daß dieses die Aktien übernimmt mit der Verpflichtung, sie für die Ausübung der Optionsrechte zur Verfügung zu halten und den Einzahlungsbetrag an die Gesellschaft abzuführen. Eine solche Lösung bedeutet nicht die Schaffung sogenannter Vorratsaktien, denn das Kreditinstitut würde die Aktien im eigenen Namen und nicht für Rechnung der Gesellschaft übernehmen. Eine Übernahme zu diesem Zweck könnte in der Praxis allerdings weitere Kapitalbeschaffungsüberlegungen der Gesellschaft empfindlich stören. Da eine Volleinzahlung auf die möglicherweise für einen längeren Zeitraum bereitzustellenden Aktien kaum in Frage kommt, kann eine spätere Kapitalerhöhung mit Rücksicht auf § 182 Abs. 4 AktG auf Schwierigkeiten stoßen. Die aus der Bedienung der so ausgegebenen Aktien mit Dividenden sich ergebenden Fragen seien nur als speziell zu behandelnder Komplex angedeutet.

3. Trotz der aufgezeigten Bedenken und Nachteile in der Praxis bietet sich ein etwa vorhandenes genehmigtes Kapital in bestimmten Situationen durchaus als das geeignete Instrument zur Sicherstellung der Optionsansprüche an, z. B. dann, wenn diese Maßnahmen innerhalb kurzer Frist oder für einen vorübergehenden Zeitraum getroffen werden sollen.

Die Begebung einer Warrant-Anleihe bedarf einer zeitnahen Berücksichtigung der Kapitalmarktverhältnisse, insbesondere des internationalen Kapitalmarktes. Es kann sich daher im Einzelfall als zweckmäßig erweisen, die Anleihe zu einem bestimmten Zeitpunkt oder sehr kurzfristig zu begeben. In diesem Fall könnten sich Schwierigkeiten ergeben, wenn die Hauptversammlung der Muttergesellschaft bei der sofort notwendigen Sicherung der Optionsrechte durch Schaffung bedingten Kapitals gem. § 192 ff. AktG mitzuwirken hätte. Eine Hauptversammlung einer Publikumsgesellschaft — nur eine solche Gesellschaft kommt für derartige Finanzierungsmaßnahmen in Betracht — läßt sich jedoch nicht von heute auf morgen abhalten.

Der Termin der nächsten ordentlichen Hauptversammlung wird in der Regel bereits — wenigstens annähernd — feststehen und je nach Lage des Falles mit dem Zeitpunkt der Begebung der Anleihe kaum korrespondieren. Aber auch eine außerordentliche Hauptversammlung bedarf langwieriger Vorbereitungen. Die Einberufungsfrist beträgt nach § 123 AktG mindestens einen Monat. Diese Frist verlängert sich meistens durch eine satzungsmäßige Hinterlegungsfrist, gesetzliche Feiertage, Erscheinungsweise des Bundes-Anzeigers usw. um ein bis zwei Wochen. Hinzu kommt eine gewisse Zeitspanne für die technische Vorbereitung der Druckstöcke. Da in dem Beschlußvorschlag in der Einberufung die genauen Konditionen für das bedingte Kapital veröffentlicht werden müssen, werden in der Praxis zwischen diesem Vorschlag und der auch als Emissionsvoraussetzung erforderlichen Sicherstellung der Bezugsrechte durch das bedingte Kapital bis zu 2 Monate liegen müssen. Diese Zeitspanne ist zu lang, um den jeweiligen Kapitalmarktverhältnissen flexibel Rechnung tragen zu können. Will man die Anleihe mit einer möglichst kurzen Vorbereitungsfrist ausgeben, so kann es sich empfehlen, etwa noch vorhandenes genehmigtes Kapital für die Warrant-Anleihe zu reservieren und damit die Optionsrechte zunächst abzusichern. Eine solche Entscheidung, an der die Hauptversammlung nicht mitzuwirken braucht, kann vom Vorstand der Muttergesellschaft kurzfristig gefaßt werden. Da sie nur die Reservierung, jedoch noch keine Verfügung über das genehmigte Kapital enthält, hat sie einen weiteren Vorteil: Der endgültige Entschluß, ob man sich auf die Dauer des genehmigten Kapitals bedienen oder bedingtes Kapital für diesen Zweck schaffen will, ist nicht präjudiziert. Damit bleibt die Wahl des für den Einzelfall optimal erscheinenden Weges weiterhin offen.

IV.

Als Ergebnis ist festzuhalten:

Die Warrant-Anleihe einer ausländischen Tochtergesellschaft mit Optionsrecht auf Aktien der deutschen Konzernmutter stellt ein nützliches und interessantes Instrument der Konzernfinanzierung dar. Die Möglichkeit der Trennung von Obligation und Warrant machen diese Finanzierungsart auch für den Markt besonders reizvoll. Bedenken dagegen, daß die Hauptversammlung der deutschen Muttergesellschaft für die Bereitstellung der erforderlichen Aktien die Schaffung bedingten Kapitals beschließt, bestehen nicht. Diese Lösung verdient aus rechtlichen und praktischen Überlegungen den Vorzug; bedingtes Kapital gewährleistet ein Optimum an Flexibilität bei geringen notwendigen Aufwendungen und Kosten. Von entscheidender Bedeutung ist, daß die Interessen der Inhaber von Warrants durch die Schaffung bedingten Kapitals voll gewahrt sind: Ihre Bezugsrechte sind unentziehbar, die gesetzliche Gesamtregelung in ihrer Automatik paßt auf diesen wirtschaftlichen Tatbestand in hervorragender Weise. Auch die Rechte der Aktionäre der die Optionen bedienenden Muttergesellschaft sind ausreichend gewahrt. Die Hauptversammlung hat das letzte Wort über die Schaffung des bedingten Kapitals und dessen Ausgabekonditionen, so daß die Aktionäre in ihre Entscheidung die maßgebenden wirtschaftlichen Überlegungen einbeziehen können. Die Interessen der Aktionäre sind nicht dadurch beeinträchtigt, daß sie weder auf die Schuldverschreibungen der Konzerntochter noch auf das bedingte Kapital ein Bezugsrecht haben. Die angemessene

Einzahlung bringt der Gesellschaft den Zufluß entsprechender Mittel und schützt die Aktionäre vor einer Verwässerung ihres Besitzstandes.

Auch mit genehmigtem Kapital lassen sich grundsätzlich die Optionsrechte der Warrant-Inhaber sicherstellen. Praktische Überlegungen jedoch zeigen, daß genehmigtes Kapital für solche Fälle schwerfälliger ist und daher vornehmlich als Übergangslösung zweckmäßig erscheint.

KONZERNRECHT

DER AKTIONÄR ALS „UNTERNEHMEN" IM SINNE DES KONZERNRECHTS

Wolfgang Hefermehl

I.

Das Thema dieser Untersuchung, die meine Verehrung für den Jubilar zum Ausdruck bringen soll, betrifft das umstrittene Problem, welche Bedeutung und Spannweite dem Unternehmensbegriff im Konzernrecht des Aktiengesetzes zukommt.

Das Aktiengesetz hat den Unternehmensbegriff weder in den Vorschriften über „verbundene Unternehmen" (§§ 15 ff. AktG), noch an irgendeiner anderen Stelle bestimmt. In den §§ 15 ff. AktG sowie in den §§ 291, 292 AktG wird zwar genau festgelegt, wann Unternehmen als „verbunden", d. h. „in Mehrheitsbesitz stehend", „mit Mehrheit beteiligt", „abhängig", „herrschend", als „Konzernunternehmen", „wechselseitig beteiligte Unternehmen" oder als „Vertragsteile eines Unternehmensvertrages" anzusehen sind. Den Inhalt des allen diesen Verbindungsformen zugrundeliegenden Unternehmensbegriffs zu definieren, hat das Aktiengesetz jedoch, wie es in der Begründung zu § 15 des Regierungsentwurfs heißt, „angesichts der großen praktischen Schwierigkeiten" mit Absicht unterlassen.[1]

In der Rechtsprechung und im Schrifttum besteht heute Einigkeit darüber, daß es einen einheitlichen Unternehmensbegriff, der seinem Inhalt nach für alle Rechtsgebiete gleichermaßen paßt, nicht geben kann.[2] Das Zivilrecht geht von Personen, Sachen und Rechten aus. Es ist nicht auf einen Organismus wie das Unternehmen zugeschnitten, in dem zur Erreichung wirtschaftlicher Zwecke sachliche und persönliche Werte durch die Tätigkeit des Unternehmers und der mit ihm schaffenden Personen zusammengefaßt sind. Als „wirtschaftliche Einheit" ist das Unternehmen ein Gebilde der Tatsächlichkeit, das die Rechtsordnung nicht geschaffen hat, sondern vorfindet. Sie kann das komplexe Gebilde „Unternehmen"

---

1 Deutscher Bundestag, 4. Wahlperiode, Drucksache IV/171 S. 99

2 Vgl. u. a. BGHZ 31 S. 105/109 (Gasglühkörper); *Gieseke,* Die rechtliche Bedeutung des Unternehmens, Festschrift für E. Heymann, Bd. 2, S. 112 f.; J. v. *Gierke,* ZHR 111 S. 1 ff.; *Würdinger,* Aktien- und Konzernrecht, 2. Aufl. 1966, § 53 S. 261/263; *Kropff,* Das Konzernrecht des Aktiengesetzes, BB 1965 S. 1281 f.; *Rasch,* Deutsches Konzernrecht, 4. Aufl. 1968, S. 37/38; *Rehbinder,* Konzernaußenrecht und allgemeines Privatrecht, 1969, S. 57 ff.; *Baumbach-Hefermehl,* Wettbewerbs- und Warenzeichenrecht, 9. Aufl., Bd. I Allg. Anm. 98

nicht als solches, sondern nur in einzelnen Erscheinungsformen unter bestimmten Zweckgesichtspunkten erfassen und regeln. Das „Unternehmen" als Ausdruck der Gesetzessprache ist deshalb ein zweckbezogener Begriff. Auch für das Konzernrecht des Aktiengesetzes ist eine eigenständige Bestimmung des Unternehmensbegriffs notwendig, der sich nach dem Sinn und Zweck der Vorschriften über verbundene Unternehmen (§§ 15 ff. AktG) richtet.[3] Umstritten ist jedoch, welche Kriterien dafür entscheidend sind.

Auszugehen ist von der Feststellung, daß als verbundene Unternehmen in § 15 AktG nur „rechtlich selbständige" Unternehmen angesehen werden. Ein Unternehmen setzt einen Rechts- und Pflichtenträger voraus, der eine natürliche Person, eine Personengesellschaft oder eine juristische Person des privaten oder des öffentlichen Rechts sein kann.[4] Nicht jeder Rechtsträger ist aber deshalb schon ein „Unternehmen". Bei einer rechtsfähigen Gesellschaft könnte das insofern zweifelhaft sein, als dort die tatsächliche Wirtschaftseinheit „Unternehmen" personifiziert ist und mit der Rechtsträgerschaft zusammenfällt. Doch muß auch hier die juristische Person als Rechtsträger von dem betriebenen Unternehmen getrennt werden. Ist Rechtsträger eines Unternehmens eine natürliche Person, wie z. B. der Einzelkaufmann, so kann unschwer zwischen ihr und dem unter ihrer Firma betriebenen Handelsgewerbe unterschieden werden. Die Frage ist jedoch, ob die §§ 15 ff. AktG den Unternehmensbegriff nicht lediglich stellvertretend für ein *Rechtssubjekt* verwenden, ohne eine weitere Qualifikation zu verlangen. Dann würde schon das „Personsein" einer natürlichen oder juristischen Person für den konzernrechtlichen Unternehmensbegriff genügen. Die Frage läßt sich nur aus der Zweckbestimmung der gesetzlichen Regelung beantworten. Es sollen die Minderheitsaktionäre und die Gesellschaftsgläubiger vor den Gefahren geschützt werden, die sich bei einer Unternehmensverbindung, insbesondere bei

3 *Baumbach-Hueck*, Aktiengesetz, 13. Aufl. 1968, § 15 Anm. 3; *Biedenkopf-Koppensteiner* im Kölner Kommentar zum Aktiengesetz, 1970, § 15 Anm. 5 ff.; *Würdinger*, Aktien- und Konzernrecht, 2. Aufl. 1966, § 53 S. 261 f.; *Würdinger*, Der Begriff „Unternehmen" im Aktiengesetz, Festschrift für Otto Kunze, 1969, S. 178; *Kropff*, Das Konzernrecht des Aktiengesetzes, BB 1965 S. 1281/1285; *Havermann*, Die verbundenen Unternehmen und die Firmen nach dem Aktiengesetz, WP 1966 S. 30/31; *Brauksiepe*, Zum Unternehmensbegriff des neuen Aktienrechts, BB 1966 S. 869 ff.; *Möhring*, Die gesetzliche Regelung der Unternehmensverbindung im neuen Aktienrecht, NJW 1967 S. 1 f.; *Bolsenkötter*, Zum aktienrechtlichen Begriff des Unternehmens, Der Betrieb 1967 S. 1098 ff.; *Schäfer*, Wann ist der Großaktionär Unternehmer?, NJW 1967 S. 1741; *Müller-Rieker*, Der Unternehmensbegriff des Aktiengesetzes 1965, WP 1967 S. 197 ff.; *Luchterhandt*, Der Begriff „Unternehmen" im Aktiengesetz 1965, ZHR 182 S. 149 ff.

4 Wenn in Gesetzen heute überwiegend der Begriff „Unternehmen" verwendet wird, so geschieht dies stellvertretend für den Rechtsträger, weil in der Wirtschaftswirklichkeit der Schwerpunkt beim Unternehmen liegt, wohingegen der Rechtsträger lediglich der juristisch-formale Zurechnungspunkt für die dem Unternehmen zugeordneten Rechte und Pflichten ist. Vgl. dazu *Peter Ulmer*, Der Unternehmensbegriff im Vertrag der Europäischen Gemeinschaft für Kohle und Stahl, 1960, S. 48; *v. Nell-Breuning*, Reformzwang für Großunternehmen?, Festschrift für Otto Kunze 1969, S. 143/144

einer Zusammenfassung mehrerer Unternehmen unter einheitlicher Leitung, aus dem Konflikt der Interessen der AG mit den Interessen eines fremden „Unternehmens" ergeben können.[5] Der Unternehmensbegriff dient dazu, den Kreis derjenigen Personen zu bezeichnen und im Rahmen der „verbundenen Unternehmen" abzugrenzen, deren Geschäftsbeziehungen mit der Gesellschaft besonderen Regelungen unterstellt werden sollen, um die Gefahr von Nachteilen abzuwenden. Aus der Entstehungsgeschichte und dem Sinnzusammenhang der einschlägigen Vorschriften ergibt sich, daß man hierbei zwischen Unternehmensaktionären und Nichtunternehmensaktionären (privaten Aktionären) unterscheiden wollte.[6]

Während nach § 19 RegEntw, der dem § 20 AktG entspricht, nur Aktionäre in der Rechtsform einer Kapitalgesellschaft oder bergrechtlichen Gewerkschaft zur Mitteilung einer Beteiligung von mehr als 25% verpflichtet sein sollten, hat der Wirtschaftsausschuß die Mitteilungspflicht auf *alle Unternehmen* ohne Rücksicht auf die Rechtsform erstreckt, dagegen eine noch weitere Ausdehnung auf alle Aktionäre abgelehnt. Man ist dabei, wie sich aus der Begründung ergibt, davon ausgegangen, daß zwar bei der Beteiligung eines „Unternehmens" die Gefahr gegeben sei, daß dieses die Rechte der Beteiligung zum Nachteil der Gesellschaft für seine eigenen unternehmerischen Interessen ausnutzen werde, diese Gefahr jedoch bei einem Aktionär, der kein Unternehmen sei, nicht in gleicher Weise bestehe, und daher in einer Mitteilungspflicht solcher Aktionäre eine zu weitgehende Offenlegung ihres Privatvermögens läge.

Es mag dahingestellt bleiben, ob diese Gründe eine unterschiedliche Behandlung der Unternehmensaktionäre und der „privaten" Aktionäre überzeugend rechtfertigen. Fest steht jedenfalls, daß nach dem Willen des Gesetzgebers ein Aktionär nicht schon deshalb, weil ihm eine Mehrheitsbeteiligung an einer Aktiengesellschaft gehört, als ein „Unternehmen" zu qualifizieren ist. Die bloße Möglichkeit, auf eine Gesellschaft kraft der Beteiligung maßgebenden Einfluß auszuüben, kann nicht zur Annahme eines Unternehmens führen. Denn diese Einflußmöglichkeit ist mit jeder Mehrheitsbeteiligung grundsätzlich verbunden. Der Unternehmensbegriff dient demnach nicht lediglich dazu, irgend ein Rechtssubjekt zu umschreiben, sondern bringt zum Ausdruck, daß nicht der Aktionär als solcher bereits „Unternehmen" ist, sondern eine zusätzliche Qualifikation besitzen muß. Für diese ergeben sich zwei Ansatzpunkte:

Man kann das Gewicht auf die *institutionale* Seite des Unternehmens legen und daher nur solche Personen als Unternehmen ansehen, die Rechtsträger (Inhaber) der zu einer Wirtschaftseinheit gehörenden materiellen und immateriellen Werte sind. Man kann statt von einer gegenständlichen von einer *funktionalen* Betrachtung ausgehen und solche Personen als „Unternehmen" im Sinne der Vorschriften über verbundene

5 *Kropff,* a. a. O., BB 1965 S. 1281/1285; *Brauksiepe,* a. a. O., BB 1966 S. 869, 870; *Möhring,* a. a. O., NJW 1967 S. 1; *Leo,* Die AG 1965 S. 352; *Rasch,* a. a. O., S. 37/38

6 Bericht des Abgeordneten *Wilhelmi,* Bundestags-Drucksache IV 3296 S. 6

Unternehmen (§§ 15 ff. AktG) ansehen, die sich gewerblich betätigen oder die in Bezug auf ein Unternehmen die wirtschaftliche Planungs- und Entscheidungsgewalt ausüben, ohne indessen Rechtsträger dieser Wirtschaftseinheit zu sein.[7]

Überblickt man das bisher zum Unternehmensbegriff des neuen Aktiengesetzes vorliegende Schrifttum, so zeigt sich, daß das Wesen des Unternehmens einmal in der durch die unternehmerische Tätigkeit integrierten organisatorischen Einheit, also gegenständlich, gesehen wird. So wird für ein Unternehmen das Unterhalten und Betreiben eines eigenen Gewerbebetriebs mit eigenständigen wirtschaftlichen Interessen „in der Hand des Aktionärs" verlangt.[8] Als Gewerbebetrieb setzt das Unternehmen danach eine auf Gewinn gerichtete Tätigkeit sowie das Vorhandensein einer eigenen Unternehmensorganisation als Inbegriff sachlicher und persönlicher Mittel voraus. Manche sehen den Begriff des Gewerbebetriebs als zu eng an. Sie bestimmen das Unternehmen teils als „die Wirtschaftseinheit, mit der eine Person am Wirtschaftsleben teilnimmt",[9] teils verlangen sie nur die Innehabung bestimmter sachlicher und damit in der Form eines Geschäftsbetriebs sichtbar werdender Unternehmensmittel.[10] Manche gehen noch weiter. Sie verlangen lediglich eine selbständige, im eigenen Namen und auf eigene Rechnung durchgeführte wirtschaftliche Tätigkeit, ohne entscheidend auf das Betreiben eines Gewerbe- oder Geschäftsbetriebs abzustellen.[11] Meist wird jedoch bei eigener wirtschaftlicher Tätigkeit im Sinne einer irgendwie gearteten unmittelbaren Teilnahme am Geschäftsverkehr eine — wenn auch schwach ausgeprägte —

7 *Köhler*, „Betrieb und Unternehmen" in wirtschaftsverfassungsrechtlicher Sicht, JZ 1953 S. 713 f.; *Raiser*, Verhandlungen des 39. Deutschen Juristentages, Die Gestaltung der Unternehmensformen, Teil B, S. 59 f.

8 *Würdinger*, Aktien- und Konzernrecht, 2. Aufl. 1966, § 53 III, S. 263; *Huber*, Zur kartellrechtlichen Problematik der Zusammenfassung von Konzernunternehmen unter einheitlicher Leitung im Sinne des § 18 AktG, ZHR 131 S. 193/249. Doch soll nach Würdinger, a. a. O., die Ausübung der Leitung den Aktionär zum Unternehmen machen, wenn der Aktionär mehrere Gesellschaften beherrscht und sie unter seiner Leitung zusammenfaßt (§ 18 Abs. 1 AktG). Vgl. in diesem Sinne auch *Baumbach-Hueck*, Aktiengesetz, 13. Aufl. 1968, § 15 Anm. 4; *Würdinger*, Der Begriff Unternehmen im Aktiengesetz, Festschrift für Otto Kunze, 1969, S. 183 f.

9 *v. Godin-Wilhelmi*, Aktiengesetz, 3. Aufl. 1967, Bd. I, § 15 Anm. 2; Ebenso *Wilhelmi*, Das neue Aktiengesetz, Die AG 1960 S. 245

10 *Leo*, Die Einmann-AG und das neue Konzernrecht, Die AG 1965 S. 352/353; *Havermann*, in WP 1966 S. 30/32; *Müller-Rieker*, Der Unternehmensbegriff des Aktiengesetzes 1965, in WP 1967 S. 197/199. Letztere lassen es für den geforderten sichtbar in Erscheinung tretenden Geschäftsbetrieb genügen, daß er sich ausschließlich damit befaßt, im Auftrag eines Großaktionärs Geschäftsführungsangelegenheiten mehrerer Aktiengesellschaften zu bearbeiten, an denen der Großaktionär beteiligt ist.

11 *Janberg-Schlaus*, Abstimmungsverträge nach neuem Aktienrecht unter Berücksichtigung des Rechts der verbundenen Unternehmen, Die AG 1967 S. 33/37 f.; *Gessler*, Das neue Aktienrecht, BB 1967 S. 677/678; *Schäfer*, Aktuelle Probleme des neuen Aktienrechts, BB 1966 S. 229/231; *Luchterhand*, Der Begriff „Unternehmen" im Aktiengesetz 1965, ZHR 132 S. 149/162 für den Fall, daß die einheitliche Leitung mehrerer Beteiligungsgesellschaften durch den Großaktionär „die Ausmaße eines Betriebes" annimmt.

Unternehmensorganisation vorliegen. Am weitesten geht Raisch, der zwar ein „Mindestmaß einer äußeren Veranstaltung, wenigstens im Sinne eines gewissen äußeren Hervortretens, sowie das Moment der Dauer" fordert, jedoch auch schon das erkennbar unternehmerische Handeln eines nicht am Geschäftsverkehr teilnehmenden Großaktionärs genügen lassen will[12] und damit bereits zu einer funktionalen Betrachtungsweise übergeht.

Demgegenüber haben sich für einen funktionalen Unternehmensbegriff, der auf die Innehabung der unternehmerischen Planungs- und Entscheidungsgewalt abstellt, vor allem Kropff, Möhring und Brauksiepe ausgesprochen.[13] Sie nehmen auf die wirtschaftswissenschaftlichen Ausführungen von Köhler Bezug und halten schon die Person für ein „Unternehmen" im aktienrechtlichen Sinne, die für die Wirtschaftseinheit Unternehmen spezifisch unternehmerische Planung vornimmt und Entscheidungen trifft, ohne Rechtsträger der Wirtschaftseinheit Unternehmen zu sein und ohne selbst unmittelbar am Marktgeschehen teilzunehmen.[14]

Die Antithese „funktionaler" und „institutionaler" Unternehmensbegriff tritt auch im Handelsgesetzbuch in der Unterscheidung zwischen „Handelsgewerbe" als Voraussetzung der Kaufmannseigenschaft (§§ 1 ff. HGB) und „Handelsgeschäft" (§§ 22 ff. HGB) hervor. Der Kaufmannsbegriff als Grundbegriff für die Anwendung handelsrechtlicher Vorschriften ist danach funktional bestimmt. Für ihn genügt das Betreiben eines Handelsgewerbes; das Handelsgeschäft wird dagegen gegenständlich als Organismus verstanden.

Aus der Sicht eines gegenständlich orientierten Unternehmensbegriffs ist es evident, daß ein Privataktionär allein auf Grund seiner Mehrheitsbeteiligung an einer oder mehreren Gesellschaften nicht als „Unternehmen" angesehen werden kann. Für diese Qualifikation wäre es notwendig, daß er der Rechtsträger eines Gewerbe- oder Geschäftsbetriebs oder zumindest eine versachlichte Institution seiner Tätigkeit vorhanden ist. Beschränkt er sich auf das Halten von Beteiligungen und die Wahrnehmung der sich aus ihnen ergebenden Rechte, so hat er kein Unternehmen im gegenständlichen Sinne.

Unter Zugrundelegung eines funktionalen Unternehmensbegriffs könnte dagegen ein Privataktionär schon wegen seiner Mehrheitsbeteiligung an einer oder mehreren Gesellschaften als „Unternehmen" im Sinne des Rechts der verbundenen Unternehmen anzusehen sein. Das wird von Kropff unter der Voraussetzung angenommen, daß der Aktionär unter-

---

12 *Raisch*, Zu den grundsätzlichen Aufgaben der Rechtswissenschaft gegenüber dem neuen Aktiengesetz, JZ 1966 S. 549/555; ferner ZHR 132 S. 182/185

13 *Kropff*, BB 1965 S. 1281/1285; *Möhring*, NJW 1967 S. 1 ff.; *Brauksiepe*, BB 1966 S. 869, 871

14 *Köhler*, JZ 1953 S. 716; 1955 S. 62 und 592. Noch weiter geht *Rasch*, Deutsches Konzernrecht, 4. Aufl. 1968, S. 39, der „von der Zweckbestimmung des Gesetzes her" schon die Möglichkeit der Ausübung unternehmerischer Tätigkeit genügen lassen will vorbehaltlich des Gegenbeweises, daß der Anteilseigner nur Privatperson ist.

nehmerische Planungs- und Entscheidungsgewalt ausübt, und zwar gegenüber auch nur *einer* Gesellschaft.[15] Auch Möhring sieht einen Aktionär als Unternehmen an, wenn dieser gewissermaßen „marktstrategisch" das Schicksal „seiner" Gesellschaft mitzubestimmen bereit und in der Lage ist und sich nicht lediglich auf die Verfolgung der Interessen eines reinen Anlageaktionärs beschränkt.[16] Rasch will „von der Zweckbestimmung des Gesetzes her gesehen" die Möglichkeit der Ausübung unternehmerischer Tätigkeit genügen lassen, vorbehaltlich des Gegenbeweises, daß der Anteilseigner nur Privatperson ist.[17]

Die Frage, ob der Begriff des Unternehmens in einem institutionalen oder funktionalen Sinne auszulegen ist, läßt sich indessen nicht a priori mit einem Entweder-Oder entscheiden. Koppensteiner stellt deshalb allein auf die mögliche Kollision verschiedener unternehmerischer Interessen ab und sieht daher einen Aktionär, der außer an einer AG auch an einem anderen Unternehmen maßgeblich beteiligt ist, als „Unternehmen" im Sinne des Konzernrechts an.[18] Nach den Ausführungen von Biedenkopf/Koppensteiner liegt ein Unternehmen vor, wenn das „Subjekt einer Beeinflussungsmöglichkeit gegenüber einer AG von den gesellschaftsfremden unternehmerischen Interessen bei der Ausübung dieser Beeinflussungsmöglichkeit jedenfalls der Möglichkeit nach geleitet wird".[19]

II.

Sicherlich kann ein Privataktionär nicht schon deshalb als „Unternehmen" im Sinne des Konzernrechts angesehen werden, weil ihm die Mehrheit der Aktien einer Gesellschaft gehört. Problematisch ist jedoch aus funktionaler Sicht bereits, ob ein privater Großaktionär durch die *Ausübung* des auf Grund seiner Mehrheitsbeteiligung möglichen beherrschenden Einflusses auf die Gesellschaft zum „Unternehmen" im Sinne der §§ 15 ff. AktG wird, weil er sich dadurch zum Träger oder Mitträger der unternehmerischen Planungs- und Entscheidungsgewalt macht.

Das Aktiengesetz bietet ihm dafür einen legalen Weg. Der Aktionär kann in der Hauptversammlung durch seine Stimmenmehrheit die ihm genehmen Aufsichtsratsmitglieder bestellen (§ 101 AktG) und auf diese Weise auch auf die zur Zuständigkeit des Aufsichtsrats gehörende Bestellung der Vorstandsmitglieder (§ 84 AktG) und damit mittelbar auf die Zusammensetzung des Vorstands und auf die Geschäftsführung Einfluß nehmen. Diese Einflußmöglichkeit besteht, obwohl die Hauptversammlung als solche nach § 119 Abs. 2 AktG von der Entscheidung über

---

15 *Kropff*, a. a. O., BB 1965 S. 1281/1285; folgend *Brauksiepe*, a. a. O., BB 1966 S. 869/871

16 *Möhring*, a. a. O., NJW 1967 S. 1

17 *Rasch*, Deutsches Konzernrecht, 4. Aufl. 1968, S. 39

18 *Koppensteiner*, a. a. O., ZHR 131 S. 310 ff.

19 *Biedenkopf-Koppensteiner* im Kölner Kommentar, § 15 Anm. 12

Fragen der Geschäftsführung grundsätzlich ausgeschlossen ist. Die Ausführungen von Kropff und von Möhring erwecken den Eindruck, als ob schon ein solcher Aktionär, der sich nicht lediglich auf die Verfolgung der Interessen eines reinen Anlageaktionärs beschränkt, als „Unternehmen“ anzusehen sei.[20]

Indessen liegen die typischen Gefahren, denen die Vorschriften über verbundene Unternehmen begegnen wollen, bei einem Aktionär, der die ihm gesetzlich zustehenden Einflußmöglichkeiten *innerhalb* einer Gesellschaft ausnutzt, nicht vor. Der Mehrheitsaktionär ist als Mitglied der Hauptversammlung und somit als Teil eines zur Mitwirkung an der Willensbildung der Gesellschaft berufenen Organs berechtigt (§ 118 AktG), auf diesem ihm gesetzlich und satzungsmäßig offenstehenden Weg seinen Vorstellungen über die Organisation und Geschäftsführung der Gesellschaft Geltung zu verschaffen. In dieser endogenen Einflußnahme liegt nichts anderes als der nötige und ordnungsmäßige Vorgang der Willensbildung im Gefüge einer juristischen Person. Das vom Großaktionär bestimmte Abstimmungsergebnis in der Hauptversammlung ist der eigene unternehmerische Wille der Gesellschaft.

Nun kann ein Aktionär seinen Einfluß auf die Aktiengesellschaft nicht oder nicht nur auf dem gesetzlich vorgesehenen Weg, also mittels Stimmrechtsausübung in der Hauptversammlung (§ 118 AktG), geltend machen, sondern auch mittelbar auf die von ihm in den Aufsichtsrat Gewählten oder von diesem bestellten Vorstandsmitglieder einwirken und die Leitung des Unternehmens faktisch in mehr oder weniger großem Umfang ausüben. Durch diesen vom Aktiengesetz nicht vorgesehenen Weg vermag ein Großaktionär seinen Einfluß auf die Geschäftsführung der Gesellschaft zu intensivieren; jedoch wird sie auch dadurch nicht zu einer eigenunternehmerischen Tätigkeit. Der Großaktionär handelt — gleichviel in welcher Richtung und auf welchem Wege er seinen Einfluß auf die Gesellschaft ausübt, ob er dabei „unternehmerisch“ denkt oder nicht — niemals als fremdes „Unternehmen“ mit wirtschaftlichen Eigeninteressen. Es fehlt an einer *Kollision* von Unternehmensinteressen.[21] Das gilt auch für den Fall, daß der Großaktionär 100% des Aktienkapitals besitzt (Einmann-AG).[22]

Allerdings kann ein Großaktionär bei der Ausübung seiner Machtstellung eigensüchtige Interessen verfolgen, die zu einer Schädigung der Gesellschaft, insbesondere anderer Aktionäre und der Gesellschaftsgläubiger, führen. Zur Abwehr dieser Gefahren dienen indessen andere Vorschriften als die über verbundene Unternehmen. Bestimmt ein Großaktionär vor-

20 *Möhring*, a. a. O., NJW 1967 S. 1; *Kropff*, a. a. O., BB 1965 S. 1281/1285

21 Ebenso *Würdinger*, Aktien- und Konzernrecht, 2. Aufl., § 53 III 3 S. 263; zustimmend *Schilling*, Anm. JZ 1967 S. 455; *Baumbach-Hueck*, a. a. O., § 15 Anm. 4; ferner *Würdinger*, Festschrift für Otto Kunze, S. 181; *Luchterhandt*, a. a. O., ZHR 132 S. 149/155

22 *Baumbach-Hueck*, a. a. O., S. 159; *Leo*, Die AG 1965 S. 354; *Luchterhandt*, a. a. O., ZHR 132 S. 149/159

sätzlich unter Benutzung seines Einflusses auf die Gesellschaft ein Mitglied des Vorstands, des Aufsichtsrats, einen Prokuristen oder einen Handlungsbevollmächtigten dazu, zum Schaden der Gesellschaft oder der übrigen Aktionäre zu handeln, so ist er der Gesellschaft nach § 117 AktG zum Schadenersatz verpflichtet.[23] Allerdings greift diese Ersatzpflicht nicht ein, wenn das Mitglied des Vorstands oder des Aufsichtsrats, der Prokurist oder der Handlungsbevollmächtigte durch die Ausübung des Stimmrechts in der Hauptversammlung zu der schädigenden Handlung bestimmt wird. Wohl aber ist der Beschluß der Hauptversammlung nach § 243 Abs. 2 AktG anfechtbar, wenn ein Aktionär mit der Ausübung des Stimmrechts für sich oder einen Dritten Sondervorteile zum Schaden der Gesellschaft oder der anderen Aktionäre zu erlangen suchte, und der Beschluß geeignet ist, diesem Zweck zu dienen. Die Anfechtung ist nur dann ausgeschlossen, wenn der Beschluß den anderen Aktionären einen angemessenen Ausgleich für ihren Schaden gewährt. Um die Gesellschaft, ihre Aktionäre und Gläubiger vor den eigensüchtigen, jedoch nicht eigenunternehmerischen Interessen eines Großaktionärs zu schützen, bedarf es somit nicht der Anwendung der Vorschriften über verbundene Unternehmen.

Aus alledem folgt, daß ein privater Großaktionär auf Grund seiner Mehrheitsbeteiligung auch dann nicht als die Beteiligungsgesellschaft beherrschendes „Unternehmen“ anzusehen ist, wenn er von seinen unmittelbaren und mittelbaren Einflußmöglichkeiten effektiv Gebrauch macht. Er wird dadurch nicht zum Träger einer *eigen*unternehmerischen Planungs- und Entscheidungsgewalt, die ihn zu einem selbständigen Unternehmen macht, das mit dem beherrschten Unternehmen verbunden ist. Das Vorhandensein mindestens zweier Unternehmen ist aber Voraussetzung einer Unternehmensverbindung im Sinne der §§ 15 ff. AktG. Den notwendigen Schutz der AG, ihrer Gläubiger und außenstehenden Aktionäre gegenüber den privaten Interessen eines Großaktionärs verwirklicht das Gesetz durch § 117 AktG. Weder eine Mehrheitsbeteiligung noch die mit ihr gegebene Einflußmöglichkeit auf eine AG, die tatsächliche Ausübung des beherrschenden Einflusses oder die Leitung der beherrschten Gesellschaft macht den Großaktionär schon zu einem Unternehmen. Aus einem dieser in den §§ 16 ff. AktG zusätzlich geforderten Merkmale den Unternehmensbegriff automatisch abzuleiten, gliche der Leistung des Freiherrn von Münchhausen, der sich am eigenen Schopf aus dem Wasser zu ziehen vermochte. Diese Wunderlichkeit brauchte nur dann nicht abzuschrecken, wenn man den Unternehmensbegriff in den §§ 15 ff. AktG als eine „Vokabel ohne bestimmten Inhalt“ auffassen könnte. Aber gerade das trifft nicht zu. Der Gesetzgeber wollte, wie § 117 AktG zeigt, den möglichen Konflikt der privaten Interessen eines Großaktionärs mit den Interessen der Gesellschaft, an der er maßgebend beteiligt ist, nicht mit den Vorschriften über verbundene Unternehmen erfassen.

23 *Luchterhandt*, a. a. O., ZHR 132 S. 149/158

Von dieser Grundgegebenheit ausgehend besteht jedoch keine Notwendigkeit, den Unternehmensbegriff *gegenständlich* aufzufassen, Regelungsgegenstand ist ein Konflikt, der dadurch entstehen kann, daß ein Aktionär *eigene* unternehmerische Interessen verfolgt, die dem Interesse der AG, an der er mit Mehrheit beteiligt ist, insbesondere den Interessen der Gläubiger und Minderheitsaktionäre, widersprechen. Die Verfolgung *eigener* Unternehmensinteressen setzt kein Unternehmen als Wirtschaftseinheit im Sinne einer Zusammenfassung sachlicher und persönlicher Mittel voraus. Entscheidend ist die eigenständige Betätigung eines Aktionärs im Wirtschaftsablauf, die mit der Betätigung der Beteiligungsgesellschaft nicht identisch ist. Dann liegen zwei unternehmerische Interessenbereiche vor, die in Kollision geraten können. Aus § 16 Abs. 4 AktG läßt sich für einen gegenständlichen Unternehmensbegriff kein Argument gewinnen.[24] Der Begriff des Einzelkaufmanns setzt zwar das Betreiben eines Handelsgewerbes, nicht aber — wie der Begriff des Handelsgeschäfts (§§ 22 ff. HGB) — eine versachlichte Institution voraus. Zwar würde eine solche einen festen Anhaltspunkt für den Unternehmensbegriff bieten. Dem Zweck der §§ 15 ff. AktG würde man dadurch aber nur unvollkommen gerecht. Die Konfliktssituation, die das Gesetz erfassen will, besteht unabhängig davon, ob der herrschende Aktionär auch einen Betrieb hat. Eine funktionale Betrachtung verdient daher den Vorzug. Problematisch ist jedoch, wie die Unternehmenseigenschaft dann inhaltlich zu bestimmen ist. Allein auf die „Verfolgung unternehmerischer Interessen" abzustellen, wäre schon wegen des Gebots der Rechtssicherheit bedenklich.

III.

Gehören einem Aktionär Mehrheitsbeteiligungen an *mehreren* rechtlich selbständigen Unternehmen, so kann er auf jedes dieser Unternehmen einen beherrschenden Einfluß ausüben. Für diesen Fall wird von Biedenkopf/Koppensteiner angenommen, daß ein „neues Unternehmen" entstanden sei, dessen Träger der private Großaktionär sei.[25] Auf dieses „Unternehmen" sollen die für Mehrheitsbeteiligungen und Abhängigkeitsverhältnisse geltenden Vorschriften, insbesondere §§ 20, 21 sowie §§ 291, 311 AktG anzuwenden sein. Zugleich wäre nach § 18 Abs. 1 Satz 3 AktG widerleglich vermutet, daß ein Unterordnungskonzern bestehe. Zur Begründung wird angeführt, daß in diesem Fall in der Person des Großaktionärs Beeinflussungschancen an verschiedenen Unternehmen vereinigt sind und damit Interessen an verschiedenen Unternehmen potentiell kollidieren. Aber so richtig es auch ist, den Begriff „Unternehmen" nach dem Zweck der Vorschriften über verbundene Unternehmen auszulegen, so ist dies doch nur in dem Maße möglich, in dem der Ge-

24 *Havermann,* a. a. O., WP 1966 S. 32; *Haberlandt* in *Möhring-Schwartz,* S. 284/285
25 Kölner Kommentar § 15 Anm. 11, 12

setzgeber den Gefahren von Interessenkollisionen begegnen wollte. Gehören einem Aktionär Mehrheitsbeteiligungen an mehreren Gesellschaften, so besteht zwischen den Gesellschaften keine konzernrechtlich relevante Konfliktssituation. Keine Gesellschaft beherrscht die andere. Es werden ihnen nicht die Beteiligungen des Mehrheitsaktionärs zugerechnet, so daß sie als wechselseitig beteiligte Unternehmen im Sinne des § 19 AktG anzusehen wären. Auch ein Abhängigkeits- oder Mehrheitsbeteiligungsverhältnis im Sinne der §§ 16, 17 AktG liegt nicht vor. Diese Vorschriften setzen voraus, daß der Mehrheits- oder beherrschende Aktionär ein „Unternehmen" ist.[26] Die bloße Quantifizierung von Mehrheitsbeteiligungen in der Hand eines Aktionärs genügt nicht, um diesen als ein mit den von ihm beherrschten Gesellschaften verbundenes Unternehmen anzusehen. Eine AG wäre selbst dann nicht als abhängig anzusehen, wenn ihr Mehrheitsaktionär zugleich Alleingesellschafter einer anderen AG oder GmbH ist. Übt der Großaktionär Planungs- und Entscheidungsgewalt in den von ihm abhängigen Unternehmen aus, so handelt er jeweils für diese Unternehmen und somit *fremd*unternehmerisch. Es fehlt etwas, was seine Einflußnahme als *eigen*unternehmerisch qualifizieren und damit zu einem Unternehmen machen könnte, womit die Gefahr der Ausnutzung unternehmerischer Interessen gegeben ist.[27] Die Konfliktslage zwischen dem privaten Interesse eines Großaktionärs und den von ihm abhängigen Gesellschaften wollte das Gesetz nicht erfassen. An diese gesetzliche Wertung ist die Auslegung des konzernrechtlichen Unternehmensbegriffs gebunden. Die Unterscheidung zwischen einem Aktionär mit oder ohne Unternehmenseigenschaft richtet sich nicht danach, ob von ihm ein oder mehrere Unternehmen beherrscht werden, sondern danach, ob er selbst ein Unternehmen betreibt. Dafür genügt es aber nicht, daß er neben seiner Beteiligung noch an anderen Unternehmen maßgeblich interessiert ist. Die §§ 16 ff. AktG verlangen die Identität von Aktionär und Unternehmen. Sonst müßte man folgerichtig jeden Aktionär, der eine Einflußmöglichkeit auf ein anderes Unternehmen besitzt, als Unternehmen ansehen. So weit wollte aber das Konzernrecht nicht gehen, wie die Entstehungsgeschichte, der Wortlaut und Sinnzusammenhang der Vorschriften zeigen. Die einschlägigen Vorschriften verwenden den Unternehmensbegriff, um den Privataktionär aus dem Anwendungsbereich des Konzernrechts auszuklammern. Diese Entscheidung des Gesetzgebers muß respektiert werden. Sie zwingt dazu, auch den an mehreren Unternehmen mit Mehrheit beteiligten Großaktionär nicht als Unternehmen anzusehen. Das bloße unternehmerische Interesse ist demnach kein Ansatzpunkt für die Differenzierung zwischen einem Unternehmens- und einem Nichtunternehmensaktionär.

---

26 *Luchterhandt*, a. a. O., S. 149/157

27 *Würdinger*, a. a. O., Festschrift für Otto Kunze, S. 183, für den Fall, daß ein „Privataktionär" an mehreren Gesellschaften beteiligt ist und seine Aktienrechte „normal" ausübt; *Luchterhandt*, a. a. O., ZHR 132 S. 149/160

Erst wenn ein Aktionär die Gesellschaften, an denen er mit Mehrheit beteiligt ist, unter seiner *einheitlichen Leitung zusammenfaßt,* stellt sich die Frage, ob dadurch der Großaktionär Unternehmenseigenschaft gewinnt, so daß auf ihn insbesondere die §§ 291, 311 sowie §§ 20, 21 AktG anwendbar sind. In der Tat besteht bei dieser Sachlage die Gefahr, daß der Großaktionär unter Ausnutzung unternehmerischer Interessen die eine Gesellschaft der anderen botmäßig macht und die Interessen der Gläubiger und der außenstehenden Aktionäre schädigt, z. B. dadurch, daß er Vermögensverschiebungen durchführt. Für diesen Fall sieht Würdinger von dem Erfordernis eines Gewerbebetriebs in der Hand des herrschenden Aktionärs ab und faßt die Ausübung der einheitlichen Leitungsmacht als „Unternehmen“ auf.[28]

Gegen diese Auffassung ist im Schrifttum eingewendet worden, daß sie mit der Definition des Gleichordnungskonzerns in § 18 Abs. 2 AktG nicht vereinbar sei.[29] Danach sollen rechtlich selbständige Unternehmen zu denen und unter denen kein Abhängigkeitsverhältnis im Sinne des § 17 AktG besteht, *unter sich einen Konzern bilden,* wenn sie unter einheitlicher Leitung zusamengefaßt sind. In der Regierungsbegründung zu § 17 Abs. 2 des Entwurfs, der dem heutigen § 18 Abs. 2 AktG entspricht,[30] heißt es hierzu:

> „Absatz 2 behandelt – gleichfalls in enger Anlehnung an § 15 Abs. 1 des geltenden Rechts – den Gleichordnungskonzern. Bei ihm ist nicht der beherrschende Einfluß eines Unternehmens das Mittel der Zusammenfassung. Vielmehr kann die einheitliche Leitung auf den verschiedensten Gründen beruhen, etwa auf einem vertraglichen Gemeinschaftsorgan der konzernverbundenen Unternehmen oder darauf, daß die Anteile der Konzernunternehmen in der Hand eines Eigentümers, der kein Unternehmer ist, vereinigt sind.“

Ein privater Anteilseigner, der an mehreren Gesellschaften mit Aktienmehrheit beteiligt ist, soll demnach auch durch die *Ausübung* der einheitlichen Leitung kein Unternehmen sein.[31] Würde nämlich die einheitliche Leitung das Subjekt der Leitung zum „Unternehmen“ machen, so wäre der Gleichordnungskonzern des § 18 Abs. 2 AktG zugleich als Unterordnungskonzern des § 18 Abs. 1 AktG anzusehen und die Vorschrift des § 18 Abs. 2 AktG überflüssig. Den privaten Großaktionär als herrschendes Unternehmen anzusehen, würde zudem der vom Gesetzgeber verfolgten Absicht widersprechen, die Abhängigkeits- und Konzernvorschriften nur gegenüber einem selbständigen „Unternehmen“ und nicht — wie es die Studienkommission des Deutschen Juristentages vorgeschla-

28 *Würdinger*, Aktien- und Konzernrecht, 2. Aufl., § 53 III S. 263; folgend *Schilling*, Anm. JZ 1967 S. 455; *Baumbach-Hueck*, a. a. O., § 15 Anm. 4

29 *Biedenkopf-Koppensteiner* im Kölner Kommentar § 15 Anm. 9; *Koppensteiner* ZHR 131 S. 289/308; *Haberlandt* in *Möhring-Schwartz,* S. 282/284; *Bölsenkötter*, a. a. O., Der Betrieb, S. 1100; *Müller-Rieker*, a. a. O., WP 1967 S. 201; *Luchterhandt*, a. a. O., ZHR 132 S. 149/160 ff.; *Huber*, a. a. O., ZHR 131 S. 193/249; *Möhring-Tank*, Handbuch der Aktiengesellschaften, Band I, RdNr. I 705

30 Bundestagsdrucksache IV 171 S. 101

31 a. M. *Möhring*, a. a. O., NJW 1967 S. 1 gegen *Schäfer*, a. a. O., BB 1966 S. 229/231

gen hatte[32] — gegenüber jeder Person, insbesondere auch gegenüber einem privaten Anteilseigner, eingreifen zu lassen, der eine beherrschende Einflußmöglichkeit besitzt. Diese vom Gesetzgeber im Hinblick auf den „Privataktionär" vorgenommene Einschränkung des Abhängigkeitsbegriffs würde durch die für einen bestimmten Sachverhalt getroffene Auslegung des Unternehmensbegriffs hinfällig. § 18 Abs. 2 AktG spricht demnach dagegen, daß die Zusammenfassung mehrerer rechtlich selbständiger Unternehmen unter einheitlicher Leitung die Leitungsspitze — hier den privaten Großaktionär — zum Unternehmen macht. Das trifft jedoch nur für den Tatbestand des § 18 Abs. 2 AktG zu. Nicht aber läßt sich aus dieser Vorschrift schließen, daß die Zusammenfassung mehrerer Unternehmen unter einheitlicher Leitung nicht auch Ausdruck *eigen*unternehmerischer Tätigkeit eines Großaktionärs sein kann. § 18 Abs. 2 AktG setzt voraus, daß keines der beteiligten Unternehmen von dem anderen abhängig ist, demnach eine Zusammenfassung unter einheitlicher Leitung nicht auf Grund einer Herrschaftsbeziehung ohne weiteres gegen den Willen der beteiligten Unternehmen durchgesetzt werden kann, sondern nur auf Grund einer freien Entschließung der beteiligten Unternehmen möglich ist. Die Rechtsstellung des Leitungssubjekts beruht im Fall des § 18 Abs. 2 AktG auf dem gemeinsamen Willen der sich der einheitlichen Leitung unterstellenden Unternehmen. Die Leitungsspitze hat eine abgeleitete, nicht eine unmittelbare Leitungsmacht. Die Gefahr der Ausnutzung unternehmerischer Interessen besteht daher in diesem Fall nicht. Anders liegt es dagegen, wenn ein Großaktionär mehrere Gesellschaften, die er auf Grund seines Beteiligungsbesitzes beherrscht, unter seiner einheitlichen Leitung zusammenfaßt. Durch die Koordination schafft der Großaktionär aus eigener Machtstellung eine Ordnung, die für die von ihm beherrschte Gesellschaft maßgebend ist. Hier besteht die für den Unterordnungskonzern typische Gefahr der Schädigung eines Unternehmens zugunsten des anderen. Solange sich der Großaktionär darauf beschränkt, in den von ihm abhängigen Gesellschaften seinen beherrschenden Einfluß auszuüben, ist sein Handeln, auch wenn er in diesen Gesellschaften die Planungs- und Entscheidungsgewalt ausübt, als fremdunternehmerisch zu werten. Die durch die eigene Machtstellung aktualisierte Zusammenfassung mehrerer abhängiger Gesellschaften unter einheitlicher Leitung bringt die eigenunternehmerische Betätigung zum Ausdruck und macht den Großaktionär zum „Unternehmen". Ob die einheitliche Leitung versachlicht ist, insbesondere ein Betrieb besteht, ist ohne Belang. Eines solchen wird es zur Ausübung der Konzernleitung vielfach nicht bedürfen. Entscheidend ist, daß der Großaktionär durch die Zusammenfassung der von ihm beherrschten Gesellschaften unter einheitlicher Leitung eine eigenunternehmerische Tätigkeit entfaltet, indem er sich die Interessen der einzelnen Unternehmen unterordnet. Der übergeordnete

32 Untersuchungen zur Reform des Konzernrechts, Bericht der Studienkommission des Deutschen Juristentages 1967, RdNr. 103

unternehmerische Wille des Großaktionärs als Leitungssubjekt ist ein eigenständiger unternehmerischer Wille, wobei es gleichgültig ist, welches der beteiligten Unternehmen begünstigt oder benachteiligt wird, z. B. durch eine Veränderung der Produktionszweige, der Finanzierung. Als herrschendes Unternehmen ist der Großaktionär nach § 311 AktG verpflichtet, die auf seiner Einflußnahme beruhenden Nachteile auszugleichen. Er erlangt aber auch das Recht, durch Abschluß eines Beherrschungsvertrages seine Leitungsmacht zu sanktionieren (§§ 293, 308 AktG). Daß der Großaktionär, der mehrere abhängige Gesellschaften unter einheitlicher Leitung zusammenfaßt, „Unternehmen“ ist, stellt keine nach der Zweckrichtung des Gesetzes gebotene Ausnahme von dem sonst gegenständlich zu erfassenden Unternehmensbegriff dar,[33] sondern ergibt sich daraus, daß für den Begriff des „Unternehmens“ im Sinne des Konzernrechts eine *eigen*unternehmerische Betätigung genügend ist. Daß ein Gewerbebetrieb den Mehrheitsaktionär stets zum Unternehmen macht, ist evident.

Umstritten ist die Unternehmenseigenschaft bei Kapitalgesellschaften. Würdinger meint, daß eine solche Gesellschaft nicht schon deshalb als Unternehmen anzusehen sei, weil das Gesetz sie als Handelsgesellschaft (§ 3 AktG, § 13 Abs. 3 GmbHG) und Formkaufmann (§ 6 HGB) qualifiziere.[34] Erst ihre Tätigkeit als Unternehmen im Sinne des Aktiengesetzes mache sie zum „Unternehmen“ im Sinne der §§ 291 ff. AktG. So sei eine Holding, die sich auf die Verwaltung ihrer Beteiligung beschränke, ebenso wenig wie ein Privataktionär als „Unternehmen“ anzusehen. Erst die unternehmerische Zusammenfassung mehrerer Beteiligungsgesellschaften unter „einheitlicher Leitung“ mache die Holding-GmbH — ebenso wie den privaten Großaktionär — zum „Unternehmen“ im Sinne der aktienrechtlichen Vorschriften über verbundene Unternehmen. Sonst könne sich jeder faktische Abhängigkeitskonzern den Haftungsvorschriften der §§ 311 ff. AktG dadurch entziehen, daß das herrschende Unternehmen seine Beteiligungen in einen leeren GmbH-Mantel einbringe und nunmehr über diesen die Leitung ausübe.

Es besteht aber kein überzeugender Grund, bei der Bestimmung des aktienrechtlichen Unternehmensbegriffs in § 18 Abs. 1, §§ 20, 291, 311 AktG von der handelsrechtlichen Grundlage abzusehen und allein darauf abzustellen, ob ein eigenständiges wirtschaftliches Interesse durch planmäßige Teilnahme am Wirtschaftsverkehr verfolgt wird. Das Aktienrecht geht von den handelsrechtlichen Begriffen aus. Wird ein Handelsgewerbe betrieben (§§ 1 bis 3 HGB), oder gilt der Betrieb bei Eintragung im Handelsregister als Handelsgewerbe, so liegt auch für die Anwendung der aktienrechtlichen Vorschriften ein Unternehmen vor (§§ 5, 6 AktG).[35] Die Unternehmenseigenschaft einer Holding-Kapital-

33 So *Würdinger*, Aktien- und Konzernrecht, 2. Aufl., § 53 III S. 263/264
34 *Würdinger*, a. a. O., Festschrift für Otto Kunze, S. 177/182
35 *Baumbach-Hueck*, a. a. O., § 15 Anm. 3

gesellschaft und damit deren Haftung nach §§ 311 ff. AktG bei Fehlen eines Beherrschungsvertrages ergibt sich daher aus der Formkaufmannseigenschaft (§ 6 HGB). Jedes Unternehmen eines Formkaufmanns ist ein Handelsgewerbe, und wie sonst ein Handelsgewerbe die notwendige Voraussetzung ist, so ist es hier die notwendige Folge der Kaufmannseigenschaft. Beide Begriffe — Kaufmann und Handelsgewerbe — sind absolute Korrelate, das eine ist ohne das andere nicht möglich.[36] Daß auch das neue Aktienrecht von dieser Grundgegebenheit ausgeht, folgt daraus, daß § 3 AktG aus dem Aktiengesetz 1937 übernommen wurde.

Die zwingende Wechselseitigkeit von Kaufmannseigenschaft und Handelsgewerbe führt dazu, daß einer rechtsfähigen Handelsgesellschaft, die kein Handelsgewerbe betreibt, ein Unternehmen im handelsrechtlichen Sinne fiktiv zugeordnet wird. Rechtlich betreibt der Formkaufmann daher stets ein Handelsgewerbe, das auch immer die Unternehmenseigenschaft im Sinne der Vorschriften über „verbundene Unternehmen" begründet. Die Formkaufmannseigenschaft ist ebenso wie die aus den §§ 1 bis 3 HGB folgende Kaufmannseigenschaft als zwingender Hinweis auf die aktienrechtliche Unternehmenseigenschaft anzusehen, so daß auch eine Holding-AG oder -GmbH, deren Tätigkeit sich auf die Beteiligungsverwaltung beschränkt, ein „Unternehmen" im Sinne der Vorschriften über verbundene Unternehmen ist.[37] Ein herrschendes Unternehmen kann sich daher der Regelung der §§ 311 ff. AktG durch Einbringung seiner Beteiligungen in eine reine Holding nicht entziehen, da kein Anlaß besteht, die sich aus der Formkaufmannseigenschaft ergebenden Folgen für § 18 Abs. 1 AktG zu verneinen. Im übrigen würde dadurch, daß ein herrschendes Unternehmen seine Beteiligung auf eine reine Holding oder einen privaten Großaktionär überträgt, das Abhängigkeitsverhältnis nicht ausgeräumt sein.[38] Denn § 17 AktG läßt die mittelbare Einflußmöglichkeit genügen. Die §§ 311 ff. AktG wären daher auch anzuwenden, wenn man die reine Holding nicht als „Unternehmen" ansieht.

Ich gelange zu folgenden Ergebnissen:

Der Unternehmensbegriff des Konzernrechts bestimmt sich nach dem Zweck der gesetzlichen Regelung. Dieser besteht in der Verhinderung der Gefahren, die sich aus einem Konflikt unternehmerischer Interessen für Gläubiger und außenstehende Aktionäre ergeben können.

Nicht erfaßt wird der Konflikt zwischen den privaten Interessen eines

36 *Ehrenberg*, Handbuch des gesamten Handelsrechtes, 1918, 2. Band, S. 107/108; vgl. auch *Brüggemann*, in Großkomm. HGB 3. Aufl. 1967, § 6 Anm. 2; *Raisch*, Geschichtliche Voraussetzungen, Dogmatische Grundlagen und Sinnwandlung des Handelsrechts, 1965, S. 215 ff.

37 So im Ergebnis auch *Baumbach-Hueck*, a. a. O., § 15 Anm. 3 und 5; *Huber*, a. a. O., ZHR 131 S. 249/250; *Haberlandt* in *Möhring-Schwartz*, a. a. O., S. 284; *Schäfer*, a. a. O., BB 1966 S. 231; *Raisch*, a. a. O., JZ 1966 S. 555; *Möhring-Tank*, Handbuch der Aktiengesellschaft, 1. Bd., Anm. I 705

38 Zur Anwendbarkeit der §§ 311 ff. AktG über die Verantwortlichkeit im „faktischen Konzern" bei mehrstufigen Unternehmensverbindungen vgl. insbesondere *Kronstein*, BB 1967 S. 637 ff.

Aktionärs und einer von ihm beherrschten Gesellschaft; insoweit gilt § 117 AktG. Ein privater Aktionär, dem Mehrheitsbeteiligungen an mehreren Gesellschaften gehören, ist weder aus institutionaler noch aus funktionaler Sicht als „Unternehmen“ anzusehen. Die undifferenzierte Einbeziehung des Mehrheitsaktionärs in das Recht der verbundenen Unternehmen mag rechtspolitisch erwünscht sein, widerspricht jedoch der getroffenen Regelung.

Ein „Unternehmen“ ist ein Aktionär, wenn er eigenständig wirtschaftlich tätig ist, ohne daß diese Betätigung durch eine besondere Organisation versachlicht zu sein braucht. Ein Aktionär wird daher auch zum „Unternehmen“, wenn er mehrere Gesellschaften beherrscht und sie unter einheitlicher Leitung zusammenfaßt. Die Konzernleitung, durch die er den abhängigen Wirtschaftseinheiten seinen Willen aufzwingt, macht ihn zum „Unternehmen“.

AKTIENRECHTLICHE UND WETTBEWERBSRECHTLICHE ASPEKTE DER KONZENTRATION

Heinrich Kronstein

Diese Festschrift, die einem der hervorragendsten Gestalter verschiedener bedeutender Wirtschaftsgesetze gewidmet ist, lädt dazu ein, einmal auf den inneren Zusammenhang zweier moderner Wirtschaftsgesetze einzugehen. Als sehr geeignetes Untersuchungsobjekt bietet sich das Phänomen der wirtschaftlichen Konzentration an, dessen rechtliche Erfassung im Aktiengesetz — Konzernrecht — einerseits und Kartellgesetz andererseits versucht worden ist beziehungsweise seit geraumer Zeit in Hinblick auf eine präventive Fusionskontrolle noch versucht wird.

Aktienrecht und Kartellrecht haben verschiedene Zielsetzungen. Das Aktienrecht dient den Interessen der Aktionäre, das Konzernrecht insbesondere dem Schutz der Minderheitsaktionäre und dem Schutz der Gläubiger. Das Kartellrecht dient dem gesamtwirtschaftlichen Interesse des Marktes; Ziel ist Aufrechterhaltung und Funktionsfähigkeit des Wettbewerbs. Auf den ersten Blick scheint es, daß wegen dieser verschiedenen Zielsetzungen nur eine isolierte Betrachtung der beiden Gesetze möglich ist und jeder Versuch von Gemeinsamkeiten zu sprechen, eine unzulässige Durchbrechung der klaren Trennung bedeuten würde. Bei der Schaffung des Aktiengesetzes 1965 ist immer wieder darauf hingewiesen worden, daß sich die konzernrechtlichen Regelungen entsprechend der Aufgabe des Aktienrechts auf eine rechtliche Erfassung der Unternehmensverbindungen einschließlich bestimmter Publizitäts- und Schutzvorschriften zu beschränken hätten.[1] Ganz ähnlich wird bei wettbewerbsrechtlichen Fragen argumentiert und stets die Eigenständigkeit dieser Materie hervorgehoben.

Dennoch erscheint diese bewußte Beschränkung des Gesetzgebers und der Gesetzesanwender nur bedingt richtig. Bei aller Verschiedenheit der Zielsetzungen besteht doch ein gemeinsamer ordnungspolitischer Hintergrund: die Kontrolle wirtschaftlicher Macht. Ungeschriebene Aufgabe ist es, wirtschaftliche Macht, die die hemmenden Schranken regulierender Mechanismen (Marktautomatismus etc.) zu überspringen vermag, in Entstehung und Auswirkung zu kontrollieren. Ohne den Streit über Sinn und Inhalt eines Unternehmensverfassungsrechts aufgreifen zu wollen, erscheint hier doch ein allgemeiner Gedanke vorzuliegen, der die Einzelregelungen zu verketten vermag.

Aber die Berührungspunkte liegen auch auf anderer Ebene. So können

---

1 Vgl. *Kropff*, Textausgabe des Aktiengesetzes, Düsseldorf 1965, S. 16

beispielsweise die den Minderheitsaktionären durch das Aktiengesetz 1965 in verstärktem Maße eingeräumten Rechte Unternehmenszusammenschlüsse erheblich verzögern oder ganz verhindern. Zwar kann nicht angenommen werden, daß das Aktiengesetz mit dieser Regelung auch wettbewerbsrechtliche Ziele, nämlich eine Erschwerung oder Verhinderung von wettbewerbsschädlichen Konzentrationen verfolgt.[2] Jedoch ist nicht von der Hand zu weisen, daß sich im Falle einer Ausübung dieser Rechte durch die außenstehenden Aktionäre je nach der Marktstellung der beteiligten Unternehmen schon im Hinblick auf den möglichen Schwebezustand erhebliche Auswirkungen auf den Markt ergeben können.

Konzentrationsvorgänge haben ein gemeinsames Charakteristikum: Zwei oder mehrere Unternehmen werden zu einer Wirtschaftseinheit. Sieht man einmal von dem Extremfall einer Verschmelzung ab, so werden regelmäßig ein führendes Unternehmen und ein oder mehrere geführte Unternehmen entstehen. Die damit erreichte einheitliche Unternehmenspolitik bedeutet eine Unterordnung der Interessen der einzelnen Unternehmen unter das Gesamtinteresse und hat damit zwangsläufig Auswirkungen auf das Marktverhalten der beteiligten Unternehmen. Der Doppelcharakter ist offensichtlich.

Im folgenden soll zunächst die aktienrechtliche Seite des Problems erörtert werden, wobei sich die Überlegungen auf einige kritische Bemerkungen über die vom Aktiengesetz 1965 eingeführte Regelung beschränken müssen.

Der Gesetzgeber des Aktiengesetzes 1965 hat geglaubt, mit den Bestimmungen über den auf Beherrschungsvertrag beruhenden Konzern sowie mit den Vorschriften über den sogenannten faktischen Konzern eine alle beteiligten Interessen berücksichtigende Sicherung der Gläubiger und der außenstehenden Aktionäre erreichen zu können. Gerade auf Gebieten wie dem des Konzernrechts und des Kartellrechts zeigt sich, daß Rechtsfragen nur selten durch staatliche Gerichts- oder Verwaltungsentscheidungen geklärt werden; in diesem Bereich sind es vielmehr in erster Linie die tatsächliche Handhabung und Anwendung der Vorschriften in der Praxis des Wirtschaftslebens, die gestaltend und verändern auf die Rechtslage einwirken. So läßt sich gegenwärtig im Konzernrecht eine sehr bemerkenswerte Entwicklung hinsichtlich des Verhältnisses von Vertragskonzern und faktischem Konzern beobachten. Die in § 284 des Referentenentwurfs eines Aktiengesetzes vorgesehene strenge Erfolgshaftung des herrschenden Unternehmens im faktischen Konzern, die einen unmittelbaren Zwang zum Abschluß von Beherrschungsverträgen bewirken sollte,[3] ist zwar nicht Gesetz geworden. Aber auch die jetzt in den §§ 311 ff. AktG verwirklichte Regelung sollte Konzernleitungen, welche die Einengung ihrer unternehmerischen Bewegungsfreiheit durch die Verpflich-

2 So *Immenga*, Frankfurter Allgemeine Zeitung v. 9. 4. 1969 „Aktionärsrechte als Konzentrationshemmer" S. 17; dagegen *Barz*, Frankfurter Allgemeine Zeitung v. 17. 4. 1969 „Aktionärsrechte und wirtschaftspolitische Interessen", S. 14

3 Vgl. Referentenentwurf eines Aktiengesetzes 1959, S. 388, 408

tung zum Nachteilsausgleich und zur Erstellung des sogenannten Abhängigkeitsberichts nicht hinnehmen wollen, zum Abschluß von Unternehmensverträgen mit den abhängigen Gesellschaften veranlassen.[4] Nach der Konzeption des Gesetzes sollte die Stellung des herrschenden Unternehmens im faktischen Konzern grundsätzlich ungünstiger sein als im Vertragskonzern. Diese Konzeption hat sich m. E. nicht verwirklichen lassen.

Nur beispielhaft sei auf folgende Erscheinungen hingewiesen, die — soweit ersichtlich — keinerlei Widerspruch gefunden haben. Bereits im Jahre 1967 habe ich bei der Behandlung der Anwendbarkeit der §§ 311 ff. AktG auf mehrstufige Unternehmensverbindungen[5] auf Fälle hingewiesen, in denen Gesellschaften Beherrschungsverträge abschlossen, das angeblich herrschende Unternehmen aber seinerseits in einem Abhängigkeitsverhältnis zu einem dritten Unternehmen stand. Durch den Abschluß des Beherrschungsvertrags zwischen Tochter- und Enkelgesellschaft sollte die Anwendbarkeit der §§ 311 ff. AktG im Verhältnis zwischen Enkel- und Muttergesellschaft ausgeschlossen werden. Es bedarf keiner näheren Erörterung, daß auf diese Weise der Schutzzweck der Bestimmungen über den Vertragskonzern im Verhältnis Muttergesellschaft—Enkelgesellschaft vereitelt wird, obwohl die tatsächlichen Einwirkungsmöglichkeiten der Muttergesellschaft auf die Enkelgesellschaft durch den Abschluß eines Beherrschungsvertrags zwischen Tochter- und Enkelgesellschaft noch verstärkt werden.

Soweit das Gesetz die Regelung über den faktischen Konzern als ungünstigere Alternative für den Nichtabschluß eines Beherrschungsvertrags in Aussicht stellt, scheint die tatsächliche Entwicklung dahin zu gehen, daß diese „Sanktion“ in der Praxis keineswegs als solche empfunden wird. In § 305 Abs. 5 AktG wird den Aktionären der beherrschten Gesellschaft, die der Auffassung sind, daß die vorgesehene Abfindungssumme oder das Umtauschverhältnis nicht den wirklichen Wertverhältnissen angemessen sind, das Recht eingeräumt, die Angemessenheit durch ein Gericht nachprüfen zu lassen. Beim Abschluß des Beherrschungsvertrags der Badischen Anilin- und Soda-Fabrik AG mit der Wintershall AG war vorgesehen, daß die Wintershall-Aktionäre ihre Aktien im Verhältnis 10 : 9 gegen BASF-Aktien umtauschen konnten. In der Hauptversammlung der BASF vom 20. 12. 1968 erklärte ein Mitglied des Vorstands, der Vorstand sei entschlossen, den Beherrschungsvertrag zu kündigen, wenn aufgrund des § 306 i. V. mit § 303 AktG außenstehende Aktionäre der Wintershall AG bei dem zuständigen Landgericht einen Antrag auf Erhöhung des Ausgleichs stellen sollten und falls die gerichtliche Nachprüfung zu einer für den BASF-Aktionär ungünstigeren Relation als 10 : 9 führen würde.[6]

Das herrschende Unternehmen hat natürlich das Recht, einen Beherr-

4 Vgl. Regierungsentwurf eines Aktiengesetzes 1960, Begründung zu § 300

5 BB 1967, 637 ff.

6 Vgl. „Das Wertpapier“, Beilage zu Nr. 1/1969, *Dr. W. Heintzeler* in der Hauptversammlung vom 20. 12. 1968

schungsvertrag zu kündigen. Dennoch erscheint es bemerkenswert, daß hier das herrschende Unternehmen von vornherein erklärt, daß es nicht gewillt sei, die im Gesetz vorgesehene gerichtliche Nachprüfung mit einem möglicherweise ungünstigen Ergebnis hinzunehmen und daß das herrschende Unternehmen andererseits offenbar keine Bedenken hat, die „Beschränkungen" durch die Vorschriften über den faktischen Konzern auf sich zu nehmen. In der Hauptversammlung der Wintershall AG wurde ausdrücklich festgestellt, daß man den gerichtlichen Auseinandersetzungen mit Ruhe entgegensehe; an der faktischen Abhängigkeit der Wintershall AG von der BASF sei ohnehin nichts mehr zu ändern.[7] Gerade dieser Fall zeigt, daß man sich zumindest bei der Geschäftsführung der BASF keine besonderen Sorgen wegen der Anwendung der §§ 311 ff. AktG machte. Damit wird deutlich, daß diese Vorschriften durchaus nicht den „Abschreckungseffekt" haben, den man ihnen anfangs zuschrieb. Besonders die Funktion des Abhängigkeitsberichts scheint erheblich überschätzt worden zu sein.[8]

Auch die in § 311 AktG festgelegte Pflicht des herrschenden Unternehmens, Nachteile, die auf seiner Einflußnahme beruhen, auszugleichen, kann nicht als schwerwiegende Beeinträchtigung der unternehmerischen Freiheit des herrschenden Unternehmens gewertet werden. Man kann zwar annehmen, daß der Ausgleich in Einzelfällen auch solche Nachteile erfaßt, die erst in späteren Jahren eintreten als in dem Rechnungsjahr, in dem das herrschende Unternehmen das nachteilige Rechtsgeschäft oder die nachteilige Maßnahme veranlaßt hat, sofern diese später eintretenden Nachteile im Zeitpunkt der Gewährung des Ausgleichs bereits erkennbar sind. Im Regelfall ist der Ausgleich am Ende des Rechnungsjahrs vorzunehmen, in dem das Rechtsgeschäft oder die Maßnahme veranlaßt wurde, mit der Folge, daß danach kein Ersatz für etwa noch eintretende Schäden verlangt werden kann. Diese Regelung kann sich sehr günstig für das herrschende Unternehmen auswirken, wie die folgenden hypothetischen Beispielsfälle zeigen:

a) Das herrschende Unternehmen veranlaßt die abhängige Gesellschaft, ein technisches Entwicklungsprojekt, das relativ weit fortgeschritten ist, einzustellen;[9] die Entwicklung wird bei dem herrschenden Unternehmen zu Ende geführt und von diesem ausgewertet.[10]

---

7 „Das Wertpapier", Beilage zu Nr. 6/1969, *Dr. J. Rust* in der Hauptversammlung vom 19. 12. 1968

8 Dabei ist einmal zu berücksichtigen, daß der Bericht – durchaus aus sachlichen Gründen – nur dem Aufsichtsrat und den Wirtschaftsprüfern zugänglich gemacht wird. Die Prüfer stehen vor ganz erheblichen Schwierigkeiten, wenn sie die Angemessenheit von Leistung und Gegenleistung bei einzelnen Rechtsgeschäften beurteilen sollen. Schließlich erscheinen auch die Erfahrungen, die man in den Vereinigten Staaten mit derartigen Berichten als Kontrollmittel gemacht hat, negativ.

9 Insoweit kann man als tatsächlichen Fall die Einstellung des mit erheblichen Kosten entwickelten Personenwagens K 70 durch NSU im Zusammenhang mit der Fusion zwischen NSU und der Autounion GmbH anführen. Die Anwendung der §§ 311 ff. AktG kam in diesem Fall aber deshalb nicht in Betracht, weil das Abhängigkeitsverhältnis zwischen NSU und VW erst nach der Entscheidung über die Einstellung der

b) Das herrschende Unternehmen veranlaßt die abhängige Gesellschaft, eine bestimmte Produktion einzustellen oder sich aus bestimmten Produkten- oder territorialen Märkten zurückzuziehen.

c) Das herrschende Unternehmen veranlaßt die abhängige Gesellschaft, bestimmte Produkte nur noch von ihm oder mit ihm verbundenen Unternehmen zu beziehen.

Wenn man annimmt, daß das herrschende Unternehmen am Ende des betreffenden Rechnungsjahres der abhängigen Gesellschaft einen „Ausgleich" etwa durch die Überlassung bestimmter Patente, Warenzeichen oder auch Kunden gewährt, so ist in diesen Fällen die Beurteilung der Angemessenheit von Ausgleich zu Nachteil zwangsläufig subjektiv und ungenau. Weder die Wertentwicklung des Nachteils noch des Ausgleichs sind auch nur annähernd sicher zu bestimmen. Daher kann eine solche Situation ein beachtliches Risiko für die abhängige Gesellschaft und ihre Aktionäre darstellen, während das herrschende Unternehmen durch den abschließenden Ausgleich am Ende des Rechnungsjahres begünstigt wird.

An diesen nur angedeuteten Entwicklungen wird deutlich, daß durch das Aktiengesetz keineswegs ein vollständiger Schutz der außenstehenden Aktionäre gewährleistet ist.[11] Die positive Regelung im Gesetz läßt es zudem als unwahrscheinlich erscheinen, daß hier durch die Rechtsprechung — wie unter dem alten Aktiengesetz geschehen — eine Besserstellung der Minderheitsaktionäre erreicht wird.

Diese Regelung des faktischen Konzerns soll nach dem Referentenentwurf eines GmbH-Gesetzes nun in den Grundzügen unverändert in das Recht der GmbH übernomen werden (§§ 251 ff. des Referentenentwurfs). Die Ausdehnung des aktienrechtlichen Konzernrechts erscheint zwar wünschenswert, soweit dadurch Umgehungsversuche durch Ausweichen in andere Rechtsformen unterbunden werden sollen. Angesichts der Zweifel an der Effizienz der aktienrechtlichen Regelung des faktischen Konzerns hätte sich im Rahmen der GmbH-Rechtsreform jedoch die Möglichkeit angeboten, auf die Zulassung des faktischen Konzerns ganz zu verzichten.[12]

Weiterentwicklung des K 70 seitens NSU durch den Verschmelzungsbeschluß begründet wurde, so daß ein „Nachteil" der NSU nicht auf einer Veranlassung des herrschenden Unternehmens beruhte; vgl. *Barz*, Frankfurter Allgemeine Zeitung v. 17. 4. 1969 S. 14 gegen *Immenga*, Frankfurter Allgemeine Zeitung v. 9. 4. 1969 S. 17

10 Wegen der späteren Übernahme des in der vorherigen Fußnote genannten Objekts vgl. den Übernahme- und Lizenzvertrag zwischen VW und Audi NSU v. 19. 6. 1970, abgedruckt in Blick durch die Wirtschaft v. 6. 7. 1970 S. 5

11 Dagegen kann die Auslegung von *Mestmäcker* (Zur Systematik des Rechts der verbundenen Unternehmen im neuen Aktiengesetz, Festschrift für Kronstein, S. 129, 145 ff.), die §§ 311 ff. AktG schlössen eine einheitliche Leitung ohne Beherrschungsvertrag und damit den faktischen Konzern im eigentlichen Sinn aus, weil nur durch diese Auslegung ein ausreichender Aktionärsschutz erreicht werden könne, nicht geteilt werden. Vgl. gegen Mestmäcker: *Geßler*, Faktische Konzerne? Festschrift füre Kunze S. 159 ff. und *Mielert*, Grenzen der Leitungsbefugnis des herrschenden Unternehmens im faktischen Konzern, Diss. Frankfurt 1969 S. 40 ff.

12 Vgl. auch *Würdinger*, Die GmbH als verbundenes Unternehmen und im Konzern,

Demgegenüber ist es erstaunlich, daß in der Diskussion um die Novellierung des GWB nur sehr zögernd auf Erkenntnisse aus dem Konzernrecht zurückgegriffen wird.

In Anbetracht der oben schon erwähnten Auswirkungen einer einheitlichen Leitung auf das Marktverhalten der beteiligten Unternehmen bietet sich ein Rückgriff auf die konzernrechtlichen Regeln — trotz der aufgezeigten Mängel — geradezu an. Wird ein Konzentrationsvorgang aktienrechtlich relevant, d. h. greifen die aktienrechtlichen Schutzmechanismen wegen eintretender oder möglicher Interessenverschiebungen ein, dann ist grundsätzlich auch das nach außen auf den Markt gerichtete Verhalten zu überprüfen. Zwar kann eine kartellrechtliche Beurteilung nicht bei jedem — in Bezug auf den Markt gesehen — unbedeutenden Konzentrationsvorgang erfolgen. Es sind weitere kartellrechtliche Kriterien wie Marktstellung der neuen Unternehmensgruppe usw. aufzustellen. Jedoch kann die konzernrechtliche Regelung die Grundlage für eines der notwendigen (kummulativen) Aufgreifkriterien sein, an die eine kartellrechtliche Überprüfung anknüpft.

§ 23 GWB, der die Anzeigepflicht bei Unternehmenszusammenschlüssen regelt, und in Absatz 2 aufzählt, was im Sinne dieser Regelung als ein Zusammenschluß anzusehen ist, zeigt deutlich, daß die aktienrechtlichen Erkenntnisse nur sehr unvollkommen benutzt worden sind. So hat beispielsweise § 23 Abs. 2 Satz 1 Nr. 5 GWB eine starre 25 v. H. Grenze eingeführt, die abgesehen davon, daß sie als Sperrminorität benutzt werden kann, kaum etwas über die tatsächlichen Beherrschungsverhältnisse zwischen den beteiligten Unternehmen aussagt.[13] Die für das Unternehmensverhalten entscheidenden Unternehmensverträge, wie insbesondere der Beherrschungsvertrag und der Gewinnabführungsvertrag (§§ 291, 292 AktG) sind völlig außeracht gelassen. Dies verwundert um so mehr, als der Erlaß des neuen Aktiengesetzes und die letzte Novellierung des § 23 GWB zeitlich zusammenfallen.[14] Die jetzt geplante Novellierung des GWB, die ihren vorläufig letzten Niederschlag in dem Referentenentwurf des Bundeswirtschaftsministeriums vom 20. 3. 1970[15] hat, will dagegen „in Anlehnung“[16] an das Aktiengesetz 1965 die Liste der

---

Probleme der GmbH-Reform 1970, 122 ff., 129, 132, 256; *Martens*, Das Konzernrecht nach dem Referentenentwurf eines GmbH-Gesetzes, Betrieb 1970, 865 ff. Allerdings geht die Behauptung von Martens, „man könne die Regelung über den faktischen Konzern unvoreingenommen zu den großen Fehlleistungen der Aktienrechtsreform zählen“, entschieden zu weit.

13 Ebensowenig erscheint es sinnvoll, eine feste Grenze von 50 % zu ziehen, vgl. *Benisch*, Die Problematik einer nationalen Konzentrationskontrolle, WRP 1970, 93, 97. Zwar sollten Beteiligungen über 50 % auf jeden Fall einbezogen werden; dies darf jedoch nicht dazu führen, daß Abhängigkeitsverhältnisse, die auf geringeren Beteiligungsquoten beruhen, nicht berücksichtigt werden.

14 Das Aktiengesetz ist am 6. September 1965 (BGBl. I S. 1089), das Gesetz zur Änderung des GWB am 15. September 1965 (BGBl. I S. 1363) verkündet worden.

15 Referentenentwurf eines Zweiten Gesetzes zur Änderung des GWB, Aktz.: I B 5 – 22 13 53

16 Referentenentwurf a. a. O. S. 84

Zusammenschlußformen neu gestalten.[17] Weitgehend entsprechend den aktienrechtlichen Formen wird ein ganzer Katalog von Zusammenschlußarten vorgeschlagen. Bedenklich ist es aber, wenn nunmehr weit über den insoweit verhältnismäßig sicheren Boden des Konzernrechts mit seinem System der Vermutungen (vgl. etwa die Abhängigkeitsvermutung des § 17 Abs. 2 oder auch die Regelung des § 18 Abs. 1 S. 3 AktG) hinaus Tatbestände geschaffen werden, die kaum je justiziabel zu werden versprechen. So etwa soll nach der geplanten Regelung als Zusammenschluß auch gelten,[18] „wenn mehrere Unternehmen unter denselben beherrschenden Einfluß gelangen". Wenn auch wohl nur als eine abschließende Generalklausel gedacht, erscheint dieser Tatbestand in Hinblick auf die Einschätzbarkeit durch die Betroffenen von einer nicht mehr vertretbaren Weite.[19]

Weitere Berührungspunkte zwischen konzernrechtlichen und kartellrechtlichen Fragestellungen ergeben sich bei der schon erwähnten Ermittlung einer angemessenen Abfindung. Der Richter, der nach § 305 Abs. 5 AktG die angemessene Abfindung festsetzen muß, steht vor einer Fülle von Schwierigkeiten. Angesichts der Vielfalt der bei der Bewertung zu berücksichtigenden Faktoren ist eine exakte, inhaltlich nachvollziehbare Bewertung kaum möglich.[20] Selbst in der Betriebswirtschaftslehre sind die Kriterien für die Bewertung wie auch die Auswahl der anzuwendenden Bewertungsmethoden umstritten.[21] Die Praxis zeigt, daß Beurteilungen von Unternehmenswerten bis zu 100 % voneinander abweichen,[22] ohne daß ein offensichtlicher Fehler nachgewiesen werden kann. Häufig liegt aber die entscheidende Schwierigkeit darin, daß die von den Unternehmen zur Verfügung gestellten Informationen nicht ausreichen. Es entspricht der neueren Entwicklung im kanadischen und australischen Recht sowie — wenn auch im geringeren Umfang — den von der Securities and Exchange Commission (SEC) für die Vereinigten Staaten aufgestellten Regeln,[23] daß zur Vor-

17 Vgl. auch die Stellungnahme des Wissenschaftlichen Beirats v. 6. 2. 1970, Bundesanzeiger Nr. 42 v. 3. 3. 1970, S. 6

18 Referentenentwurf a. a. O. Art. 1 Nr. 13 (S. 11)

19 Auch im übrigen soll hier nicht der Eindruck entstehen, es werde ein (stillschweigendes) Plädoyer für eine präventive Fusionskontrolle, so wie sie jetzt geplant ist, gehalten. Es erscheint bedenklich, wenn man die Frage, ob ein Zusammenschluß dem Interesse der Gesamtwirtschaft dient oder nicht, als von politischen Instanzen zu entscheidende Frage zu einer politischen Frage macht, ohne daß Begriffe wie etwa das „Gemeinwohl" klar umrissen werden. Die Erfahrung scheint zu lehren, daß bei großen, die Wirtschaft beeinflussenden Zusammenschlüssen der Druck der beteiligten Gruppen – wozu auch die Gewerkschaften zu zählen sind – auf die Politiker so erheblich ist, daß die Fusionskontrolle in der Form der politischen Entscheidung bedeutende Fusionen eher erleichtert als erschwert, während sie bei kleineren Zusammenschlüssen, die nicht von einer ausreichenden wirtschaftlichen Macht getragen sind, wirksam ist.

20 Vgl. *Immenga*, Unternehmensfusion und Aktionärsrechte, BB 1970, S. 926, 932

21 Vgl. *Weston*, The Determination of Share Exchange Ratios in Mergers, in: The Corporate Merger, ed. by W. W. Alberts & Joel E. Segall, 1966, S. 117 ff.

22 *Koppenberg*, Bewertung von Unternehmen, 1964 S. 57 ff.

23 *Loss*, Securities Regulation (1961), vol. II at 886

bereitung von Hauptversammlungen, in denen über Verbindungen mit anderen Unternehmen beschlossen werden soll, erheblich umfangreichere Angaben als bisher zu veröffentlichen sind. Insbesondere ist es danach notwendig, daß ein übernehmendes Unternehmen genaue Angaben über den Preis, den Zeitpunkt und die näheren Umstände macht, unter denen es Aktien oder Aktienpakete der zu übernehmenden Gesellschaft erworben hat, und zwar der Aktien, mit denen sie nunmehr den Zusammenschluß durchsetzen will. Dahinter steht der Gedanke, daß die Höhe der Aufwendungen für den Einkauf dieser Aktien eine Bewertungsgrundlage für die Abfindung der noch verbleibenden außenstehenden Aktionäre sein kann. Zugleich ermöglichen nähere Angaben über die Umstände und Hintergründe eines Konzentrationsvorgangs die Feststellung der Ziele und Motive der beteiligten Unternehmen und damit die Ermittlung der künftigen Marktstellung und möglicher Auswirkungen auf die Wettbewerbsverhältnisse. Diese Faktoren sind ebenfalls bei der Bewertung zu berücksichtigen. Es muß sich in der Abfindungshöhe niederschlagen, welchen „Machtwert" das zu übernehmende Unternehmen für das übernehmende Unternehmen hat. Hier werden die Verbindungen zum Wettbewerbsrecht sichtbar. Eine genauere Kenntnis dieser Faktoren ermöglicht der Kartellbehörde Konzentrationen in ihrer Entwicklung und den späteren Auswirkungen auf den Markt frühzeitig zu erfassen und gegebenenfalls in Hinblick auf die kartellrechtliche Relevanz zu untersuchen. Damit könnten die Informationsmöglichkeiten der Behörde, die — wie die Erfahrungen auf dem Gebiete der Mißbrauchsaufsicht zeigen — noch immer unzureichend sind, verbessert werden. Eine erweiterte Informationspflicht der Unternehmen würde mithin sowohl dem Aktien- wie auch dem Kartellrecht zugute kommen.

Damit konnten die Verbindungslinien zwischen Konzernrecht und Wettbewerbsrecht nur angedeutet werden; eine Vertiefung ist an dieser Stelle nicht möglich. Es sollte jedoch darauf hingewiesen werden, daß bei Neuregelungen im — weiterhin regelungsbedürftigen — Konzernrecht und auf dem Gebiet der nunmehr in Angriff genommenen Fusionskontrolle diese Verbindungen stärker berücksichtigt und damit für beide Gebiete fruchtbar gemacht werden können und müssen; im Bereich der präventiven Fusionskontrolle können sie für die Erarbeitung justiziabler Eingreifkriterien von Nutzen sein.

EUROPÄISCHE VERTRAGSKONZERNE UND EUROPÄISCHES GESELLSCHAFTSRECHT

VON WILHELM F. BAYER

I. Mehr Realismus in Fragen des europäischen Gesellschaftsrechts

Seit der Haager Konferenz vom November 1969 befindet sich die Europa-Politik auf vielen Gebieten in einer Phase der Neuorientierung. Poltischer Impuls und Wille, die wirtschaftliche Integration Europas weiterzuführen und das hierfür erforderliche Instrumentarium zu schaffen oder zu verbessern, sind gewachsen. Die Jahre gefährlicher Stagnation und eines zunehmenden Renationalisierungsprozesses scheinen überwunden. Allerdings sind die Konturen der neuen Entwicklungen auf vielen Gebieten noch nicht deutlich zu erkennen. Eine gewisse Skepsis gegenüber Großprojekten der Europa-Politik, deren Realisierung wie in der Vergangenheit an allzu divergierenden Interessen oder Mangel an ausdauernder, konstruktiver Kooperation scheitern könnte, zeichnet sich ab. Die Zukunft dürfte daher — abgesehen von der zentralen Frage der Erweiterung der EWG — mehr einer pragmatisch betriebenen Europa-Politik der „kleinen Schritte“ gehören.

Diese Tendenz ist zu begrüßen. Sie bedeutet vor allem die Anerkennung der Notwendigkeit, konkrete an den praktischen Bedürfnissen des Gemeinsamen Marktes orientierte Zielvorstellungen zu entwickeln, die politisch kurzfristig realisierbar erscheinen, und Prioritäten klar zu formulieren, um eine Zersplitterung der Kräfte der Europäischen Kommission und des Ministerrates zu vermeiden. Bei manchen Fehlentwicklungen und Fehlschlägen in der Vergangenheit hat Mangel an pragmatischer Einstellung sicherlich eine nicht zu unterschätzende Rolle gespielt.

Die Situation gibt Veranlassung, manches vertraute Projekt der Europa-Politik, konzipiert in einer Zeit tiefgehenden europäischen Einigungswillens und nunmehr seit vielen Jahren erfolglos auf seiner Verwirklichung wartend, einer kritischen Überprüfung zu unterziehen. Zu diesen Projekten gehören auch die Harmonisierung der europäischen Gesellschaftsrechte und die Pläne, eine Europäische Gesellschaft zu schaffen, die vor wenigen Wochen erfreulicherweise einer neuen Konzeption der EWG-Kommission Platz gemacht haben.

II. Unbefriedigende Ergebnisse

Die Ziele der Mitgliedstaaten und der EWG-Kommission waren trotz fragmentarischer Regelungen im Römischen Vertrag hoch gesteckt. Man hatte sich eine weitgehende Harmonisierung der europäischen Gesellschaftsrechte, Abkommen über die Anerkennung, die Sitzverlegung und Fusion von Gesellschaften sowie — auf Anregung der französischen Regierung einige Jahre später — die Schaffung einer neuen europäischen Gesellschaftsform, der Europäischen Handelsgesellschaft, vorgenommen. Trotz intensiver Bemühungen der EWG-Kommission, hervorragender Wissenschaftler und der beteiligten Regierungsvertreter sind die bisherigen Ergebnisse enttäuschend. Was ist bisher geschehen?

1. Anerkennung und Sitzverlegung von Gesellschaften

In Ausführung des Auftrages gemäß Art. 220 Abs. 3 des EWG-Vertrages, Abkommen über die Anerkennung, die Sitzverlegung und die Fusion von Gesellschaften abzuschließen, haben die sechs Regierungen am 29. 2. 1968 ein Übereinkommen über die gegenseitige Anerkennung von Gesellschaften und juristischen Personen unterzeichnet, dessen Ratifizierung durch die gesetzgebenden Körperschaften der beteiligten Länder noch nicht abgeschlossen ist. Das Abkommen dient lediglich der Konsolidierung eines, wenn auch auf unterschiedlichen Rechtsquellen beruhenden, seit langem bestehenden Zustandes und hat daher keine materielle Bedeutung. Die wichtigeren Abkommen über die Möglichkeit der Sitzverlegung und der Fusion über die Grenze stehen noch aus.

2. Koordinierung der nationalen Gesellschaftsrechte

Weitere rudimentäre Kompetenzen auf dem Gebiet des Gesellschaftsrechts enthält das Niederlassungsrecht des Vertrages. Nach Art. 54 Abs. 3 g) in Verbindung mit dem allgemeinen Programm zur Aufhebung der Beschränkungen der Niederlassungsfreiheit können, soweit erforderlich, die Schutzbestimmungen koordiniert werden, die in den Mitgliedstaaten den Gesellschaften im Interesse der Gesellschafter sowie Dritter vorgeschrieben sind, um diese Bestimmungen gleichwertig zu gestalten. Die vorgeschriebenen Koordinierungsmaßnahmen erstrecken sich auf die Publizität bestimmter, vor allem für die Gläubiger wesentlichen Verhältnisse, die Gültigkeit der von den Gesellschaften eingegangenen Verpflichtungen und auf die Gründe und Folgen der Nichtigkeit von Gesellschaften.

Als Ergebnis mehrjähriger Arbeit hat der Ministerrat am 9. 3. 1968 auf Vorschlag der Kommission eine für die Mitgliedstaaten verbindliche Erste Richtlinie erlassen. Zur Anpassung des deutschen Rechts hat die

Bundesrepublik mit Wirkung vom 15. 8. 1969 ein Gesetz zur Durchführung der Ersten Richtlinie des Rates der Europäischen Gemeinschaft zur Koordinierung des Gesellschaftsrechts in Kraft gesetzt, das für das deutsche Gesellschaftsrecht einige kleine Änderungen und Ergänzungen gebracht hat. Die Unternehmenspraxis wird von ihr so gut wie nicht berührt. Ein weiterer Entwurf für eine Zweite gesellschaftsrechtliche Richtlinie zur Rechtsangleichung — sie enthält Vorschriften über die Gründung einer Aktiengesellschaft, die Kapitalerhaltung, -erhöhung und -herabsetzung — ist bis zum Vorschlag an den Ministerrat gediehen, aber noch nicht verabschiedet. Von für die Wirtschaft relevanten Ergebnissen der intensiven Harmonisierungsbemühungen in den vergangenen 10 Jahren kann demnach keine Rede sein.

Gegen das Verfahren, eine Angleichung der europäischen Gesellschaftsrechte durch eine Art Scheibchentechnik realisieren zu wollen, sind erhebliche Bedenken angemeldet worden. Die äußerst mühsamen und langwierigen Verhandlungen über die Richtlinien im Rahmen der Teilkompetenzen der EWG haben gezeigt, daß auf diesem Wege eine Koordinierung oder Harmonisierung der europäischen Gesellschaftsrechte immer nur auf der Grundlage des kleinsten gemeinsamen Nenners möglich erscheint. Kompromisse dieser Art, die im wesentlichen im Ausklammern all dessen bestehen, worüber man sich nicht einig wird, haben zwar im politischen Bereich ihren guten Sinn. Für das Gesellschaftsrecht wie für viele andere unter spezifischen Sachnotwendigkeiten stehende Gebiete, wird damit jedoch nichts gewonnen. Man muß sich daher die Frage stellen, ob gesellschaftsrechtliche Richtlinien, wie die bisher verabschiedeten und die vorliegenden Entwürfe, wirklich geeignete Instrumente einer Koordinierungs- und Harmonisierungspolitik sind.

Weiter wird man kritisch fragen müssen, ob eine Koordinierung oder Harmonisierung unter den gegebenen Verhältnissen überhaupt ein auf Grund von Sachnotwendigkeiten vordringliches und politisch realisierbares Ziel der EWG-Politik ist. Der politische Atem der EWG hat in der Vergangenheit nicht ausgereicht und dürfte auch in der Zukunft nicht ausreichen, um eine wirkliche Angleichung oder Vereinheitlichung des Rechts auf einem Gebiet durchzusetzen, auf dem keine zwingenden wirtschaftlichen, steuerlichen oder finanziellen Notwendigkeiten bestehen. An einer Pseudo-Angleichung und Vereinheitlichung, durch die kein materiell einheitlicher Rechtszustand geschaffen, sondern nur die bisherigen nationalen Lösungen als gleichwertig bestätigt werden, besteht kein Interesse. Die EWG sollte sich vor Schein-Aktivitäten hüten und gerade auch auf gesellschaftsrechtlichem und steuerlichem Gebiet nur Projekte verfolgen, die konkreten Bedürfnissen entsprechen.

Die wirtschaftliche Integration Europas im vergangenen Jahrzehnt hat unter Mangel koordinierter oder harmonisierter europäischer Gesellschaftsrechte in keiner Weise gelitten. Im Gegenteil ist die wirtschaftliche Durchdringung des Gemeinsamen Marktes durch die Errichtung von Niederlassungen, Tochter- und Beteiligungsgesellschaften, vielfältige technische, kommerzielle und finanzielle Kooperationen mit den zur Verfügung stehenden Mitteln der jeweiligen nationalen Rechte erstaunlich reibungslos bewältigt worden. Man hat sich daran gewöhnt, daß der Verwaltungsrat und die Direktion einer französischen oder belgischen Gesellschaft etwas andere Aufgaben und Zuständigkeiten haben, als der Aufsichtsrat und der Vorstand einer deutschen Aktiengesellschaft. Die Besonderheiten des italienischen oder niederländischen Gesellschaftsrechts haben noch keinen Unternehmer davon abgehalten, in diesen Ländern zu investieren oder seine Absatzorganisation auszubauen. Die gesellschaftsrechtlichen Unterschiede zwischen den einzelnen Ländern werden nicht stärker empfunden als auch nach der Verwirklichung des Gemeinsamen Marktes noch fortbestehende sonstige nationale oder regionale Besonderheiten. In der Schweiz werden seit jeher Recht und Steuern gewissermaßen als kantonale Standortbedingungen verstanden. Für alle jene, die in den vergangenen Jahren sich intensiv um eine Harmonisierung der Gesellschaftsrechte im Gemeinsamen Markt bemüht haben, mögen diese Feststellungen reaktionär klingen. Dem Europa-Gedanken ist jedoch nur mit nüchternen und realistischen Zielvorstellungen gedient, die in zwingenden wirtschaftlichen Bedürfnissen eine feste Grundlage haben. Vom Standpunkt der Wirtschaft aus bestehen Harmonisierungsbedürfnisse im wesentlichen nur für das Gebiet der Rechnungslegung und Publizität der sich an den Kapitalmarkt wendenden Gesellschaftsformen. Hierfür sind bisher lediglich Vorentwürfe zu Richtlinien erarbeitet worden, die gegenwärtig von verschiedenen Arbeitsgruppen behandelt werden.

Gleichwohl wird man die Kommission von der einmal eingeschlagenen Politik einer Koordinierung und Angleichung der nationalen Gesellschaftsrechte ohne Rücksicht auf sachliche Prioritäten durch eine Vielzahl von Richtlinien wohl nicht mehr abbringen. Die damit verbundenen ständigen Änderungen der nationalen Aktiengesetze in einem jeweils langwierigen Transformationsprozeß sind sicherlich nicht nur für den Gesetzgeber, sondern auch für die betroffenen Gesellschaften unerfreulich, die sich auf die jeweils neuen Vorschriften einstellen müssen. Sie beeinträchtigen die Geschlossenheit des nationalen Rechts und führen für die Unternehmen zu Rechtsunsicherheiten. Auf der anderen Seite sollen die Schwierigkeiten nicht verkannt werden, die die Koordinierung in einer einzigen Richtlinie mit sich bringen würde. Ein einheitliches Verfahren würde nicht nur auf arbeitstechnische Hindernisse stoßen, sondern wahrscheinlich die Harmonisierungsbemühungen verzögern oder sogar in Frage stellen, wenn die Mitgliedstaaten in allen Teilbereichen besonders divergierende Auffassungen vertreten. Insoweit dürfte die Koordinierung in Teilbereichen wohl nicht zu vermeiden sein.

Die damit verbundenen negativen Auswirkungen würden sich bei dem einmal eingeschlagenen Verfahren meines Erachtens wesentlich mildern lassen, wenn man mehrere Richtlinien verbindet, die der Sache nach besonders eng zusammen gehören und sie entweder nur gemeinsam verabschiedet oder mindestens einen gemeinsamen Zeitpunkt für ihr Inkrafttreten bestimmt. Zur Zeit befinden sich, wie erwähnt, außer der erwähnten Zweiten Richtlinie auch die Richtlinien für die Struktur und für die Rechnungslegung der Aktiengesellschaft in einem konkreten Vorbereitungsstadium. Diese Richtlinien bilden auf Grund ihrer teilweisen gemeinsamen Probleme und ihrer gegenseitigen Abhängigkeit, die sich u. a. aus der Notwendigkeit einheitlicher Begriffe und Definitionen ergeben, einen Komplex, für den sich eine gemeinsame Verabschiedung oder jedenfalls ein gemeinsames Inkrafttreten praktisch anbietet. Auf diese Weise würde auch sichergestellt, daß die vorbereitenden Arbeitsgruppen ihre Ergebnisse von vornherein mit einander erörtern und abstimmen, soweit die Zusammenhänge dies erfordern.

3. Das Projekt einer europäischen Gesellschaft

Den auf eine Initiative der französischen Regierung aus dem Jahre 1964 zurückgehenden Bemühungen um die Schaffung einer europäischen Gesellschaft fehlte in ihrer ursprünglichen Konzeption die reale Grundlage, die im Interesse einer wirksamen europäischen Wirtschaftsintegration gefordert werden muß. Ihr Scheitern im Frühjahr 1966 hatte zwar unmittelbar politische Gründe: Vergebliche Versuche des deutschen Kommissionsmitgliedes Dr. von der Groeben, Frankreich davon zu überzeugen, daß das Projekt im Ministerrat zwangsläufig langsamer und mit geringerem Erfolg bearbeitet werden würde als durch die Kommission, die dafür allerdings eines besonderen Auftrages bedurft hätte. Ferner das geringe Interesse der Niederlande, die zunächst eine Entscheidung darüber wünschten, auf welche Weise Großbritannien beteiligt werden könnte. Aber das Projekt war auch sachlich in verschiedener Hinsicht falsch angelegt. So wurde die europäische Gesellschaft von der französischen Regierung nicht als eine Einrichtung des europäischen Gemeinschaftsrechts mit europäischem Status, sondern als eine lediglich von den Mitgliedsstaaten eingeführte zusätzliche Gesellschaftsform mit der Nationalität des jeweiligen Sitz-Staates verstanden. Gegen ein solches Konzept wandten sich mit Recht sowohl die EWG-Kommission als auch die deutsche Bundesregierung und andere Mitgliedstaaten. Die Frage eines weiten oder engen Zugangs war noch ganz offen. Die französischen Vorstellungen gingen dahin, daß auch rein nationale Aktiengesellschaften ohne europäische Verankerung den Status einer europäischen Gesellschaft erwerben konnten. In der Praxis hätte dies für einen relativ großen Kreis von Gesellschaften, nämlich aller derer, die sich an den Kapitalmarkt wenden, einen gewissen Zwang zu einer Gesellschaftsform aus Prestigegründen bedeutet, ohne daß in jedem Fall sachliche Notwendigkeiten bestanden hätten. Das Konzept war ferner nicht auf die spezifischen Bedürfnisse europäischer Zusammenschlüsse abgestimmt, bei denen nach allen Erfahrungen die Möglichkeit eines Doppel- oder Mehrfachsitzes in mehreren Mitgliedstaaten gegeben sein muß. Schließlich schien die Mitbestimmungsfrage unlösbar. Die von Professor Sanders entwickelten Vorschläge wurden in der Wirtschaft weithin als zu kompliziert empfunden und von den Gewerkschaften nicht akzeptiert.

Kritische Anregungen zu den früheren Konzeptionen wurden von der EWG-Kommission positiv aufgenommen. Am 24. 6. 1970 hat sie einen neuen Vorschlag an den Ministerrat für die Schaffung einer Europäischen Aktiengesellschaft veröffentlicht (Az.: 2.335/XIV/70-D). Dieser Vorschlag ermöglicht den Zugang zur Europäischen Aktiengesellschaft in drei Fällen, in denen ein praktisches Bedürfnis für die neue Gesellschaftsform bei europäischen Zusammenschlüssen und Kooperationen besteht. Er soll gegeben sein:

a) für die Fusion von zwei Gesellschaften mit Sitz in verschiedenen Mitgliedstaaten über die Grenzen hinweg in eine Gesellschaft europäischen Rechts,
b) für die Bildung von Holding-Gesellschaften europäischen Rechts durch Gesellschaften mit Sitz in verschiedenen Mitgliedstaaten und
c) für die Gründung gemeinsamer Tochtergesellschaften europäischen Rechts durch Gesellschaften mit Sitz in verschiedenen Mitgliedstaaten. Aus Gründen einer knappen, einfachen Regelung muß es sich dabei um Aktiengesellschaften handeln.

Nur diejenigen Aktiengesellschaften, welche sich für eine der drei aufgezählten Formen des grenzüberschreitenden Zusammenschlusses entscheiden, sollen fortan nach dem Aktienrecht der Gemeinschaft leben. Die einfache Umwandlung von nach nationalem Recht organisierten Gesellschaften in Gesellschaften europäischen Rechts ist also nicht vorgesehen.

Die EWG-Kommission ist der Auffassung, den neuen Vorschlag als Verordnung nach Art. 235 des EWG-Vertrages in Kraft setzen zu können. Ein besonderes Abkommen der Mitgliedstaaten der EWG wäre dann entbehrlich. Es ist zu hoffen, daß die Rechtsauffassung der EWG-Kommission über eine Anwendung des Art. 235 vom Ministerrat geteilt wird. Es ist hier nicht der Ort, auf Einzelheiten des Vorschlags einzugehen, der insgesamt von den interessierten Unternehmen lebhaft begrüßt wurde. In der Beschränkung auf die Erfassung einiger weniger „europäischer Tatbestände" — es wird voraussichtlich zunächst nur eine sehr geringe Anzahl von Europäischen Aktiengesellschaften geben — liegt seine Stärke. Die weitere Entwicklung wird wesentlich davon abhängen, ob die Gewerkschaften die im Vorschlag vorgesehene Mitbestimmungsregelung akzeptieren. Diese sieht einmal die Einrichtung europäischer Betriebsräte und eine Drittelbeteiligung von Arbeitnehmervertretern im Aufsichtsrat vor. Die Mitbestimmung im Aufsichtsrat ist jedoch insofern flexibel gehalten, als durch die Satzung den Arbeitnehmern eine stärkere Vertretung eingeräumt werden kann. Die Mitbestimmung im Aufsichtsrat entfällt, wenn mindestens $^{2}/_{3}$ der Arbeitnehmer der Europäischen Aktiengesellschaft diese ablehnen. Durch die Anerkennung der Fähigkeit Europäischer Aktiengesellschaften, europäische Tarifverträge abzuschließen, soll den

Gewerkschaften die Zustimmung zu der vorgesehenen Mitbestimmungsregelung erleichtert werden. Sollte das Vorhaben gelingen, so wäre damit eine wesentliche Voraussetzung für eine Verwirklichung der europäischen Wirtschaftsintegration erreicht.

4. Steuerrichtlinien für europäische Fusionen und den Erwerb von Beteiligungen

Verhältnismäßig weit fortgeschritten ist erfreulicherweise die Beratung der Vorschläge zur Lösung der steuerlichen Probleme des Zusammenschlusses von Unternehmen aus verschiedenen EWG-Mitgliedstaaten. Auf Grund einer Ministerrats-Etnscheidung vom 4./5. 3. 1968 hat die Kommission auf Vorschlag des deutschen Mitgliedes Dr. von der Groeben dem Rat zwei Richtlinien-Entwürfe über eine gemeinsame Steuerregelung für Fusionen von und Beteiligungen an Unternehmen verschiedener Mitgliedstaaten unterbreitet. Die Vorschläge sehen jeweils ein gemeinsames, in allen Mitgliedstaaten anzuwendendes Steuersystem vor. Die geltenden steuerlichen Vorschriften stellen bekanntlich ein erhebliches Hindernis für Zusammenschlüsse zwischen Unternehmen verschiedener Mitgliedstaaten dar. Eine Fusion über die Grenze würde nach dem gegenwärtigen Steuerrecht fast alle Mitgliedstaaten zur Aufdeckung und Versteuerung unversteuerter Wertsteigerungen führen. Gewisse steuerliche Erleichterungen in einzelnen Mitgliedstaaten bei Zusammenschlüssen zwischen inländischen Unternehmen finden keine Anwendung, wenn einer ausländischen Gesellschaft Vermögensteile zugeführt werden. In allen Fällen grenzüberschreitender Fusion und Einbringungen von Vermögensteilen von Gesellschaften unterschiedlicher Staatsangehörigkeit wird in steuerlicher Hinsicht eine teilweise oder vollständige Liquidation der einbringenden Gesellschaft unterstellt. Gleichzeitig stellt sich das Problem, daß der Zusammenschluß in der Regel die Umwandlung der einbringenden Gesellschaft in eine Betriebsstätte der übernehmenden Gesellschaft mit den entsprechenden steuerlichen Konsequenzen zur Folge hat. Zur Lösung dieses doppelten Problems hat die Kommission vorgeschlagen, die Besteuerung von Betriebsstätten ausländischer Gesellschaften zu verbessern, die künftig nicht ungünstiger behandelt werden dürfen als inländische Gesellschaften, die die gleiche Tätigkeit ausüben. Diese und einige weitere Vorschläge der Kommission, auf die ich hier nicht näher eingehen möchte, sind von der Wirtschaft als wichtigste Voraussetzung zur Lösung der europäischen Fusionsprobleme lebhaft begrüßt worden. Ungelöst bleiben wichtige Frage der laufenden Besteuerung über die Grenze zusammengeschlossener oder kooperierender Unternehmen, auf die ich noch besonders eingehen werde. Die volle Freizügigkeit der Unternehmen im Sinne der Möglichkeiten der Sitzverlegung, der Kooperation, des Zusammenschlusses und der Fusion über die Grenze kann naturgemäß über die Regelung der damit verbundenen unmittelbaren Steuerprobleme hinaus langfristig nur über eine weitgehende Harmonisierung der direkten Besteuerung im Gemeinsamen Markt hergestellt werden.

5. Das gesellschaftsrechtliche Fusionsabkommen

Das Fusionsabkommen gemäß Art. 220 Abs. 3 des EWG-Vertrages, durch das Fusionen über die Grenze gesellschaftsrechtlich möglich gemacht werden sollen, befindet sich im Gegensatz hierzu noch im Stadium der Vorbereitung. Die Entwürfe der unter dem Vorsitz des französischen Professors Goldmann stehenden Arbeitsgruppe haben noch nicht zu einem Vorschlag des EWG-Kommission an den Ministerrat geführt.

Sehr viele grundsätzliche Fragen sind noch ungelöst, vor allem die Frage, welche Gesellschaften nach diesem Abkommen über die Grenze fusionieren dürfen, ob alle Gesellschaften mit Sitz in den Mitgliedstaaten der EWG oder nur solche, die von Staatsangehörigen der EWG-Länder kontrolliert werden. Weiter ist die Frage offen, ob nur in eine europäische Gesellschaft fusioniert werden kann oder ob eine Fusion mit allen nationalen Aktiengesellschaften möglich sein soll. Fast unlösbare Schwierigkeiten bereitet die Frage der Mitbestimmung der Arbeitnehmer im Aufsichtsrat einer durch Fusion untergehenden Gesellschaft. Außerdem stellen sich schwierige Abgrenzungs- und Verweisungsprobleme im Verhältnis zu den nationalen Fusionsrechten, deren Angleichung dem Abschluß des Abkommens eigentlich vorangehen müßte. Auch das wettbewerbsrechtliche Thema der Fusionskontrolle steht zur Diskussion.

Mit raschen Ergebnissen ist unter diesen Umständen nicht zu rechnen. Dies ist um so mehr zu bedauern, als es sich bei dem Fusionsabkommen um ein in der Tat für die Wirtschaft jedenfalls auf längere Sicht zur vollen Verwirklichung eines gemeinsamen europäischen Marktes unbedingt notwendiges Integrations-Instrument handelt. Die gegenwärtig zur Verfügung stehenden rechtlichen und organisatorischen Möglichkeiten reichen keinesfalls aus, um die in vielen Bereichen aus technischen und wirtschaftlichen Gründen erwünschte Unternehmenskonzentration in optimaler Weise durchzuführen. Die Unternehmen benötigen darüber hinaus gerade auch in organisatorischer Hinsicht genügend Spielraum, um sich wechselnden Standortbedingungen und Marktverhältnissen anpassen zu können.

Das Fusionsabkommen gemäß Art. 220 Abs. 3 und die steuerlichen Richtlinien für Unternehmenszusammenschlüsse rangieren daher auf der Wunschliste der Wirtschaft sicherlich mit gleicher Priorität wie die europäische Gesellschaft. Noch auf Jahre hinaus muß sich jedoch die Wirtschaft darauf einstellen, europäische Kooperationen und Verflechtungen mit den komplizierten Mitteln — es sei nur an die Modellkonstruktion Agfa/Gevaert erinnert — des gegenwärtigen Rechts zu verwirklichen.

III. Die praktischen Bedürfnisse der integrierten Unternehmen

Die Bilanz der großen Projekte auf dem Gebiet des den Unternehmen im Gemeinsamen Markt zur Verfügung stehenden gesellschaftsrechtlichen Instrumentariums ist daher bisher wenig positiv. Im Sinne einer nüchternen Bestandsaufnahme und der Entwicklung realistischer Zielsetzungen sollte Klarheit geschaffen werden, wo heute die praktischen Bedürfnisse der für eine internationale Kooperation oder Fusion oder für die Errichtung einer europäischen Gesellschaft überhaupt in Betracht kommenden Unternehmen liegen.

1. Unterordnungskonzerne

Hier ist zunächst auf die grundsätzlich unterschiedliche Situation hinzuweisen, die bei Unternehmenszusammenschlüssen über die Grenze zwischen ungleichen Partnern besteht. Der Aufbau einer europäischen Konzernorganisation durch Übernahme von anderen Unternehmen, durch Gründung von Tochtergesellschaften oder den Erwerb von Beteiligungen stößt im Gemeinsamen Markt nicht auf Schwierigkeiten und kann auf der Grundlage der nationalen Gesellschafts- und Steuerrechte und der bestehenden Doppelbesteuerungsabkommen bewältigt werden. Der Vorschlag einer Richtlinie des Rates über ein gemeinsames Steuersystem der Mutter- und Tochtergesellschaften verschiedener Mitgliedsstaaten wird allerdings eine begrüßenswerte Verbesserung bringen. Viele unter einheitlicher Leitung stehende Unternehmensgruppen mit entsprechend ausgerichtetem organisatorischen und finanziellen Aufbau sind in den letzten Jahren diesen Weg gegangen. Die industrielle Durchdringung des Gemeinsamen Marktes durch Unternehmen aus allen Mitgliedsstaaten der EWG ist heute in vielen Wirtschaftszweigen eine Realität.

Auf gesellschaftsrechtlichem Gebiet bestehen in erster Linie Wünsche nach einheitlichen konsolidierten Jahresabschlüssen und Gewinn- und Verlustrechnungen, in die sowohl die inländischen wie die ausländischen Teile einer Unternehmensgruppe einbezogen werden. Dies würde die Angleichung der Bilanzierungs- und Bewertungsvorschriften der EWG-Mitgliedstaaten voraussetzen. An einheitlichen Gruppenabschlüssen und Geschäftsberichten, also an einer europäischen Publizität besteht ein besonderes Interesse, wenn damit auf die Veröffentlichung von Einzelabschlüssen und Geschäftsberichten in den einzelnen EWG-Mitgliedstaaten verzichtet werden kann. Diese Frage hat in internationalen Gruppen auch interne Bedeutung; würde damit doch das Interesse der Verwaltungen der zur Gruppe gehörenden nationalen Gesellschaften an der Vorlage möglichst günstiger Einzelabschlüsse, oftmals eine Quelle zeitraubender und schwieriger interner Diskussionen, erheblich vermindert. Für den Kreis der in den EWG-Ländern verankerten Publikumsgesellschaften ist das Bedürfnis erheblich gewachsen, zu einer einheitlichen Darstellung der Geschäftsergebnisse der europäischen Gesellschaften in der Öffentlichkeit zu kommen. Dies entspricht nicht nur dem durch die Schaffung des Gemeinsamen Marktes veränderten Denken in vielen Unternehmen — oftmals werden heute Inland und andere EWG-Länder bereits unter einheitlicher vom Export getrennter Vertriebsleitung zusammengefaßt —, sondern auch den mit der Einführung der Aktien der großen Gesellschaften an mehreren europäischen Börsen hinsichtlich der Kapitalbeschaffung bestehenden Bedürfnissen.

2. Gleichordnungskonzerne

Im Gegensatz zu der vergleichsweise problemlosen Situation bei Konzernen mit einheitlicher Leitung stellen sich im Bereich der Gleichordnungskonzerne und überall dort, wo Partner aus mehreren europäischen Ländern zusammenarbeiten wollen, die sich hinsichtlich ihrer industriellen oder finanziellen Potenz als gleichwertig ansehen, erhebliche, unter den gegenwärtigen Verhältnissen kaum lösbare Schwierigkeiten. Die Zahl der europäischen Unternehmen, bei denen es zu einer Verflechtung über die Grenze auf paritätischer oder annähernd paritätischer Basis mit gemeinschaftlichen Führungsgremien gekommen ist, ist überraschend gering geblieben. In Deutschland sind es nur die Fälle Agfa/Gevaert, Siemens/Philips in der Deutschen Grammophon GmbH, und neuerdings Fokker/VFW und der auf Grund der anders gelagerten Kapitalverhältnisse nur teilweise vergleichbare Sonderfall AKZO/Enka Glanzstoff. Dazu kommen die zum Teil noch in der Entwicklung befindlichen Verbindungen Hoesch/Hoogovens, Fiat/Citroen und Dunlop/Pirelli. Einige sehr effiziente Kooperationen zwischen deutschen und französischen Firmen haben noch nicht das Stadium erreicht, in dem eine engere finanzielle Verbindung erwünscht erscheinen könnte. Die Zahl solcher Partnerschaften wäre sicherlich größer, wenn eine Zusammenarbeit über die Grenze in einfacheren Formen möglich wäre, als dies etwa im Rahmen des von Agfa/Gevaert entwickelten Modells möglich ist.

Da dieses Modell gelegentlich als Vorbild für Überlegungen dient, seien einige Bemerkungen über diese Form des Zusammenschlusses gestattet. Die Verbindung erfolgt nach Feststellung eines bestimmten Wert- und Beteiligungsverhältnisses in der Weise, daß wechselseitige Beteiligungen in den neu zu gründenden oder schon bestehenden Gesellschaften in den betreffenden Ländern übernommen werden, womit eine Poolung der finanziellen Ergebnisse erreicht wird. Es wird eine aus den gleichen Personen bestehende einheitliche Verwaltung für die beiden Gesellschaften gebildet, deren Aktivitäten soweit wie möglich integriert werden. Obwohl rechtlich und tatsächlich zwei Verwaltungen mit getrenntem Sitz fortbestehen, wird durch die kapitalmäßige Verflechtung und die einheitliche Leitung in der Spitze wirtschaftlich und organisatorisch weitgehend ein einheitliches Unternehmen geschaffen. Alle wichtigen unternehmerischen Entscheidungen über Produktion, Absatz und besonders Investitionen und ihre Finanzierung erfolgen durch das gemeinschaftliche Management nach übernationalen, allein von den Notwendigkeiten des Marktes diktierten Gesichtspunkten. Das Modell kommt wirtschaftlich einer Fusion über die Grenzen nahe. Es hat gegenüber der Fusion den Vorteil, daß nicht eine Gesellschaft gezwungen wird, ihre Identität aufzugeben und daß Verwaltungssitze in den beteiligten Ländern beibehalten werden können — wichtige psychologische Voraussetzungen für eine erfolgreiche Integration. Im Hinblick auf die zum Teil noch sehr unterschiedlichen Verhältnisse zwischen den einzelnen europäischen Ländern liegen darin entscheidende Vorzüge gegenüber jeder Einheitslösung — einheitlicher Verwaltungssitz in einem Land —, wie sie nach der ursprünglichen Konzeption der Europäischen Gesellschaft oder der internationalen Fusion in die Gesellschaft eines anderen EWG-Landes geboten wurde. Sollten diese Integrationsinstrumente nicht die Möglichkeit eines Doppelsitzes bieten, so könnte es sein, daß auch weiterhin kompliziertere Modelle wie die geschilderten bevorzugt werden würden.

Die Probleme solcher integrierter Unternehmen liegen vor allem auf folgenden Gebieten:

a) Hemmnisse auf personal- und sozialpolitischem Gebiet

Die Unterschiede etwa zwischen der deutschen und der französischen oder belgischen Arbeits- und Sozialgesetzgebung und in der Tradition und der Praxis der Personalführung sind so erheblich, daß auf diesem Gebiet eine einheitliche Unternehmensführung mit nicht unerheblichen Schwierigkeiten verbunden ist. Aus diesen und anderen Gründen sind auch heute noch dem Aufbau integrierter Führungsorgane gewisse Grenzen gesetzt. Trotz großer Unterschiede in den Lohn- und Einkommensteuersätzen sind die Verhältnisse wohl noch am günstigsten zwischen Deutschland und den Niederlanden.

b) Integration des Rechnungswesens und der Bilanzierung

Schon die Unterschiede in den Kostenermittlungs- und Zuteilungsmethoden sind oftmals beträchtlich. Dazu kommen die Unterschiede in den rechtlichen, steuerlichen und sozialen Systemen, die kostenmäßig und methodisch sich oft sehr unterschiedlich auswirken.

Nur bei weitgehend gleichartiger Produktionsstruktur kann es hier im Verlauf intensiver Anstrengungen gelingen, zu einer Vereinheitlichung der Grundlagen des Rechnungswesens zu kommen. Von erheblichem Gewicht sind z. B. auch die Unterschiede in den Abschreibungsmethoden. Es sei hier nur auf die in den Niederlanden übliche lineare Abschreibung auf die Wiederbeschaffungswerte oder an die in Frankreich üblichen Revalorisierungsrücklagen hingewiesen oder auf die unterschiedlichen Maßstäbe der Vorratsbewertung. Dazu kommen Unterschiede in den Methoden der Bilanzierung, der Darstellung der Gewinnermittlung und in den Formen der Gewinnverwendung.

Da eine einheitliche Bilanzierung der zusammengeschlossenen Unternehmen nur als zusätzliche Zusammenfassung und Publizierung der Ergebnisse der nach wie vor getrennt nach unterschiedlichen Methoden aufzustellenden nationalen Bilanzen möglich ist, besteht auch bei gemeinschaftlicher paritätischer Besetzung der Verwaltungen möglicherweise die Tendenz, der jeweiligen nationalen Bilanz einen gewissen Vorrang vor der integrierten Darstellung der Geschäftsergebnisse der beiden Unternehmen zu geben. Auf längere Sicht ist daher eine Vereinheitlichung der europäischen Vorschriften über Rechnungslegung und Publizität unbedingt erforderlich. Die entsprechenden Vorentwürfe zu den Richtlinien sind zur Zeit in der Diskussion. Wichtig wäre in diesem Zusammenhang, daß die Pflicht zur Veröffentlichung getrennter Einzelbilanzen entfällt.

c) Form der Zusammenarbeit im Management

Die gesellschaftsrechtliche Organisation der Verwaltung von Kapitalgesellschaften und die Praxis der Zusammenarbeit im Management divergieren in den europäischen Ländern erheblich, insbesondere im Verhältnis zwischen Frankreich und Deutschland. Der weitgehend kollektiven Führung auf deutscher Seite steht eine Präsidialverfassung in der Form des wohl dem Aufsichtsrat als Präsident angehörenden als auch für die Leitung der Geschäfte der Gesellschaft als Generaldirektor verantwortlichen Président-Directeur-Général gegenüber. Beide Systeme sind in der zwischenstaatlichen Zusammenarbeit von Unternehmen kaum auf einen Nenner zu bringen. Von der durch das neue französische Gesellschaftsrecht geschaffenen Möglichkeit, eine Aufsichtsrats- und Vorstandsverfassung nach dem Vorbild des deutschen Aktienrechts zu wählen, ist bisher in Frankreich nur in ganz wenigen Fällen Gebrauch gemacht worden, meistens nur von Tochterunternehmen deutscher Gesellschaften. Da in Frankreich alle Befugnisse vom Président-Directeur-Général abgeleitet sind — auch die übrigen Administrateurs sind gegenüber dem Président-Directur-Général weisungsgebunden —, ergibt sich gegenüber der Lage in Deutschland ein völlig unterschiedliches organisatorisches und soziologisches Bild. Ohne weitreichende Anpassungen ist eine Integration deutscher und französischer Unternehmen daher in der Regel nicht möglich.

d) Steuerliche Integrationshemmnisse

Wesentliche Integrationshemmnisse bestehen nach wie vor auf steuerlichem Gebiet. Selbst wenn es gelänge, die steuerlichen Fusionsprobleme, wie von der EWG-Kommission geplant, zu lösen — im Sinne eines generellen Steueraufschubs bis zur Realisierung —, so wäre damit für die Lösung der laufenden steuerlichen Probleme noch nichts gewonnen. Die Finanzverwaltungen aller Länder nehmen von einem wirtschaftlichen Zusammenschluß von Unternehmen über die Grenze bisher keine Notiz und behandeln sie als getrennte Steuersubjekte, die sich in völliger wirtschaftlicher Unabhängigkeit als normale Geschäftspartner im Markt gegenüberstehen. Wegen der Möglichkeit eines Abfließens steuerpflichtiger Gewinne in ein anderes Land werden besonders kritische Maßstäbe angelegt. Eine wirtschaftliche Integration führt jedoch notwendigerweise zu einer einheitlichen Investitionspolitik ohne Rücksicht auf nationale und Steuer-Grenzen, zu einer Abstimmung und Rationalisierung der beiderseitigen Produktionsprogramme sowie zu einem intensiven Waren- und Leistungsaustausch der im Markt als Einheit operierenden Unternehmen. Damit wachsen die steuerlichen Schwierigkeiten. Im Verhältnis zwischen inländischen verbundenen oder fremden Unternehmen wird jede Art von Gewinnpoolung, etwa in der Form gemeinschaftlicher Geschäfte oder Arbeitsgemeinschaften, von der Finanzverwaltung verhältnismäßig großzügig akzeptiert. Sie hat die Sicherheit, daß ihr Anteil an den Erträgen entweder über das eine oder das andere Unternehmen in ihre Kasse fließt. Im Verhältnis zwischen deutschen und ausländischen Unternehmen befürchtet sie jedoch eine Verschiebung von Gewinnen und damit einen endgültigen Verlust für den deutschen Fiskus. Diese Haltung erschwert jede rationelle und effiziente Zusammenarbeit über die Grenze. Zur exakten Erfassung des im Inland erzielten Gewinns fordert die Finanzverwaltung eine streng leistungskonforme Abrechnung jedes einzelnen Geschäfts. Eine rationelle Unternehmensführung verlangt jedoch bei integrierten Unternehmen als auch bei Unternehmenskooperationen über die Grenze zwischen finanziell nicht verbundenen Unternehmen, daß nach fundierten wirtschaftlichen Maßstäben gebildete Gewinnschlüssel für bestimmte Arten von Geschäften oder Produktionszweigen auch steuerlich anerkannt werden.

Wie sollen etwa verbundene Unternehmen gemeinsame Anlagengeschäfte — Lieferung von Investitionsgütern — durchführen, wenn die Finanzverwaltung einen sorgfältig ermittelten generellen Gewinnverteilungsschlüssel nicht anerkennt und eine streng leistungsbezogene Abrechnung des Umfanges der Mitwirkung jeder der beiden Gesellschaften an dem konkreten einzelnen Geschäft verlangt. Der erstrebte Erfolg, nämlich unrationelle interne Hin- und Herbelastungen von Personal- und Finanzierungskosten durch Anwendung eines den Gewinnen früherer Referenzperioden entsprechenden Schlüssels zu vermeiden, wird damit unmöglich gemacht.

Erhebliche Steuerprobleme wirft auch die Festlegung marktkonformer interner Verrechnungspreise für diejenigen Waren und Leistungen auf, die von einem Partnerunternehmen hinzugekauft und/oder weitervertrieben werden. Auch hier müssen für die steuerliche Betrachtung Verhältnisse fingiert werden, wie sie zwischen nichtverbundenen fremden Geschäftspartnern im Markt bestehen könnten. Ein schwieriges und risikoreiches Unterfangen, zumal die Verhältnisse aus der Retrospektive der Betriebsprüfung immer anders aussehen als im Zeitpunkt der Festlegung solcher interner Verrechnungspreise. Viele der maßgebenden Überlegungen und Erwartungen sind auf Grund des großen zeitlichen Abstandes nicht mehr nachvollziehbar.

Schließlich besteht die Gefahr, daß auf Grund des gemeinsamen Auftretens der beiden integrierten Gesellschaften — etwa im Zusammenhang mit Agenturverhältnissen zwischen den beiden Gesellschaften oder auf Grund der Wahrnehmung gewisser Funktionen im Verkauf für die andere Gesellschaft oder durch eine personelle Integration — steuerlich die Errichtung einer inländischen Betriebsstätte des ausländischen Unternehmens angenommen wird. Im letzteren Falle wären die steuerlichen Folgen besonders schwerwiegend. Es entstünden zusätzlich schwierigste Gewinnaufteilungsprobleme.

In den anderen Fällen von Meinungsverschiedenheiten darüber, wo bei gemeinsamen Geschäften und im gegenseitigen Waren- und Leistungsaustausch die steuerpflichtigen Gewinne entstanden sind, droht die Annahme einer verdeckten Gewinnausschüttung. Das bedeutet, daß bei einer Versteuerung in Deutschland nicht der günstigere Steuersatz für ausgeschüttete Gewinne, sondern die volle Ertragssteuerbelastung für einbehaltene Gewinne zur Anwendung kommt (51 % gegenüber 23,44 % ohne Gewerbesteuer und Ergänzungsabgabe). Da jedoch eine verdeckte Gewinnausschüttung angenommen wird, ist ferner Kapitalertragssteuer zu zahlen, die nach den Doppelbesteuerungsabkommen bei Schachtelbeteiligungen in der Regel 25 % beträgt. Dies ergibt eine völlig untragbare zusätzliche Steuerbelastung in Deutschland neben der Ertragsteuerbelastung im Empfängerland, in dem der auch von der deutschen Finanzverwaltung als steuerpflichtig angesehene Gewinn bereits versteuert wurde.

Die Liste der Steuerprobleme könnte beliebig fortgesetzt werden. Als Ergebnis bleibt festzuhalten, daß die nationalen Steuerrechte mit ihren starren nationalen Gewinnermittlungsprinzipien und mit ihrer ausschließlichen Blickrichtung auf die nationalen Steuersubjekte den Bedürfnissen nicht gerecht werden, die gerade auch die laufende Zusammenarbeit wirtschaftlich und organisatorisch integrierter europäischer Unternehmen mit sich bringt.

IV. Konkrete Maßnahmen zur Verbesserung der Integrationsmöglichkeiten

Eine Darstellung der praktischen Schwierigkeiten, denen sich die bisher wirtschaftlich und organisatorisch über die Grenze zusammengefaßten und darüber hinaus auch die durch Kooperationsabsprachen verbundenen europäischen Unternehmen gegenübersehen, führt daher zu der Erkenntnis, daß die bisherige Entwicklung in der EWG nicht genügend an den konkreten Problemen orientiert war. Allgemeine Rechtsvereinheitlichungsprogramme ohne unmittelbare Sachzwänge, wie sie bisher zum Teil betrieben worden sind, sollten daher zu Gunsten vordringlicher Vorhaben zur Lösung konkreter Schwierigkeiten zurückgestellt werden. Sie absorbieren Kräfte, die besser für eine Politik der wirksamen kleinen Schritte verwendet werden. Dabei ist selbstverständlich, daß die einzelnen Maßnahmen in ein europäisches Gesamtkonzept der Möglichkeiten der unternehmerischen Zusammenarbeit im Gemeinsamen Markt angepaßt werden müssen.

Folgende Verbesserungen der gegenwärtigen unbefriedigenden und letztlich integrationsfeindlichen Bedingungen sollten meines Erachtens ins Auge gefaßt werden: Dabei geht es nicht nur um die Erweiterung oder die Verbesserung des den Unternehmen zur Verfügung stehenden Instrumentariums und den Abbau von Integrationshemmnissen, sondern auch darum, aus gesellschafts- und wirtschaftspolitischen Gründen Lösungsmöglichkeiten zu bieten, bei denen es den Partnern überlassen bleibt, das Ausmaß der Integration der Unternehmen und damit der Konzentration selbst zu bestimmen. Einheitslösungen mit totaler Entscheidungskonzentration, wie sie anfänglich für die europäische Gesellschaft und die europäische Fusion konzipiert wurden, werden weder den praktischen Bedürfnissen in der EWG noch den im Zeichen der Konzentrationsdebatte gegebenen gesellschafts- und wirtschaftspolitischen Gesichtspunkten gerecht.

Von größter Dringlichkeit für die Wirtschaft und besonders für die europäischen Vertragskonzerne sind m. E. 4 Vorhaben auf den Gebieten des Gesellschafts- und Steuerrechts.

1. Eine rasche Verwirklichung der Europäischen Aktiengesellschaft gemäß dem Vorschlag der EWG-Kommission vom 24. 6. 1970 als Verordnung nach Art. 235 des EWG-Vertrages. Da das neue Konzept in seinen Grundzügen den praktischen Bedürfnissen der Wirtschaft voll gerecht wird, sollte von allen Beteiligten größerer Wert auf eine schnelle Verabschiedung als auf eine allzu minutiöse Überprüfung der Vorstellungen der EWG-Kommission zur Ausgestaltung dieser neuen Gesellschaftsform gelegt werden. Es handelt sich ohnedies um ein Experiment, mit dem Erfahrungen gemacht werden müssen. Deshalb soll auch an dieser Stelle von Bemerkungen zu einigen Einzelheiten des Statuts der Europäischen Aktiengesellschaft abgesehen werden.

2. Ein Abkommen über die gesellschaftsrechtliche und steuerliche Anerkennung von Konzernverträgen zwischen Unternehmen mit Sitz in verschiedenen Mitgliedstaaten der EWG. Ein solches Abkommen — noch besser wäre eine Verordnung nach Art. 235 des EWG-Vertrages, falls sie erreichbar sein sollte — wird nicht durch die konzernrechtlichen Regelungen des Statuts der Europäischen Aktiengesellschaft entbehrlich. Es betrifft gerade solche Zusammenschlüsse und Kooperationen, die unterhalb der Europäischen Aktiengesellschaft bleiben, rechtlich gesehen also um Vertragskonzerne oder um Kooperationen, die noch nicht das Stadium der Konzernierung erreicht haben. Vom Falle der Totalfusion abgesehen

handelt es sich auch in den beiden weiteren Fällen der Europäischen Aktiengesellschaft — gemeinsame Holding oder gemeinsame Tochtergesellschaft — in der Regel um Teillösungen, neben der weitere u. U. sehr wichtige konzernvertragliche Regelungen einhergehen können. Sie wären gleichfalls einzubeziehen.

Gegenstand des Abkommens sollten einerseits alle Formen der Gewinngemeinschaft und der Teilgewinngemeinschaft hinsichtlich des gesamten Geschäftsergebnisses der beteiligten Unternehmen, aber auch die Poolung der Ergebnisse einzelner Produktionssparten oder Geschäftsarten sein. Daneben könnten Bestimmungen über die Zulässigkeit europäischer Betriebsführungs-, Überlassungs- und Pachtverträge zweckmäßig sein. Das Abkommen sollte auch die Vereinbarung von Weisungsrechten über die Grenze zulassen, ohne dies — wie im deutschen Aktienrecht — zu Voraussetzung eines Unternehmensvertrags zu machen. Die Ausgestaltung sollte vielmehr ganz den Vertragspartnern überlassen werden. Bei Unterordnungskonzernen wären den deutschen aktienrechtlichen Bestimmungen entsprechende Sicherungen der Aktionärsrechte im Falle einer Übernahme in der Form von Zwangsumtausch von Aktien, Barabfindung oder Dividendengarantie nicht erforderlich. Insoweit besteht kein Bedürfnis für eine einheitliche europäische Regelung. Diese in den einzelnen Ländern ganz unterschiedlich geregelte bzw. nicht geregelte Materie könnte weiter den nationalen Gesellschaftsrechten überlassen werden Es sollten grundsätzlich nur solche konzernrechtlichen Bestimmungen in das Abkommen aufgenommen werden, die für das reibungslose Funktionieren europäischer Unternehmen unbedingt erforderlich sind. Das europäische Konzernvertragsrecht wäre auf Aktiengesellschaften und Gesellschaften mit beschränkter Haftung zu beschränken. Die Anerkennung europäischer Konzernverträge könnte und sollte von der Genehmigung der Hauptversammlungen bzw. Gesellschafterversammlungen der beteiligten Unternehmen und von der Eintragung in ein beim Gerichtshof der EWG in Luxemburg zu führendes Register abhängig gemacht werden. Die steuerliche Anerkennung könnte von der Zustimmung der beteiligten Finanzministerien abhängig gemacht werden.

3. Ein europäischses Fusionsabkommen nach Art. 220 Abs. 3 des EWG-Vertrages und die steuerlichen Richtlinien für Unternehmenszusammenschlüsse, die bereits weitgehend fertiggestellt sind. Im Hinblick auf die Europäische Aktiengesellschaft würde dieses Abkommen lediglich noch die Tatbestände zwischenstaatlicher Fusionen in der EWG und nicht auch noch die Fusion in eine europäische Aktiengesellschaft erfassen. Auch insoweit bestehen jedoch nach wie vor konkrete Bedürfnisse der Wirtschaft. Wie schon im Statut der Europäischen Aktiengesellschaft sollte auch bei der Fusion zweier nationaler Gesellschaften innerhalb der EWG die Möglichkeit eines Doppelsitzes der übernehmenden nationalen Gesellschaft vorgesehen werden. Die steuerlichen Konsequenzen wären wie bei der Europäischen Aktiengesellschaft zu regeln. Die Mitbestimmungsregelung sollte möglichst weitgehend der Mitbestimmungsregelung für die

Europäische Aktiengesellschaft angepaßt sein. Eine vorherige vollständige Koordinierung der stark divergierenden nationalen Fusionsrechte, wie sie gegenwärtig mit dem Vorschlag für eine Richtlinie über interne Fusionen angestrebt wird, würde ich nicht für eine unabdingbare Voraussetzung halten. In den wenigen Punkten, in denen sich bei der Fusion aus einem EWG-Mitgliedsland in ein anderes materielle Schwierigkeiten ergeben würden, könnte die erforderliche Angleichung im Abkommen selbst vorgenommen werden.

4. Eine vollständige materielle Vereinheitlichung des Rechts der Rechnungslegung und der Publizität in einer oder mehreren zumindest gleichzeitig in Kraft zu setzenden Richtlinien. Auf das außerordentlich große Publizitätsgefälle innerhalb der EWG ist wiederholt hingewiesen worden. Es besteht vor allem bei den Gewinn- und Verlustrechnungen, weniger bei den Bilanzen. Zu den gegenwärtig diskutierten Vorentwürfen für entsprechende Richtlinien ist kritisch anzumerken, daß sie in wichtigen Fragen eine Angleichung dadurch herbeiführen wollen, daß sie bestehende nationale Lösungen oder Praktiken für gleichwertig erklären. Wer die Praxis in den europäischen Ländern kennt, weiß, daß damit eine materielle Vergleichbarkeit der Jahresabschlüsse, die wir im Interesse der europäischen Wirtschaftsintegration und besonders des europäischen Kapitalmarktes brauchen, nicht erreicht werden kann. Mit einer Scheinangleichung ist aber niemandem gedient. Es bleibt nur der Weg einer sicher nur unter großen Mühen durchzusetzenden detaillierten Einheitslösung, die Wahlmöglichkeiten und Ausnahmen auf ein unvermeidliches Minimum reduziert.

RECHT DER PERSONENGESELLSCHAFT
GENOSSENSCHAFTSRECHT

DER ZEITPUNKT DER AUFLÖSUNG EINER OFFENEN HANDELSGESELLSCHAFT ODER KOMMANDITGESELLSCHAFT

HANS-WILHELM KÖTTER

Die „Auflösung der Gesellschaft" ist auch bei den handelsrechtlichen Personalgesellschaften[1] nach heute völlig gesicherter allgemeiner Meinung kein Zustand, sondern ein Ereignis,[2] nach dessen Zeitpunkt im Sinne einer Bestimmung des Eintritts der Auflösungswirkungen gefragt werden darf.[3] Das Gesetz regelt diesen Zeitpunkt — wenn man von der Festlegung des Kündigungstermins in §§ 132, 135 HGB absieht — nicht unmittelbar, hält ihn aber jedenfalls bei den in der Person eines Gesellschafters eintretenden Auflösungsgründen, wenn deren Regelfolge durch den Gesellschaftsvertrag nach § 138 HGB abgewendet wird, für so eindeutig bestimmbar, daß es den Eintritt des ersatzweise vorgesehenen Ausscheidens des betroffenen Gesellschafters ausdrücklich unter Bezugnahme auf den Zeitpunkt der — andernfalls eingetretenen! — Auflösung der Gesellschaft regelt. Besser hätte das Gesetz kaum zum Ausdruck bringen können, daß ihm die Auffassung zugrundeliegt, der Zeitpunkt der Auflösung der Gesellschaft sei mit demjenigen identisch, in welchem sich der

1 §§ 131 ff. HGB gelten mit der Maßgabe, daß als Auflösungsgrund nach § 131 Nr. 4 auch bei der KG nur der Tod eines „persönlich haftenden Gesellschafters" (§ 161 Abs. 1 HGB) in Betracht kommt (vgl. § 177 HGB), gleichermaßen für die oHG und die KG; § 161 Abs. 2 i. V. m. §§ 162 ff. HGB. Unter „Gesellschaft" sind im folgenden daher stets diese beiden Rechtsformen zu verstehen.

2 Wo gelegentlich von einem „Auflösungsprozeß" gesprochen wird, den die „Auflösungsursache" in Gang setze (vgl. *Weipert* in RGR-Komm. z. HGB Anm. 2 Abs. 2 zu § 131), ist das offenbar nicht in einem technischen Sinne, sondern als Veranschaulichung des Regelverhältnisses von „Auflösung" und „Abwicklung" zu verstehen; der Sache nach ist nichts anderes gemeint, als daß die „Auflösung" – vgl. § 145 Abs. 1 HGB! – der Beginn des Zeitraums der Auseinandersetzung bzw. „Beendigung" der Gesellschaft sei (so *Hueck*, Das Recht der offenen Handelsgesellschaft 3. Aufl. S. 245), an dessen Ende dann erst die sog. Vollbeendigung („die wirkliche Auflösung", wie *Lastig* i. d. Hallenser Festgabe für Dernburg S. 171 ff. [212] sagte!) steht. Vgl. dazu auch *Wieland*, Handelsrecht I. S. 668, der von „Auflösungsstadium" spricht, jedoch klarstellt, daß er damit den auf Auseinandersetzung abzielenden „Lebensabschnitt der Gesellschaft" meint, den die Auflösung einleitet. Sachlich wohl nicht abweichend – aber immerhin unnötig Verwirrung stiftend – hat auch BGHZ 1, 324 ff. (332/33) es als Gesellschaftszweck der aufgelösten oHG bezeichnet, „das Geschäftsunternehmen" „zur Auflösung zu bringen".

3 Unter „Auflösung" wird hier und im folgenden nur die nicht durch einen Wechsel der Rechtsform (vgl. §§ 40, 44 Abs. 1 bzw. §§ 46, 49 Abs. 2 UmwG, aber auch § 142 HGB u. dazu *Schlegelberger-Geßler* Handelsgesetzbuch 4. Aufl. Anm. 2 zu § 143) bedingte Auflösung der Gesellschaft verstanden.

Tatbestand eines der in § 131 HGB aufgezählten Auflösungsgründe[4] verwirklicht hat. Für die damit dokumentierte Selbstverständlichkeit dieser Auffassung spricht immerhin, daß die Feststellung einer solchen Tatbestandsverwirklichung zumindest keine unüberwindlichen Schwierigkeiten bereiten kann.[5] Und der Eindruck, daß sich das Gesetz primär von diesem Umstand leiten lasse, wird durch §§ 136, 137 HGB erhärtet: die Kenntnis der Beteiligten vom Eintritt des Auflösungsgrundes ist danach lediglich Anlaß zur Modifikation gewisser Auflösungsfolgen im Sinne eines Vertrauensschutzes zugunsten einzelner Beteiligter, während grundsätzlich und im allgemeinen der neue „Lebensabschnitt der Gesellschaft“[6] offenbar mit dem bloßen Eintritt seiner „Ursache“ beginnen soll. Dementsprechend wird denn auch im Schrifttum bei passender Gelegenheit der gewissermaßen automatische Charakter der Auflösung unterstrichen und etwa betont, daß die Auflösung infolge Zeitablaufs nicht noch eines besonderen Beschlusses der Gesellschafter bedürfe[7] und für die Auflösung nach § 131 Nr. 4 HGB auf die Kenntnis vom Todesfall nichts ankomme.[8] Eine zusätzliche Begründung dieser allein am Gesetzeswortlaut orientierten Folgerungen hält man offenbar für überflüssig. Dabei liegt die unterschiedliche Eignung der einzelnen Auflösungsgründe zur Erzeugung ihrer in dieser Weise eintretenden Rechtsfolgen nicht nur angesichts §§ 136, 137 HGB klar auf der Hand.[9] Sieht man von der Auflösung wegen Eröffnung des Gesellschaftskonkurses (§ 131 Nr. 3 HGB) ab, die zwangsläufig in besonderem Maße das Schicksal ihrer „Ursache“ teilt,[10] so dürfte von allen Auflösungsgründen der des § 131 Nr. 1 HGB mit der Vorstellung eines Zusammenfallens von Auflösungszeitpunkt und Eintritt des Auflösungsgrundes am ehesten harmonieren, während sich umgekehrt bei der Auflösung infolge Todesfalls die stärksten Bedenken zumindest gegen die Praktikabilität des gedachten Regelungsprinzips aufdrängen; seine Durchführung

---

4 Die – m. E. grundsätzlich zu bejahende! – Frage, ob die Aufzählung der sog. Auflösungsgründe in § 131 HGB vollständig sei (vgl. dazu *Schlegelberger-Geßler* Anm. 35 zu § 131) spielt für die hier behandelten Probleme keine entscheidende Rolle.

5 Ist der Tod eines Gesellschafters Auflösungsgrund (vgl. § 131 Nr. 4 HGB), so steht ihm nach h. M. (vgl. *Weipert* § 131 Anm. 26 Abs. 3; *Schlegelberger-Geßler* Anm. 22 Abs. 1) ggf. eine Todeserklärung mit der Maßgabe gleich, daß die Auflösung dann in dem in der Erklärung festgestellten Zeitpunkt des Todes des Gesellschafters eintritt. Daß Weipert a. a. O. der Feststellung der Todeszeit nach §§ 39 ff. VerschG insoweit keine andere Bedeutung beimißt als einer Todeserklärung, ist hiernach verständlich.

6 *Wieland* a. a. O.

7 *Weipert* Anm. 21 zu § 131

8 *Schlegelberger-Geßler* a. a. O.

9 Man denke nur an die bekannte Schwierigkeit, den Tatbestand des Gesellschafterbeschlusses i. S. des § 131 Nr. 2 HGB von dem einer Änderung des Gesellschaftsvertrages hinsichtlich der Dauer der Gesellschaft abzugrenzen! Vgl. dazu etwa *Schlegelberger-Geßler* Anm. 14 zu § 131 m. weit. Nachw.

10 S. dazu *Weipert* Anm. 23 Abs. 8 zu § 131. Auch die typischen Rechtsfolgen der Auflösung werden hier zumindest während der Dauer des anschließenden Konkursverfahrens durch die vorrangige konkursrechtliche Sonderregelung fast ganz überdeckt; vgl. §§ 143 Abs. 1, 144, 145 Abs. 1 HGB

kann hier — wie nicht näher ausgeführt zu werden braucht — zu Diskrepanzen zwischen wirklicher Rechtslage und Faktizität führen, wie wir sie gerade im Recht der Handelsgesellschaften sonst nicht hinzunehmen gewohnt sind. Immerhin sind mit der durch die Auflösung der Gesellschaft eintretenden Änderung des Gesellschaftszwecks nicht nur der Wegfall gewisser Gesellschafterrechte und -pflichten, sondern auch Änderungen hinsichtlich der Vertretung der Gesellschaft verbunden.[11] Ob nicht auch die Rechtslage bei unerkanntem Eintritt eines Auflösungsgrundes in besserer Harmonie mit dem dann zwangsläufig bestehenden tatsächlichen Gegebenheiten gesehen werden kann, als dem Gesetz bislang herkömlicherweise entnommen wurde, dürfte daher einer Überlegung wert sein. Sollte sich erweisen, daß der für die angedeuteten Diskrepanzen verantwortliche Grundsatz sich nicht einmal in dem Falle bewährt, auf den er am ehesten zugeschnitten erscheint, so würde dies m. E. ein besonders starkes Indiz für die Notwendigkeit eines solchen Umdenkens sein und voraussichtlich auch Gesichtspunkte offenbaren, an denen es orientiert sein müßte. Deshalb soll im folgenden der Zeitpunkt der Auflösung in seinem Verhältnis zum Tatbestand des Auflösungsgrundes zunächst für den Fall kritisch beleuchtet werden, daß die Gesellschaft „durch den Ablauf der Zeit“ aufgelöst wird, „für welche sie eingegangen ist“ (§ 131 Nr. 1 HGB).

I.

Einsicht in die Wirkungsweise des Auflösungsgrundes des § 131 Nr. 1 HGB kann schwerlich ohne eine rechtliche Analyse der Zeitbestimmung gewonnen werden, mit der hier der Eintritt der Rechtsfolge des § 131 HGB verknüpft ist. Ebenso wie ein Gesellschafterbeschluß i. S. des § 131 Nr. 2 HGB ist auch der Tatbestand des § 131 Nr. 1 HGB offensichtlich Auflösungsgrund kraft gesetzlicher Anerkennung einer die Gesellschaftsdauer begrenzenden privatautonomen Bestimmung der Gesellschafter. Ob bzw. in welchem Sinne nach deutschem Recht[12] eine Vereinbarung über die Zeitdauer der Gesellschaft zu den Essentialien des Gesellschaftsvertrages gehört, lassen weder §§ 705 ff. BGB (i. V. m. §§ 105 Abs. 2, 161 Abs. 2 HGB) noch §§ 131, 132, 134 HGB eindeutig erkennen. § 723 Abs. 1 S. 1 BGB spricht immerhin dafür, daß eine „für unbestimmte Zeit eingegangene“ Gesellschaft nicht nur dann vorliegt, wenn die Gesellschafter darüber einig waren, auf unbegrenzte (oder auf eine

---

11 Man wende nicht ein, daß gerade insofern angesichts §§ 143, 15 HGB alles in schönster Ordnung sei; denn nach allg. M. stünde es selbstverständlich jedem Dritten frei, sich der Gesellschaft gegenüber auf die wahre Rechtslage zu berufen.

12 Manche Rechtsordnungen kennen nur eine Gesellschaft von beschränkter Dauer; vgl. z. B. Art. 2 des franz. Gesetzes über die Handelsgesellschaften (Loi N° 66–537 sur les sociétés commerciales, JO – Lois et Décrets – du 25 et 29 juillet 1966, p. 6402 à 6440).

nicht in wirksamer Weise[13] begrenzte!) Zeit zur gemeinschaftlichen Verfolgung des Gesellschaftszwecks verbunden zu bleiben, sondern auch dann, wenn sie über die Zeitdauer der Gesellschaft nichts vereinbart hatten[14] (und darüber auch i. S. der §§ 154, 155 BGB eine Vereinbarung nicht getroffen werden sollte!). Geht man hiervon aus und sieht man es demgemäß als den — durch § 133 Abs. 1 HGB bestätigten — Sinn des § 723 Abs. 1 S. 2 BGB an, daß in allen übrigen Fällen „eine Zeitdauer bestimmt" ist und die Gesellschaft (jedenfalls von Gesetzes wegen!) vor dem Ablauf der dann „für ihre Dauer bestimmten Zeit" nur aus wichtigem Grunde gekündigt bzw. gemäß § 133 HGB durch gerichtliche Entscheidung aufgelöst werden kann, so gelangt man — § 724 BGB bzw. § 134 HGB einmal beiseite lassend! — zu der von Hueck[15] als „nur bedingt richtig" bezeichneten Auffassung, daß die Gesellschaft „entweder auf bestimmte Zeit bestehe und dann nur[16] durch Zeitablauf endige oder daß sie auf unbestimmte Zeit eingegangen sei und dann gekündigt werden könne". Denn in der Tat spricht alles dafür, daß eine Gesellschaft, bei der „eine Zeitdauer bestimmt" ist (vgl. § 723 Abs. 1 S. 2 BGB), immer auch eine Gesellschaft darstellt, die für die derart „bestimmte" Zeitdauer „eingegangen" ist und folglich nach § 131 Nr. 1 HGB durch den Ablauf dieser Zeit aufgelöst wird. Insbesondere § 133 Abs. 1 HGB nötigt angesichts des unverkennbaren Bestrebens, mit seiner Formulierung die § 723 Abs. 1 S. 1 und 2 BGB entsprechende Alternative zu treffen, zu dem Schluß: tertium non datur!

1. Demgegenüber will sich Hueck mit der von ihm a. a. O. formulierten Kennzeichnung des derart verstandenen Zusammenhangs zwischen § 131 Nr. 1 und § 132 HGB nur für den Regelfall identifizieren, dessen Merkmal er darin sieht, daß „die vereinbarte Zeit zugleich Höchst- und Mindestdauer sein soll".[17] Daß diese systematisierende Bemerkung Huecks lediglich aus der Zusammenschau von ordentlicher Küdigung und Auflösung infolge Zeitablaufs herrühren und daher zu der — hier primär interessierenden — dogmatischen Erfassung des Auflösungsgrundes des § 131 Nr. 1 HGB nicht unmittelbar beitragen kann, läßt sich zwar schon auf den ersten Blick vermuten; denn der Ablauf einer nur als „Mindestdauer" der Gesellschaft gewollten Zeit kann offenbar kein Anlaß sein, hinsichtlich des Zwecks der Gesellschaft eine Änderung eintreten zu lassen, worin anerkanntermaßen die Grundbedeutung der „Auflösung" der

13 S. dazu unten S. 255/256

14 Vgl. dazu (Soergel-) *Schulze-v. Lassaulx*, Komm. z. BGB 10. Aufl. § 723 Anm. 27

15 *Hueck* S. 261

16 Dieses „nur" kann auch *Hueck* a. a. O. dem ganzen Zusammenhang nach allein in dem Sinne meinen, daß keine Auflösung infolge Kündigung auf Grund § 132 HGB in Betracht kommen solle.

17 *Hueck* a. a. O. und – ähnlich – auch (im Zusammenhang mit der Darstellung der Auflösungsgründe) S. 247. Ihm grundsätzlich zustimmend: *Schlegelberger-Geßler* Anm. 2 zu § 132 (allerdings mit der Einschränkung, daß nur bei kalendermäßig bestimmter Zeit der Charakter der Zeitbestimmung in dem von Hueck vertretenen Sinne zu prüfen sei; s. dazu unten N. 27 a. E. sowie S. 254 ff.).

Gesellschaft zu sehen ist. Gleichwohl könnte eine Klärung der durch Huecks Bemerkung nahegelegten Frage, ob etwa die Fälle einer vereinbarten „Mindestdauer" der Gesellschaft — in denen also allem Anschein nach auch „eine Zeitdauer bestimmt" ist, vgl. § 723 Abs. 1 S. 2 BGB! — eine echte Ausnahme von der Regelung des § 131 Nr. 1 HGB darstellen, der tatbestandlichen Aufhellung dieser Vorschrift dienlich sein. Es handelt sich insoweit darum, ob in diesen Fällen gesagt werden kann, die Gesellschaft sei für die als „Mindestdauer" vereinbarte Zeit „eingegangen" worden, oder ob die Vereinbarung einer „Mindestdauer" nicht in Wahrheit nur eine Besonderheit gewisser Gesellschaften ist, die nach der Ausdrucksweise des Gesetzes „auf unbestimmte Zeit eingegangen" sind. Letzterenfalls würde sich ergeben, daß die „Mindestdauer" einer Gesellschaft überhaupt nicht als eine „Zeit" anzusehen ist, an deren Ablauf das Gesetz eine Rechtsfolge geknüpft hat. Nach Hueck[18] bedeutet nun die als „Mindestdauer" gewollte „Vereinbarung einer Vertragszeit", „daß während dieser Zeit die Kündigung ausgeschlossen ist,[19] mit Ablauf dieser Zeit aber die oHG nicht von selbst aufgelöst wird, sondern auf unbestimmte Zeit weiterläuft". Damit wird der Sache nach auf der einen Seite eindeutig bestätigt, daß der Ablauf einer als „Mindestdauer" gewollten Zeit nicht den Tatbestand des § 131 Nr. 1 HGB erfüllen kann. Andererseits bleibt aber auch nach dieser Erläuterung des Begriffs „Mindestdauer" angesichts der adversativen Hervorhebung des Nichteintritts der Auflösung bei Ablauf der „Vertragszeit" ein gewisses Unbehagen bestehen. Selbst nach ihrer „Demaskierung" hinterläßt die „Mindestdauer" nämlich noch den Eindruck, als trete hier eine Auflösung der Gesellschaft kraft Zeitablaufs nur deshalb nicht ein, weil die Gesellschaf-

---

18 A. a. O. S. 247

19 Daß ein zeitweiliger Ausschluß des durch § 132 HGB modifizierten „ordentlichen Kündigungsrechts" des § 723 Abs. 1 S. 1 BGB nicht gegen § 723 Abs. 3 BGB verstößt, obwohl diese Vorschrift sinngemäß auch i. V. m. §§ 105 Abs. 2, 161 Abs. 2 HGB für die Fälle des § 132 HGB gilt (s. darüber – grundlegend – Geßler SozPr. 1939 Sp. 670 ff.; heute h. M.), ist in der Rspr. im Ergebnis mit Recht anerkannt. (Der hinsichtlich der Haltung des BGH gegenteilige Eindruck von *Simon* DB 61, 1679 f. beruht offenbar auf einem Mißverständnis; BGHZ 23, 10 betrifft den Ausschluß des ordentlichen Kündigungsrechts für die ganze Dauer des Gesellschaftsverhältnisses bei einer auf Lebenszeit eingegangenen Gesellschaft und rechtfertigt daher nicht die von Simon a. a. O. geäußerten Besorgnisse; richtig ist nur, daß bei der stillen Gesellschaft hierfür keine abweichenden Grundsätze gelten, wie namentlich *Geßler* a. a. O. überzeugend dargetan hatte, und daß BGHZ 23, 10 sich hierzu bekennt.) Diese Rspr. verdient volle Billigung. Das Schrifttum schwankt nur in der Rechtfertigung des durchweg gutgeheißenen Ergebnisses. M. E. ergibt sie sich zwanglos aus dem auch für § 132 HGB sinngemäß geltenden § 723 Abs. 1 S. 3 BGB (vgl. dazu auch BGHZ 10, 91 [98]); wie § 132 HGB selbst demonstriert, schließt die Kündigungsfristbestimmung die Festsetzung der zulässigen Kündigungstermine ohne weiteres ein; gegenüber einer fünfjährigen Kündigungsfrist ist aber die Zulassung der Kündigung mit halbjähriger Frist, jedoch erstmals zum Ablauf des 5. Geschäftsjahres, offensichtlich ein minus! Der verbreiteten Vorstellung, daß für die Dauer des Kündigungsausschlusses eine Gesellschaft auf „bestimmte" Zeit bestehe (so auch *Schlegelberger-Geßler* Anm. 14 zu § 132), bedarf es also nicht; sie ist im übrigen – wie sich im folgenden noch erweisen wird – systemwidrig; vgl. dazu namentlich unten N. 28.

ter mit der Vereinbarung einer solchen „Vertragszeit" von einer bisher unerkannten Möglichkeit Gebrauch gemacht hätten, § 131 Nr. 1 HGB abzubedingen. Und Huecks These, die aus § 723 Abs. 1 S. 1 u. 2 BGB abzuleitende Funktion einer Vereinbarung über die Gesellschaftsdauer[20] bestehe nur dann, wenn die vereinbarte Zeit „zugleich Höchst- und Mindestdauer sein" solle, gibt zusätzlich Veranlassung, dem Wesen der „vereinbarten Zeit" bzw. „Vertragszeit"[21] in ihrer Erscheinungsform als „Mindestdauer" auf den Grund zu gehen. Dazu verhelfen die Demonstrationen Huecks[22] vom isolierten Vorkommen der „Höchstdauer"[23] und vom „Zusammentreffen von Höchst- und Mindestdauer". Letzterenfalls soll „die vereinbarte Zeit" bedeuten[22], „daß mit ihrem Ablauf die Gesellschaft aufgelöst wird, vorher aber eine Kündigung nicht zulässig ist". Damit wird exakt die gesetzliche Regelung für Gesellschaften beschrieben, die nicht auf unbestimmte Zeit eingegangen sind; und wenn man bedenkt, daß solche Gesellschaften nach § 131 Nr. 2—6 HGB schon vor „Ablauf der Zeit, für welche sie eingegangen sind", aufgelöst werden können, so ist es auch richtig, die derart bestimmte Zeit als „Höchstdauer" zu bezeichnen, vor allem aber, zu betonen,[24] daß der „Vertragszeit" dieser Charakter deshalb zukommt, weil sie eine Höchstdauer „sein soll".[25] Sie allein ist denn auch die Zeit, durch deren Ablauf die Gesellschaft nach § 131 Nr. 1 HGB aufgelöst wird. Hueck[26] drückt das mit den Worten aus, Auflösungsgrund sei der Zeitablauf lediglich, „wenn die Zeitvereinbarung nur oder doch auch die Vereinbarung einer Höchstdauer bedeutet". Dem kann zugestimmt werden, wenn man im Auge behält, daß es für § 131 Nr. 1 HGB ausschließlich auf die eigentliche „Dauer der Gesellschaft" (im Sinne einer Befristung der gesellschafterlichen Förderungspflicht!) ankommt und nicht darauf, ob und ggf. wie lange die Gesellschaft unkündbar ist.[27] Hierbei handelt es sich nämlich

---

20 Vgl. oben S. 250 (Text nach N. 15)

21 Vgl. *Hueck* S. 247, 261

22 Vgl. *Hueck* S. 247

23 Darüber s. unten N. 27

24 So *Hueck* S. 261

25 Anders liegt es insoweit, als *Hueck* a. a. O. die Zeit, für welche die Gesellschaft „eingegangen" ist, zugleich als „Mindestdauer" kennzeichnet; was darunter zu verstehen ist – Unzulässigkeit einer Kündigung der Gesellschaft vor Zeitablauf, vgl. oben S. 251 Text zu N. 19! – braucht hier nämlich von den Gesellschaftern nicht gewollt zu sein, sondern gilt, wie bereits gesagt, nach §§ 132, 133 HGB kraft Gesetzes. (Anders anscheinend Hueck S. 247: im Zweifel schließe die „Vereinbarung einer bestimmten Höchstdauer, wie § 132 ergibt, zugleich die Kündigung während dieser Zeit aus", bedeute „also zugleich die Vereinbarung einer Mindestdauer"!) Die „Mindestdauer" bezeichnet eben nur eine Zeitspanne, in der die Gesellschaft unkündbar ist, was teils auf dem Gesetz, teils auf dem Gesellschaftsvertrag beruhen kann und mit der Zeit, „für welche die Gesellschaft eingegangen" ist, höchstens indirekt etwas zu tun hat.

26 A. a. O. S. 247

27 Vgl. oben N. 25 a. E. Zu dieser Klarstellung besteht besonderer Anlaß, weil *Hueck* a. a. O. kurz vor seiner im Text zitierten Umschreibung des als Auflösungsgrund zu qualifizierenden Zeitablaufs den Fall der Vereinbarung einer (bloßen!) „Höchstdauer" in einer für § 131 Nr. 1 HGB nicht brauchbaren und irreführenden Weise kennzeich-

gar nicht um die vertraglich bestimmte Dauer der Gesellschaft. Ob für eine bestimmte Gesellschaft eine „Mindestdauer" im Hueckschen Sinne besteht, ändert dementsprechend auch nichts daran, für welche Zeit die Gesellschaft „eingegangen" ist,[28] und das nur hinsichtlich vertraglicher Abwandlungen der gesetzlichen Kündigungsregelung aussagefähige Begriffspaar „Höchst- und Mindestdauer" muß sich als unfruchtbar erweisen, wo es um die Erschließung des Auflösungstatbestandes des § 131 Nr. 1 HGB geht[29]. Zur Gesellschaftsauflösung kraft Zeitablaufs paßt nämlich nicht einmal der mit Rücksicht auf § 131 Nr. 1 HGB geprägte Teil dieses Begriffspaares, weil er sich gegenüber der — positiven oder negativen — Ausstrahlung des ihm unter einem abweichenden Aspekt zugeordneten Begriffs der „Mindestdauer" bei aller Bemühung nicht hin-

---

net; er sagt dort: „Es kann sich um die Vereinbarung einer *Höchstdauer* handeln, derart, daß die Gesellschaft spätestens mit dem Eintritt des Zeitpunktes endet, eine frühere Kündigung aber möglich ist." Das kann den Eindruck erwecken, als gehöre die Kündbarkeit der Gesellschaft zu dem in § 131 Nr. 1 HGB vorausgesetzten Tatbestand, was natürlich auch Hueck nicht behaupten will. Immerhin verwendet er diese Kennzeichnung einer als „Höchstdauer" zu verstehenden Zeitbestimmung auch a. a. O. S. 261 bei Erörterung des ordentlichen Kündigungsrechts mit dem Erfolge, daß unter Berufung auf ihn von *Schlegelberger-Geßler* Anm. 2 zu § 132 (seit der 3. Auflage!) das Fehlen einer Mindestdauervereinbarung dem Eingehen der Gesellschaft auf unbestimmte Zeit gleichgesetzt wird (was freilich *Hueck* S. 261 Text zu N. 4 – wie diese Fußnote ergibt – nicht befürwortet hat!).

28 Von einer Gesellschaft, die mangels zeitlicher Begrenzung der Verfolgung des vereinbarten Gesellschaftszwecks nicht nach § 131 Nr. 1 aufgelöst werden kann, läßt sich nicht sagen, sie sei – auch oder zunächst – „für 5 Jahre eingegangen", weil ihre Kündigung während dieser Zeitspanne im Vertrage ausgeschlossen worden ist. Vielmehr ist sie von vornherein – und nicht etwa erst nach Ablauf der ersten 5 Jahre! – eine „auf unbestimmte Zeit eingegangene" Gesellschaft. Die häufig anzutreffende abweichende Vorstellung (s. dazu oben N. 19 a. E.) wurzelt offenbar in dem Bestreben, auch § 723 Abs. 1 S. 2 HGB als Argument für die Zulässigkeit eines zeitweiligen Ausschlusses der ordentlichen Kündigung – oder mit Huecks Worten: für die Zulässigkeit der Vereinbarung einer „Mindestdauer" – zu verwerten. Das dürfte aber nicht angängig sein: Eine Gesellschaft, bei der von Gesetzes wegen keine ordentliche Kündigung zugelassen ist, muß eine Höchstdauer haben, deren Ablauf nach § 131 Nr. 1 HGB Auflösungsgrund ist. Es wird noch zu zeigen sein, daß dieses Kriterium nicht immer ausreicht, um den Mitgliedern einer solchen Gesellschaft die ordentliche Kündigung von Gesetzes wegen zu versagen; sein Fehlen dagegen begründet ohne weiteres die Anwendbarkeit des § 132 HGB. Deshalb ist aus § 723 Abs. 1 S. 2 BGB für die Zulässigkeit der Vereinbarung einer bloßen „Mindestdauer" nichts zu gewinnen; die gesetzliche Beschränkung der Gesellschafter auf ein außerordentliches Lösungsrecht während der hier vorausgesetzten Zeitdauer hat ganz offenbar ihren Grund darin, daß auch ohne Kündigung eine Auflösung der Gesellschaft eintritt; wegen der Entbehrlichkeit des in Frage stehenden Arguments s. oben N. 19. Bei einer Fristbestimmung, die – in der Hueckschen Terminologie: – „nur Mindestdauer und nicht zugleich Höchstdauer sein soll", liegt also bereits während der „Mindestdauer" eine auf unbestimmte Zeit „eingegangene" Gesellschaft vor; für die gegenteilige Auffassung ist m. E. auch aus § 134 HGB kein Argument zu gewinnen (vgl. dazu unten S. 257 ff.!).

29 Daß die vertragliche Einräumung eines Kündigungsrechts für einen Teil (oder die ganze Dauer) der Vertragszeit einer nicht auf unbestimmte Zeit eingegangenen Gesellschaft dementsprechend nichts daran ändert, daß eine solche Gesellschaft für die „bestimmte" Zeit eingegangen ist, durch deren Ablauf sie nach § 131 Nr. 1 HGB aufgelöst wird, bedarf keiner zusätzlichen Betonung.

länglich isolieren läßt. Der § 131 Nr. 1 HGB adäquate Begriff einer Höchstdauer der Gesellschaft kann aber nur als Gegensatz zum Fehlen einer Begrenzung der Gesellschaftsdauer schlechthin erfaßt werden und bezeichnet demgemäß eine „Vertragszeit", für die es hinsichtlich der Rechtsfolgen ihres Ablaufs gleichgültig ist, ob sie zugleich „Mindestdauer" sein sollte.

2. Gegen die hiernach durch die Lehre von der „Mindestdauer" nicht erschütterte Auffassung,[30] daß jede nicht auf unbestimmte Zeit eingegangene Gesellschaft auf Grund § 131 Nr. 1 HGB aufgelöst werden kann, hat der durch diese Festschrift geehrte Jubilar schon vor mehr als 30 Jahren Bedenken erhoben[31] (und seitdem aufrecht erhalten[32]), die er zwar auch an Fragen der Kündbarkeit der Gesellschaft zu erhärten suchte, die aber ihren unmittelbaren Ursprung im Bereich der Rechtsfolge des § 131 HGB haben. Geßler meint, für eine Zeit, durch deren Ablauf die Gesellschaft aufgelöst werde, müsse ein höherer Bestimmtheitsgrad gefordert werden als derjenige, dessen relative Geringfügigkeit hier mehrfach mittels bloßer Negation der in § 132 HGB verwendeten Kennzeichnung eines unzweifelhaft nicht von § 131 Nr. 1 HGB erfaßten Gesellschaftstyps[33] angedeutet wurde. Dabei geht freilich auch Geßler — und m. E. grundsätzlich mit Recht[34] — davon aus, daß § 131 Nr. 1 und § 132 HGB einander ausschließen (und wohl auch wechselseitig rechtfertigen!), so daß der Kreis der auf „unbestimmte" Zeit eingegangenen Gesellschaften desto weiter zu ziehen ist, je höher die Anforderungen an den Grad der Bestimmtheit der „Zeit" sind, deren Ablauf gem. § 131 Nr. 1 HGB einen Auflösungsgrund darstellt. Wenn Geßler dies u. a. in der Weise zum Ausdruck bringt, daß er die nicht „auf unbestimmte Zeit eingegangenen Gesellschaften" als „auf bestimmte Zeit eingegangene Gesellschaften" bezeichnet, so ist darin wohl mit Sicherheit nicht schon eine Vorwegnahme seiner die h. M. bekämpfenden Stellungnahme, sondern ein noch im Bereich der Nomenklatur liegender Schritt zu sehen.[35]

---

30 Vgl. oben S. 249 f.

31 Vgl. *Ernst Geßler*, „Die Lebensdauer der Personengesellschaften" in SozPr. 1938, Sp. 1173 ff.

32 *Schlegelberger-Geßler* Anm. 10 zu § 131

33 Die verschiedentlich spürbare Neigung des BGB, die Umständlichkeit der Perfektbildung in der Leideform durch Weglassung der Hilfsverbform „worden" zu mildern, ist bekannt und gerade in § 723 Abs. 1 eine Quelle von Mißverständnissen; offensichtlich (s. dazu auch § 722 Abs. 2 BGB!) will das Gesetz hier aber eindeutig ebenso verstanden werden wie in § 271.

34 Vgl. dazu oben N. 28

35 Diese Terminologie liegt natürlich überaus nahe; sie ist dementsprechend weit verbreitet, und mindestens seit RGZ 82, 395 (399) wird mit der auf „bestimmte" Zeit eingegangenen Gesellschaft das (in Abwehr der a. a. O. S. 397 f. zitierten Revisionsbegründung gewonnene!) Begriffsmerkmal verknüpft, „daß der einzelne Gesellschafter nach einer im Vertrage getroffenen Anordnung nur auf beschränkte Dauer an das Gesellschaftsverhältnis gebunden sein darf". Daraus resultiert die oben Anm. 28 beklagte

Immerhin paßt diese Terminologie im Grunde allein zu der von Geßler verfochtenen Ansicht, daß die Festsetzung einer kalendermäßig bestimmten bzw. bestimmbaren Zeitspanne erforderlich sei, um von einer „Zeit" sprechen zu können, für welche die Gesellschaft eingegangen ist,[36] und durch deren Ablauf sie nach § 131 Nr. 1 HGB — ohne Kündigung! — aufgelöst wird.[37] Dieser Ansatzpunkt der Kritik Geßlers und die demgemäß an der Rechtsfolge des § 131 HGB orientierten Gründe für seine Ablehnung der h. L. sind nun für die tatbestandliche Erfassung des § 131 Nr. 1 HGB und seiner Wirkungsweise als Auflösungsgrund unmittelbar aufschlußreich. Anfänglich hatte Geßler[38] es zwar im wesentlichen noch mit der aufgezeigten Andeutung dieser Stoßrichtung seiner Kritik bewenden lassen und die ihn damals hauptsächlich interessierenden Ausuferungen der Rechtsprechung zur Gesellschaft auf Lebenszeit[39] mit Erwägungen bekämpft, die die Lage der Gesellschafter vor Ablauf der für die Dauer der Gesellschaft bestimmten Zeit ins Auge faßten, und insofern die bessere Wahrung des Gesellschafterinteresses bei einer kalendermäßig berechenbaren Bindung hervorgehoben.[40] Später jedoch[41] ist Geßler auf den Ansatzpunkt seiner These zurückgekommen, dessen Koordinaten eindeutig und unverkennbar an § 131 Nr. 1 HGB orientiert sind.[42] Weitaus bedenklicher als die Sorge, wie dem Übermaß an Freiheitsbeschränkung Rechnung getragen werden kann, das sich für die Gesellschafter bei nicht kalendermäßig berechenbarer Vertragszeit aus der Unabsehbarkeit des

---

Begriffsverschiebung, aus der sich wiederum die Vorstellung von der „Mindestdauer" der Gesellschaft ergab; vgl. dazu RGZ 136, 236 (239), 240). Schon RGZ 82, 395 (400) – in BGHZ 10, 91 (98) anscheinend mit Bedacht ebensowenig zitiert wie RGZ 136, 236 – spricht der Sache nach deutlich das Fehlen einer „Mindestdauer" an: „Nur dann ist die Gesellschaft in unzulässiger Weise auf unbestimmte Zeit geschlossen, wenn dem Einzelnen das Recht auf Kündigung unbegrenzte Zeit genommen, wenn er also auf unabsehbare Dauer an die Gesellschaft gefesselt ist".

36 Von der h. M. aus, die auch jede andere Art einer Bestimmung der Gesellschaftsdauer als grundsätzlich wirksam ansieht, kann die „auf eine bestimmte Zeit eingegangene" Gesellschaft offenbar nicht gleich guten Gewissens mit dieser Bezeichnung belegt werden. *Fischer* i. BGBKomm RGR § 723 Anm. 13 nennt aber sogar die auf unbestimmte Zeit eingegangene Gesellschaft eine „nicht für eine bestimmte Zeit eingegangene Gesellschaft" (!).

37 *Geßler* erwähnt die „einfache" Kündigung (bzw. deren gesetzliche Gewährung oder Versagung) nur unter dem Gesichtspunkt der „Art der Auflösbarkeit" der Gesellschaft; vgl. SozPr. 1938 Sp. 1174, 1175

38 SozPr. 1938, Sp. 1174 u. 1175

39 Vgl. *Geßler* a. a. O. Sp. 1177 ff.

40 Erwägungen dieser Art liegen, was ihre Bedeutung für die Erkenntnis der Wirkungsweise des Auflösungsgrundes des § 131 Nr. 1 HGB anlangt, naturgemäß auf keiner nennenswert höheren Ebene als der bereits behandelte Gesichtspunkt einer „Mindestdauer" der Gesellschaft.

41 *Schlegelberger-Geßler* Anm. 10 zu § 131

42 Bezeichnend ist, daß Geßler sich da zu einer Konzession an die h. M. bereitgefunden hat, wo es um das Ende der sog. Mindestdauer der Gesellschaft geht; treffend sagt er dazu mit Blick auf § 131 Nr. 1 HGB: „Dort wird zweifelhaft, ob die Gesellschaft aufgelöst ist, hier nur, ob künftig ein Kündigungsrecht besteht" (vgl. *Schlegelberger-Geßler* Anm. 14 zu § 132).

anderweitig bestimmten Endtermins ergeben kann,[43] erscheint in der Tat die mit der h. M. verbundene Gefahr einer Rechtsunsicherheit darüber, ob bereits eine Gesellschaftsauflösung kraft Ablaufs der Vertragszeit eingetreten ist. Beide Probleme liegen auch nicht notwendig parallel; es ist sehr wohl möglich, daß eine wegen übermäßig oder undurchschaubar langer Bindung der Gesellschafter vorzeitig kündbare Gesellschaft bis zum Ablauf der Zeit, für die sie eingegangen wurde, nicht aufgelöst worden ist und die Rechtslage nun nach § 131 Nr. 1 HGB beurteilt werden muß, weil die in der Art der Bindung liegende Sittenwidrigkeit nicht den Vertragswillen tangiert, jedenfalls beim Eintritt eines zwar nicht berechenbaren, aber zu gegebener Zeit feststellbaren Ereignisses die Verfolgung des Gesellschaftszwecks aufzugeben.[44]

Ein gesetzliches Beispiel dieser Art bietet § 134 HGB in seiner ersten Alternative; der Vertragswille der Gesellschafter wird zwar nicht i. S. des sonst gemäß § 723 Abs. 1 S. 2 BGB, § 133 HGB bestehenden Ausschlusses der ordentlichen Kündigung respektiert, die Gesellschaft wird aber mit dem Tode des Gesellschafters, auf dessen Lebenszeit sie eingegangen wurde, auch dann aufgelöst,[45] wenn der Gesellschaftsvertrag im übrigen nach § 138 oder § 139 der Auflösung infolge des Todes von — anderen! — Gesellschaftern vorgebeugt hatte. Jedenfalls ist es auf dem Boden der h. M., nach der die Gesellschaft ohne weiteres bei Eintritt eines nach § 131 HGB als Auflösungsgrund wirkenden Tatbestandes aufgelöst wird, überaus verständlich, in § 131 Nr. 1 HGB die stärkste Stütze für die These zu erblicken, daß die als Gesellschaftsdauer vorgesehene Zeit kalendermäßig bestimmt sein müsse. Denn nur dann erscheint die Gefahr, daß die Auflösung der Gesellschaft nach § 131 Nr. 1 HGB unbemerkt eintritt, in einer den Anforderungen der Rechtssicherheit genügenden Weise gebannt; bei weniger präziser Bestimmung der Gesellschaftsdauer ist möglicherweise „die Gesellschaft aufgelöst, ohne daß es die Beteiligten ahnen".[46] Nun läßt sich sicher mancherlei anführen, aus dem man folgern kann, daß das Gesetz zumindest grundsätzlich nicht den Geßlerschen Standpunkt teilt.[47] Eine überzeugende Widerlegung der aus § 131 Nr. 1 HGB hergeleiteten Gründe für diesen Standpunkt scheint mir indessen

43 Das Problem liegt kaum anders als bei präzis bestimmter, aber anstößig lang bemessener Vertragsdauer (oder übermäßig langem Kündigungsausschluß!); vgl. dazu *Geßler* SozPr. 1938, Sp. 1176, ferner *Westermann* i. „Handbuch der Personengesellschaften" I Rz. 633 u. 634.

44 Die Frage ist streitig; vgl. dazu *Westermann* I Rz. 634

45 Es sei denn, daß man mit Geßler eine Auflösung nach § 131 Nr. 1 HGB nur bei Ablauf einer kalendermäßig bestimmten Vertragszeit annehmen will.

46 So *Schlegelberger-Geßler* Anm. 10 zu § 131

47 Abgesehen davon, daß das Gesetz die Zeit, die „nach dem Kalender bestimmt" ist, neben der Zeit, die lediglich „bestimmt" ist, kennt (vgl. §§ 271, 284 Abs. 2 BGB), dürften namentlich auch § 724 S. 1 BGB und § 134 HGB in seiner ersten Alternative auf der Auffassung beruhen, daß die für die Lebenszeit eines Menschen eingegangene Gesellschaft keine auf unbestimmte Zeit eingegangene Gesellschaft ist, weil es sonst nicht erforderlich gewesen wäre, die für die Lebenszeit eines Gesellschafters eingegangene einer solchen Gesellschaft in einzelnen Punkten gleichzustellen.

bisher nicht gelungen zu sein. Dazu würde m. E. insbesondere nicht der Hinweis darauf genügen, daß auch der Eintritt anderer Auflösungsgründe den Beteiligten kürzere oder längere Zeit verborgen bleiben kann; denn angesichts des Fehlens einer § 39 Abs. 2 AktG bzw. § 10 Abs. 2 GmbHG oder § 12 Abs. 2 Nr. 4 GenG entsprechenden Vorschrift dürften bei keinem anderen Auflösungsgrund der ggf. nicht ausgeschlossenen Gefahr einer Verkennung seines Eintritts so wenige Faktoren entgegenwirken wie bei dem Auflösungsgrund des § 131 Nr. 1 HGB. Auch der Gedanke befriedigt wenig, daß das Gesetz sich der aufgezeigten Schwierigkeiten bewußt sei und sie in Kauf nehme, wie man etwa aus der Nichterwähnung der Auflösung kraft Zeitablaufs in § 136 HGB schließen könnte. Indessen ergibt sich hieraus m. E. ein Fingerzeig: die Kündigung der Gesellschaft ist der Auflösungsgrund, der von den Gesellschaftern unter keinen Umständen ignoriert werden darf; für den Auflösungsgrund des § 131 Nr. 1 HGB gilt dagegen in jeder Hinsicht das Gegenteil! Beide Gesichtspunkte sind der h. L. allerdings fremd. Für § 136 HGB wird allgemein die Erklärung gegeben, daß die geschäftsführenden Gesellschafter hier keines Schutzes bedürften, weil jedem Gesellschafter die Kündigungserklärung — als Voraussetzung des Eintritts der Kündigungswirkung — zugegangen sei.[48] Und das Dogma vom „automatischen" Eintritt der Auflösungswirkung hat dazu geführt, die in § 134 HGB erwähnte stillschweigende Fortsetzung der Gesellschaft nach Ablauf der für ihre Dauer bestimmten Zeit in gleicher Weise in das von Wissenschaft und Praxis weitgehend außerhalb des Gesetzes entwickelte Institut der Fortsetzung einer aufgelösten Gesellschaft zu „integrieren" wie die Fälle des § 144 HGB. Man befleißigt sich nun, einerseits § 134 HGB insoweit als bloße Auslegungsregel hinzustellen und andererseits die analoge Anwendung der Vorschrift auf die Fortsetzung der „aus anderen Gründen aufgelösten" Gesellschaft zu erörtern.[49] Niemand zieht auch nur in Erwägung, ob die „stillschweigende Fortsetzung" der Gesellschaft in § 134 HGB nicht etwas anderes sein muß als der nicht ausdrücklich, aber durch schlüssiges Verhalten der Gesellschafter zustande gekommene Vertrag, durch den nach Eintritt der Auflösung und in deren Kenntnis die aufgelöste Gesellschaft in eine werbende zurückverwandelt wird. In einem solchen Verständnis der Vorschrift scheint mir zumindest eine Unterschätzung ihrer Bedeutung zu liegen. Sollte sie wirklich nur eingreifen, wenn die Auflösung der Gesellschaft gem. § 131 Nr. 1 HGB eingetreten ist und die Gesellschafter nun ein Verhalten an den Tag legen, dem ihr übereinstimmender und nur hinsichtlich der Dauer der Gesellschaftsfortsetzung unentschiedener Wille entnommen werden kann, die eingetretene Rechtsfolge rückgängig zu machen? Dann wäre es im Grunde einziger Sinn der Vorschrift, der Annahme vorzubeugen, die

48 Vgl. namentlich *Weipert* Anm. 2 zu § 136; aber auch *Hueck* S. 357 u. *Schlegelberger-Geßler* Anm. 3 zu § 136

49 Vgl. *Hueck* S. 262 u. außer den dort N. 8 u. 9 Zitierten *Baumbach-Duden* Anm. 2 zu § 132

Gesellschafter hätten sich in einem solchen Falle nochmals für eine der abgelaufenen Vertragsdauer gleiche Zeit[50] binden wollen. Unterstellt man — wie es im Zuge dieses Gedankenganges liegen würde — dem Gesetz, daß es hier das essentiell gleiche Rechtsgeschäft der Gesellschafter im Auge hatte wie in § 144 HGB, so wirkt das skizzierte Selbstverständnis des Gesetzes m. E. ausgesprochen unglaubwürdig; angesichts § 723 Abs. 1 S. 1 BGB, § 132 HGB hätte das Gesetz die ihm von der h. M. unterstellte Sorge kaum zu haben brauchen. Ungleich näher liegt demgegenüber, in § 134 HGB insoweit eine Regelung für den Fall zu sehen, daß sich die Gesellschafter durch den Ablauf der Vertragszeit lediglich in der Weiterverfolgung des bisherigen Gesellschaftszwecks nicht haben beirren lassen, u. zw. ohne Rücksicht darauf, ob ihnen der Ablauf der Vertragszeit bewußt geworden oder verborgen geblieben war. Nur für diesen Fall besteht ernstlich Anlaß zu der Normierung, daß die Gesellschafter — noch und nur! — in derselben Weise gebunden sein sollen, wie wenn sie einig gewesen wären, das Gesellschaftsverhältnis auf unbestimmte Zeit fortzusetzen. Sieht man hierin den Normgehalt des § 134 HGB bei dessen zweiter Tatbestandsalternative, so ergibt sich, daß hier der Gefahr einer Auflösung der Gesellschaft, „von der die Beteiligten nichts ahnen", wirkungsvoll begegnet wurde. Damit verlieren nicht nur die entscheidend von der Sorge um diese Gefahr getragenen Bedenken Geßlers gegen die Zulässigkeit einer nicht kalendermäßig bestimmten Gesellschaftsdauer ihr ganzes Gewicht. Darüber hinaus nötigt m. E. die so verstandene Regelung des § 134 HGB zu der Annahme, daß es überhaupt nicht zu der Auflösung der Gesellschaft auf Grund § 131 Nr. 1 HGB kommt, wenn sich kein Gesellschafter darauf beruft, daß der Tatbestand dieses Auflösungsgrundes eingetreten sei. Dies aber dürfte nicht unerheblich die eingangs geäußerte Vermutung verstärken, daß eine Auflösung der Gesellschaft zumindest nicht notwendig in dem Zeitpunkt eintritt, in dem sich die in § 131 Nr. 1—6 HGB aufgezählten Tatsachen ereignen.

II.

Das Ergebnis der vorstehenden Analyse des Auflösungsgrundes des § 131 Nr. 1 HGB bedeutet mehr als die Aufzeigung einer nur hier bestehenden Möglichkeit zur „Abwendung" der Regelfolge des § 131 HGB.[51] Wird nämlich die Gesellschaft durch Ablauf der Zeit, für welche sie eingegangen ist, dann nicht aufgelöst, wenn ihre Gesellschafter den Eintritt des Auflösungsgrundes — bewußt oder unbewußt — ignorieren, so ergibt

50 Generell gesehen, kommt ein anderer Anknüpfungspunkt für eine stillschweigende Bindung in zeitlicher Hinsicht schwerlich in Betracht. Vgl. dazu im übrigen *Schlegelberger-Geßler* Anm. 12 und *Weipert* Anm. 7, beide zu § 134

51 Die als solche den nach §§ 138, 141 HGB zugelassenen Maßnahmen an die Seite zu stellen wäre!

sich daraus zugleich die Antwort auf die Frage, wann andernfalls die in § 131 Nr. 1 HGB normierte Rechtsfolge eintritt: es muß sich offenbar um den Zeitpunkt handeln, in welchem ein Gesellschafter unter Berufung auf den nachweisbaren Eintritt des Ablaufs der Vertragszeit den daraus erwachsenden Anspruch auf Abwicklung des Gesellschaftsverhältnisses erhebt (was hier angesichts § 134 HGB allerdings voraussetzt, daß sein eigenes nach dem Ablauf der ursprünglichen Gesellschaftsdauer liegendes Verhalten auch im Zusammenhang mit dem Verhalten der übrigen Gesellschafter nicht als „stillschweigende Fortsetzung" der Gesellschaft zu werten war.[52] Das erlaubt eine Reihe weiterer Folgerungen.

1. Besonders nahe liegt es, die Erkenntnis von der Wirkungsweise des Auflösungsgrundes des § 131 Nr. 1 HGB auf den Auflösungsgrund des § 131 Nr. 2 HGB zu übertragen; beiden ist schließlich gemeinsam, daß die ihnen beigelegte Rechtsfolge ausschließlich auf einer privatautonomen Bestimmung der Gesellschafter beruht.[53] Der charakteristische Unterschied dieser beiden Auflösungsgründe liegt aber offenbar darin, daß der in § 131 Nr. 2 HGB gemeinte Auflösungsbeschluß — ähnlich wie die wirksam gewordene Kündigung der Gesellschaft seitens einzelner Gesellschafter — die Bekundung eines aktuellen Abwicklungsverlangens (ohne die dem bloßen Ablauf der Vertragszeit ausweislich der 2. Alternative des § 134 HGB[54] keine auflösende Kraft zukommt!) bereits tatbestandlich einschließt (um nicht zu sagen: selbst verkörpert!). Deshalb vermag der Auflösungsbeschluß den Eintritt der Auflösung der Gesellschaft unmittelbar und für sich allein zu tragen, was freilich nicht bedeutet, daß der Zeitpunkt der Auflösung nach § 131 Nr. 2 HGB notwendig mit dem der Beschlußfassung zusammenfiele. Letzteres ist nur dann der Fall, wenn der Beschluß keinen abweichenden Zeitpunkt hierfür festsetzt. Daß die Gesellschafter auch anders verfahren können, ergibt sich schon daraus, daß ihnen nicht versagt werden kann, den Interessen Rechnung zu tragen, die § 132 HGB bei seiner Ausgestaltung des ordentlichen Kündigungsrechts des einzelnen Gesellschafters im Auge hat. Allerdings entfällt hier angesichts der Gemeinsamkeit ihres Vorgehens der die gesetzliche Kündigungsfrist mittragende Gesichtspunkt des Schutzes vor Überraschungen. Deshalb wird man als den Zeitpunkt einer Auflösung der Gesellschaft nach § 131 Nr. 2 HGB primär den hierfür im Auflösungsbeschluß festgesetzten und nicht über das Ende des laufenden Geschäftsjahres hinausgeschobenen Termin anzusehen haben.[55] Im Falle der Bestimmung eines

---

52 Andernfalls kann in dem Abwicklungsverlangen höchstens die dann gem. §§ 134, 132 HGB zulässig gewordene ordentliche Kündigung liegen.

53 Bezeichnend hierfür ist der schon oben Anm. 9 erwähnte Meinungsstreit über die tatbestandliche Abgrenzung eines Auflösungsbeschlusses i. S. des § 131 Nr. 2 HGB von einer Vertragsänderung, welche die Einführung oder Abkürzung einer die Anwendbarkeit des § 131 Nr. 1 HGB begründenden Vertragszeit zum Inhalt hat.

54 Vgl. oben S. 258

55 Das ist im Ergebnis der Standpunkt der h. M., wie er sich in dem oben N. 9 u. 53 erwähnten Abgrenzungsstreit herausgebildet hat; s. dazu auch noch *Weipert* Anm. 22 Abs. 3 zu § 131

späteren (oder gar eines erst später berechenbaren) Termins kommt gar keine Auflösung nach § 131 Nr. 2 HGB in Frage. Ein solcher Beschluß, der erst das Ergebnis eines künftig beginnenden Geschäftsjahres als Schlußstein der werbenden Tätigkeit der Gesellschaft gelten lassen will, entbehrt der Aktualität des „gebündelten" Abwicklungsverlangens der Gesellschafter, die den echten Auflösungsbeschluß kennzeichnet. Zur Vermeidung der Auflösungswirkung bedarf es dann keiner bewußten gemeinsamen Abkehr der Gesellschafter vom Ergebnis ihrer Beschlußfassung; es muß vielmehr genügen, daß niemand von ihnen auf dieses Ergebnis zurückkommt, wenn es später aktuell wird. Mit anderen Worten: ein solcher Beschluß schafft nur die Grundlage für eine Auflösung der Gesellschaft nach § 131 Nr. 1 HGB.

2. Mit dem echten Auflösungsbeschluß i. S. des § 131 Nr. 2 HGB haben die Auflösungsgründe des § 131 Nr. 6 HGB gemeinsam, daß ihren Tatbeständen ohne weiteres das Abwicklungsverlangen innewohnt, zu dessen Äußerung der Eintritt eines Auflösungsgrundes typisch berechtigt. Demgemäß steht es mit der Wirkungsweise der bisher erörterten Auflösungsgründe durchaus in Einklang, daß es in den Fällen der Kündigung der Gesellschaft und ihrer Auflösung durch gerichtliche Entscheidung zwischen der Verwirklichung des Tatbestandes des Auflösungsgrundes und der Auflösung der Gesellschaft keine zeitliche Differenz gibt. Der Zeitpunkt, in welchem die Kündigung eines Gesellschafters oder des Privatgläubigers eines Gesellschafters[56] wirksam wird oder die Rechtskraft des Auflösungsurteils eintritt, ist daher auch auf dem Boden der hier angestellten Erwägungen der Zeitpunkt der auf Grund dieser Tatbestände eintretenden Auflösung der Gesellschaft.[57]

3. In den beiden Fällen, in denen die Auflösung der Gesellschaft infolge Eröffnung eines Konkursverfahrens eintritt (§ 131 Nr. 3 u. 5 HGB), kann die „automatische" Wirkung des Auflösungsgrundes und damit das völlige Zusammenfallen des Zeitpunktes der Auflösung mit dem der Konkurseröffnung (vgl. § 108 KO) angesichts der offenkundigen Sonderstellung des Gesellschaftskonkurses[58] nur beim Auflösungsgrund des § 131 Nr. 5 HGB zweifelhaft sein. Infolge Eröffnung des Privatkonkurses über das Vermögen eines Gesellschafters verliert dieser zunächst das Verfügungsrecht über sein Vermögen, und der Konkursverwalter tritt auch hinsichtlich der außerhalb des Konkurses durchzuführenden Auseinandersetzung mit den Mitgesellschaftern des Gemeinschuldners an die Stelle des letzte-

56 Der Auflösungsgrund des § 131 Nr. 6 HGB weist in der Erscheinungsform der Privatgläubigerkündigung gem. § 135 HGB die Besonderheit auf, daß hier auch ein Außenstehender Anspruch auf Abwicklung des Gesellschaftsverhältnisses hat. Ob dieser Umstand etwa für sich allein die „automatische" Auflösung der Gesellschaft rechtfertigen würde, braucht indessen in diesem Zusammenhang nicht erörtert zu werden, da im Tatbestand des Auflösungsgrundes das auf ihn gestützte Abwicklungsverlangen ohne weiteres eingeschlossen ist, was zum zeitgleichen Eintritt der Auflösung ausreicht.

57 Vorausgesetzt selbstverständlich, daß die Regelfolge der Auflösungsgründe nicht wirksam abbedungen war bzw. vermieden wurde.

58 S. dazu schon oben S. 248 N. 10 (m. Text)!

ren; vgl. §§ 16 KO, 146 Abs. 3 HGB. Damit entsteht hier aber in doppelter Hinsicht, was die Auflösung der Gesellschaft und ihren Zeitpunkt anlangt, eine andere Lage als beim Auflösungsgrund des § 131 Nr. 6 i. V. m. § 135 HGB. Einmal schließt der Tatbestand des Auflösungsgrundes im Falle des § 131 Nr. 5 HGB nicht ohne weiteres das Abwicklungsverlangen des zu seiner Äußerung allein legitimierten Konkursverwalters ein, da er sich auch für eine Freigabe der zunächst in die Konkursmasse gefallenen Beteiligung des Gemeinschuldners entscheiden kann.[59] Zum anderen steht der Berufung des Konkursverwalters auf den Auflösungsgrund i. S. einer Erhebung des Anspruchs auf Abwicklung der Beteiligung der auf § 141 Abs. 2 HGB gestützte Einwand der Mitgesellschafter des Gemeinschuldners entgegen, den Anspruch durch die dort vorgesehene Ausschließungserklärung noch in einen Anspruch auf Auszahlung des Abfindungsguthabens umgestalten zu können. Nach h. M. besteht im Falle der Ausübung des in § 141 Abs. 2 HGB normierten Rechts der Mitgesellschafter gegenüber dem hier für entsprechend anwendbar erklärten § 141 Abs. 1 HGB die Anomalie, daß es sich bei der Ausschließungserklärung wegen der bereits mit der Eröffnung des Privatkonkurses eingetretenen Gesellschaftsauflösung nicht um deren Vermeidung, vielmehr um einen Sonderfall der Rückverwandlung der aufgelösten Gesellschaft in eine werbende Gesellschaft handele.[60] Richtiger dürfte es sein, auch hier die für diese Auffassung verantwortliche Vorstellung einer mit dem Eintritt des Auflösungsgrundes automatisch verbundenen Auflösung preiszugeben, weil sie im Falle des § 131 Nr. 5 HGB nicht der aus § 141 Abs. 2 HGB ablesbaren Wirkungsweise dieses Auflösungsgrundes entspricht.[61] Das würde bedeuten, daß die Gesell-

59 Vgl. *Schlegelberger-Geßler* Anm. 30 zu § 131

60 Vgl. statt aller *Schlegelberger-Geßler* Anm. 12 zu § 141

61 Es handelt sich hier nur um den Zeitpunkt der Auflösung, also nicht um die davon unabhängige Frage, ob eine § 141 HGB entsprechende Rechtswirkung auch noch nach Ablauf der Frist für die Ausübung der gesetzlichen Ausschließungsrechte herbeigeführt werden kann. Ohne Zustimmung auch des Auszuschließenden wird das nicht möglich sein. BGHZ 51, 84 (90), wonach es auch in Fällen des § 135 HGB nicht nur eine Frage der Vertragsfreiheit der Beteiligten sein soll, im allseitigen Einverständnis die Auflösungswirkung der Kündigung hinauszuschieben und zunächst auf die Liquidation zu „verzichten", sondern einem solchen Verhalten auch die Wirkung zukommt, die Ausschließungsfrist zu Lasten der von der Ausschließung bedrohten Gesellschafter zu verlängern, ist daher nicht unbedenklich. Der Senat konnte überdies die zweite Wirkung des derart gewerteten „Einverständnisses" der Beteiligten nur deshalb in Betracht ziehen, weil noch nach Beendigung des Einverständnisses ein vorher nicht bestehendes Ausschließungsrecht der (zunächst ebenfalls ausschließungsbedrohten!) Klägerin künstlich geschaffen wurde, obwohl sich das „Einverständnis" jedenfalls nicht auf diese Wirkung bezog. In Wahrheit bestand hier nur ein Übernahmerecht des Kündigenden (der Privatgläubiger und einziger unverschuldeter Gesellschafter in einer Person war!) nach § 142 Abs. 2 HGB, das aber nicht zur Weiterführung des Unternehmens, sondern zu dessen sofortiger Abstoßung an eine der ihm gegenüber gemeinsam verschuldeten Mitgesellschafterinnen ausgeübt worden wäre. M. E. hat der BGH früher in einigen der in BGHZ 51, 84 zusammentreffenden Momente die Gefahr eines Rechtsmißbrauchs gesehen. Da ihm aber der eigentliche Übernehmer hier als quasi Ausscheidender (analog § 142 Abs. 1 HGB) erscheint, tröstet er sich und die ausgeschlossenen Gesellschaf-

schaft infolge Eröffnung des Konkurses über das Privatvermögen eines Gesellschafters nur und erst dann aufgelöst wird, wenn die Frist, in der sich die Mitgesellschafter des Gemeinschuldners dem Abwicklungsverlangen des Konkursverwalters unter Berufung auf ihr Recht zur Ausschließung des Gemeinschuldners widersetzen können, abläuft, ohne daß dem Konkursverwalter die in § 141 Abs. 2 HGB vorgesehene Erklärung zugegangen ist (oder der Konkursverwalter seinerseits die Beteiligung des Gemeinschuldners freigegeben hat). Anzunehmen, daß schon während dieser „Unverzüglichkeitsfrist“[62] die Gesellschaft aufgelöst sei, ist jedenfalls solange, als nicht schon vorher feststeht, daß die Gesellschafter von ihrem Ausschließungsrecht keinen Gebrauch machen,[63] weder sinnvoll noch durch die Natur des Auflösungsgrundes geboten, u. zw. ohne Rücksicht darauf, ob von dem Ausschließungsrecht des § 141 Abs. 2 HGB Gebrauch gemacht wird.[64] Daß bejahendenfalls der Gemeinschuldner als schon im Zeitpunkt der Konkurseröffnung ausgeschieden sei, ist so oder so eine Fiktion und nur für die Berechnung seines dann allein in die Konkursmasse fallenden Abfindungsanspruchs von Bedeutung.[65] Daß in diesem Falle im Handelsregister nur das Ausscheiden des Gemeinschuldners einzutragen ist,[66] findet aber erst in der hier befürworteten Auffassung seine unangreifbare Rechtfertigung.[67]

4. Von der h. M. erheblich abweichende Folgerungen ergeben sich, wenn

---

terinnen damit, daß jener eine logische Sekunde später ausscheide als sie und ihnen daher für das Auseinandersetzungsguthaben hafte.

62 Allg. M.; vgl. *Schlegelberger-Geßler* Anm. 10 Abs. 2 a. E. (m. weit. Nachw.)

63 Man wird annehmen können, daß ohne Rücksicht auf den Fristenablauf die Auflösung der Gesellschaft spätestens eintritt, wenn die ausschließungsberechtigten Gesellschafter dem Konkursverwalter erklären, daß sie von ihrem Ausschließungsrecht keinen Gebrauch machen (ähnlich, wie der in die Gesellschaft eingerückte Gesellschaftererbe im Falle des § 139 HGB spätestens dann endgültig persönlich haftender Gesellschafter wird, wenn er erklärt, dies bleiben zu wollen; vgl. dazu *Schlegelberger-Geßler* Anm. 30 Abs. 1 zu § 139!).

64 In einem ähnlichen Fall – bei der sog. Eintrittsklausel zugunsten eines Gesellschaftererben – nimmt auch die h. L. an, daß der Tod des Gesellschafters trotz dem Fehlen einer § 138 oder § 139 HGB entsprechenden Klausel die Gesellschaft nicht sofort, sondern ggf. erst nach ergebnislosem Ablauf des Schwebezustandes auflöst, während dessen das Eintrittsrecht eines Erben besteht; s. dazu auch unten S. 264 (Text nach N. 74).

65 Es liegt insoweit beim Ausscheiden gem. § 141 Abs. 1 HGB nicht grundsätzlich anders, als es im Falle des § 140 HGB dessen Abs. 2 vorsieht.

66 So – im Ergebnis mit Recht – *Schlegelberger-Geßler* Anm. 12 a. E. zu § 141

67 Eigentliches Kriterium für die Richtigkeit der hier vertretenen Ansicht wäre allerdings wohl weniger die Notwendigkeit, als vielmehr die Zulässigkeit einer Eintragung der nach h. M. zwischenzeitlichen eingetretenen Auflösung. Wie die Vertreter der h. M. angesichts § 159 Abs. 2 HGB den Anspruch eines zur Abgabe der Ausschließungserklärung noch nicht fest entschlossenen Gesellschafters auf Mitwirkung bei der Anmeldung der – angeblich – mit der Konkurseröffnung eingetretenen Auflösung zum Handelsregister verneinen könnten, ist unerfindlich. Auch hinsichtlich des Wortlauts der Anmeldung bzw. Eintragung eines auf Grund § 141 Abs. 2 HGB eingetretenen Ausscheidens dürften sich zumindest in dem Fall Unterschiede gegenüber der h. M. ergeben, daß die Gesellschaft bisher noch nicht im Handelsregister eingetragen war und dann (vgl. *Schlegelberger-Geßler* Anm. 6 Abs. 1 zu § 143) zunächst deren Eintragung nachgeholt werden muß.

man die hier entwickelte Auffassung bei der Auflösung der Gesellschaft nach § 131 Nr. 4 HGB zugrundelegt. Nach dieser Auffassung fallen der Zeitpunkt des Todes des Gesellschafters und der einer durch ihn bewirkten Auflösung nicht zusammen. Die Gesellschaft würde vielmehr nicht eher aufgelöst werden, als ein Gesellschafter oder Gesellschaftererbe den Todesfall als Voraussetzung irgendwelcher Auflösungsfolgen geltend macht und ihn auch beweisen kann. Eine Berufung auf den Auflösungsgrund mit der Folge des nunmehrigen Eintritts der Auflösung hat demgemäß hier die gleiche Voraussetzung wie ein Antrag auf gerichtliche Feststellung der Todeszeit gem. § 39 S. 1 VerschG.[68] Nach h. M. wäre dagegen die Gesellschaft bereits vor Eintritt dieser Voraussetzung aufgelöst gewesen, obwohl dies — u. zw. möglicherweise Jahre hindurch — noch nicht feststellbar war. Selbst die Zeit, in der die Beteiligten von einer solchen „Auflösung" der Gesellschaft überhaupt nichts zu ahnen brauchten, kann — wie keiner näheren Darlegung bedarf — u. U. sehr beträchtlich sein. Es erscheint aber widersinnig anzunehmen, daß bereits unter solchen Umständen die Gesellschaft in Wahrheit aufgelöst und nicht mehr als werbende Gesellschaft anzusehen sei. Das erkennt die h. M. in den Fällen der Verschollenheit des Gesellschafters auch stillschweigend an, indem sie hier die Todeserklärung praktisch als Auflösungsgrund i. S. des § 131 Nr. 4 HGB versteht.[69] Der darin liegende Bruch mit der Auffassung, daß die Gesellschaft im Zeitpunkt der tatbestandlichen Verwirklichung des Auflösungsgrundes aufgelöst werde, ist mit Händen zu greifen; denn nicht die Todeserklärung, sondern nur der Tod selbst kommt als Auflösungsgrund in Betracht. Der Versuch der Vertreter der h. L., diesen Bruch dadurch zu verdecken, daß man erklärt, im Falle der Todeserklärung trete die Auflösung in dem Zeitpunkt ein, der in der Todeserklärung als Zeitpunkt des Todes des verschollenen Gesellschafters festgestellt sei,[70] kann nicht darüber hinwegtäuschen, daß die Gesellschaft in der zwischen diesem Zeitpunkt und dem Eintritt der Unanfechtbarkeit der Todeserklärung liegenden Zeitspanne selbst dann in jeder Hinsicht als werbende Gesellschaft mit der normalen Vertretungs- und Geschäftsführungsbefugnis zu behandeln war, wenn der verschollene Gesellschafter wirklich in oder schon vor jenem Zeitpunkt gestorben war. Auch der Umstand, daß dies alles eine notwendige Konsequenz daraus ist, daß bis zur formellen Rechtskraft der Todeserklärung der Beweis der tatbestandlichen Verwirklichung des Auflösungsgrundes nicht geführt wer-

---

68 Der Antrag kann von einem Gesellschaftererben wie auch von jedem Mitgesellschafter gestellt werden, vgl. § 40 i. V. m. § 16 Abs. 2 Buchst. c VerschG. Dagegen würde nach der h. M. auch jeder Vertragspartner der Gesellschaft, der sich von einem mit ihr geschlossenen Vertrag lossagen will, ein die Antragsbefugnis begründendes Interesse haben, die Todeszeit feststellen zu lassen, um beweisen zu können, daß die Gesellschafter, mit denen er kontrahiert hatte, s. Z. schon nicht mehr zur Vertretung der Gesellschaft berechtigt waren.

69 S. darüber schon oben N. 5

70 Vgl. oben N. 5

den kann,[71] ändert nichts daran, daß auch die h. L. hier die Existenz einer werbenden Gesellschaft anerkennen muß, obwohl diese nach der bisher geläufigen Vorstellung von der Wirkungsweise der Auflösungsgründe des § 131 HGB bereits aufgelöst war.[72] Die m. E. nicht geringe Schwierigkeit, diese widersprüchliche Rechtslage befriedigend zu erklären,[73] entfällt bei der im Vorstehenden entwickelten Betrachtungsweise. Danach tritt die Auflösung der Gesellschaft nach § 131 HGB nicht stets „automatisch", sondern in der Regel erst dann ein, wenn eine mit der Auflösung verbundene Rechtsfolge unter Berufung auf einen Auflösungsgrund geltend gemacht wird, der nachweisbar entstanden ist und ohne Mitwirkung des derartig vorgehenden Beteiligten nicht mehr entkräftet werden kann. Bei Zugrundelegung dieser Auffassung lassen sich auch andere Probleme im Wirkungsbereich des in § 131 Nr. 4 HGB normierten Auflösungsgrundes zwangloser lösen, als es der h. L. möglich ist; zu ihnen gehört die bereits kurz erwähnte[74] und längere Zeit hindurch kontrovers gebliebene Frage, wann die Auflösung der Gesellschaft eintrete, wenn im Gesellschaftsvertrage — abweichend von der in § 139 HGB vorausgesetzten Regelung — vorgesehen war, daß Erben eines verstorbenen Gesellschafters nicht ohne weiteres mit dem Erbfall in die Gesellschaft einrücken, sondern nur das Recht haben sollen, in die Gesellschaft einzutreten.[75] Nach heute weitaus überwiegender Meinung bedeutet die Ausübung des Eintrittsrechts, daß die Auflösung der Gesellschaft nach § 131 Nr. 4 HGB vermieden wird, und nicht etwa, daß eine bereits mit dem Todesfall eingetretene Auflösung auf diese Weise rückgängig gemacht werde.[76] Daß die Gesellschaft hier nicht schon mit dem Todesfall aufgelöst wird, läßt sich nun auf dem Boden der überlieferten Anschauung eigentlich nur dann rechtfertigen, wenn dem Vertrage außer der „Eintrittsklausel" entnommen werden kann, daß die überlebenden Ge-

---

71 Andernfalls entfallen die Voraussetzungen der Todeserklärung, vgl. §§ 2, 45 i. V. m. § 1 Abs. 2 VerschG. – Für die praktische Unmöglichkeit einer Berufung auf den Auflösungsgrund des § 131 Nr. 4 HGB ist es gleichgültig, ob die Lebensvermutung des § 10 VerschG. nicht widerlegbar ist oder der Eintritt des Auflösungsgrundes deshalb nicht bewiesen werden kann, weil ein Abwicklungsverlangen (o. dgl.) sich noch nicht auf die Todesvermutung des § 9 VerschG. stützen kann.

72 Nämlich immer dann, wenn der Verschollene die Todeserklärung nicht erlebt hat! (Hat der Gesellschafter „seine" Todeserklärung überlebt, so ist die Gesellschaft natürlich niemals aufgelöst worden; vgl. dazu auch *Weipert* Anm. 23 Abs. 8 u. 27 Abs. 3 zu § 131 über die Rechtslage bei rechtskräftiger Aufhebung des Beschlusses über die Konkurseröffnung im Beschwerdeverfahren!)

73 Dies dürfte wohl auch kaum mit Hilfe des in BGHZ 1,324 (329) „beim Vorliegen eines verständigen Grundes" und in BGHZ 51, 84 (90) offenbar auch aus anderen Gründen bejahten „Aufschubs" der Abwicklung bzw. der Liquidationswirkung möglich sein. Über die Schwierigkeiten, in denen sich Gesellschaften – unabhängig von der im Text behandelten Frage – bei Verschollenheit eines Mitgesellschafters befinden können, s. *Weipert* Anm. 26 Abs. 3 a. E. zu § 131.

74 Vgl. oben N. 64

75 Sog. Eintrittsklausel; s. dazu *Weipert* Anm. 3 Abs. 1 zu § 139; *Schlegelberger-Geßler* Anm. 6 zu § 139; *Hueck* S. 297

76 Vgl. die Angaben über den Streitstand bei *Schlegelberger-Geßler* a. a. O.

sellschafter notfalls die Gesellschaft auch unter sich allein fortzusetzen haben. Deshalb wird der Eintrittsklausel heute wohl meist ein dementsprechender Wille der Altgesellschafter „mindestens bis zur Entscheidung des Erben“[77] entnommen. Das ist aber recht gekünstelt und — wenn damit die § 138 HGB entsprechende Regelung gemeint ist — nicht unproblematisch. Denn bei einer solchen Regelung wäre der Anteil des Erblassers den übrigen Gesellschaftern angewachsen und sein Abfindungsanspruch in den Nachlaß gefallen. Die damit verbundenen Schwierigkeiten sind u. U. schon bei Ausübung der Eintrittsrechte beträchtlich genug,[78] um Zweifel aufkommen zu lassen, ob die derart verstandene Regelung wirklich vom Vertragswillen der Gesellschafter[79] getragen wird. Nahezu ausgeschlossen erscheint aber eine Bejahung dieser Frage für den Fall, daß von den Eintrittsrechten kein Gebrauch gemacht wird und nun die Auflösung der Gesellschaft eintritt;[80] für diesen Fall sprechen nämlich nicht nur technische Gesichtspunkte dagegen, daß man den Verstorbenen als schon vorher ausgeschieden behandeln wollte. Bei der h. L. wird im übrigen nicht völlig klar, auf welchen Auflösungsgrund[81] sie hier die Auflösung der Gesellschaft beim Scheitern der Beitrittshoffnungen der Gesellschafter zurückführen will. Den von Hueck[82] gegen die ältere Ansicht vorgebrachten Argumenten würde eine Auflösung nach § 131 Nr. 1 HGB entsprechen. *Schlegelberger-Geßler*,[83] die der Argumentation gefolgt sind, müßten angesichts der oben ausführlich erörterten Auffassung Geßlers immer dann nach einem anderen Auflösungsgrund suchen, wenn die Zeit, mit deren Ablauf das letzte Eintrittsrecht erlosch, nicht kalendermäßig bestimmt war.[84] Weipert endlich[85] setzt sich zwar solchen Schwierigkeiten nicht aus, wenn er zwischen Todesfall und Erlöschen der Eintrittsrechte einen „Schwebezustand“ eintreten läßt, während dessen auch die Erben des verstorbenen Gesellschafters — „als solche“ — der Gesellschaft angehören; aber einen in den Augen der h. L. ähnlich „stichhaltigen“ Grund wie Hueck vermag Weipert dafür nicht anzuführen.[86] Gleichwohl scheint mir nur Weiperts Vorstellung der hier in Frage

77 So *Hueck* a. a. O. N. 8

78 S. darüber *Westermann* I 555–561

79 Zu denen bei Zustandekommen der von *Hueck* a. a. O. in diesem Sinne ausgelegten Regelung ja auch der nunmehr verstorbene Gesellschafter gehörte (was *Hueck* a. a. O. übrigens keineswegs verkennt!).

80 Wenn nämlich auf Grund der Auslegung des Gesellschaftsvertrages (vgl. *Hueck* a. a. O. N. 9 a. E.) unter diesen Umständen ein „Fortsetzungswille“ der überlebenden Gesellschafter für die Zukunft verneint werden muß!

81 Der Auflösungsgrund wir zwar nicht im Handelsregister eingetragen, ist aber in der Anmeldung zwecks Richtigkeitsprüfung anzugeben; vgl. *Schlegelberger-Geßler* Anm. 3 zu § 143.

82 Vgl. oben (Text) zu N. 77

83 Anm. 6 zu § 139

84 Vgl. *Schlegelberger-Geßler* Anm. 2 zu § 131

85 Anm. 3 Abs. 1 a. E. zu § 139

86 S. dazu auch die (m. E. völlig „faire“!) Darstellung des Streitstandes bei *Hueck* S. 297 N. 9

stehenden Gestaltung des Gesellschaftsverhältnisses adäquat zu sein und demgemäß auch unbezweifelbar, daß als Grund für die schließliche Auflösung der Gesellschaft allein § 131 Nr. 4 HGB in Betracht gezogen werden kann. Einwandfrei zu rechtfertigen sind der Weipertsche „Schwebezustand" und die Art seiner Beendigung jedoch nur, wenn man, wie hier vorgeschlagen, mit dem bisher § 131 HGB allgemein unterstellten Wirkungsprinzip der „automatischen" Auflösung bricht.[87] Die sich statt dessen anbietende Anschauung der hier dargelegten Wirkungsweise aller Auflösungsgründe, denen nicht bereits — wie § 131 Nr. 3 u. 6 HGB — im Zeitpunkt ihrer tatbestandlichen Vollendung der nicht mehr entkräftbare (und darum unmittelbar zu respektierende!) Anspruch auf Abwicklung des Gesellschaftsverhältnisses innewohnt, bewährt sich schließlich auch noch in einem anderen Grenzfall aus dem Anwendungsbereich des § 131 Nr. 4 HGB.[88] Es handelt sich um den Fall der von Weipert[89] der Todeserklärung in der Rolle als — gewissermaßen: — „Not-Auflösungsgrund" an die Seite gestellten Feststellung der Todeszeit eines Gesellschafters nach §§ 39 ff. VerschG. Soviel ich sehe, ist Weipert insofern bisher zumindest nicht ausdrücklich widersprochen worden; der Grund hierfür wie auch für Weiperts eigenen Gedankengang dürfte darin liegen, daß die gerichtliche Entscheidung über die Feststellung der Todeszeit eben diese Feststellung mit der Todeserklärung gemeinsam hat, und daß die h. L. gerade die Todeszeit benötigt, um von der Auflösung der Gesellschaft — als einer angeblich gleichzeitig eintretenden Rechtsfolge des Auflösungsgrundes des § 131 Nr. 4 HGB! — überhaupt sprechen zu können. Nur von hier aus wird die Gleichsetzung von Todeserklärung und Feststellung der Todeszeit mit Bezug auf § 131 Nr. 4 HGB einigermaßen verständlich. Sieht man dagegen, daß die h. M. im Falle der Verschollenheit eines Gesellschafters vor Rechtskraft der Todeserklärung primär nur deshalb nicht von einer nach § 131 Nr. 4 HGB eingetretenen Auflösung der Gesellschaft sprechen kann, weil dem bis dahin — wo nicht die Lebensvermutung des § 10 VerschG, so doch mindestens: — das Fehlen einer Todesvermutung entgegensteht, so zeigt sich die Unverein-

---

87 Offenbar nämlich ließe sich auch nicht – zumindest nicht generell – mit dem oben N. 73 angedeuteten Instrumentarium arbeiten, das BGHZ 1,324 u. 51, 84 verwenden; denn das dazu ggf. benötigte „Einverständnis" nicht eintrittsberechtigter Erben mit einem „Aufschub" der „Auflösungswirkung" könnte wohl nicht einmal fingiert werden!

88 Daß die hier entwickelte These im Rahmen des § 131 Nr. 4 HGB ihre eigentliche Bewährungsprobe bestehen muß, war schon eingangs (vgl. oben S. 248 Text nach N. 10!) angedeutet worden. Es würde indessen den Rahmen dieses Beitrags sprengen, im einzelnen darzutun, daß die These auch in den Fällen zumindest nicht zu nachteiligen Konsequenzen nötigt, in denen beim Tode eines Gesellschafters sowohl der Tod als solcher, als auch die Todeszeit feststehen, und daher die traditionell verstandene Wirkungsweise dieses Auflösungsgrundes keine nennenswerten Schwierigkeiten bereitet hat, weil mindestens einer der Beteiligten in von allen übrigen alsbald zu gewärtigender Weise die Auflösungsfolgen geltend macht.

89 S. dazu bereits oben N. 5 a. E.

barkeit der Weipertschen Annahme mit der gesetzlichen Regelung. Die Todeserklärung beseitigt das für die h. L. bestehende Hindernis einer Auflösung der Gesellschaft nach § 131 Nr. 4 HGB, indem sie eine Todesvermutung begründet; dagegen ist der Wegfall jenes Hindernisses bereits Voraussetzung für eine isolierte gerichtliche Feststellung der Todeszeit. Denn das hierauf gerichtete Verfahren wird nach § 41 VerschG nur eingeleitet, wenn das Merkmal der Verschollenheit — die Ungewißheit über Tod oder Leben — entfallen ist: der Antragsteller muß, falls der Tod nicht offenkundig ist, nachweisen, daß er den Umständen nach nicht zweifelhaft ist.[90] Die Möglichkeit, dies beweisen zu können, gestattet aber auch die Berufung darauf, daß der Auflösungsgrund des § 131 Nr. 4 HGB eingetreten sei, und damit die sofortige Herbeiführung der Gesellschaftsauflösung. Tritt diese Möglichkeit in der Person eines Erben des verstorbenen Gesellschafters ein, so begründet sie die Anzeigepflicht des Erben i. S. des § 137 HGB.[91] Ist die Anzeige nicht mit Erklärungen verbunden, die eine den Eintritt der Auflösung verneinende Rechtsfolge geltend machen, so tritt spätestens mit dem Zugang der Anzeige an den letzten der überlebenden Gesellschafter die Auflösung der Gesellschaft ein, andernfalls spätestens mit der begründetermaßen ablehnenden Reaktion eines Anzeigeadressaten auf die Geltendmachung der mit dem Eintritt der Auflösung nicht zu vereinbarenden Rechtsfolge.[92] Sollte es wirklich einmal erst nach Feststellung der Todeszeit dazu kommen, daß sich ein Beteiligter auf den schon vorher nachweisbar außer Zweifel stehenden Tod des Gesellschafters berufen hat, so ändert auch das nichts am Zeitpunkt der Auflösung der Gesellschaft. Denn die für diesen Zeitpunkt entscheidende Änderung des Gesellschaftszwecks und das erst damit verbundene Erlöschen der Förderungspflicht der Gesellschafter können nicht durch Feststellung der Todeszeit, sondern allein durch Berufung auf den erweislich gewordenen Tatbestand des Auflösungsgrundes eintreten. Die — wirkliche oder unwiderlegbar vermutete — Todeszeit hat daneben allein für den bei der Auseinandersetzung in verschiedener Hinsicht beachtlichen Umstand Bedeutung, von welchem

---

90 In dieser Lage kommt immer nur eine (isolierte) Feststellung der Todeszeit in Betracht, selbst wenn die Zweifel am Todeseintritt erst im Zuge von Ermittlungen beseitigt werden, die in der Annahme eingeleitet wurden, daß Verschollenheit vorliege (vgl. § 45 VerschG).

91 § 137 HGB wird von der h. L. (vgl. etwa *Schlegelberger-Geßler* Anm. 2 zu § 137) wörtlich verstanden; man sagt, daß es der Begründung der in § 137 normierten Pflichten nicht bedürfe, wenn der Erbe wie § 139 Abs. 1 HGB voraussetzt, selbst als Gesellschafter in die Gesellschaft einrücke, und befürwortet die analoge Anwendung der Vorschrift auf den Fall, daß der verstorbene Gesellschafter nach § 138 HGB ausscheidet; praktisch gesehen, bedeutet das, den Erben, der den Grund seiner Berufung und die Gesellschaftszugehörigkeit des Erblassers kennt, stets i. S. des § 137 HGB für verpflichtet zu halten, wenn die im Text gekennzeichnete Lage eintritt.

92 Mit dem Wunsch oder Antrag, die ggf. bestehende Liquidationsgesellschaft unter deren Mitgliedern als werbende Gesellschaft fortzuführen, wird selbstverständlich keine solche Rechtsfolge geltend gemacht.

Zeitpunkt an die Erben des verstorbenen[93] Gesellschafters — „als solche“[94] — der Gesellschaft an Stelle ihres Erblasser angehört haben.

III.

Das rechtliche Phänomen einer Auflösungsverzögerung aus Rechtsgründen, wie es zwischen dem Zeitpunkt des Todes eines verschollenen Gesellschafters (bzw. dem gem. § 9 Abs. 2, 3 VerschG als seine Todeszeit festgestellten Zeitpunkt) und dem Eintritt der Rechtskraft der Todeserklärung auch von der h. L. gesehen und stillschweigend anerkannt wird, ist nicht auf diesen Sachverhalt beschränkt. Es besteht vielmehr — wie hier zu zeigen versucht wurde — immer dann, wenn der Tatbestand eines Auflösungsgrundes sich zwar objektiv verwirklicht hatte, dies aber entweder von allen Beteiligten verkannt wurde oder nicht nachweisbar ist, oder wenn einem aus dem Eintritt des Auflösungsgrundes hergeleiteten Abwicklungsanspruch ein dilatorischer Einwand entgegensteht. Das gemeinsame Merkmal dieser Fälle ist darin zu erblicken, daß die Gesellschafter keinen Anlaß sehen, von einer Weiterverfolgung des Gesellschaftszwecks abzustehen, und hierzu auch rechtlich weder von einem aus ihrer Mitte noch von Außenstehenden gezwungen werden könnten. Anders ausgedrückt, handelt es sich um Fälle, in denen das Verhalten der Gesellschafter als ein — an die Zustimmung Dritter nicht gebundener — stillschweigender Fortsetzungsbeschluß zu werten wäre, falls die Beteiligten nicht in der Vorstellung gehandelt hätten, damit lediglich ihren wechselseitigen Gesellschafterpflichten nachzukommen. Das beschriebene Phänomen wäre wohl nicht völlig richtig gekennzeichnet, wenn man von ihm als von einer „faktisch nicht aufgelösten Gesellschaft“ sprechen würde. Die Verwendung des (in anderem Zusammenhang inzwischen aus gutem Grund perhorreszierten!) Attributs „faktisch“ würde auch hier nur unvollkommen dem von *Weipert*[94] als „Schwebezustand“ bezeichneten Charakter einer Erscheinung Ausdruck geben, die im Leben von Gesellschaften als Phase einer rechtens ungestörten zeitweiligen Ignorierung latent gebliebener Auflösungsgründe auftreten kann. Erst wenn diese Phase ohne Behebung der einer weiteren werbenden Tätigkeit der Gesellschaft entgegenstehenden Hindernisse zu Ende geht, ist entgegen der überlieferten Anschauung der Zeitpunkt der Auflösung einer solchen Gesellschaft gekommen.

---

93 Hatte der Gesellschafter die Todeserklärung überlebt, so war die Gesellschaft natürlich nur scheinbar aufgelöst worden; zu den sich daraus ergebenden Problemen s. *Höhn*, Wiederaufleben der aufgelösten oHG (Diss.), Jena 1934.

94 Vgl. Anm. 3 Abs. 1 zu § 139.

GESTALTUNGSKLAGEN IM PERSONENGESELLSCHAFTSRECHT UND NOTWENDIGE STREITGENOSSENSCHAFT

PETER ULMER

Die Beteiligung an gesellschaftsrechtlichen Gestaltungsklagen[1] wirft bei *mehrgliedrigen* Personengesellschaften (OHG und KG)[2] in zweifacher Hinsicht interessante Rechtsfragen auf. Einmal geht es darum, ob an der jeweiligen Gestaltungsklage *sämtliche oder nur ein Teil* der Gesellschafter als Kläger bzw. Beklagte beteiligt sein müssen, damit ein Sachurteil ergehen kann, ob sie also notwendige Streitgenossen im Sinne von § 62 (2. Fall) ZPO sind. Zum anderen ist umstritten, ob und inwieweit beim Vorliegen eines wichtigen Grundes eine *Mitwirkungspflicht* der einzelnen Gesellschafter zur Erhebung der jeweiligen Gestaltungsklage besteht. Beide Fragen hängen unmittelbar zusammen. Denn dem Streit um die gesellschaftsrechtliche Mitwirkungspflicht kommt nur dann Bedeutung zu, wenn zumindest bei einem Teil der Gestaltungsklagen sämtliche nicht auf der Passivseite beteiligten Gesellschafter als notwendige Streitgenossen im Sinne von § 62 (2. Fall) ZPO an der Klageerhebung beteiligt sein müssen. Die Anwendung von § 62 ZPO auf Gestaltungsklagen erweist sich damit als die logische *Vorfrage*. Auf sie beschränken sich die folgenden, *Ernst Geßler* gewidmeten Überlegungen.[3]

I. Problem und Meinungsstand[3a]

1\. Die praktische Bedeutung, die der Frage nach der notwendigen Beteiligung von Gesellschaftern an Gestaltungsklagen zukommt, wird schon

---

1 Vgl. HGB §§ 117, 127 (Entziehung von Geschäftsführungs- bzw. Vertretungsbefugnis), 133 (Auflösung der Gesellschaft), 140 (Ausschließung eines Gesellschafters), 142 (Übernahme des Geschäfts). Allgemein dazu vgl. *A. Hueck*, Gestaltungsklagen im Recht der Handelsgesellschaften, in: Recht im Wandel (Festschrift Heymanns Verlag), 1965, 287 ff.

2 Bei zweigliedrigen Gesellschaften stellen sich die Probleme der notwendigen Beteiligung und der Mitwirkungspflicht nicht; § 142 HGB kann daher aus den Überlegungen ausgeklammert werden.

3 Das damit verbundene Eindringen in das Prozeßrecht sei dem Gesellschaftsrechtler verziehen. Es erklärt sich einmal aus dem materiellrechtlichen Einfluß auf die Voraussetzungen des § 62 (2. Fall) ZPO, zum anderen aus dem Umstand, daß gesellschaftsrechtliche Gestaltungsklagen in der prozeßrechtlichen Literatur meist nur am Rande behandelt werden. Zudem beschränkt sich das Bestreben des Verfassers auf die Nutzbarmachung neuerer prozeßrechtlicher Entwicklungen für das Gesellschaftsrecht (vgl. dazu vor allem *Henckel*, Parteilehre und Streitgegenstand im Zivilprozeß, 1961, insbes. S. 95 ff.; aus dem neueren Schrifttum zu Gestaltungsklagen vgl. auch *Bötticher*,

durch die ausführlichen Erörterungen in den gesellschaftsrechtlichen Kommentaren illustriert.[4] Dabei geht es zum einen um Gesichtspunkte der *Prozeßökonomie*, zum anderen um die Probleme, die sich aus der *mangelnden Klagebereitschaft* mancher Gesellschafter ergeben — man denke nur an Familiengesellschaften mit großer Mitgliederzahl. Sie legen die Frage nahe, ob nicht in dem Prozeß über die begehrte Gestaltung auf die Beteiligung derjenigen Gesellschafter verzichtet werden kann, die dem Kläger gegenüber bindend ihr Einverständnis mit dem Klageziel erklärt haben.

2. In der gesellschafts- und prozeßrechtlichen Literatur besteht im Ergebnis Übereinstimmung darüber, daß bei Gestaltungsklagen im Rahmen mehrgliedriger Gesellschaften grundsätzlich *alle* Gesellschafter am Prozeß beteiligt sein müssen, da das Gestaltungsurteil ihnen allen gegenüber Wirksamkeit äußert. Dabei wird für die Ausschließungsklage nach § 140, und entsprechend für die Entziehungsklagen nach §§ 117, 127 die Mitwirkung sämtlicher nicht persönlich von der Ausschließung bzw. Entziehung betroffener Gesellschafter als notwendige Streitgenossen auf der *Aktivseite* gefordert. Bei der Auslösungsklage des § 133 soll es umgekehrt grundsätzlich geboten sein, alle diejenigen Gesellschafter zu *verklagen*, die nicht als Kläger am Verfahren beteiligt sind.

Unterschiedliche Meinungen begegnen demgegenüber, sieht man einmal von den differierenden Begründungen für die Annahme notwendiger Streitgenossenschaft ab,[5] hinsichtlich der *Ausnahmen* von dem Grundsatz der notwendigen Beteiligung. Dabei geht es vor allem um die Bedeutung der außerprozessualen Einverständniserklärung der nicht prozeßbeteiligten Gesellschafter mit dem Klageziel. Zwar sind sich für die *Auflösungsklage* Rechtsprechung und Schrifttum heute durchweg einig, daß eine Klage gegen die mit der Auflösung einverstandenen, nicht auf der Aktivseite beteiligten Gesellschafter unterbleiben kann.[6] Umstritten ist dagegen,

---

Besinnung auf das Gestaltungsrecht und das Gestaltungsklagerecht, in: Dölle-Festschrift, 1964, S. 41 ff., *Schlosser*, Gestaltungsklagen und Gestaltungsurteile, 1966).

3a §§ ohne nähere Bezeichnungen sind solche des HGB

4 Vgl. etwa *Fischer* in Großkomm. HGB, 3. Aufl., § 117 Anm. 17, 19, § 127 Anm. 7; *Geßler* in Schlegelberger, HGB, 4. Aufl., § 117 Anm. 6, 8, § 127 Anm. 6, § 133 Anm. 19, § 140 Anm. 10; *Weipert* in Großkomm. HGB, 2. Aufl., § 117 Anm. 11, § 127 Anm. 5, § 133 Anm. 18, § 140 Anm. 14 ff.; *Westermann* in Westermann-Scherpf-Paulick-Bulla-Hackbeil, Handbuch der Personengesellschaften (ab 1967), Bem. I 219 f., 414, 656. Ferner *A. Hueck*, Recht der OHG, 3. Aufl., §§ 10 VII 4, 20 IV, 25 III 3, 29 I 2 c; *Fischer*, NJW 1959, 1057 ff.

5 Dazu unten II 1, 2

6 BGH LM Nr. 3 zu § 133 HGB; OGHZ 2, 253/255 f.; OLG Hamm, MDR 1964, 330; *Baumbach-Duden*, HGB, 18. Aufl., § 133 Anm. 2 A, *Fischer*, HGB § 117 Anm. 17, *Geßler*, § 133 Anm. 19, *Hueck*, OHG § 25 III 3, *Weipert*, § 133 Anm. 18, *Westermann*, a. a. O. Bem. I 656. Ebenso aus der Prozeßrechtsliteratur *Blomeyer*, Zivilprozeßrecht, § 94 II 3, *Henckel*, a. a. O. (FN 3), S. 104 f., *Rosenberg-Schwab*, Zivilprozeßrecht, 10. Aufl., § 50 III 2, *Stein-Jonas-Pohle*, ZPO, 19. Aufl., § 62 Anm. III 1. *Abweichende Ansichten* finden sich nur im *älteren* Schrifttum: *Düringer/Hachenburg*, HGB, 3. Aufl., § 133 Anm. 10, *Ritter*, HGB, 2. Aufl., § 133 Anm. 2 a, *Bellwinkel*, Die Auflösung der OHG durch gerichtliche Entscheidung, Diss. Leipzig 1928, S. 47

ob die bindende Einverständniserklärung der nicht mitklagenden Gesellschafter entsprechend auch für die Klagen nach §§ 117, 127, 140 genügt (so vor allem der BGH[7] und *Fischer*[8]) oder ob, wie es besonders *Geßler*[9] für den Fall der Ausschließungsklage fordert, die Klage abzuweisen ist, wenn nicht alle übrigen Gesellschafter als Kläger auftreten.[10]

3. Diesen Fragen soll im folgenden getrennt für § 133 (unter II) und § 140 (unter III) nachgegangen werden. Die für § 140 gefundenen Lösungen sind dabei auch für die entsprechend strukturierten Entziehungsklagen der §§ 117, 127 maßgebend.[11] Abschließend wird (unter IV) zu zeigen sein, welche Folgerungen sich aus den erarbeiteten Grundsätzen für eine Reihe umstrittener Einzelfragen ergeben.

II. Die Beteiligung an der Auflösungsklage

1. Die notwendige Beteiligung aller Gesellschafter als Regelfall

Die Auflösungsklage des § 133 hat im Recht der Personenhandelsgesellschaften die Funktion der Kündigung aus wichtigem Grund, wie sie für die Gesellschaft bürgerlichen Rechts in § 723 Abs. 1 Satz 2 BGB geregelt ist. Aus Rechtssicherheitsgründen soll die Auflösung der Gesellschaft, wenn sich die Gesellschafter hierüber nicht einverständlich einigen, nach § 133 allerdings nicht schon durch Gestaltungserklärung einer Partei, sondern durch rechtskräftiges Urteil unter gleichzeitiger Feststellung des Auflösungsgrundes erfolgen.[12] Mit der Wahl dieses „gestreckten Kün-

7 BGH LM Nr. 3 zu § 133 HGB (obiter dictum)

8 NJW 1959, 1057/1059; *ders.*, Großkomm. HGB § 117 Anm. 17. Ähnlich auch *Westermann*, Bem. I 219, 414, *Hueck*, OHG, §§ 10 VII 4, 20 IV (für §§ 117, 127), *Baumbach-Duden*, § 140 Anm. 3 A (für § 140)

9 HGB § 140 Anm. 10 (anders allerdings § 117 Anm. 6 für die Klage auf Entziehung der Geschäftsführungsbefugnis)

10 So auch *Weipert*, §§ 117 Anm. 11, 127 Anm. 5, 140 Anm. 14, 17, 20; für § 140 HGB wohl auch *Hueck*, OHG § 29 I 2 c δ, sowie OLG Nürnberg, WM 1958, 710/712

11 Eine Besonderheit gegenüber § 140 HGB kann sich bei den Entziehungsklagen lediglich daraus ergeben, daß eine Klage gegen *mehrere* Gesellschafter hier nach h. M. nur bei gleichen oder innerlich zusammenhängenden Entziehungsgründen möglich sein soll (vgl. statt aller *Geßler*, § 117 Anm. 6 mit Nachw.; a. A. *Fischer*, HGB § 117 Anm. 18)

12 Die *rechtliche Qualifikation des Gestaltungsklagerechts* ist in der Prozeßrechtsliteratur umstritten. Während die einen (*Bötticher*, Festgabe für Rosenberg, S. 73 ff., *Schwab*, Streitgegenstand, S. 199, *Rosenberg-Schwab*, § 95 I 2) darin ein im Klageweg geltend zu machendes materielles Gestaltungsrecht sehen, dem Gesellschafter also ein *Recht auf Gestaltung* gegen die widersprechenden Mitgesellschafter zuerkennen, gewährt das Gestaltungsklagerecht nach anderer Ansicht (*Henckel*, a. a. O. S. 33 ff., *Schlosser*, a. a. O. S. 366 ff., *Dölle* in Festschrift für Bötticher, S. 97 f.) dem Berechtigten nur einen – den allgemeinen Rechtsschutzanspruch konkretisierenden – öffentlichrechtlichen Anspruch auf gerichtliche Gestaltung. Einer Stellungnahme zu diesem Streit bedarf es hier nicht. Für die folgenden Überlegungen wesentlich ist es allerdings, die *besondere Struktur* der Gestaltungsklage im Auge zu behalten, deren Ziel gerade in der richterlichen Gestaltung und nicht etwa in einer Leistung oder der Abgabe einer Willenser-

digungstatbestandes"[13] hat sich der Gesetzgeber also für einen Mittelweg zwischen den funktionell auf das gleiche Ziel gerichteten anderen Regelungsmöglichkeiten: einseitiges Gestaltungsrecht bzw. Anspruch auf Zustimmung zum Auflösungsbeschluß, entschieden.[14] Mit der Rechtskraft des Auflösungsurteils tritt durch Umgestaltung des Gesellschaftszwecks eine *Änderung des Gesellschaftsvertrags* ein; diese wirkt notwendig für und gegen alle Gesellschafter.

Damit ist indessen noch nicht gesagt, daß die Auflösungsklage auf der Passivseite eine notwendige Streitgenossenschaft im Sinne von § 62 (2. Fall) ZPO voraussetzt, d. h. also die Notwendigkeit der Verklagung aller derjenigen Gesellschafter, die nicht als Kläger an dem auf Gestaltung abzielenden Prozeßverhältnis beteiligt sind. Insbesondere folgt die Notwendigkeit hierfür *nicht* etwa daraus, daß die Gestaltungswirkung des Urteils von der Erstreckung der *Rechtskraft* auf alle Gesellschafter abhinge.[15] Ein solcher Zusammenhang besteht nicht. Vielmehr sind, wie im Prozeßrecht seit langem anerkannt ist, Gestaltungs- (oder „Tatbestand"-)wirkung des Gestaltungsurteils und etwaige Rechtskrafterstreckung scharf zu scheiden.[16] Der Eintritt der Vertragsänderung beruht allein darauf, daß das durch eine entsprechende Rechtsnorm (§ 133) ermächtigte Gericht in seinem Urteil die Gestaltung ausgesprochen und damit eine neue, nach § 133 beachtliche Tatsache geschaffen hat. Ob das Urteil hätte ergehen dürfen oder ob es — etwa wegen fehlender Beteiligung eines Gesellschafters oder aus sonstigen Gründen — fehlerhaft ist, tut nach der Lehre von den fehlerhaften Staatsakten seiner Gültigkeit keinen Abbruch und kann allenfalls einen Anfechtungs- bzw. Wiederaufnahmegrund[17] bilden.[18]

Der materiellen Rechtskraft des Gestaltungsurteils kommt demgegen-

---

klärung des anderen Teils liegt. Soweit die Anhänger der Lehre vom Gestaltungsklagerecht als materiellem Gestaltungsrecht diesen strukturellen Unterschied zu vernachlässigen scheinen, könnte ihnen nicht gefolgt werden.

13 Vgl. dazu treffend *Bötticher*, a. a. O. (FN 3), S. 54 ff.

14 Die Ausgestaltung als Zustimmungsanspruch findet sich etwa beim Recht auf Auflösung der Gemeinschaft (§ 749 BGB). Zu den funktionellen Zusammenhängen dieser verschiedenen Regelungen vgl. *Bötticher*, a. a. O. S. 43, 56, *Schlosser*, a. a. O. S. 35.

15 So aber *Fischer*, HGB § 117 Anm. 29; *ders.*, NJW 1959, 1057; ebenso Schramm, MDR 1963, 174/175 (für § 140)

16 Vgl. RGZ 80, 317/323; 112, 280/282; aus der umfangreichen Literatur statt aller *Dölle*, ZZP 62 (1941), 281/284 ff., *Henckel*, a. a. O. S. 207 ff., *Nicklisch*, Die Bindung der Gerichte an gestaltende Gerichtsentscheidungen und Verwaltungsakte, 1965, S. 130 ff., 141, *Schlosser*, S. 20 ff.

17 Etwa nach § 579 Abs. 1 Ziff. 4 ZPO (vgl. den bei *Blomeyer*, § 94 II 3, S. 501 FN 2, wiedergegebenen Hinweis von *Fischer*)

18 Die Frage ist im neueren Prozeßrecht allerdings nicht unbestritten. So bejaht *Blomeyer* (§ 94 II) die Möglichkeit *relativer* Wirksamkeit von Gestaltungsurteilen, möchte bei gesellschaftsrechtlichen Gestaltungsklagen (S. 501) allerdings mit der Lehre von der fehlerhaften Gesellschaft helfen. *Jauernig* (FamRZ 1961, 98/101 f.) nimmt unter problematischer Berufung auf *Rosenberg* (§§ 87 I 3, 45 III 7; vgl. jetzt die inhaltlich unveränderten Stellen bei *Rosenberg-Schwab*, §§ 95 III 1, 46 IV 5: volle Urteilswirkung, aber nur zwischen den Parteien des Rechtsstreits?) Unwirksamkeit des Gestaltungsurteils für den Fall an, daß der Richter die fehlende Beteiligung eines Teils der

über eine grundsätzlich andere Bedeutung zu. Sie bewirkt, daß zwischen denjenigen, auf die sich die Rechtskraft erstreckt, über den im Gestaltungsurteil festgestellten Gestaltungsgrund nicht mehr gestritten werden kann.[19] Ist ein Gesellschafter mangels Prozeßbeteiligung nicht an die Rechtskraft des Auflösungsurteils gebunden, so mag er also gegenüber seinen Mitgesellschaftern das Vorliegen eines Auflösungsgrundes bestreiten. Die eingetretene Auflösung als solche schafft er dadurch nicht aus der Welt.

Die Notwendigkeit der Beteiligung aller Gesellschafter an der Auflösungsklage erklärt sich weiter auch nicht allein daraus, daß sie in ihrer *Gesamtheit* über den Streitgegenstand — den von der Auflösung betroffenen Gesellschaftszweck — *verfügungsbefugt* und damit mangels abweichender Vorschrift auch prozeßführungsbefugt sind.[20] Der Zusammenhang zwischen Sachlegitimation und Verfügungsbefugnis hat unmittelbar nur für die Leistungsklage Bedeutung und beruht hier darauf, daß nur der sachlich Berechtigte die begehrte Leistung erbringen kann. Bei Gestaltungsklagen schlägt dieser Gesichtspunkt nicht durch; denn der Klageantrag richtet sich hier nicht auf eine Leistung des Beklagten (etwa die Abgabe einer Willenserklärung nach § 894 ZPO), sondern auf eine *richterliche Gestaltung*.[21] Auch darf die oben gezogene Parallele zur Kündigung, die entsprechend der Kündigungserklärung die Klageerhebung gegenüber allen Mitgesellschaftern nahelegen könnte, nicht strapaziert werden. Sie findet ihre Grenze darin, daß im Fall des § 133 die Gestal-
werden. Sie findet ihre Grenze darin, daß im Falle des § 133 die Gestaltung eben nicht durch einseitige Erklärung, sondern durch Urteil bewirkt wird.

Wenn die einhellige Meinung sich dennoch — und zu Recht — für die notwendige Beteiligung aller nicht als Kläger am Prozeß beteiligten Gesellschafter auf der Passivseite ausgesprochen hat, so wegen der jedem

---

unmittelbar von der Gestaltung Betroffenen *übersehen* (nicht, falls er sie zu Unrecht verneint) hat. Gegen diese Ansichten vgl. die treffende Kritik von *Schlosser*, S. 164 ff. (167, 190, 220 f.). Sofern der Richter im *streitigen* Verfahren, unter Mitwirkung von am streitigen Rechtsverhältnis Beteiligten auf der Aktiv- *und* Passivseite, den Gestaltungsgrund festgestellt hat, bestehen keine Bedenken, dem Gestaltungsurteil die ihm grundsätzlich zukommende Wirkung zu belassen. Anders mag es sein, wenn die Klage von oder gegen *Dritte* angestrengt worden ist und es damit an einem Prozeßverhältnis zwischen Gesellschaftern fehlt.

19 Vgl. Nachweise oben FN 16. Der im Aktien-, Genossenschafts- und GmbH-Recht angeordneten Rechtskrafterstreckung von Gestaltungsurteilen auf die nicht am Prozeß beteiligten Mitglieder (vgl. §§ 248, 275 Abs. 4 AktG, §§ 51 Abs. 5, 96 GenG, § 75 Abs. 2 GmbHG) hätte es daher für die Erstreckung der Gestaltungswirkung auf alle Beteiligten nicht bedurft. Ihr kommt vielmehr zusätzliche, von der Gestaltungswirkung zu trennende Bedeutung zu (dazu *Henckel*, a. a. O. S. 207 ff.; vgl. auch *Hueck*, a. a. O. (FN 1) S. 305 FN 54).

20 BGHZ 30, 195/197

21 Das wird auch dadurch verdeutlicht, daß der *einzelne* Beklagte bei der Auflösungsklage *keine Verfügungsmöglichkeit* über den Streitgegenstand hat: die begehrte Auflösung kann, außer durch Urteil, grundsätzlich nur einstimmig durch alle Gesellschafter beschlossen werden. Die Zustimmung einzelner unter ihnen ist *materiell ohne Bedeutung* (vgl. auch FN 12 und unten 2 a; abweichend *Henckel*, S. 96).

Gesellschafter zu gewährleistenden Möglichkeit, dem vom Kläger behaupteten Gestaltungsgrund entgegenzutreten und dadurch die beantragte richterliche Gestaltung abzuwenden. Da die Gestaltung in die Rechte aller Gesellschafter eingreift, soll über ihre Voraussetzungen im streitigen Verfahren entschieden werden, und jeder Gesellschafter soll das Recht haben, seine Einwendungen vorzubringen. Als tragender Grund für die notwendige Streitgenossenschaft auf der Passivseite im Fall des § 133 erweist sich damit letztlich der Grundsatz des *rechtlichen Gehörs* (Art. 103 Abs. 1 GG).[22] Damit bestätigt sich zugleich, daß eine Auflösungsklage grundsätzlich als *unzulässig*[23] abzuweisen ist, wenn sie sich nur gegen einen Teil der nicht auf der Aktivseite beteiligten Gesellschafter richtet.

2. *Ausnahmen bei Einverständniserklärungen*

Daß eine Klageerhebung gegen die mit der Auflösung einverstandenen Gesellschafter unterbleiben kann, ist heute allgemein anerkannt.[24] Allerdings schwanken die Begründungen. Sie verdienen schon im Hinblick auf den Vergleich zur Ausschließungsklage unser Interesse.

a) Abzulehnen ist zunächst eine von prozeßrechtlicher Seite[25] vorgetragene, ausschließlich auf *materiellrechtliche* Erwägungen gestützte Begründung. Ausgehend von dem funktionellen Zusammenhang zwischen Auflösungsbeschluß und Auflösungsurteil sieht sie in der richterlichen Gestaltung die Ersetzung der Zustimmung der die Auflösung *ablehnenden* Gesellschafter. Soweit Gesellschafter mit der Auflösung einverstanden seien, bedürfe es daher auch keiner richterlichen Gestaltung. Diese Ansicht verkennt, daß § 133 den einzelnen Gesellschaftern beim Vorliegen eines Auflösungsgrundes gerade keinen Mitwirkungsanspruch gegen die widersprechenden Gesellschafter gewährt, sondern einen Anspruch auf richterliche Gestaltung. Das nach § 133 beantragte Urteil hat nicht die Aufgabe, über § 894 ZPO die für den Auflösungsbeschluß noch fehlenden Stimmen zu beschaffen, sondern es soll einen vom Auflösungsbeschluß zu unterscheidenden, *andersartigen Auflösungsgrund* schaffen. Die Zustimmung *einzelner* Gesellschafter ist materiellrechtlich für die begehrte Vertragsänderung ohne Bedeutung.[26] Der richterlichen Gestaltung nach § 133 bedarf es immer dann, wenn die Vertragsänderung nicht schon im Wege der Vereinbarung herbeigeführt werden kann. Selbst die Zulassung von Mehrheitsbeschlüssen im Gesellschaftsvertrag ist kein Grund, um die Erhebung der Auflösungsklage gegen eine entsprechende

22 Dazu Näheres bei *Schlosser*, a. a. O. S. 164 ff., 172 ff., 182. Zum Zusammenhang zwischen materiellem Recht und Recht auf Gehör vgl. auch BVerfGE 21, 132/137 mit weit. Nachweisen

23 So die h. M., vgl. BGHZ 36, 187/191 f. mit weit. Nachweisen, *Henckel*, S. 98/103; abweichend nur *Baumbach-Lauterbach*, ZPO, 30. Aufl., § 59 Anm. 1; differenzierend *Stein-Jonas-Pohle*, ZPO § 59 Anm. I, § 62 Anm. III 5

24 Vgl. Nachweise oben FN 6

25 *Blomeyer*, a. a. O., § 94 II 3; *Henckel*, S. 104; aus dem gesellschaftsrechtlichen Schrifttum früher auch *Breit*, JR 1926, Sp. 769/772

26 Vgl. oben FN 21

Mehrheit der Gesellschafter genügen zu lassen.[27] Um so weniger ist aber eine Verbindung der Auflösungsgründe des § 131 Nr. 2 und 6 in der Weise möglich, daß die für den Beschluß fehlenden Stimmen im Wege des Gestaltungsurteils ersetzt werden.

b) Ähnliche Einwendungen bestehen gegenüber der verbreiteten Ansicht, für eine Klage gegen die mit der Auflösung einverstandenen Gesellschafter fehle das *Rechtsschutzinteresse*, da sie das Klageziel ja bereits zugestanden hätten.[28] Das Klageziel — um es noch einmal zu wiederholen — ist nicht die Zustimmung der übrigen Gesellschafter zur Auflösung, sondern die Herbeiführung richterlicher Gestaltung im streitigen Verfahren. Mit der Zustimmung eines Teils der Gesellschafter ist dem Kläger angesichts des im Personengesellschaftsrecht grundsätzlich geltenden Einstimmigkeitsprinzips nicht gedient. Wenn die richterliche Gestaltung aber grundsätzlich die Beteiligung aller von der Gestaltung betroffenen Vertragspartner voraussetzt, so besteht insoweit auch ein Rechtsschutzinteresse des Klägers.[29] Es bildet daher keinen geeigneten Anknüpfungspunkt, um die Ausnahme zugunsten der mit der Auflösung einverstandenen Gesellschafter zu rechtfertigen.

c) Die Rechtfertigung der Ausnahme ergibt sich vielmehr aus der Rückbesinnung auf die Gründe, die dazu geführt haben, im Rahmen von § 133 eine notwendige Streitgenossenschaft auf der Passivseite anzunehmen. Es war dies die Gewährleistung des Rechts für die von der Gestaltung Betroffenen, ihre Einwendungen gegen den geltend gemachten Gestaltungsgrund vorbringen zu können und dazu vor der richterlichen Gestaltung rechtliches Gehör zu erhalten.[30] Indem die auflösungsbereiten Gesellschafter ihr Einverständnis mit der Auflösung erklären, verzichten sie auf die Geltendmachung von Einwendungen und bedürfen nun auch nicht mehr des in der Notwendigkeit ihrer Prozeßbeteiligung liegenden Rechtsschutzes. Da ihnen dieser Schutz im eigenen Interesse gewährt ist, bestehen gegen die Wirksamkeit des Verzichts keine Bedenken. Für das Gericht entfällt damit das verfahrensrechtliche Hindernis, die beantragte Gestaltung zu treffen.[31] Daß dem Urteil unabhängig von der Rechtskraft-

---

27 Zum entsprechenden Fall des vertraglich vereinbarten Mehrheitsbeschlusses über die Erhebung einer Entziehungsklage, an der nach § 117 HGB ebenfalls alle übrigen Gesellschafter mitwirken müssen, vgl. *Fischer*, § 117 Anm. 29

28 So die überwiegende Begründung für die Beachtlichkeit einer außergerichtlichen Einverständniserklärung, vgl. etwa BGH LM Nr. 3 zu § 133 HGB, *Hueck*, OHG § 25 III 3; so auch *Henckel*, S. 104. Dagegen zu Recht schon *Serwe*, Der Anspruch eines Gesellschafters auf Mitwirkung bei den Klagen aus §§ 117, 127 HGB, Diss. Münster 1965, S. 129 f.

29 Zur Ungeeignetheit des Rechtsschutzinteresses als Zulässigkeitskriterium bei *Gestaltungs*klagen vgl. auch *Rosenberg-Schwab*, § 95 IV

30 Vgl. oben II 1 bei FN 22

31 Die Möglichkeit, trotz notwendiger Streitgenossenschaft im Sinne von § 62 (2. Fall) ZPO im Einzelfall von der Mitverklagung einzelner Streitgenossen abzusehen, ist von der Rechtsprechung zur Vermeidung „unnötiger und kostenverursachender Formalitäten" (BGH NJW 1962, 1722) wiederholt zugelassen worden (vgl. auch RGZ 71, 366/371; 93, 292/295; 111, 338/339 f.; dazu *Henckel*, S. 55 f.).

erstreckung Wirkung gegenüber jedermann zukommt, wurde oben[32] schon dargelegt.

III. Die Beteiligung an der Ausschließungsklage

1. Die Zusammenhänge zwischen Auflösungs- und Ausschließungsklage

Die Ausschließungsklage entspricht bei den Personenhandelsgesellschaften dem in § 737 BGB für die bürgerlich-rechtliche Gesellschaft geregelten, an die Fortsetzungsklausel im Gesellschaftsvertrag, das Vorliegen eines wichtigen Grundes in der Person des Auszuschließenden und einen Ausschließungsbeschluß geknüpften Gestaltungsrecht der übrigen Gesellschafter. Ebenso wie der Fall des § 133 ist auch das Ausschließungsrecht des § 140 aus Gründen der Rechtssicherheit als Gestaltungs*klage*recht ausgestaltet. Voraussetzung des Ausschließungsurteils ist nach § 140, neben dem Vorliegen eines Ausschließungsgrundes, ein Antrag der übrigen Gesellschafter. Die Ausschließungsklage erscheint damit im Grundsatz als *Spiegelbild* der Auflösungsklage. Während jene von jedem Gesellschafter gegen alle übrigen erhoben werden kann, ist diese von den fortsetzungswilligen Gesellschaftern gegen den Auszuschließenden einzulegen.

2. Die Bedeutung der Einverständniserklärung bei der Ausschließungsklage

Es fragt sich, ob diese Zusammenhänge auch eine entsprechende Übernahme der für § 133 gefundenen Grundsätze auf den Fall der Ausschließungsklage gestatten mit der Folge, daß nunmehr auf der *Aktivseite* eine Beteiligung derjenigen Gesellschafter unterbleiben kann, die mit verpflichtender Wirkung ihr Einverständnis mit der Ausschließung des Beklagten und der Fortsetzung der Gesellschaft ohne ihn zum Ausdruck bringen. Der BGH[33] und ein Teil der Literatur[34] haben sich, wie bereits erwähnt, *für* die Gleichbehandlung der beiden Tatbestände ausgesprochen. In die gleiche Richtung geht eine Erwägung des RG. Danach ist es Sinn des in § 140 geforderten Ausschließungsantrags der übrigen Gesellschafter, sicherzustellen, daß die Ausschließung nur erfolgt, wenn die übrigen Gesellschafter über die Fortsetzung ohne den Auszuschließenden einig sind.[35] Diesem Gesetzeszweck würde durch die materielle Einverständniserklärung genügt, ohne daß hierzu eine Prozeßbeteiligung aller Gesellschafter erforderlich wäre.

32 Unter II 1

33 LM Nr. 3 zu § 133 HGB, unter unzutreffender Verallgemeinerung der in RGZ 146, 169/173 zugelassenen Ausnahme von der notwendigen Beteiligung aller Gesellschafter

34 Vgl. Nachweise in FN 8

35 RGZ 146, 169/173; so auch *Geßler*, § 140 Anm. 10, *Weipert*, § 140 Anm. 20

Den für die Gleichbehandlung von Auflösungs- und Ausschließungsklage sprechenden Stimmen kann indessen *nicht* gefolgt werden. So einleuchtend sie auf den ersten Blick scheinen mögen, so stehen ihnen doch grundsätzliche *strukturelle Unterschiede* bei der Geltendmachung der beiden Gestaltungsklagerechte entgegen.

a) Ein erster Unterschied folgt aus dem *Wortlaut* der beiden Vorschriften; wie im folgenden (unter b) zu zeigen ist, ist er nicht rein formaler Natur, sondern Ausdruck unterschiedlicher materiellrechtlicher Zuordnung. Während § 133 die Auflösungsklage jedem Gesellschafter zugesteht und sich einer Regelung der Beteiligung auf der Passivseite enthält, setzt § 140 ausdrücklich voraus, daß die übrigen Gesellschafter die Ausschließung „beantragen". Aus dem Sinnzusammenhang (Ausschließung durch Urteil) ergibt sich, daß dieses Beantragen *prozessual* zu verstehen ist. In diesem Sinne wurde es bereits in der entsprechenden Vorschrift des ADHGB (Art. 128) einhellig ausgelegt;[36] auch nach Einführung von § 140 hat sich hieran nichts geändert.[37]

Demgegenüber liegt freilich der Einwand nahe, warum auf das prozessuale Antragserfordernis nicht ebenso sollte verzichtet werden können wie auf die Beteiligung der mit der Auflösung einverstandenen Gesellschafter auf der Passivseite. Daß die Wirkung des Gestaltungsurteils *für und gegen alle* Gesellschafter keine entsprechende Rechtskrafterstreckung voraussetzt und eine Prozeßbeteiligung nicht schon aus diesem Grund notwendig ist, gilt für § 140 ebenso wie für § 133. Auch sollte der Verzicht auf eine geschriebene Prozeßvoraussetzung ebenso möglich sein wie derjenige auf eine ungeschriebene, sofern beide dem gleichen Ziel dienen. Entscheidend ist also, ob das prozessuale Antragserfordernis des § 140 Abs. 1 ebenfalls die Aufgabe hat, das rechtliche Gehör der durch die Gestaltung betroffenen Gesellschafter bei der gerichtlichen Feststellung des wichtigen Grundes zu gewährleisten. Der daneben etwa mitverfolgte Zweck, dem Gericht über die Fortsetzungsbereitschaft der übrigen Gesellschafter Klarheit zu verschaffen,[38] wäre in jedem Falle durch entsprechende materielle Erklärungen gewahrt.

b) Der Grund für das Erfordernis der Antragstellung durch die übrigen Gesellschafter in § 140 erschließt sich, wenn man die Vorschrift mit der Ausschließungsregelung *des BGB* vergleicht. In § 737 Satz 2 BGB heißt es nämlich ausdrücklich, daß das Ausschließungsrecht den übrigen Gesellschaftern *gemeinschaftlich* zusteht. Es handelt sich also um ein einheitliches Gestaltungsrecht aller — vom Gesetz mit Rücksicht auf die Fortsetzungsabsicht als *Gemeinschaft* behandelten — übrigen Gesellschafter gegenüber dem Auszuschließenden. Anders als die sonstigen Mitgliedschaftsrechte ist es nicht als Individualrecht jedes Gesellschafters im Rah-

---

36 Vgl. etwa *Anschütz*, ADHGB, 1870, Art. 128 Anm. II, *Willensbücher*, ADHGB, 1891, Art. 128 Anm. 2

37 Vgl. statt aller *Geßler*, § 140 Anm. 8, 9

38 RGZ 146, 169/173

men seiner Beteiligung ausgestaltet, sondern als Gemeinschaftsrecht, das auch nur gemeinschaftlich ausgeübt werden kann.[39]

Übernimmt man die Regelung des § 737 Satz 2 BGB für das insoweit gleichgelagerte Gestaltungsklagerecht des § 140, so erweist sich die Anordnung gemeinschaftlicher Antragstellung als die prozessuale Entsprechung der materiellrechtlichen Zuordnung.[40] So wenig der einzelne Gesellschafter, für sich genommen, eine Befugnis zur Ausschließung des mißliebigen Mitgesellschafters hat, so wenig soll er die Ausschließung ohne die übrigen im Klagewege durchsetzen können.

c) Aus diesen Überlegungen folgt, daß die materiellrechtliche Einverständniserklärung eines Teils der Gesellschafter für die Zulässigkeit der Ausschließungsklage durch die übrigen *nicht* ausreicht. Von der Notwendigkeit gemeinsamer Klageerhebung könnte vielmehr nur dann abgesehen werden, wenn ein Gesellschafter im Wege der *Prozeßstandschaft* zugleich für die übrigen Gesellschafter im eigenen Namen klagen könnte. Nun gibt es zwar eine Reihe von Fällen, in denen die Prozeßstandschaft bei der Geltendmachung gemeinschaftlicher Rechte mit Rücksicht auf das Interesse jedes der Beteiligten an der Rechtsverfolgung *gesetzlich* oder *gewohnheitsrechtlich* anerkannt ist.[41] Eine Analogie hierzu kommt für die Ausschließungsklage aber schon deshalb nicht in Betracht, weil es angesichts der klaren Regelung des § 140 Abs. 1 an einer *Regelungslücke* fehlt.[42] Im übrigen betreffen die Fälle gesetzlicher oder gewohnheitsrechtlicher Prozeßstandschaft durchweg die Erhebung von *Leistungsklagen;* die Gestaltungsklage des § 140 unterscheidet sich von ihnen, wie *Schlosser*[43] mit Recht ausgeführt hat, zusätzlich dadurch, daß ihre Geltendmachung die Ausübung eines *Wahlrechts,* eine Entscheidung für oder gegen das Verlangen nach Vertragsgestaltung, voraussetzt. Diese Entscheidung soll aber nicht ohne Mitwirkung der übrigen Gesellschafter getroffen werden können.[44]

Für den Fall, daß zwar alle übrigen Gesellschafter sich bindend für

---

39 Die besondere, durch die Gesamtzuständigkeit der Gesellschafter gekennzeichnete Struktur des Ausschließungsanspruchs wird nur selten gesehen (zutreffend aber *Serwe,* a. a. O. (FN 28), S. 9 f., 131 [für §§ 117, 127]). Überwiegend geht die gesellschaftsrechtliche Literatur davon aus, daß die Mitgliedschaftsrechte, im Unterschied zu den gesamthänderischen Vermögensrechten der Gesellschaft, den Gesellschaftern jeweils individuell zustehen (vgl. sogar für das Ausschließungsrecht bei der bürgerlichrechtlichen Gesellschaft trotz des entgegenstehenden Wortlauts des § 737 S. 2 BGB *Staudinger-Kessler* BGB § 705 Anm. 79).

40 So auch *Lent,* JhJb 90 (1943), 27/41

41 Vgl. etwa § 2039 BGB sowie – für das Gesellschaftsrecht – die actio pro socio, dazu statt aller *Geßler,* HGB § 109 Anm. 4; es handelt sich jeweils um die Geltendmachung von zum Gesamthandsvermögen gehörenden Ansprüchen durch einen Gesamthänder.

42 Zur Bedeutung dieses Merkmals als Analogievoraussetzung vgl. statt aller *Canaris,* Die Feststellung von Lücken im Gesetz, 1964, insbes. S. 16 ff.

43 A. a. O. S. 318 ff.

44 Zur Parallele zwischen der Erhebung der Gestaltungsklage und der Ausübung eines Gestaltungsrechts vgl. auch *Henckel,* Prozeßrecht und materielles Recht, 1970, S. 81

Ausschließung und Fortsetzung der Gesellschaft aussprechen, ein Teil von ihnen aber nicht selbst als Prozeßpartei auftreten möchte, bleibt somit als Ausweg nur das Institut der *gewillkürten Prozeßstandschaft*. Im Zusammenhang mit § 117 hat hierauf kürzlich schon *Westermann*[45] hingewiesen. Das für dieses Institut überwiegend geforderte *eigene Interesse* des Klägers[46] dürfte regelmäßig zu bejahen sein, da er ja selbst an der Gesellschaft beteiligt und an der Ausschließung interessiert ist. Zweifelhaft ist dagegen das Vorliegen der für die gewillkürte Prozeßstandschaft weiter geforderten Einräumung materieller (Allein-)Verfügungsbefugnis über das eingeklagte Recht.[47] Ihr steht der grundsätzlich höchstpersönliche Charakter der Mitgliedschaftsrechte der Gesellschafter entgegen, der ihre Übertragung oder ihre Überlassung zur Ausübung nicht nur an einen Dritten, sondern regelmäßig auch an einen Mitgesellschafter hindert.[48] Trotz der damit verbundenen Erschwerung der Ausschließungsklage wird man nicht umhin können, diesen dem Schutz der Mitgesellschafter dienenden Grundsatz auch für das gemeinschaftliche Ausschließungsrecht des § 140 zu beachten. Anderes kann nur dann gelten, wenn der verklagte Gesellschafter der Ermächtigung der klagenden Gesellschafter durch die übrigen zustimmt oder der Gesellschaftsvertrag die Geltendmachung der Mitgliedschaftsrechte durch Mitgesellschafter gestattet.

3. Ergebnis

Damit bestätigt sich die von *Geßler*[49] in seiner Kommentierung zu § 140 vertretene Ansicht, daß bei der Ausschließungsklage die Prozeßbeteiligung von Gesellschaftern nicht dadurch ersetzt werden kann, daß diese bindend ihr Einverständnis mit dem Klageziel erklären. Gleiches gilt für die strukturell gleichgelagerten Entziehungsklagen nach §§ 117, 127. Eine Parallele zum Verzicht auf die Beteiligung von Gesellschaftern als Beklagte am Auflösungsprozeß scheidet in diesen Fällen aus, da sich wegen der gemeinschaftsrechtlichen Natur des Ausschließungsrechts für die notwendige Streitgenossenschaft auf der *Aktivseite* eine grundsätzlich andere Beurteilung ergibt. Soweit nicht ausnahmsweise die Übertragung einzelner Mitgliedschaftsrechte im Gesellschaftsvertrag zugelassen und damit auch die Einräumung gewillkürter Prozeßstandschaft möglich ist, müssen vielmehr sämtliche übrigen Gesellschafter als Kläger beteiligt sein, wenn ein Sachurteil über die Ausschließungs- bzw. Entziehungsklage ergehen soll.

---

45 A. a. O. Bem I 220; so auch schon *Serwe* (FN 28), S. 133 f. Allgemein zur gewillkürten Prozeßstandschaft bei Gestaltungsklagen vgl. auch *Henckel*, a. a. O. (FN 3), S. 114 f.

46 Vgl. statt aller *Rosenberg-Schwab*, § 46 III 1, *Stein-Jonas-Pohle*, ZPO § 50 Vorbem. II 7

47 Vgl. Nachweise FN 46; speziell zur Lage bei Gestaltungsklagen vgl. *Henckel*, S. 115

48 *Fischer*, HGB § 109 Anm. 7, *Geßler*, HGB § 109 Anm. 10, *Hueck*, OHG § 18 III 3

49 HGB § 140 Anm. 10

Anderes gilt bei der Ausschließungsklage[50] nur dann, wenn in der Person *mehrerer* Gesellschafter ein Ausschließungsgrund besteht. Sie können nicht nur gemeinsam verklagt werden; vielmehr ist mit dem RG[51] und der einhelligen Meinung der Literatur[52] für diesen Fall anzunehmen, daß eine Prozeßbeteiligung eines der auszuschließenden Gesellschafter an der Ausschließungsklage ganz entfallen kann, wenn dieser sich freiwillig zum Ausscheiden im Zeitpunkt der Rechtskraft des Ausschließungsurteils gegen den anderen Gesellschafter verpflichtet. Diese Ausnahme erklärt sich ebenso wie im Fall der Auflösungsklage aus der Möglichkeit, auf das Bestreiten des wichtigen Grundes zu verzichten.[53] Dem verbleibenden Beklagten geschieht dadurch kein Unrecht, da eine Beteiligung des Mitgesellschafters ohnedies nur auf der Passivseite in Betracht gekommen wäre. Allerdings ist gegenüber der herrschenden Meinung eine Einschränkung geboten: da die Ausnahme von der notwendigen Prozeßbeteiligung aller Gesellschafter einen Ausschließungsgrund in der Person des freiwillig Ausscheidenden voraussetzt, muß dem Beklagten das Recht bleiben, das Fehlen dieses Grundes in der gegen ihn gerichteten Ausschließungsklage als negative Prozeßvoraussetzung einzuwenden.[54]

IV. Einzelfragen

1. Folgerungen aus der Gemeinschaftsstruktur des Ausschließungsrechts

a) Da das Ausschließungsrecht den übrigen Gesellschaftern gemeinschaftlich zusteht, ist ein *Verzicht* ebenso wie jede andere Art der Verfügung nicht den einzelnen Gesellschaftern, für sich genommen, sondern nur allen gemeinsam möglich.[55] Ein gleichwohl vereinbarter Verzicht kann zwar in eine schuldrechtliche Bindung gegenüber dem auszuschließenden Gesellschafter umgedeutet werden, sich nicht an der Ausschließungsklage zu beteiligen. Gegenüber einem etwaigen Mitwirkungsanspruch der übri-

50 Zu den insoweit für die Entziehungsklagen vertretenen abweichenden Meinungen vgl. oben FN 11

51 RGZ 146, 169/173

52 *Baumbach-Duden*, HGB § 140 Anm. 3 A, *Geßler*, HGB § 140 Anm. 10, *Hueck*, OHG § 29 I 2 c δ, *Weipert*, HGB § 140 Anm. 20; *Henckel*, S. 97 f.

53 Der Verzicht hat allerdings nur für die Beteiligung an der Ausschließung gegen den verklagten Mitgesellschafter Bedeutung; nur hierauf bezieht sich auch die richterliche Gestaltung. Scharf davon zu unterscheiden ist demgegenüber das freiwillige Ausscheiden des Verzichtenden. Es beruht auf einer Vereinbarung mit den nach der Ausschließung verbleibenden Gesellschaftern und wird daher auch erst eine logische Sekunde nach der Rechtskraft des Ausschließungsurteils wirksam.

54 Vgl. auch RGZ 122, 312/315 für den umgekehrten Fall der Mitwirkung eines Gesellschafters auf der Aktivseite, in dessen Person ebenfalls ein Ausschließungsgrund gegeben war.

55 A. A. *Geßler*, HGB § 140 Anm. 9, *Hueck*, OHG, § 29 I 2 c Anm. 30, *Weipert*, HGB § 140 Anm. 11

gen Gesellschafter[56] könnte diese Bindung jedoch nicht eingewandt werden.

b) Das Vorliegen des Ausschließungsgrundes in der Person des Beklagten ist weiter nicht im Verhältnis zu jedem einzelnen Mitgesellschafter, sondern gegenüber ihrer *Gesamtheit* zu prüfen. Haben sich durch das Verhalten des Auszuschließenden Spannungen nur zu einem der Mitgesellschafter ergeben,[57] so kommt es für die Klage nach § 140 also nicht darauf an, ob die unveränderte Fortsetzung der Gesellschaft dem unmittelbar betroffenen Gesellschafter noch zumutbar ist. Es fragt sich vielmehr, ob die Erreichung des gemeinsamen Zwecks trotz weiterer Mitgliedschaft des Auszuschließenden noch gewährleistet erscheint und er daher für die Gesellschafter *in ihrer Gesamtheit* noch tragbar ist. Dementsprechend hat die Rechtsprechung es auch abgelehnt, bei Fehlverhalten mehrerer Gesellschafter eine Abwägung zwischen ihnen nach § 254 BGB vorzunehmen. Statt dessen hat sie zutreffend auf die *Person des Beklagten* abgestellt und geprüft, ob seine Verfehlungen auch unter Berücksichtigung des Verhaltens der anderen Gesellschafter so schwerwiegend seien, daß sie die beantragte Ausschließung rechtfertigen.[58]

2. *Die Verbindung von Ausschließungs- und Mitwirkungsklage*

Soweit eine Mitwirkungspflicht der nicht klagwilligen Gesellschafter zur Klageerhebung nach § 140 bejaht wird,[59] geht die einhellige Meinung der Literatur heute dahin, daß Mitwirkungsklage und Ausschließungsklage miteinander verbunden werden können.[60] Dagegen etwa bestehende Bedenken werden unter Berufung auf die Prozeßökonomie beiseite geschoben. Auch auf die Gefahr des Vorwurfs „logizistischer Übertreibung“[61] hin meine ich indessen, daß die Frage erneuter Prüfung bedarf. Das sei zum Abschluß nur kurz angedeutet.

Die Notwendigkeit der Beteiligung sämtlicher Gesellschafter hat sich in den vorstehenden Erörterungen als Prozeßvoraussetzung erwiesen. Das bedeutet, daß sie jedenfalls im Zeitpunkt der letzten mündlichen Verhandlung, nicht aber erst bei Erlaß des Urteils vorliegen muß;[62] es geht also nicht nur um die berühmte „logische Sekunde“. Auch steht ihr

---

56 Voraussetzungen und Umfang dieses Anspruchs sind sehr umstritten. Für grundsätzliche Bejahung *Fischer,* HGB § 117 Anm. 15, dagegen *Hueck,* OHG § 10 VII 4, jeweils mit weiteren Nachweisen

57 Vgl. etwa den Fall RGZ 122, 312

58 BGH WM 1956, 1060/1061; 1957, 582/583; 1960, 349/353; BGH DB 1961, 32

59 Vgl. Nachweise in FN 56

60 *Baumbach-Duden,* HGB § 140 Anm. 3 A, *Fischer,* HGB § 117 Anm. 19, *Geßler,* HGB § 117 Anm. 8, *Serwe,* a. a. O. S. 136 ff., *Westermann,* a. a. O. Bem. I 220; anders noch *Weipert,* HGB § 117 Anm. 11, 13

61 *Fischer,* NJW 1959, 1057/1060

62 *Rosenberg-Schwab,* § 97 V 4; ob in der Berufungs- oder in der Revisionsinstanz, ist str.

Fehlen grundsätzlich dem Eintritt in die Sachprüfung entgegen.[63] Die Prozeßbeteiligung muß ferner durch aktive Mitwirkung auf der Klägerseite erfolgen; Einverständniserklärung oder Ermächtigung zur Klageerhebung im Sinn gewillkürter Prozeßstandschaft, die mit der Rechtskraft des Urteils nach § 894 ZPO als erteilt gelten würden, reichen nach den getroffenen Feststellungen nicht aus. Und schließlich bestehen gegenüber der herrschenden Meinung auch deshalb Bedenken, weil sie eine Anfechtung nur des Mitwirkungsurteils unter Eintritt der Rechtskraft für das Ausschließungsurteil nicht verhindern kann; die Annahme einer besonderen Streitgenossenschaft im Sinne von § 62 (1. Fall) ZPO, die diese Folge vermeiden würde, zwischen beiden Beklagten erscheint angesichts der Verschiedenheit der Streitgegenstände ausgeschlossen.[64]

Soweit man unter diesen Umständen überhaupt an der Klageverbindung festhalten will, bleibt daher allenfalls die Möglichkeit, vorab die Mitwirkungspflicht im Wege des Teilurteils zu klären.

---

63 *Rosenberg-Schwab*, § 97 I 2; vgl. aber den an § 275 ZPO orientierten Lösungsversuch von *Serwe*, a. a. O. S. 138 f.

64 Zur Identität des Streitgegenstandes als Voraussetzung der besonderen Streitgenossenschaft i. S. von § 62 (1. Fall) ZPO vgl. statt aller *Henckel*, a. a. O. S. 210 ff.

BETRIEBSBEZOGENE MITGLIEDSCHAFT BEI GENOSSENSCHAFTEN

HARRY WESTERMANN

I. Grundlage

1. a) Das Mitgliedschaftsverhältnis setzt bei allen Personenzusammenschlüssen zwei Rechtssubjekte voraus, nämlich das Mitglied und den Zusammenschluß (bei den Zusammenschlüssen in Form der juristischen Person ist der Zusammenschluß selbst das Rechtssubjekt, bei denen ohne eigene Rechtfähigkeit (z. B. beim nicht rechtsfähigen Verein) besteht das Mitgliedschaftsverhältnis zwischen dem einzelnen Mitglied und der Gesamtheit aller anderen Mitglieder, die gerade als Zurechnungspunkt bezüglich des Mitgliedschaftsverhältnisses dem selbständigen Rechtssubjekt angenähert sein kann). Insofern kann die Mitgliedschaft als „personenbezogen" bezeichnet werden. Das kann zur „Personengebundenheit" gesteigert werden, wenn das Mitgliedschaftsverhältnis nicht durch Übertragung oder Vererbung von der Person des Mitglieds gelöst werden kann und wenn es zusätzlich inhaltlich auf die Person des Mitglieds abgestellt ist.

Das ist im Prinzip nicht anders, wenn der Zusammenschluß wirtschaftlich ein Verbund der beteiligten Unternehmen[1] ist. Selbst wenn die Unternehmen von juristischen Personen gehalten und betrieben werden, ist das Unternehmen nicht Rechtssubjekt, folglich müssen *alle* Rechte und Pflichten, die „zum Unternehmen gehören", auf die Person des Unternehmers als Berechtigten und/oder Verpflichteten bezogen sein. Von der Konstruktion des Mitgliedschaftsverhältnisses als Rechtsverhältnis ist der Anlaß zu seiner Begründung zu unterscheiden: Es geht sehr oft darum, ein bestimmtes Unternehmen zu dem Zusammenschluß und damit oder auch ausschließlich zu anderen, am Zusammenschluß beteiligten Unternehmen in eine bestimmte Beziehung zu setzen. Die Mitgliedschaft führt dann zu Maßnahmen in den beteiligten Unternehmen, die eine *objektive*, von der Person der Inhaber unabhängige Verbindung zwischen den Unternehmen herstellen. Die Inhaberschaft des Unternehmens ist dann zwar

1 Ob der Terminus „Unternehmen" oder „Betrieb" in der Überschrift und im Text vorzuziehen ist, bedürfte einer längeren Prüfung, bei der insbesondere der Sinngehalt beider Termini genau zu analysieren wäre. Da der Unterschied für die vorliegende Abhandlung aber nicht von Bedeutung ist, wird auf die Untersuchung verzichtet und der eine oder der andere Ausdruck verwandt, ohne daß damit jeweils ein bestimmter Sachzusammenhang angedeutet werden soll.

Anlaß zur Begründung des Mitgliedschaftsverhältnisses, nicht aber der mitgliedschaftsbegründende Tatbestand selbst (für die Zusammenschlüsse in Form der juristischen Person öffentlichen Rechts vgl. unten I 2 c).

b) Inhaltlich kann das Mitgliedschaftsverhältnis auf die Unternehmerstellung des Mitglieds und auf die Art seines Unternehmens abgestellt sein. Ob und in welchem Umfang das der Fall ist, hängt von der Struktur des Zusammenschlusses und insbesondere von dem Umfang der Satzungsautonomie und ihrer Ausnutzung im Einzelfall ab. Die Mittel dazu bieten z. B. § 55 AktG und § 2 Abs. 2 GmbHG.

2. a) Die Notwendigkeit der Begründung des Mitgliedschaftsverhältnisses durch eine Willenserklärung ist, abgesehen von der Personenbezogenheit, auch in der negativen Koalitionsfreiheit des Art. 9 GG begründet. Diese bedeutet, daß *nur* ein freier Entschluß das Mitgliedschaftsverhältnis begründen kann; würde das Mitgliedschaftsverhältnis automatisch mit Eintritt eines vom Willen des Betroffenen unabhängigen Tatbestandes entstehen, könnte eine „Zwangsmitgliedschaft" die Folge sein. Dem entspricht, daß für Zusammenschlüsse mit Wirkung auf die Person des Mitglieds eine Kündigung oder eine sonstige Lösungsmöglichkeit nach zwingendem Recht bestehen muß.[2]

b) Das gilt praktisch uneingeschränkt für die privatrechtlichen Zusammenschlüsse des geltenden Rechts.[3] Das frühere Recht, insbesondere das alte Genossenschaftrecht, hat weitgehend die automatisch entstehende Mitgliedschaft gekannt, die inhaltlich in besonderem Maße „betriebsbezogen" war.[4] Die subjektive Verdinglichung, die für die mittelalterliche Genossenschaft und ihre neuzeitlichen Rückstände typisch ist, ist auch sonst das Mittel, um den Eigentümer eines bestimmten Grundstücks, das

2 Das läßt sich als allgemeiner Grundsatz des deutschen Rechts bezeichnen, der in § 39 BGB beispielhaft ausgedrückt ist. Bei fehlender gesetzlicher Anordnung (z. B. im GmbH-Recht) ist er ggf. durch Lückenausfüllung zu ergänzen, vgl. BGH 9, 157. Die Intensität, mit der der Grundsatz bei den verschiedenen Formen der Zusammenschlüsse verwirklicht worden ist, ist allerdings sehr unterschiedlich. Für das Personalgesellschaftsrecht sichern §§ 132/134 HGB die Lösungsmöglichkeit zum Teil durch zwingendes Recht, die vertragliche Ausgestaltung durch den Gesellschaftsvertrag in Einzelheiten führt aber immer wieder zu schwierigen Abgrenzungsfragen zwischen der erlaubten Bindung des einzelnen und dem durch zwingendes Recht geschützten Freiheitsraum des Gesellschafters, vgl. dazu z. B. *Westermann*, Handbuch der Personengesellschaften I Rz. 626 ff.

3 Die Ausnahme für die bergrechtliche Gewerkschaft hat, seitdem in NRW das Gesetz vom 25. 5. 54 für die Entstehung der Gewerkschaft einen Vertrag fordert, nur noch geringe Bedeutung.

4 Hier ist insbesondere auf die Mitgliedschaft in einer Markgenossenschaft zu verweisen, die sich – allerdings örtlich verschieden – von der ursprünglich personenrechtlichen Grundlage (Sippe?) gelöst und zu einem mit der Hofstelle verbundenen Recht (subjektiv dingliches Recht) entwickelt hat, das inhaltlich ganz auf die Ergänzung des Hofes abgestellt wurde, ohne allerdings den personenrechtlichen Einschlag je ganz zu verlieren, vgl. dazu insbesondere *Gierke*, Das Deutsche Genossenschaftsrecht, Bd. II, 1873, S. 307 ff.; zu den nach Art. 164 EG BGB aufrechterhaltenen Gemeinschaften mit subjektiver Verdinglichung vgl. *Westermann*, Die Bestimmung des Rechtssubjekts durch Grundeigentum, Abhandlungen zum Deutschen Gemeinrecht Heft 4, 1942, insbesondere Seite 21 ff.

sehr oft „Kern eines Betriebes" ist, automatisch in eine bestimmte Rechts-Pflichtenposition zu bringen. Das Rechtsverhältnis ist dann inhaltlich dem Grundstück und den Erfordernissen seiner Bewirtschaftung angepaßt.

Das geltende Privatrecht läßt, auch unabhängig von der verfassungsrechtlichen Schranke des Artikel 9 GG, die subjektive Verdinglichung von Mitgliedschaftsverhältnissen nicht zu.[5]

c) Anders ist die Rechtslage im öffentlichen Recht. Die unabhängig vom Willen begründete und endende Mitgliedschaft ist für die juristische Person öffentlichen Rechts geradezu typisch,[6] vgl. z. B. § 9 Bundesjagdgesetz. Weitgehend ist die Mitgliedschaft auch inhaltlich „sachbezogen", d. h. die Sache, insbesondere ein Grundstück, um derentwillen die Mitgliedschaft besteht, bestimmt die Rechte und Pflichten des Mitgliedschaftsverhältnisses. Die öffentlich-rechtliche Natur des Zusammenschlusses (sie ist mit darin begründet, daß das von der Genossenschaft verfolgte Ziel — zumindest auch — im öffentlichen Interesse liegt)[7] deckt sich oft mit der der Sachbezogenheit: Das öffentliche Interesse geht gerade auf den Zustand und die Nutzung dieser Sache, folglich bestimmt das Eigentum an ihr das Mitglied und die Beschaffenheit der Sache das Mitgliedschaftsverhältnis.[8]

II. Anwendung der Grundsätze auf die Genossenschaft des Genossenschaftsgesetzes

1. Die Mitgliedschaft bei der Genossenschaft des Genossenschaftsgesetzes ist, wenn nicht personengebunden, so doch personenbezogen. Sie kann nur durch einen Willensakt (Teilnahme an der Gründung, Beitritt und Aufnahme) begründet werden; die Beendigung durch Kündigung ist vom

---

5 Die unter Aufrechterhaltung des Grundsatzes der freien Austrittsmöglichkeit des § 39 BGB angestellten Versuche, für gewisse Zusammenschlußformen eine subjektiv dingliche Mitgliedschaft zu ermöglichen, vgl. *Westermann,* Bestimmung des Rechtssubjekts durch Grundeigentum S. 37 ff., sind nicht durchführbar.

6 Es gibt aber auch öffentlich-rechtliche Genossenschaften mit Freiwilligkeit des Beitritts, vgl. *Klein,* Die Genossenschaft des öffentlichen Rechts, ZgGenW 57, 145 ff. insbes. 153. Zum Begriff der Genossenschaft des öffentlichen Rechts vgl. ferner *H. J. Wolff,* Verwaltungsrecht II § 97 I a

7 Vgl. dazu *Klein-Scheder* ZgGenW 57, 145 und 67, 241 (260)

8 So insbesondere bei den sog. *Waldgenossenschaften,* vgl. dazu *Klein-Scheder,* Die Waldgenossenschaft in der Bundesrepublik Deutschland, ZgGenW 67, 241 ff. Für die altrechtlichen Formen vgl. ausführlich *Westermann,* Forstnutzungsrechte, Hannover 1942, § 40 (S. 219 ff.), § 51 (S. 280), § 55 (S. 296). Ferner ist hier auf die *Wasser- und Bodenverbände* nach dem Wasser- und Bodenverbandsgesetz zu verweisen, vgl. dazu *Klein-Leibel,* Wassergenossenschaften und Wasserverbandsrecht, ZgGenW 1960, 1 ff. Zur Ausgestaltung durch die subjektive Dinglichkeit vgl. *Westermann,* Bestimmung des Rechtssubjekts durch Grundeigentum, S. 25 ff. Ein weiteres Beispiel sind die *Jagdgenossenschaften,* vgl. dazu *Klein-Leibel,* Die Jagdgenossenschaften in der Bundesrepublik Deutschland und ihre steuerliche Behandlung, ZgGenW 62, 1 ff. insbesondere S. 15 ff.

zwingenden Recht ermöglicht; der Tod des Mitglieds als ebenfalls zwingend angeordneter Beendigungsgrund der Mitgliedschaft zeigt im besonderen Maße die Personengebundenheit der Mitgliedschaft. Die Personenbezogenheit der Mitgliedschaft führt neben ihrer Unvererblichkeit zur Unveräußerlichkeit.

Davon macht § 77 Abs. 1 Satz 2 GenG (Fortsetzung der Mitgliedschaft durch den Erben bis zum Schluß des Geschäftsjahres) keine echte Ausnahme. Es handelt sich materiell gesehen nur um eine Herausschiebung des Ausscheidens, was in sonstigen Abrechnungsschwierigkeiten begründet ist. An dem endgültigen Ausscheiden des Erben kann weder das Statut noch eine spezielle Vereinbarung zwischen der Genossenschaft und dem Erben etwas ändern. Selbst wenn der oder die Erben das Mitgliedschaftsverhältnis im Einverständnis mit der Genossenschaft „fortsetzen", ist das keine echte Fortsetzung, sondern ein Beitritt, der den Erfordernissen des § 15 GenG entsprechen muß.

Die Übertragung des Geschäftsguthabens i. S. des § 76 GenG ist keine Übertragung der Mitgliedschaft, ermöglicht also nicht etwa, die betriebsbezogene Mitgliedschaft mit dem Unternehmen unabhängig vom Willen der Genossenschaft mitzuübertragen. Durch das Erfordernis der schon bestehenden oder eigens zu erwerbenden Mitgliedschaft des Zessionars wird die Übertragung des Geschäftsguthabens zu einer bloßen Übertragung des Auseinandersetzungsguthabens. Das hat als Vorteile eine Erleichterung der Be- und Abrechnung für alle Beteiligten, die Erhaltung des Kapitals im Interesse der Genossenschaft und eine folglich größere Bereitschaft der Genossenschaft, den Erwerber des Geschäftsguthabens aufzunehmen.

2. Das steht in einem gewissen Widerspruch zu der *tatsächlichen* Veranlassung der Mitgliedschaft in einer bestimmten Position des Mitglieds und in ihrer möglichen inhaltlichen Gestaltung durch diese Position. Diese Position ist in der Praxis besonders häufig Inhaberschaft eines bestimmten Betriebes. Die Mitgliedschaft läßt sich dann bezüglich ihrer Begründung zumindest als *tatsächlich*, oft bezüglich der Einzelheiten ihres Inhalts auch als *rechtlich* betriebsbezogen bezeichnen. Das ist schon vom Beginn der Entwicklung der modernen Genossenschaft an so gewesen, hat sich aber in jüngster Zeit so verstärkt, daß es in das Bewußtsein der Interessierten getreten ist, so daß das Verhältnis zwischen Personen- und Betriebsbezogenheit der Mitgliedschaft, wenn nicht als Spannungsverhältnis, so doch zumindest als das Nebeneinanderstehen von zwei Komponenten empfunden wird.

Daß weitgehend der Eintrittswillige die Mitgliedschaft in einer Genossenschaft erwirkt, weil er einen Betrieb, dessen Inhaber er ist, gefördert wissen will, bedarf keiner besonderen Begründung. Als Beispiel ist auf die Einkaufsgenossenschaften des Einzelhandels und des Handwerks und auf die landwirtschaftlichen Genossenschaften zu verweisen. Auf die Position des Verbrauchers, insbesondere als Verbraucher in der Stellung des Haushaltsvorstandes, ist die Mitgliedschaft in der Konsumgenossenschaft gestützt. Ebenso ist es bei der Wohnungsgenossenschaft. Die Mitgliedschaft bei einer Kreditgenossenschaft kann sowohl in der Inhaberschaft eines Unternehmens, als auch in der Verbrauchereigenschaft veranlaßt sein. Sicher ist bezüglich der Anknüpfung an die mitgliedschaftsbestimmende Position bei den einzelnen Genossenschaftsarten und jeweils im Einzelfall die so angedeutete Positionsbezogenheit unterschiedlich stark, im Prinzip ist sie aber überall zumindest möglich.

Von ihr geht das Genossenschaftsgesetz zum Teil auch rechtlich aus, wenn es in § 1 „die Förderung des Erwerbs oder der Wirtschaft der Mitglieder" zum gesetzlich-bestimmten Zweck der Genossenschaft macht; die Förderung der Mitglieder in der bestimmten Position ist nur möglich, wenn das Mitglied tatsächlich in einer solchen Position steht, d. h. also bei der betriebsbezogenen Genossenschaft Inhaber eines unter die Zwecksetzung des Statuts fallenden Betriebes ist.

Das Genossenschaftsgesetz hat daraus aber nicht die Folgerung gezogen, daß ohne die im Statut genannte Position der Beitretende nicht Mitglied wird und die Mitgliedschaft mit Wegfall der Position des Mitglieds erlischt. Bezüglich der Begründung und Beendigung der Mitgliedschaft bleibt es vielmehr ausschließlich bei den personenrechtlich gestalteten Tatbeständen; die bestimmte Position ist Anlaß, nicht etwa „causa des Tatbestandes" i. S. des kausalen Geschäfts. Diese beschränkte Berücksichtigung der Position bei ihrer rechtlichen Relevanz in der gesetzlichen Zweckbestimmung ist infolge der so gesicherten Elastizität vorteilhaft,[9] ganz abgesehen davon, daß sonst die Mitgliedschaft unsicher sein könnte.

3. a) Aus der inhaltlichen Betriebsbezogenheit der Mitgliedschaft ergeben sich schon auf den ersten Blick Folgerungen für den Förderungsbegriff. Es ist schon oben angedeutet, daß die Förderung i. S. des § 1 GenG begrifflich Förderung des Genossen in der besonderen Position ist, die das Statut festlegt. Diese Art der Förderung besteht vor allem darin, daß die Genossenschaft ihre Einrichtungen den Mitgliedern, d. h. praktisch den Betrieben, zur Nutzung zur Verfügung stellt.[10] Die Förderung der Mit-

9 Aus diesem Grunde sind die „fördernde Mitgliedschaften" möglich. (Bei starkem Überwiegen der fördernden Mitglieder – ein sicherlich rein theoretischer Fall – entsteht die Frage, ob die Genossenschaft noch den in § 1 verlangten Zweck verfolgt mit dem weiteren Problem der Bedeutung des § 81 GenG.) Ferner können – praktisch bedeutsamer – die Personen, die nicht in der betreffenden Position stehen, Mitglieder und damit gem. § 9 Abs. 2 GenG Vorstandsmitglieder sein. Ohne diese Möglichkeit wäre § 9 angesichts der weitgehenden Notwendigkeit der hauptamtlichen Vorstandsmitglieder in der modernen Genossenschaft nicht mehr vertretbar.

10 So läßt sich die Definition der Förderung in § 1 des Referenten-Entwurfs zum GenG als Ausfluß der Erkenntnis von der Betriebsbezogenheit der Mitgliedschaft erklären. Es wäre reizvoll zu prüfen, ob sich beim Rückgriff auf den Grundgedanken der Betriebsbezogenheit der Mitgliedschaft das leidvolle Problem der Abgrenzung der genossenschaftlichen Förderung i. S. des § 1 besser lösen ließe, als das bei den bisherigen Definitionen gelungen ist. Abgesehen davon, daß damit nicht die Förderung bei allen Genossenschaftsarten richtig definiert werden könnte, dürften sich bei diesem Ausgangspunkt ebenfalls Abgrenzungsschwierigkeiten ergeben. Zwischen umschreibender Typusbestimmung und gesetzlicher Definition besteht eben ein Unterschied.

gliederbetriebe gibt folglich die Maßstäbe für den Ausbau des genossenschaftlichen Unternehmens (d. h. der von den Mitgliederbetrieben zu benutzenden Einrichtungen) ab, sodaß das genossenschaftliche Unternehmen auf die Bedürfnisse der Mitgliederbetriebe abzustellen ist. Das bedeutet aber nicht, daß das einzelne Mitglied aus dem Recht auf Förderung einen klagbaren Anspruch auf die Entwicklung entsprechender Einrichtungen des genossenschaftlichen Unternehmens ableiten kann (z. B. auf Aufbau einer elektronischen Datenverarbeitung für die Mitgliederbetriebe, auf intensive gemeinschaftliche Werbung bei den Einkaufsgenossenschaften des Handels oder auf Schaffung von Vermarktungsanlagen bei den landwirtschaftlichen Genossenschaften). Hier gilt vielmehr die genossenschaftliche Demokratie: Art und Intensität der Förderung bestimmen die dafür zuständigen Organe der Genossenschaft, sei es die Mitgliederversammlung (jedenfalls bei grundsätzlichen Umstellungen und bei verhältnismäßig sehr hohen Investitionen) oder der Vorstand. Wohl aber bezieht sich die Pflicht zur Geschäftsführung der genossenschaftlichen Organe darauf, das genossenschaftliche Unternehmen im Rahmen des Möglichen auf die Mitgliederbetriebe abzustellen.

Der Betriebsbezogenheit des Nutzungsrechts und dem entsprechenden Ausbau des genossenschaftlichen Unternehmens entspricht die Möglichkeit, die Beitragspflichten des Mitglieds dem Umfang des jeweiligen Betriebes anzupassen.[11]

Insgesamt kann die Betriebsbezogenheit einen bedeutsamen Maßstab zur Inhaltsbestimmung des Gleichbehandlungsgebots liefern: Bei betriebsbezogener Mitgliedschaft verletzt eine differenzierte Behandlung der Mitglieder nach Maßstäben, die aus den für die Genossenschaft relevanten Eigenarten der Mitgliederbetriebe entwickelt sind, das Gleichbehandlungsgebot nicht. Die Unterschiedlichkeit der das Mitgliedschaftsverhältnis bestimmenden Betriebe schafft inhaltlich unterschiedliche Mitgliedschaften, bedeutet also keine Ungleichbehandlung gleicher Mitgliedschaftsverhältnisse.[12]

4. a) Die Betriebsbezogenheit der Mitgliedschaft verstärkt sich bei den Einkaufs- und bei den landwirtschaftlichen Genossenschaften zusehens. Die Entwicklung kann hier nicht im einzelnen geschildert werden. Es sei nur im landwirtschaftlichen Bereich auf die sog. Produktionsförderungsgenossenschaften verwiesen, die für die selbständig bleibenden Betriebe bestimmte Funktionen übernehmen.[13] Die Ausgliederung bestimmter Ar-

---

11 Bekannt sind die Beispiele aus dem landwirtschaftlichen Genossenschaftswesen: Pflichtbeteiligung bei Molkereigenossenschaften nach Maßgabe der Kuhhaltung, bei Absatz- und insbesondere Vermarktungsgenossenschaften und bei Maschinengenossenschaften nach Maßgabe der Anbaufläche.

12 Folglich verstößt es z. B. nicht gegen das Gleichbehandlungsgebot, wenn eine Einkaufsgenossenschaft ihren Mitgliedern nach dem Umfang des Bezuges gestaffelte Preise in Rechnung stellt, vgl. dazu *Westermann*, Zur rechtlichen Problematik von Selektionsmaßnahmen, in: Rechtsprobleme der Genossenschaften, Karlsruhe 1969 S. 71.

13 Vgl. dazu *Schiller*, Die genossenschaftliche Produktionsförderung in der Landwirtschaft der BRD, ZgGenW 1963, S. 181 ff.

beitsvorgänge auf die Genossenschaft (Bewässerung, Schädlingsbekämpfung, Maschineneinsatz, Melkstall, Jungviehnachzucht) zwingt trotz im übrigen weitgehend selbständiger Wirtschaft in den Einzelbetrieben zur Einhaltung von gemeinsamen, für alle verbindlichen Regeln für Anbauzeiten, Anbauarten und sonstige Gestaltung der Arbeitsfolge im Einzelbetrieb.[14] Das Mitglied tritt in solchen Fällen einer Genossenschaft bei, weil es sich für seinen Betrieb eine bestimmte Leistung erhofft, die es selbst nicht oder nur mit unverhältnismäßigen Kosten erbringen könnte. Wie damit die Betriebsführung der Mitgliederbetriebe verstärkt auf das genossenschaftliche Unternehmen bezogen wird, so verstärkt sich in ähnlichem Maße die Abstellung des genossenschaftlichen Unternehmens und seine Tätigkeit auf die Bedürfnisse der Mitgliederbetriebe. Häufig ist es geradezu unmöglich, das betreffende Grundstück aus der genossenschaftlichen Aktivität auszunehmen (Schädlingsbekämpfung, Be- und Entwässerung); oder es ist sogar die Mitbenutzung des Grundstücks des Mitglieds notwendig, um die der Genossenschaft gestellte Aufgabe zu erfüllen; zumindest würde das Ausscheiden eines Genossen die Rentabilität des genossenschaftlichen Unternehmens beeinträchtigen können (Molkereien, Getreidetrocknungsanlagen usw.).[15]

Der stärkste Druck in Richtung auf genossenschaftliche Zusammenarbeit in der Landwirtschaft geht derzeit von der Überschußsituation auf dem Markt für landwirtschaftliche Produkte aus. Ein relevanter Marktzugang kann regelmäßig nur gefunden werden, wenn entweder die Erzeugnisse von der Genossenschaft vermarktet werden oder aber innerhalb eines Anlieferungsvertrages für einen Abnehmer produziert werden. Da durch die Verlagerung des Absatzproblems vom Einzelbetrieb zur Genossenschaft wenig gewonnen ist, vielmehr über die Absatzmöglichkeit Güte und Gleichmäßigkeit des gesamten Angebots entscheiden, muß die Genossenschaft (Erzeugergemeinschaft) zu einer nicht unerheblichen Disziplinierung der angeschlossenen Betriebe kommen.[16] Auf der anderen Seite ist dann aber auch die Genossenschaft in erheblichem Maße auf die Anlieferung der ihr angeschlossenen Betriebe angewiesen. Zwar hängt für sie i. d. R. nicht die Existenz, wohl aber der Wirtschaftserfolg von der Zugehörigkeit einer bestimmten Anzahl so integrierter Mitgliedsbetriebe ab.

Ganz ähnlich ist die Entwicklung bei den Einzelhandelsgenossenschaften. Die erstrebte Einheitlichkeit der Marken, Sortimente und Verkaufs-

---

14 Beispiele bei *Schiller* a. a. O. S. 186 ff.

15 In extremer Weise kann sich das bei einem gemeinsamen Anbau von Flächen, die im Eigentum der Mitglieder bleiben, zeigen. Z. B.: 20 Eigentümer legen benachbarte Grundstücke bei Aufrechterhaltung des Einzeleigentums zum gemeinsamen Obstanbau zusammen. Ein Eigentümer, der eine in der Mitte der Fläche gelegene Parzelle besitzt, will ausscheiden.

16 Vgl. dazu *Meimberg*, Betriebswirtschaftliche Möglichkeiten und Grenzen der Produktionsbeeinflussung durch ländliche Genossenschaften, ZgGenW 1967, S. 28 ff. *Thimm*, Kann und Soll die Genossenschaft die Erzeugung von Agrarprodukten beeinflussen, ZgGenW 1967, S. 45 ff.

grundsätze zwingt zu einer Abstimmung zwischen Genossenschaft und Einzelbetrieb. Die moderne Absatzwirtschaft verlangt Werbemaßnahmen, die der Einzelkaufmann i. a. R. nicht zu finanzieren vermag. Marktbeobachtung, elektronische Datenverarbeitung, Schulung des Personals und sonstige Funktionen muß die Genossenschaft in zunehmendem Maße übernehmen, wenn sie den Förderungsauftrag erfüllen will.

Das Ergebnis ist eine in diesem Intensitätsgrad bisher nicht bekannte Verzahnung der Mitgliederbetriebe mit dem genossenschaftlichen Unternehmen.

b) Diese Intensivierung der tatsächlichen Bezogenheit der Mitgliederbetriebe auf das genossenschaftliche Unternehmen und umgekehrt des genossenschaftlichen Unternehmens auf die Mitgliederbetriebe gibt Anlaß zur Frage, ob und wie die rechtliche Bedeutung der Betriebsbezogenheit verstärkt worden ist oder in Zukunft verstärkt werden wird.

Es kann insbesondere darum gehen, die Verzahnung von Mitgliederbetrieb und genossenschaftlichem Unternehmen im Interesse beider Seiten vom Wechsel der Inhaber des Mitgliedsbetriebes unabhängig zu machen.[17] Der statuarischen Ausgestaltung der Mitgliedschaft setzt § 18 Satz 2 GenG insofern enge Grenzen, als nur vom Gesetz zugelassene Abweichungen möglich sind und die gesetzliche Regelung, wie oben II. 1. dargestellt ist, weitgehend „personenbezogen" ist.

Schon aus diesem Grunde ist die Anknüpfung der Mitgliedschaft an die Betriebsinhaberschaft mit der Folge, daß die Mitgliedschaft für die Dauer mit dem bestimmten Betrieb verbunden ist, insbesondere auf den Nachfolger im Betrieb automatisch übergeht, nicht möglich. Das Statut kann die Mitgliedschaft auch nicht zum vererblichen und übertragbaren Recht machen. Das Interesse des Mitglieds, bei Vererbung oder Veräußerung des Betriebes dem Nachfolger die Verbindung zur Genossenschaft zu erhalten, kann dadurch gesichert werden, daß das Statut ein Recht auf Aufnahme schafft. Das kann ein Recht des Nachfolgers sein (Fall des § 328 BGB) oder ein Anspruch des Mitglieds gegenüber der Genossenschaft auf Annahme der Beitrittserklärung des Nachfolgers im Betrieb. Der Entschluß des Betriebsinhabers zu der u. U. nicht oder nur sehr schwer rückgängig zu machenden Integrationsmaßnahme kann so durch die Sicherheit, die objektiv im Betrieb begründete Verzahnung mit dem genossenschaftlichen Unternehmen unabhängig von der Person des Betriebsinhabers aufrechterhalten zu können, erleichtert werden. Bei solcher Ausgestaltung tritt die personenrechtliche Natur der Mitgliedschaft und die persönliche Verbundenheit der Mitglieder in der Rechtswirklichkeit hinter der betrieblichen Integration zurück. Aber auch ohne besondere

17 Z. B. das Mitglied, das seine Betriebsabrechnung auf die genossenschaftliche EDV abgestellt hat, kann nicht ohne weiteres ohne die Funktionsübernahme durch die Genossenschaft auskommen; oder die Trocknungsgenossenschaft kann in ihrer Kapazitätsausnutzung auf die Inanspruchnahme durch ein oder mehrere Großbetriebe angewiesen sein; ein krasser Fall der Abhängigkeit der Fortsetzung der gemeinsamen Arbeit von der Integration aller Mitgliedbetriebe oder Grundstücke ist in Anm. 15 erwähnt.

diesbezügliche Klausel in den betreffenden statuarischen Bestimmungen muß man das verbleibende persönliche Element dadurch berücksichtigen, daß man der Genossenschaft ein Recht gibt, die Aufnahme des Nachfolgers abzulehnen, wenn in seiner Person ein wichtiger Grund hierzu gegeben ist. Bei der Wertung der Umstände ist die von der Stärke der Betriebsbezogenheit der Mitgliedschaft abhängige Objektivierung der Beziehung zu beachten: Es müssen also schon recht gravierende persönliche Umstände (im Gegensatz zu solchen, die auf die betriebliche Verzahnung einwirken) sein, die der Genossenschaft ein Recht zur Ablehnung der Aufnahme gewähren sollen.

Die Genossenschaft kann auch die Aufgabe des Betriebes, auf die sich die betriebsbezogene Mitgliedschaft bezieht, oder die Unmöglichkeit der Integration mit dem genossenschaftlichen Unternehmen zum Ausschlußgrund machen, ohne das Gleichbehandlungsgebot zu verletzen.[18]

c) Wenn danach das Mitgliederinteresse an der Aufrechterhaltung der betrieblichen Verzahnung ausreichend geschützt werden kann, so ist das beim Interesse der Genossenschaft, der Abstellung des genossenschaftlichen Unternehmens auf bestimmte Mitgliederbetriebe wegen das Mitgliedschaftsverhältnis in ähnlicher Weise vom Wechsel des Inhabers des Mitgliedsbetriebes unabhängig zu machen, wesentlich schwieriger. Eine dringend wünschenswerte Hilfe gegen nachteilige Folgen des Auscheidens des Inhabers würde es bedeuten, wenn das Gesetz eine statuarische Verlängerung der Kündigungsfristen zuließe. Der Genossenschaft stünde dann zur Anpassung des genossenschaftlichen Unternehmens an die veränderte Situation eine längere Zeit zur Verfügung. Gegen Veräußerung des Betriebes würde auch das nicht helfen. Eine statuarische Pflicht des Mitglieds, bei Veräußerung des Betriebes den Nachfolger zu verpflichten, der Genossenschaft beizutreten (Gegenstück zum Anspruch auf Aufnahme), ist praktisch nicht durchsetzbar.

Wo ein besonderes Bedürfnis auf Sicherung der objektiv begründeten Verzahnung der Mitgliederbetriebe mit dem genossenschaftlichen Unternehmen besteht, muß die mitgliedschaftlich begründete Verflechtung durch eine individualrechtliche ersetzt werden oder die individualrechtliche an die Stelle der endenden mitgliedschaftsrechtlichen treten. In extremen Fällen (vgl. z. B. den oben Anm. 15 angeführten Fall der Obstbaugenossenschaft) könnte die Übertragung des Grundeigentums, auf das die Mitgliedschaft bezogen ist, durch ein dingliches Recht der Genossenschaft an dem Grundstück ausgeglichen werden. Man könnte zwar daran denken, daß eine solche Gestaltung als eine Umgehung der durch zwin-

18 Vgl. dazu *Westermann*, Zur rechtlichen Problematik von Selektionsmaßnahmen, a. a. O. S. 73 ff. Die h. M. schränkt diese Möglichkeit allerdings dadurch stark ein, daß sie infolge der Gleichstellung der Statuierung neuer Ausschlußgründe mit der neuer Leistungspflichten die Zustimmung aller betroffenen Mitglieder verlangt. Vgl. dazu OLG Düsseldorf in ZgGenW 1970 Heft 4. In der Anmerkung daselbst habe ich, gerade unter dem Gesichtspunkt der Betriebsbezogenheit der Mitgliedschaft, eine andere Abgrenzung des Zustimmungserfordernisses vorgeschlagen.

gendes Recht geschaffenen Kündigungsmöglichkeit zu behandeln wäre: indessen ist zwischen einer Einbeziehung eines einzelnen Grundstücks in eine gemeinschaftliche Bewirtschaftungsmaßnahme und der Verlängerung der Mitgliedschaft gegen den Willen des Mitglieds zu unterscheiden, jedenfalls, wenn darauf geachtet wird, daß die individualrechtliche Bindung sich inhaltlich auf die dem Rechtstyp entsprechenden Folgen beschränkt und nicht die aus der Mitgliedschaft abzuleitenden persönlichen Bindungen aufrecht erhalten werden. Diese Möglichkeiten sind indessen nur für seltene Extremfälle erwägenswert.

5. In der Diskussion einer Novellierung des Genossenschaftsgesetzes sind mehrfach Vorschläge gemacht worden, die der betriebsbezogenen Mitgliedschaft Rechnung tragen, wenn auch der Begriff als solcher nicht ausdrücklich verwandt worden ist. So ist zur Diskussion gestellt, bei den Genossenschaften, bei denen die Mitgliedschaft betriebsbezogen i. S. dieser Abhandlung ist, die Veräußerung und Vererbung der Mitgliedschaft zuzulassen.

Ferner hat in der Diskussion darüber, ob es der Satzung möglich sein solle, ein begrenztes Mehrstimmrecht einzelner Genossen zu schaffen, die zum Teil unterschiedlich starke Bedeutung der Mitgliedschaft für die Betriebe einzelner Genossen als Argument für die Zulässigkeit des Mehrstimmrechts mit Recht eine gewichtige Rolle gespielt. In der Entwicklung des sachgerechten Maßstabes für das Mehrstimmrecht wird, falls der diesbezügliche Vorschlag Gesetz werden sollte, sowohl in der gesetzlichen Rahmenbestimmung als auch bei ihrer Ausfüllung die Betriebsbezogenheit von besonderer Bedeutung sein.

Das Bewußtmachen der betriebsbezogenen Mitgliedschaft bei der nach wie vor personenrechtlich strukturierten Genossenschaft wird keine Umwälzung im genossenschaftsrechtlichen Denken einleiten, wohl aber kann der Begriff helfen, Entwicklungen zu erklären und für Institutionen mit einer Schwankungsbreite der Entscheidung Maßstäbe zu entwickeln.

BIBLIOGRAPHIE ERNST GESSLER

1935

Die geistigen Grundlagen eines Stimmrechts für den Vorstand einer Aktiengesellschaft und die praktische rechtliche Ausgestaltung.
In: Deutsche Justiz 1935, 1488

1936

Die Rechtslage bei Fehlen des Sonderbeschlusses benachteiligter Aktionäre oder verschiedener Aktiengattungen.
In: Deutsche Justiz 1936, 1491

Die mehrfache Beschlußfassung einer Aktiengesellschaft zur Abänderung des Gesellschaftsvertrages nach §§ 275 III, 278 II, 288 III HGB.
In: Deutsches Gemein- und Wirtschaftsrecht 1936, 436

1937

Vorstand und Aufsichtsrat im neuen Aktiengesetz.
In: Juristische Wochenschrift 1937, 497

Das neue Aktiengesetz.
In: Deutsche Justiz 1937, 184

Berücksichtigung von Mehrstimmrechten bei der Umwandlung von Kapitalgesellschaften.
In: Deutsches Gemein- und Wirtschaftsrecht 1937, 65

Der Aktionär im neuen Aktienrecht.
In: Berliner Lokal-Anzeiger 1937 Nr. 233 vom 29. September, 4. Beiblatt

Der Aufsichtsrat (unter Berücksichtigung der ersten Durchführungsverordnung zum Aktiengesetz).
In: Kölnische Zeitung vom 13. November 1937

Schlegelberger-Quassowski-Herbig-Geßler-Hefermehl
„Aktiengesetz vom 30. Januar 1937", Berlin 1937, bearbeitet: §§ 86—100 u. §§ 233—287

1938

Lebendiges Aktienrecht.[1]
In: Soziale Praxis 1938, 13

Wie muß die Anpassung der Satzung an das Aktiengesetz angekündigt werden?
In: Soziale Praxis 1938, 167

Bankenstimmrecht und Verödung der Hauptversammlungen.[1]
In: Soziale Praxis 1938, 275

Die Reform des Rechts der Gesellschaft mit beschränkter Haftung.
In: Soziale Praxis 1938, 329

Freiwillige Publizität.[1]
In: Soziale Praxis 1938, 401

Umsatzbeteiligung für Vorstandsmitglieder?
In: Soziale Praxis 1938, 617

Anmerkung zum Beschluß des Kammergerichts vom 28. April 1938 — 1 Wx 119/38 — zur Herabsetzung des Grundkapitals bei Umwandlung einer AG in eine GmbH.
In: Soziale Praxis 1938, 747

Anmerkung zum Beschluß des Kammergerichts vom 23. Juni 1938 — 1 Wx 315/38 — zur Frage der Formbedürftigkeit der Anmeldung der zum Vorsitzer des Aufsichtsrats und dessen Stellvertretern gewählten Personen nach § 12 HGB.
In: Soziale Praxis 1938, 1118

Anmerkung zum Beschluß des Kammergerichts vom 30. Juni 1938 — 1 Wx 261/38 — zur Frage, ob ein Aktionär durch die Satzung in der Auswahl eines zur Ausübung des Stimmrechts zu bestellenden Bevollmächtigten beschränkt werden kann.
In: Soziale Praxis 1938, 1118

Die Lebensdauer der Personengesellschaften.
In: Soziale Praxis 1938, 1173

Abbau der Mehrstimmrechte bei den Aktiengesellschaften.[1]
In: Soziale Praxis 1938, 1361

Spruchstellen für Interessengemeinschaftsverträge?[1]
In: Soziale Praxis 1938, 1421

Die Neuordnung der Gesellschaft mit beschränkter Haftung.
In: Berliner Börsen-Zeitung Nr. 97, Morgenausgabe vom 27. Februar 1938

Anmerkung zum Urteil des Reichsgerichts vom 25. Mai 1938 — II 31/38 — über die Stellung der Erben eines persönlich haftenden Gesellschafters und die Ausschließung eines persönlich haftenden Gesellschafters

1 In diesen ungezeichneten Kurzbeiträgen hat der Jubilar als Schriftleiter der Sozialen Praxis unter der Rubrik „Streiflichter" zu aktuellen gesellschaftsrechtlichen Fragen Stellung genommen.

gemäß §§ 138, 142 HGB bei Unbilligkeit der im Gesellschaftsvertrag getroffenen Regelung.
In: Zeitschrift der Akademie für Deutsches Recht 1938, 638

Schlegelberger-Quassowski-Herbig-Geßler-Hefermehl
„Aktiengesetz vom 30. Januar 1937", 2. Aufl. Berlin 1938; bearbeitet: §§ 86—100 u. §§ 233—287

Schlegelberger
„Handelsgesetzbuch in der seit 1. Oktober 1937 geltenden Fassung (ohne Seerecht)", Berlin und Frankfurt 1938; bearbeitet: Band II §§ 105—342

1939

Anmerkung zum Beschluß des Kammergerichts vom 8. Dez. 1938 — 1 Wx 612/38 — über die Fragen:

1. ob der einzige vertretungsberechtigte Gesellschafter einer OHG oder Kommanditgesellschaft in der Ausübung seiner Vertretungsbefugnis durch die Notwendigkeit der Mitwirkung eines Prokuristen oder Kommanditisten beschränkt werden kann;
2. ob ein Dritter zum organschaftlichen Vertreter einer OHG oder Kommanditgesellschaft bestellt werden kann.

In: Soziale Praxis 1939, 550

Ausschluß des Kündigungsrechts bei Personengesellschaften.
In: Soziale Praxis 1939, 670

Umwandlungserfolge auch bei den Gesellschaften mbH ... und was folgt daraus für das neue GmbH-Gesetz?[1]
In: Soziale Praxis 1939, 914

Schlegelberger-Quassowski-Herbig-Geßler-Hefermehl
„Aktiengesetz vom 30. Januar 1937", 3. Aufl. Berlin 1939; bearbeitet: §§ 86—100 u. §§ 233—287

VO über Maßnahmen auf dem Gebiet des Rechts der Handelsgesellschaften und der Erwerbs- und Wirtschaftsgenossenschaften vom 4. 9. 1939.
In: Pfundtner-Neubert „Das deutsche Reichsrecht"

1940

Die Vergütung des vom Gericht bestellten Aufsichtsrats.
In: Soziale Praxis 1940, 113

Das Stimmrecht der Vorzugsaktien ohne Stimmrecht.
In: Soziale Praxis 1940, 180

Heilung nichtiger Umwandlungsbeschlüsse.[1]
In: Soziale Praxis 1940, 522

Neues französisches Aktienrecht.
In: Soziale Praxis 1940, 696

Umstellung und Aktienumtausch.
In: Soziale Praxis 1940, 757

VO über die Befreiung von der Einhaltung handelsrechtlicher Vorschriften vom 15. 1. 1940.
In: Pfundtner-Neubert „Das deutsche Reichsrecht"

VO über weitere Maßnahmen auf dem Gebiet des Handelsrechts während des Krieges vom 4. 10. 1940.
In: Pfundtner-Neubert „Das deutsche Reichsrecht"

1941

Das Gesellschaftsrecht im Kriege.
In: Soziale Praxis 1941, 7

Die handelsrechtliche Kriegsverordnung vom 7. Januar 1941.
In: Soziale Praxis 1941, 111

Anfechtung des Gesellschaftsvertrages einer Personenhandelsgesellschaft.
In: Soziale Praxis 1941, 142

Entsendung von Mitgliedern in den Aufsichtsrat einer GmbH. Besprechung des Urteils des Reichsgerichts vom 12. Oktober 1940 — II 33/40.
In: Soziale Praxis 1941, 181

Feststellung von Hauptversammlungsbeschlüssen der Aktiengesellschaft.
In: Soziale Praxis 1941, 264

Die GmbH wird Großunternehmensform.[1]
In: Soziale Praxis 1941, 627

Zur Dividendenabgabenverordnung.
In: Soziale Praxis 1941, 640

Die wirtschaftsrechtlichen Vorschriften zur Kapitalberichtigung.
In: Soziale Praxis 1941, 720

2. VO über weitere Maßnahmen auf dem Gebiet des Handelsrechts während des Krieges vom 7. 1. 1941.
In: Pfundtner-Neubert „Das deutsche Reichsrecht"

3. VO über weitere Maßnahmen auf dem Gebiet des Handelsrechts während des Krieges vom 13. 6. 1941.
In: Pfundtner-Neubert „Das deutsche Reichsrecht"

1942

Zur Zweiten Dividendenabgabe-Durchführungsverordnung.
In: Soziale Praxis 1942, 265

Der Krieg als Vorwand der Bilanzverschleierung?[1]
In: Soziale Praxis 1942, 433

Zur Nachgründung (§ 45 AktG).
In: Soziale Praxis 1942, 438

4. VO über weitere Maßnahmen auf dem Gebiet des Handelsrechts während des Krieges vom 22. 6. 1942.
In: Pfundtner-Neubert „Das deutsche Reichsrecht“

1943

Gekürzte Geschäftsberichte?
In: Soziale Praxis 1943, 21

Zur Nachgründung (§ 45 AktG).
In: Der Wirtschaftstreuhänder 1943, 29

5. VO über weitere Maßnahmen auf dem Gebiet des Handelsrechts während des Krieges vom 24. 2. 1943.
In: Pfundtner-Neubert „Das deutsche Reichsrecht“

1948

Rechtsgutachten über die Zulässigkeit des doppelten Sitzes für Aktiengesellschaften, Hamburg 1948

1949

Anmerkung zu dem Beschluß des AG Heidelberg vom 27. 12. 1948 — HRB 108 — über die Frage: Unter welchen Voraussetzungen ist die Begründung eines zweiten Sitzes für Aktiengesellschaften möglich?
In: Süddeutsche Juristen-Zeitung 1949, Sp. 341

D-Markbilanz Gesetz.
In: Der Wirtschafts-Kommentar 1949

Wechsel- und Scheckrecht.
In: Der Wirtschafts-Kommentator 1949

Siebzehnte Durchführungsverordnung zum Umstellungsgesetz (Reichsmarkabschluß und Geschäftsjahr).
In: Gesetz und Recht, Sammlung in Deutschland nach dem 8. Mai 1945 erlassener Rechtssätze mit Erläuterungen, 1949 S. 1989

1950

Das handelsrechtliche Bereinigungsgesetz (Westzonen).
In: Der Betriebs-Berater 1950, 272

Das Gesetz über die Ausübung von Mitgliedschaftsrechten aus Aktien während der Wertpapierbereinigung.
In: Wertpapier-Mitteilungen Sonderbeilage zu Teil IV B Nr. 45 vom 11. 11. 1950

Schmölder-Geßler-Merkle
D-Mark Bilanzgesetz, Stuttgart 1950;
bearbeitet: §§ 35—72

Geßler-Hefermehl-Hildebrandt-Schröder
Handelsgesetzbuch, 2. Aufl. Berlin und Frankfurt 1950—1953; bearbeitet: Band II §§ 105—342 u. §§ 425—460 einschl. Anhang

Gesetz über die Aufhebung von Vorschriften auf dem Gebiet des Handelsrechts, des Genossenschaftsrechts und des Wechsel- und Scheckrechts (Handelsrechtliches Bereinigungsgesetz) vom 18. April 1950
In: Das deutsche Bundesrecht

Gesetz über eine vorübergehende Erweiterung der Geschäfte der Hypotheken- und Schiffspfandbriefbanken vom 5. August 1950
In: Das deutsche Bundesrecht

1951

Die Fortsetzung von nach § 80 aufgelösten Unternehmen.
In: Deutsche Notar-Zeitschrift 1951, 437

Anmerkung zum Beschluß des LG München I vom 19. 10. 1951 — 1 KK T 3/51 — zur Frage, ob eine Kapitalgesellschaft, die nach § 88 Abs. 1 DMBG mangels rechtzeitiger Anmeldung der Neufestsetzung ihrer Kapitalverhältnisse aufgelöst ist, ihre Fortsetzung beschließen kann, wenn das Stammkapital noch unversehrt ist.
In: Deutsche Notar-Zeitschrift 1951, 546

Die handelsrechtlichen Vorschriften des D-Markbilanz-Ergänzungsgesetzes (Westzonen).
In: Der Betriebs-Berater 1951, 3

Vollständigkeit und Beschlußfähigkeit des Aufsichtsrates im Mitbestimmungsgesetz Bergbau und Eisen (Westzonen).
In: Der Betriebs-Berater 1951, 942

Schmölder-Geßler-Merkle
D-Markbilanz-Ergänzungsgesetz, Stuttgart 1951; bearbeitet: §§ 1—7, 12 und 13

1952

Die Bilanzierung der Lastenausgleichsabgaben.
In: Lastenausgleichsgesetz. Textausgabe mit einer Einführung und Beiträgen, Bonn 1952 S. 89

Anmerkung zum Urteil des BGH vom 14. Mai 1952 — II ZR 40/51 (OLG Köln) — über die Ausschließung des einzigen persönlich haftenden Gesellschafters einer Kommanditgesellschaft, dessen Anteil an dem Gesellschaftsvermögen nur ganz geringfügig ist und dessen Stellung als Geschäftsführer sich sehr stark der Stellung eines leitenden Angestellten nähert.
In: Juristenzeitung 1952, 529

Gesetz über den Niederlassungsbereich von Kreditinstituten v. 29. März 1952.
In: Das deutsche Bundesrecht

Gesetz über weitere Ergänzungen und Änderungen des D-Markbilanzgesetzes sowie über die Ausgabe von Aktien in Deutscher Mark (Zweites D-Markbilanzergänzungsgesetz) vom 20. Dezember 1952.
In: Das Deutsche Bundesrecht

1953

Der Ausgleichsanspruch der Handels- und Versicherungsvertreter (Entstehungsgeschichte und Auslegung des § 89 b HGB).
Jur. Diss. Hamburg 1953

Die Fortsetzung aufgelöster Unternehmen nach dem 2. DM-Bilanzergänzungsgesetz.
In: Deutsche Notar-Zeitschrift 1953, 63

Die endgültige Umstellung der DM-Forderungen von Angehörigen der Vereinten Nationen und das Londoner Schuldenabkommen.
In: Deutsche Notar-Zeitschrift 1953, 625

Variable Aufsichtsräte?
In: Der Betrieb 1953, 440

Einzelfragen zur Bilanzierung der Vermögensabgabe.
In: Die Wirtschafts-Prüfung 1953, 126

Gesetz über die Kaufmannseigenschaft von Handwerkern vom 31. März 1953.
In: Das deutsche Bundesrecht

Gesetz über den Erlaß von Rechtsverordnungen auf dem Gebiet der Neuordnung des Geldwesens und über die Neufestsetzung des Nennkapitals von Geldinstituten in der Rechtsform von Kapitalgesellschaften vom 21. April 1953.
In: Das deutsche Bundesrecht

Gesetz zur Änderung des Handelsgesetzbuches (Recht der Handelsvertreter) vom 6. August 1953.
In: Das deutsche Bundesrecht

VO über Abrechnungsstellen im Wechsel- und Scheckverkehr vom 10. November 1953.
In: Das deutsche Bundesrecht

1954

Die Auflösung von Kapitalgesellschaften am 31. 12. 1953 auf Grund des § 80 Abs. 3 des D-Markbilanzgesetzes.
In: Der Betriebs-Berater 1954, 177

Der Entwurf eines Dritten D-Markbilanz-Ergänzungsgesetzes.
In: Der Betrieb 1954, 785

1955

Die endgültigen Wertansätze für Wertpapiere und Anteile nach dem Dritten-D-Markbilanzergänzungsgesetz.
In: Wertpapier-Mitteilungen Sonderbeilage Nr. 4/1955 zu Teil IV B S. 3

Der 31. 12. 1955 als Stichtag für die Auflösung von Kapitalgesellschaften (Westzone und West-Berlin).
In: Der Betriebs-Berater 1955, 1037

Zum Dritten D-Markbilanzergänzungsgesetz.
In: Deutsche Notar-Zeitschrift 1955, 470

Schlegelberger
Handelsgesetzbuch in der seit 1. Oktober 1937 geltenden Fassung (ohne Seerecht), 3. Aufl. Berlin-Frankfurt, 1955—1957; bearbeitet: Band II §§ 105—342 u. Band IV §§ 425—460 einschl. Anhang

1956

Keine Änderung von DM-Eröffnungsbilanzen im Hinblick auf das Dritte D-Markbilanzergänzungsgesetz.
In: Der Betriebs-Berater 1956, 117

Keine Änderung von DM-Eröffnungsbilanzen mit Wirkung für die Anteilsbewertung.
In: Der Betriebs-Berater 1956, 315

Die Mitbestimmung in Holdinggesellschaften des Bergbaus und der Eisen und Stahl erzeugenden Industrie.
In: Der Betriebs-Berater 1956, 625

Die Umwandlung von Kapitalgesellschaften und bergrechtlichen Gewerkschaften.
In: Der Betriebs-Berater 1956, 1175

Die Wirtschaftsprüfer als Garanten aktienrechtlicher Publizität.
In: Die Wirtschaftsprüfung 1956, 463

Gesetz über die Umwandlung von Kapitalgesellschaften und bergrechtlichen Gewerkschaften vom 12. November 1956.
In: Das deutsche Bundesrecht

1957

Das Recht der Investmentgesellschaften und ihrer Zertifikatsinhaber.
In: Wertpapier-Mitteilungen Sonderbeilage Nr. 4/1957 zu Teil IV B S. 10

Zum Ausgleichsanspruch des Handelsvertreters Brutto- oder Nettoprovision als Bemessungsgrundlage?
In: Der Betriebs-Berater 1957, 1164

Zur Amtszeit der Arbeitnehmervertreter im Aufsichtsrat.
In: Der Betrieb 1957, 214

Auskunftsrecht des Aktionärs.
Gedanken zur Aktienrechtsreform.
In: Der Betrieb 1957, 1254

Gesetz zur Änderung von Vorschriften des Aktienrechts und des Mitbestimmungsrechts vom 15. Juli 1957.
In: Das deutsche Bundesrecht

1958

Zur Reform der Gewinn- und Verlustrechnung (§ 132 des Aktiengesetzes).
In: Der Betriebs-Berater 1958, 709

Die Gewinn- und Verlustrechnung in USA.
Ein Beitrag zur Reform der Gewinn- und Verlustrechnung in der Bundesrepublik.
In: Der Betriebs-Berater 1958, 924

1959

Der Schutz der abhängigen Gesellschaft.
In: Festschrift für Walter Schmidt zum 70. Geburtstag, Berlin 1959, S. 247

Beiträge zur Aktienrechtsreform.
In: Der Betriebs-Berater 1959, 457

Die Reform des Seehandelsrechts im Zusammenhang mit der Ratifikation der Brüsseler Seerechtsabkommen.
Hamburg 1959

Gesetz über die Kapitalerhöhung aus Gesellschaftsmitteln und über die Gewinn- und Verlustrechnung vom 23. Dezember 1959.
In: Das deutsche Bundesrecht

1960

Die Kapitalerhöhung aus Gesellschaftsmitteln.
In: Der Betriebs-Berater 1960, 6

Das Gesetz über Kapitalerhöhung aus Gesellschaftsmitteln und über die Gewinn- und Verlustrechnung.
In: Wertpapier-Mitteilungen Sonderbeilage Nr. 1/1960 zu Teil IV B S. 11

Die Verwendung von Gewinn zur Kapitalerhöhung aus Gesellschaftsmitteln.
In: Der Betrieb 1960, 866

Zweifelsfragen aus dem Recht der Kapitalerhöhung aus Gesellschaftsmitteln.
In: Deutsche Notar-Zeitschrift 1960, 619

Kleine Aktienrechtsreform und Arbeitnehmeraktie.
In: Recht der Arbeit 1960, 48

1961

Die handelsrechtlichen Vorschriften des Vierten D-Mark-Bilanzergänzungsgesetzes.
In: Wertpapier-Mitteilungen Sonderbeilage Nr. 5/1961 zu Teil IV B S. 9

Wendung in der Aktienrechtsdebatte.
In: der Betriebs-Berater 1961, 417

1962

Fusion des sociétés en droit allemand.
In: CENTRE INTERUNIVERSITAIRE DE DROIT COMPARÉ Interuniversitair Centrum voor Rechtsvergelijking, Brüssel 1962

Zum Referentenentwurf eines neuen Genossenschaftsgesetzes.
In: Blätter für Genossenschaftswesen 1962, 149

Die Behandlung von Stimmrechtsverboten in der Hauptversammlung.
In: Der Betriebs-Berater 1962, 1182

Ziele und Methoden der Harmonisierung des Gesellschaftsrechts der GmbH.
In: Harmonisierung des Gesellschaftsrechts u. d. Steuerrechts der GmbH in Europa, Köln 1962 S. 9

1963

Schlegelberger
Handelsgesetzbuch in der seit 1. Oktober 1937 geltenden Fassung (ohne Seerecht), 4. Aufl. Berlin-Frankfurt, 1965—1966; bearbeitet: Band II §§ 105—342 u. Band IV §§ 425—460 einschl. Anhang

1964

Die Bestrebungen zur Harmonisierung des Handelsrechts im EWG-Raum.
In: Entwicklungstendenzen des Handels- und Steuerrechts, Düsseldorf 1964, S. 9

Diskussionsbeitrag zum Thema: Die Rechenschaftslegung der Aktiengesellschaft unter neuen Aspekten.
In: Entwicklungstendenzen des Handels- und Steuerrechts, Düsseldorf 1964, S. 46

Prüfungsrechte gegenüber anderen Unternehmen?
In: Die Wirtschaftsprüfung 1964, 400

1965

Das neue Aktienrecht.
In: Der Betriebs-Berater 1965, 677

Zum Erlöschen des Aufsichtsratsamtes.
In: Der Betrieb 1965, 1469

Probleme des neuen Konzernrechts (Teil I).
In: Der Betrieb 1965, 1691

Probleme des Konzernrechts (Teil II).
In: Der Betrieb 1965, 1729

Vollendete oder nur begonnene Aktienrechtsreform?
In: Die Aktiengesellschaft 1965, 343

Der Bedeutungswandel der Rechnungslegung im Aktienrecht.
In: „75 Jahre Deutsche Treuhandgesellschaft 1890—1965“, Frankfurt 1965

1966

Grundzüge des neuen Aktienrechts.
In: Der Deutsche Rechtspfleger 1966, 1

Die Eingliederung. Zum Umbau des Hauses Siemens.
In: Börsen-Zeitung vom 8. Februar 1966, Nr. 26, S. 1/2

Das neue deutsche Konzernrecht — Der Sinn des Beherrschungsvertrages.
In: Börsen-Zeitung Nr. 165 vom 30. August 1966, S. 1

Aktuelle gesellschaftsrechtliche Probleme.
In: Der Betrieb 1966, 215

Sind dem Konzerngeschäftsbericht Abschlüsse von (nur) abhängigen Unternehmen (§ 17 AktG) beizufügen?
In: Der Betrieb 1966, 333

Probleme und Wege von Aktienrechtsreformen.
In: Österreichische Juristen-Blätter 1966, 169

Probleme der GmbH-Rechtsreform.
In: GmbH-Rundschau 1966, 102

Diskussionsbeitrag zum Rückstellungsbegriff (§ 152 Abs. 7 AktG).
In: Schmalenbachs Zeitschrift für Betriebswirtschaftliche Forschung 1966, 569

Rechnungslegung im neuen Aktienrecht.
In: Neue Betriebswirtschaft 1966, 193

Die Rechtsverhältnisse verbundener Unternehmen.
In: Neue Betriebswirtschaft 1966, 198

1967

Die grundsätzlichen Tendenzen des neuen deutschen Aktiengesetzes.
In: DE NAAMLOOZE VENNOOTSCHAP 1967, 193

Gegenseitige Anerkennung von Gesellschaften und juristischen Personen im EWG-Bereich.
In: Der Betrieb 1967, 324/327

Observations relatives au projet de réforme italien à la lumière de la loi allemande sur les sociétés par actions de 1965.
In: Rivista delle Società 1967, 204

Grundfragen der europäischen Handelsgesellschaft.
In: Der Betriebs-Berater 1967, 381

Harmonisierung des Rechts des Handelsregisters als Folge der Harmonisierung des Gesellschaftsrechts.
In: Der Deutsche Rechtspfleger 1967, 262

Diskussionsbeitrag zum Thema: Minderheitenschutz bei Kapitalgesellschaften.
In: Minderheitenschutz bei Kapitalgesellschaften, Karlsruhe 1967, S. 92

1968

Entwicklungstendenzen im Gesellschaftsrecht.
In: Der Betriebs-Berater 1968, 717

1969

Europäisches Gesellschaftsrecht am Scheideweg?
In: Der Betrieb 1969, 1001

Die Reform des GmbH-Rechts.
In: Der Betriebs-Berater 1969, 589

Faktische Konzerne?
In: Recht und Rechtsleben in der sozialen Demokratie, Festgabe für Otto Kunze zum 65. Geburtstag, Berlin 1969

Umwandlungsgesetz vom 6. Nov. 1969.
In: Das deutsche Bundesrecht

Gesetz über die Kapitalerhöhung aus Gesellschaftsmitteln und über die Gewinn- und Verlustrechnung vom 23. Dezember 1959. Geändert durch das Einführungsgesetz zum Aktiengesetz vom 6. September 1965.
In: Das deutsche Bundesrecht

1970

Die aktuelle Diskussion GmbH-Reform. Einführungsreferat und Diskussionsbeitrag.
In: Steuer-Kongreß-Report 1970, München 1970, S. 300 und 333

1971

Neue Wege im GmbH-Konzernrecht?
In: Der Betrieb 1971, 29